宋裕／編著

高中國文趣味教學手冊

第6冊

目錄

自序

宋裕

記者桂文亞小姐有一次訪問陳之藩先生，問陳先生教了二十多年書，有些什麼樂趣？陳之藩回答說：「教書就等於演戲，也許比演戲還要吃力些。因為，不但要演；而且還要編呀！演戲時台下如潮的掌聲，當然是一種樂趣；可是曲終人散後的寂寞也是必付的代價！」

只要有教學經驗的人，一定會對陳之藩先生的這一番話心有戚戚焉。教書要達到唱作俱佳，滿堂喝采，並不是很容易的。老師的演技——表達方式，固然重要；但是沒有好的劇本——教學資料，也是沒有用的。因為劇本的好壞，往往決定一齣戲的優劣。如果劇本內容空泛，格調低俗，即使有最佳的演員，也演不出好的戲來。

不管是文言或白話的課文，要教得流暢生動，都是要花很長的工夫，翻閱許多的書籍；加上剪裁、穿插得宜，臨場不斷演練，尋找最佳的表達方式，這樣才能克臻其功的。高中國文，目前國立編譯館編印有教師手冊，編者都是大學裡學有專精的教授。但教授們似乎與中學國文的實際教學狀況有點隔閡，許多高中國文老師，大多覺得教師手冊中的資料大部分都太嚴肅，太學術性了，上課時能派上用場的地方不多。

民國六十六年秋，服完預備軍官役，就到台中明道中學任教，第一年教高一、高二兩個年級。上了講台纔知道自己學識不足，讀書太少。常常準備教材到三更半夜，可是第二天到了課堂上，兩三下了就清澈見底，水中無魚了，令人尷尬莫已，英雄氣短。教然後知困，既然知困，就當自强，因此開始廣泛地蒐集教學資料。

大學時雖然也買了不少書，大部分是經史子集原典，以及一些學術性的著作，這些書雖有參考價值，但用來教高中國文，派上用場的機會卻不多，反而那些深入淺出、生動有趣的書，卻挺管用的。從事教書的行業後，買書的趨向和以前便迴然不同了。逛書店比以前更勤，只要是教學用得到的書就買，幾年下來，這方面的書籍也累積了有兩、三千本；報章雜誌上見到可用的文章也影印或剪貼保存下來，所堆積的資料盈箱滿篋。資料雖然較以前豐富多了，但問題又來了，準備一課，往往要動用三、四十種以上的書刊，但今年用的，到了明年可能又忘記出於何書，往往爲了一個特定的資料，東翻西尋，找遍了書架，仍然杳無蹤影，此時只有徒呼負負了。因此雖然買了書，但書中只要上課用得到的也把它影印下來，再剪貼在稿紙上，然後按課加以分類，隨時再記上自己的一些教學心得，這樣參考起來就方便多了。

當初蒐集這些資料，只是爲了個人教學參考之用，並沒有把它編寫成書的意思。民國七十一年冬，逛書店的時候，偶然發現了賴瑞鼎老師編的一套《國中國文趣味教學資料彙編》（這套書共六册，青草地出版社印行），這套書體例不錯，資料、圖片都蒐集得很豐富，書中特別强調教學講授的「可說性」，因此「參考補充」與「趣味啓示」二者並重，我相信這套書對國中的國文教學一定會有很大的幫助。同時，它也給了我很大的啓示——爲什麼不像賴老師一樣，把這些資料與教學心得編寫成書，讓高中國文老師也同樣擁有更豐富的教學資料，而使學生上起國文課時，更能趣味盎然，富有啓發性呢？

因此，筆者在民國七十四年，出版了《高中國文啓發教學資料彙編・第一冊》，全書六百七十頁，參考資料近三百種。老師們覺得用來準備教材頗爲方便，許多老師來信或來電，提供不少寶貴的意見，並希望我能繼續編寫下去。但是此時，我已由私立高中轉任升大學補習班教職，課上得太多，騰不出時間編寫。沒有把二至六冊出版，一直深感遺憾。

民國七十六年，開放大陸探親，第一次到北京，看到不少的文史書籍，眞是大開眼界。大陸學者的文史書籍，因爲意識形態的關係，或是爲了應付上頭的官樣文章，書中不時就加入一些社會主義，馬列主義的詞語或筆調，讀起來眞是扞格不入。不過很多書寫得深入淺出，生動有趣，對中學國文的教學頗有助益。因此，筆者於民國七七、七八年，兩度到北京、上海，專誠採購。逛遍了各新華書局、中國書店、古籍書店、工具書書店。舉凡歷史傳記、詩文鑑賞，各種古籍今註今譯，文化常識、地理名勝、文章作法、語文修辭及各類型工具書，無不廣泛蒐集，兩次共買了一千多本，當時大陸書價定得較低，但是航空運費卻是書價的兩倍。後來，台北有好幾處可以買到大陸的文史書籍，雖然價格較大陸當地貴了許多，但是爲了時效性，還是買了不少。這些書又使我的教學資料更豐富了許多，使我在教書時更能旁徵博引，增加上課的趣味性。

民國八十二年年四月，罹患喉癌，在台大醫院，經過三個半月痛苦煎熬的治療，開刀與電療雙管齊下，總算痊癒。在治療的過程中，飽嘗到「痛」不欲生的滋味。劫後餘生，使我更珍惜生命的可貴。由於聲帶受到鈷六十的傷害，聲音沙啞，不能上課。那種沮喪，就像投手手臂出了狀況，不能站上投手丘一樣。不過這種陰霾很快就一掃而空了——我不能上台講課，但是還有一枝筆可以寫呀！我要用「賺」來的餘生，爲廣大的中學生與中學國文老師們多寫一點有趣有用的書。所以萬卷樓圖書有限公司（國文天地關係企業）同仁找我寫這本書時，我一口就答應了。我很感謝他們給我這個機會，使我有用武之地；同時我也很高興，能爲我們的中學國文教育，略盡棉薄之力。

這本書就是我癌後餘生一個小小的成果。每課分成：

㈠作者參考資料。
㈡課文參考資料。
㈢語文天地。
㈣課文補充資料。
㈤問題討論等五個部份。

全書參考資料三百多種，書目附在全書之後。希望這本書能提供老師們最直接、最有效的教學效果。由於個人學力有限，如有疏漏不當之處，希望老師們隨時提供寶貴的意見，匡正指教，以俟他日修訂補正，是爲至幸。

民國八十三年八月二十日於景美

第一課

大同與小康

禮記

■周公輔成王

（山東嘉祥劉材洪福院）

壹、作者參考資料

一、述說古代典章制度的《禮記》

《禮記》是中國古代一部重要的典章制度書籍，其成書年代及作者歷來說法不一。據《漢書．藝文志》說是七十子後學者所記的，由漢人戴聖所編定，故又稱《小戴禮記》，以區別於戴德所編的《大戴禮記》。成書之說有二：

㈠東漢鄭玄《六藝論》稱：禮學家戴德及其侄戴聖各有所傳，德傳《記》八十五篇爲《大戴記》，聖傳《記》四十九篇即《禮記》。

㈡晉陳邵《周禮論序》則稱：戴德刪「古《禮》二百四篇」爲八十五篇，戴聖又刪八十五篇爲四十九篇，至東漢馬融傳小戴之學，考諸家異同而《禮記》行世。

《禮記》是戰國至西漢初儒家學者關於禮儀的散篇論著的彙編，也是儒家經典「五經」之一，但其地位較爲晚成。按西漢時立於學官的「五經」中，《禮》本指《儀禮》而言，《禮記》則是關於《禮》的「記」。記述的範圍，爲周秦時期的典章、名物、制度，以及自天子之下各等級的冠、婚、喪、祭、燕、享、朝、聘等禮儀。《禮記》全書內容，大體可分爲四方面：

一、有關禮學思想的論述，凡十一篇：禮運、學記、樂記、經解、哀公問、坊記、中庸、表記、緇衣、儒行、大學。

其中廣爲流傳的名篇有：

《禮運》論「大同」、「小康」、「亂世」的演變，闡述儒家的政治理想，「大道之行也，天下爲公。」是儒家政治的最高境界。

《學記》論教學原理，提出許多教育理念，如「親師」、「敬業」、「教學相長」。

《樂記》論述音樂的內涵與作用。說明禮樂對社會人心的影響及教化功能。

《大學》論「三綱」（「明明德」、「親民」、「止於至善」）「八德目」（「格物」、「致知」、「誠意」、「正心」、「修身」、「齊家」、「治國」、「平天下」），闡述儒家「爲政以德」的政治哲學。

《中庸》論儒家的人生哲學，闡釋中正平和的思想內涵，提出「至誠可以立天下「大本」之「中」，行天下「達道」之「和」；君子「明善誠身」而「忠恕」，就可以「致中和」。

《大學》和《中庸》原屬《禮記》的兩篇，南宋時期，理學家朱熹將兩篇單獨抽出來，與《論語》、《孟子》合稱「四書」。自宋至清的六、七百年間，成爲青年學子入仕應考的必讀書。

《經解》爲《詩》、《書》、《樂》、《易》、《禮》、《春秋》「六經」作解題，說明深於「六經」之教者，才能得其益而無其失。此外，《哀公問》、《坊記》、《表記》、《緇衣》、《儒行》，皆有託名孔子之語。

二、有關參通《儀禮》的解說，凡八篇：祭義、冠義、昏義、鄉飲酒義、射義、燕義，聘義、喪服四制。

這八篇可供讀《儀禮》參考，分別解釋祭禮、冠禮、婚禮、鄉飲酒禮、射禮、燕禮、聘禮、喪禮。按《儀禮》中未嘗涉及天子、諸侯之祭禮，止言卿、大夫、士之祭禮；而《禮記》中的《祭義》，綜述自天子、諸侯以下之祭禮，可知並非專釋《儀禮》之作。

三、有關古制禮俗的考記，凡二十五篇：曲禮（上下）、王制、王令、禮器、文王世子、郊特牲、內則、玉藻、明堂位、喪服小記、大傳、少儀、雜記（上下）、喪大記、祭法、祭統、奔喪、問喪、服問、間傳、三年問、深衣、投壺。

如《曲禮》上下兩篇，記述日常起居、執事、待人、應物之禮，文中多格言：

「敖（傲）不可長，欲不可從（縱），志不可滿，樂不可極。」

「臨財，毋苟得；臨難，毋苟免。」

「禮尚往來，往而不來非禮也，來而不往亦非禮也。」

如《雜記》上下兩篇，記述諸侯以下喪、祭之禮，提出「三患」（「未聞患弗得聞，既聞患弗得學，既學患弗能行」，皆君子所患）、「五恥」（「居其位無其言，有其言無其行，既得之又失之，地有餘而民不足」，皆君子所恥）之說。

如《王制》，記先王班爵、授祿、祭祀、養老、朝覲、巡狩、刑政、學校等典章制度。但內容與商周禮制不完全相符，與《周禮》也多不合，此反映西漢初改制之主張，爲今文經學家言制度者所宗。

其他各篇，也是記古制禮俗而帶有考證性質的史料。

四、有關孔門諸事的雜記，凡五篇：檀弓（上下）、曾子問、仲尼燕居、孔子閒居。

這五篇記孔子及弟子、時人的雜事問答。如《檀弓》上下兩篇，傳寫孔子提出「苛政猛於虎」等語，文中多有意義深長的故事。《曾子問》、《仲尼燕居》、《孔子閒居》、雖不及《論語》可靠，也有參考的價值。

《禮記》是部儒學雜編，裡面包含儒家的思想史料相當豐富。研究早期儒家思想，需要讀《論語》；研究戰國秦漢時期的儒家思想，就不能不讀《禮記》了。讀《論語》能夠看到儒家學派的確立，讀《孟子》、《荀子》、《禮記》能夠看到儒家學派的發展。《禮記》經東漢鄭玄作注，開始擺脫附庸地位，至唐代列入「九經」之中，明代列爲「五經」之一而取代《儀禮》。

從西漢到明清這一漫長的歷史時期，爲什麼《禮記》越來越受重視，而《儀禮》越來越被漠視呢？因爲《儀禮》記的是一大堆繁文縟節，枯燥乏味，難讀難懂，又離現實生活較遠，因年代的推移，而失去其重要性。而《禮記》呢，它不僅記載了許多生活中實用性較大的細儀末節，而且詳盡地論述了各種典禮的意義和制禮的精神，而且相當透徹地宣揚了儒家的禮治思想。歷史和現實的經驗使爲政者越來越深切地體認到，以禮治主義爲中心的儒家思想，是維護政治秩序，從而獲得「長治久安」不容忽視的政治方針。這就是《禮記》受到歷代王朝青睞，以至被推上經典地位的根本原因。

研究《禮記》的著作，主要有：東漢鄭玄《禮記注》、唐孔穎達《禮記正義》、清孫希旦《禮記集解》等。關於《禮記》四十九篇的撰著人，是歷代經學家爭論的一個焦點。今人較具代表性的著作有：王夢鷗《禮記校證》、《禮記今注今譯》等。

二、戴聖

西漢梁（今河南商邱）人，字次君。世稱「小戴」。曾任九江太守。與叔父戴德一同學《禮》於后蒼，爲今文禮學大師，宣帝時立爲博士，參與石渠閣議，評定五經異同。選集戰國至漢初有關禮儀之論文四十九篇，編爲《小戴禮記》，即今本《禮記》。傳其學於梁人橋仁，楊榮。

貳、課文參考資料

一、《大同與小康》賞析

■周公輔成王
（山東嘉祥劉村洪福院）

本文是由《禮運》的開頭三章獨立出來的，雖然是節錄的章節，卻是一篇出色的文章。內容是假託孔子因參加魯國宗廟歲末大祭之後，心有所感而嘆，而與言偃之間的一番對談。藉由孔子之口，比較說明在夏朝之前後的社會，前者爲以天下爲公的「大同之世」，後者爲家天下的「小康之世」。描繪出作者心中的渴求是：「天下爲公」，一個不分彼此，沒有爭鬥的溫馨社會，人人安居樂業，天下和平。這個天下爲公的大同理想，與傳統的儒學思想略有不同，很可能是戰國時期的儒家後學，雜糅了如老子和《易經》等的思想而形成的。

本文首段以詰問的方式，導入主題：孔子擔任魯宗廟歲末大祭的助祭禮賓，見到魯國的蜡祭之禮，魯國國君主持祭祀違禮，使得蜡祭已徒具儀式，喪失了實質精神內容，因而心有所感而嘆。

第二段，爲本文的主旨所在。孔子從政治、社會、經濟等各層面的制度，逐步描繪出理想社會：大同之世的概括輪廓。

本文一開始用「大道之行也，與三代之英，丘未逮也，而有志焉。」作者這一番話有生不逢時的感嘆，什麼樣的社會是令孔子的感嘆如此之深呢？引起讀者的懸念。者自此而下，藉由逐步的分析，導入本段的主題：天下爲公的大同之世。在政治方面：「選賢與能，講信修睦」，此處的「賢」是指有德行、有才能的人，包括君主及地方首長。因爲政治是衆人之事，必須由有能力及德行的人爲衆人服務，才不會循私枉法，爲害世人。而一切均在於社會及個人都「講信修睦」：講求信義，敦修和睦。在以上的政治基礎上，流風所及，慢慢演化成以下的社會狀況。一「故」字，無論在文氣或是文意上，具有承上啓下的作用。作者在描繪社會狀況時，又細分以下各方面。社會方面：「不獨親其親，不獨子其子。」也就是說在倫常上，人人都會將心比心，由己身擴及於人。有了一個體貼別人的心之後，在社會上的每一個人都受到妥貼的照顧，如老年人可以安享天年，壯年可以發揮一己之長，兒童都得到良好的教養，平安長大。其餘的社會邊緣人：「矜、寡、孤、獨、廢疾者」，均會在良好的社會福利下，都得到應有的照顧。換句話說，在這樣一個安定且有制度的社會中，就會「男有分，女有歸」：男女都會努力扮演好自己的角色。在經濟方面：「貨惡其棄於地也，不必藏於己。力惡其不出於己身也，不必爲己。」作者在此利用正反正反的句法，說明這個大同的社會，人人都要貢獻勞力，也就是要達到均勞的目的。人人均富，無貧富懸殊，人人均勞，整個社會自然會「謀閉而不興，盜竊亂賊而不作，故外戶而不閉。」無詐謀，無盜賊，人人無需提防他人，以致於可以敞開大門，安心度日。作者在此雖細分政治、社會、經濟三方面來描述大同世界，這三者看似獨立，實則具有因果關係，緊密的連接在一起。

第三段是說明作者當時的社會現象是：天下爲家，易起禍端。唯有以「禮」教化人民及社會，才能以循序漸進的方式，由小康躋身於大同之世，由此可知禮的重要性。

文章一開始「今大道既隱」，既承接上文的文氣，也表達作者深深的感嘆，與最前面「仲尼之嘆，蓋嘆魯也。」相互對應，而後文依前文分政治、社會、經濟三方面加以析論。在政治方面：「天下爲家」，以天下爲私產，而非天下爲公。在政治權力的傳遞上，不再是以「賢」爲標杆，而是「大人世及以爲禮」，即以父子相傳，兄終弟及爲其政治權利傳承的制度。當一切的利益中心，均爲己時，所有的思考點也會由己身爲出發點，因而爲了鞏固本身的權利，因此必須以「城郭溝池以爲固」來防範外敵的入侵用；人人因「各親其親，各子其子」用禮義的規範，確定君臣的名分，來防範國內人民的叛亂。建立起倫理制度，來加強父子間的感情，兄弟的和睦關係，夫婦相處和諧。在這種社會制度下，在社會經濟活動方面，人人無論在建立各種典章法規、開墾土地時，只崇拜那些有智慧有實力的人，並常常將功勞歸於己身。但因有禮的規制，才不致於互相爭奪。由上可知，小康之治全以「私」爲出發點，而以「禮義」爲依歸。一旦禮義的牽制能力不足時，人人行事時便毫無忌憚，就很容易產生「謀作、兵起」的禍害，即戰事易起。作者藉由不斷的說明，只爲歸結出一個結論：禮義是維繫小康之治的主力。爲了佐證自己的說法不假，作者從「禹、湯、文武、成王、周公」等六人的身上，作爲小康之治成功的案例，這六個人成功的主因，就是「謹於禮」：行事皆以禮爲依歸。接著作者再以正反兩面，來分析他們謹禮的實例：正面是只要合於禮，「以著其義」來告訴人民行事的意義準則；「以考其信」考驗人民是否誠實；「著有過」當有刑罰時，會告訴人民罪在何處，而有所警惕。反面的警惕是「如有不由此者，在執者去，衆以爲殃」，換句話說，領導者的行爲一旦出禮的規範之外，縱有權勢，也會被視爲禍根罪首，而遭到斥逐。最後一句「是謂小康」不但結束上文，也有再次提醒讀者：何謂家天下的小康之世。

本文的最主要的特色在於：整篇文章的文氣很盛，一氣貫注，無絲毫猶豫，具有懾服人的力量。其次是作者善於運用正反的邏輯推理，在文章的行進中不斷交錯使用，只爲推演出一個結論是：天下爲公是個令人想往的世界。在句式方面以排比句式爲主，如「老有所終，壯有所用，幼有所長，矜寡孤獨廢疾者皆有所養」等，句子短略有變化，偶散相間，具有戰國後期縱橫家的風格特點。

二、蜡祭

蜡，古代年終大祭。《禮記．雜記下》：「子貢觀於蜡。」鄭玄注：「蜡也者，索也。歲十二月，合聚萬物而索饗之祭也。」漢蔡邕《獨斷》：「蜡之言索也，祭曰索此八神而祭之也。」

「蜡祭」又稱「蜡索」。語出《禮記．郊特牲》：「天子大蜡八，伊耆氏始爲蜡，蜡也者，索也。歲十二月，合聚萬物而索饗之也。」鄭玄注：「閉藏之月，萬物各已歸根復命，聖人欲報其神之有功者，故求索而享祭之也。」

三、觀、闕

觀，帝王宮門前之闕。《禮記．禮運》：「事畢，出遊於觀之上。」鄭玄注：「觀，闕也。」《爾雅．釋宮》：「觀謂之闕。」郭璞注引孫炎曰：「宮門雙闕，舊章懸焉，使民觀之，因謂之觀。」

闕，本指天子之宮應門外所置兩觀，懸法於其上，中間闕然爲道，以表宮門。後逐漸演變爲於宮殿、祠廟、陵墓前所設的高臺，通常左右各一，臺上起樓觀。以兩觀之間闕然爲道，故名「闕」或「雙闕」。多以石雕而成，作爲記官爵、功績裝飾之用。亦有於大闕旁更建小闕者，稱「子母闕」。

四、言偃（子游）

言偃（西元前五〇六年～？）姓言，名偃，字子游，吳人，少孔子四十五歲。

在孔門學生中，子游以悉於文獻典籍著稱，被孔子列入本學「文學」科學生之首，與子夏、子張並爲孔門晚期三位著名少年弟子。《韓非子・顯學》所列儒家八派有子張而無子游、子夏，但《荀子・非十二子》有「子張氏之儒」、「子夏氏之儒」、「子游氏之儒」，可見他們後來都設帳授徒，而且各自成爲不同的門派。

從思想特徵上考察，子游是一位注重禮樂並富於理想的人。他曾任魯國武城宰，以禮樂教化治政。在談到這種做法的必要性時，他說：「君子學道則愛人，小人學道則易使也。」（《論語・陽貨》）他所說的「道」，即禮樂教化要求的互敬互愛之道。在他看來，施此道於政，就能使官愛民而受到人民擁護，民擁官而易於差使，從而上下相安、天下大治。這種互敬互愛之道，他又視爲禮之本，把禮的具體儀節稱爲禮之末，强調禮教要重本而輕末，舉其本則末事張，故學孔當在本事上多下功夫，而不必斤斤計較於具體儀節。（參見《論語・子張》第十二章。）

五、大人世及以爲禮

在本課中提及天下爲公及家天下的問題，所謂的「天下爲公」指的是禪讓制，而「家天下」指的是「父死子繼」的傳承制。下面就這二者加以分析說明：

㈠禪讓制

在古籍中傳誦千古的美談及士人的理想制度，便是堯舜的「禪讓」制，但有人曾說這是古代部落間的君位推選制，唐、虞、夏也許是三個比鄰的强大部落（都在今山西省南部），彼此互推一個酋長，作爲所有部落的共主。這種君位繼位法，在後來的許多民族中都曾出現過。

據說堯自同父異母的哥哥帝摯的手中，接下帝位，建都於平陽（今山西臨汾西南）。堯在位七、八十年之久，何人繼位是衆部落首領所重視的，這時衆人推舉有虞氏的舜。理由是舜爲後母欺侮，仍全心全力的孝順父母，待人和善，聲望頗高。堯聽了決定要考驗他，首先將自己兩個女兒嫁給他，看他如何周旋在她們之間。又讓他擔任各級官職接受磨練，以及做接待外賓的工作，就這樣舜接受三年的考察。堯最後覺得舜的確可以信賴，依衆人之議將帝位給舜。可是在堯死後舜不願繼位，希望由堯的兒子丹朱來嗣位，於是跑到南河之南。諸侯及老百姓有問題時，仍找舜來解決，在衆情難卻的情況下，舜只好接下天子之位。

禹爲人聰明勤勉，用十三年的時間來整治黃河的水患，聲望日增，這時舜年事已高，無力處理政事，於是各部落聯盟會議上，一致推舉禹繼承舜的天子之位，爲了尊敬舜，禹表示不能接位，希望由舜的兒子商均來繼位，因而跑到陽城（今河南登封）。等到禹去世後，諸侯仍到陽城要求禹繼位。禹自此定國號爲夏。

據說禹在生前也曾選定皋陶爲接位人，可是皋陶沒多久病死。在建國後選益作爲繼承者，但禹死後，百姓不擁戴益而擁戴禹的兒子啓，理由是「益之佐禹日淺，天下未洽。故諸侯皆去益而朝啓。」於是啓登帝位。另一說法是禹死後益與啓爭位，爲啓所殺。總之，啓既繼位，「禪讓」的歷史發展至此，終告一個段落。

㈡大人世及以為禮

商是一個有著悠久歷史的子姓部落，長期居住在黃河下游。王位的繼承以「兄終弟及」爲原則。最初湯延夏的傳承法用傳子的辦法，但長子太丁竟先卒，因此只好傳位給太丁的弟弟外丙，外丙又傳給弟弟中壬，從此開始「兄終弟及」了傳弟的傳承法。這時君王的繼位人無嫡庶之分別，大家皆有繼位的資格，至無弟可傳，然後才可傳子。可是這個所謂的「子」是傳末弟之子或長兄之子，似乎沒有個定制，不過在商王系譜中看來，大多數是傳末弟之子。不過也往往引起堂兄爭位之戰，造成王室的混亂。在商朝後期，仍用「兄終弟及」的辦法，可是繼位者就只限嫡長子。原因無他，只因嫡長子只有一人，以杜絕衆人悠悠之口。可是無法兄弟相傳，如果只由一位嫡長子，在那個醫藥不發達的年代裡，早夭是普遍的事，爲解決這個問題，由立后來補救。換句話就是一個君王可以立好幾個王后，這樣一來她們所生的都是嫡長子。例如武丁便曾前後立三個王后，這三后生祖己、祖庚、祖甲爲太子：當祖己早死，祖庚、祖甲便依序爲王。到商代後期四王時，嫡庶之分更趨嚴格。例如末代商王帝辛（即紂）同母的哥哥：微子啓和仲衍，不能繼位爲君王。這是因爲其母於他們時尚是妾的身分，所以微子啓無法繼位，換由帝辛（即紂）即位。

六、城郭溝池以爲固

我國古代城市，歷來就是統治者的政治軍事中心，城市的攻守戰鬥，也就成爲古代戰爭的一種主要形式。爲了保衛城市，從夏代起，人們就開始修築城牆，挖掘護城河。

在中國，城牆是城池築城體系和長城築城體系的工程主體。有夯土牆、磚（或包磚）牆、石牆等。多構築得又高又厚，十分堅固，使敵人難以攀越和破壞。爲提高其防禦功能，在城牆上部設有觀察、指揮和戰鬥設施，如敵樓、敵台、雉堞、角樓等。城池城牆以宮城爲中心環形構築，爲增加城池的防禦縱深，建有重牆，一般京城有三重城牆。中國在夏商時期已出現版築夯土牆，是以卵石作夯具築成的，有的牆厚達十八公尺。秦、漢時期的長城城牆，除夯土牆、石砌牆外，還出現了用砂礫石與紅柳或蘆葦層層壓疊的牆，牆體非常堅固。

護城河，亦稱「城壕」、「溝池」。中國古代在城牆外側挖掘的溝壕。用以保護城郭，阻礙敵人進攻。是城池的組成部分。古人建築城池時，採用挖壕取土夯築城牆的辦法，使土方就地平衡，城牆與護城河同時建築，深溝高壘，互爲依托。護城河寬窄不一，窄的不足十公尺，寬的多在三十～五十公尺之間，深度多爲五公尺以上。有的護城河是利用近城的河流加以修築而成的。與城門對應處的護城河上架有吊橋或機橋、固定橋。有的城池在內城和宮城牆外也築有護城河。在陝西西安半坡村遺址，發現在城牆未出現前，氏族公社的村落外側已有用於防衛和排水的深溝。現已發現的城壕並用的最早實例，是湖北黃陂盤龍城商代遺址。

叁、語文天地

一、蓋

蓋，音ㄍㄞˋ。形聲字。從艸，盍聲。

(一)本義指蓋屋的茅苫（ㄕㄢ），泛指用白茅等編成的覆蓋物。《爾雅・釋器》：「白蓋謂之苫。」郭璞注：「白茅苫也，今江東呼爲蓋。」

(二)掩蓋、掩飾。如「欲蓋彌彰」；又謂想要掩飾過失，過失的更加顯著。又如「蓋棺論定」。

(三)超過。如「蓋世英才」。《史記・項羽本紀》：「力拔山兮氣蓋世。」

(四)雨傘。蘇軾《教戰守策》：「雨則御蓋。」《項脊軒志》：「亭亭如蓋」。

(五)車蓋、車篷。如「冠蓋相望」，指官員絡繹不絕於途。

(六)蓋通「盍」，音ㄏㄜˊ。

(七)何不。《禮記・檀弓》：「子蓋言子之志於公乎？」

(八)蓋通「盍」，何也。《莊子・養生主》：「養哉！技蓋至乎此？」

(九)副詞。表示推測，相當於「大概」。《禮記・禮運》：「仲尼之嘆，蓋嘆魯也。」

二、英

英，音ㄧㄥ。形聲。從艸，央聲。開得茂盛，不結果實的花為英。

(一)本義是花。陶淵明《桃花源記》：「芳草鮮美，落英繽紛。」

(二)花是草木的精華，因此引申為精華。韓愈《進學解》：「沈浸醲郁，含英咀華。」（深入融會貫通古書的涵義，細細咀嚼體會其中的精華。）

(三)傑出的人好比草木的花，故又引申優秀、卓越。《孟子・盡心》：「得天下英才而教育之。」也指傑出的人才，如「羣英大會」。也指英明的君主，如《禮記・禮運》：「大道之行也，與三代之英，丘未之逮也，而有志焉。」

(四)文章的詞藻與草木的花也有相似之處，所以又引申為詞藻、文采。《文心雕龍・情采》：「心術既形，英華乃贍。」（思想感情形成了，詞藻也就豐富了。）

三、逮

(一)音ㄉㄞˋ

1、及、到。《禮記・禮運》：「大道之行也，與三代之英，丘未之逮也。」晉・李密《陳情表》：「逮奉聖朝，沐浴清化。」

2、逮捕，如「逮捕歸案」。

(二)音ㄉㄞˇ

捉，如「逮住」。

四、志

㈠志向，意志。《史記・陳涉世家》：「燕雀安知鴻鵠之志哉。」又《史記・屈原賈生列傳》：「推此志也，雖與日月爭光可也。」

㈡本意，心意。《孟子・萬章上》：「以意逆志，是爲得之。」（意謂要我講詩的意思去迎合作詩者的本意，這才能得詩的要旨。）

㈢立志，仰慕。《論語・述而》：「志於道，據於德，依於仁，遊於藝。」

㈣記住，記憶。如：永志不忘。《史記・屈原賈生列傳》：「博聞强志，明於治亂，嫻於辭令。」

㈤記述，記載。《禮記・禮運》：「大道之行，與三代之英，丘未之逮也，而有志焉。」

㈥記事的書或文章。如：《三國志》，「碑誌」，「墓誌銘」，「地方誌」。

㈦標誌，標記。晉，陶淵明《桃花源記》：「得其船，便扶向路，處處志之。」

五、矜

矜，音ㄐㄧㄣ。《說文》：「矛柄也。從矛，今聲。」

㈠本義是矛柄。賈誼《過秦論》：「鉏耰棘矜，非銛於鉤戟長鎩也。」

㈡「矜」假借爲「憐」，憐憫、同情。《公羊傳》：宣公十五年：「君子見人之厄則矜之，小人見人之厄則幸之。」李密《陳情表》：「願陛下矜愍愚誠，聽臣微志。」

㈢假借爲「驕」，驕傲。《聊齋誌異・促織》：「蟲翹然矜鳴，似報主知。」

㈣驕傲的人愛誇耀自己，故由驕傲引申爲誇耀。如「自矜自是」。歐陽修《賣油翁》：「公亦以此自矜。」

㈤通「鰥」，讀ㄍㄨㄢ，年老無妻的人。《詩經・大雅・烝民》：「不侮矜寡，不畏强御。」《禮記・禮運》：「矜寡孤獨廢疾者皆有所養。」

六、分

㈠ㄈㄣ

1、分開，分裂。三國蜀，諸葛亮《出師表》：「今天下三分，益州疲弊，此誠危急存亡之秋也。」

2、離開，分散。《莊子・漁父》：「嗚呼！遠哉，其分於道也。」《莊子・達生》：「用志不分，乃疑於神。」

3、分配，分給。《左傳・莊公十年》：「衣食所安，弗敢專也，必以分人。」

4、區別，分辨。《論語・微子》：「四體不勤，五穀不分。」

5、半，一半。《水經注・江水》：「自非亭午夜分，不見曦月。」

6、節候名。春分，秋分。《左傳・昭公十七年》：「日過分（春分）而未至（夏至）。」

7、表示分數。（孫子・謀攻》：「殺士三分之一而城不拔者，此攻之災也。」又表示十分之一。清・袁枚《祭妹文》：「前年予病，汝終宵刺探，減一分則喜，增一分則憂。」

8、量詞。長度單位。十釐爲一分，十分爲一寸。明・魏學洢《核舟記》：「舟首尾長約八分有奇。」

㈡ㄈㄣˋ

1、整體中的一部分。亦作「份」。如「股分」。《警世通言・趙太祖千里送京娘》：「將賊人車輛財帛打開分作三分。」

2、本分，應盡的職責。三國蜀・諸葛亮《出師表》：「此臣所以報先帝，而忠陛下之職分也。」引申爲職業。《禮記・禮運》：「男有分，女有歸。」

3、素質。如：「天分」。三國魏・劉邵《人物志・英雄》：「夫聰明者，英之分也。」

4、情誼，情分。三國魏・曹植《贈白馬王彪》詩：「恩愛苟不虧，在遠分日親。」

5、料到，料想。《漢書・蘇武傳》：「自分已死久矣。」文天祥《正氣歌》：「一朝蒙霧露，分中溝中瘠。」

七、歸

㈠返回，回來。《後漢書・列女傳》：「一年來歸。」《木蘭詩》：「壯士十年歸。」

㈡歸還。《史記・廉頗藺相如列傳》：「城不入，臣請完璧歸趙。」袁枚《黃生借書說》：「而其歸書也必速。」

㈢歸附，歸向。《史記・魏公子列傳》：「士以此方數千里爭往歸之。」范仲淹《岳陽樓記》：「微斯人，吾誰與歸？」

㈣歸聚，趨向。《資治通鑑・漢獻帝建安十三年》：「衆士仰慕，若水之歸海。」

㈤指女子出嫁。《詩・周南・桃夭》：「之子于歸，宜其室家。」明歸有光《項脊軒志》：「余既爲此志，後五年，吾妻來歸。」《禮記・禮運》：「男有分，女有歸。」

㈥歸宿，結局。《周易・繫辭下》：「天一同歸而殊途。」

㈦音ㄎㄨㄟˋ，通「饋」，贈送。蘇軾《留侯論》：「勾踐之困於會稽，而歸臣妾於吳者，三年而不倦。」

八、選

㈠選擇。《禮記・禮運》：「選賢與能，講信修睦。」

㈡被選中的人或物，亦指傑出的人才，如「一時之選」。《禮記・禮運》：「禹、湯、文、武、成王、周公，由此其選也。」

九、刑

㈠刑罰，刑法。如：「徒刑」、「死刑」。《商君書・賞刑》：「故禁奸止過，莫若重刑。」

㈡特指舊時官吏對受審人逼供的摧殘肉體的手段。如：「嚴刑逼供」。

㈢懲罰，加刑。《史記・陳涉世家》：「當此時，諸郡縣苦秦吏者，皆刑其長吏，殺之以應陳涉。」又《項羽本紀》：「夫秦王有虎狼之心，殺人如不能舉，刑人如恐不勝，天下皆叛之。」（《鴻門宴》）

㈣殺。南朝梁・丘遲《與陳伯之書》：「刑馬作誓。」

㈤通「型」。鑄造器物的模子。《荀子・强國》：「刑範正，金錫美，工冶巧。」

㈥通「型」。法式，典範。《詩經・大雅・蕩》：「雖無老成人，尚有典刑。」引申爲示範，作榜樣。《孟子・梁惠王上》：「刑於寡妻，至於兄弟，以御於家邦。」

㈦通「型」。以之爲準則，效法。《禮記・禮運》：「刑仁講讓。」講讓：講求謙讓。

十、殃

㈠禍害，災難。《荀子・天論》：「受時與治世同，而殃禍與治世異。」《禮記・禮運》：「如有不由此者，在埶者去，衆以爲殃。」

㈡殘害，遭殃，使遭殃。如：「禍國殃民」、「城門失火，殃及池魚」。

肆、課文補充資料

一、創辦慈濟功德會的證嚴法師

西元一九六六年，正在花蓮新城鄉潛修苦行的證嚴法師，有一天和弟子到鳳林鎮一家私人醫院探望住院的信徒。當法師從病房走出，看見地上有一灘血，問明原委，才知道是豐濱鄉一位原住民婦女小產，由家人與鄰居用擔架抬了將近八小時才到醫院，但因繳不起保證金，醫院不肯醫治，只好被抬走而留下了那一灘令人鼻酸的鮮血。法師聽了痛心萬分，想不到貧苦人家竟然這樣悲慘，於是更加堅定了窮畢生之力，從事慈善濟貧工作的弘願。

同年農曆三月二十四日，證嚴法師結合了五位同修弟子及三十位信眾，成立「佛教克難慈濟功德會」，由三十位信眾每天節省五毛買菜錢開始，一個月有四百五十元，加上證嚴法師和弟子每天增產嬰兒鞋和製飼料袋的收入，以聚沙成塔的意志，從事濟貧救難的工作。「五毛錢也能救人！」這種信念很快的傳布開來，得到很多花蓮婦女參與。匯集的善款共二萬八千七百六十八元，長期救濟貧戶爲十五戶。西元一九八〇年一月，「慈濟功德會」爲因應發展需要，完成財團法人登記，正式定名爲「財團法人佛教慈濟慈善事業基金會」，以「誠、正、信、實」的精神，廣邀天下善士，同耕一方福田。

三十幾年來，慈濟會員由三十位發展到超過兩百萬，組織由花蓮本會發展到國內外各分會。「人多力大福也大」，捐款與日俱增，所濟助的國內貧病急難也早已超過百萬人次，每個月用於救濟金額高達一千餘萬元。慈濟的濟貧工作有一定的流程，可說相當嚴謹：

㈠提報個案：社會大衆人人如同觀音菩薩的千手千眼，一旦發現貧困急難個案，都可隨時反映給慈濟。

㈡訪查慰問：每一個案由訪視委員進一步探訪、處理，與當事人及鄰里居民做過親訪談後，提出評估報告。

㈢核發濟助：由負責訪查的委員和社工員，提案經全組討論及審核，議決發放濟助的對象和方式。

㈣追蹤複查：每隔一至三個月，由委員進行深入了解當事人的現況，如果情況惡化，就加强濟助，如已改善，則酌量減少或停止濟助，務期濟助對象能自力更生。

慈濟以慈善、醫療、教育、文化爲四大志業，發展到現在，「慈善」已由國內救助擴及到無數次的國際賑災；

「醫療」則有口碑極佳的綜合醫院、臨牀醫學研究中心和骨髓捐贈資料中心；教育方面先後成立護專和醫學院，並陸續設立慈濟獎學金；文化方面從發行刊物，成立出版社到製播廣電節目，成立大愛電視台，並舉辦各種弘法、公益活動由無數志工把慈濟精神帶到全台各角落，淨化民衆心靈、促進社會祥和，可說是居功至偉。三十多年來，慈濟已創造出愛的奇蹟，而這一切都是來自當初「五毛錢也能救人」的願力。

彷彿證嚴法師一發願，全台灣就開始動員。慈濟功德會一年可以募集將近四十億左右的善款。將近六千名分布在全省各地的委員組織，不管是企業大老闆或市場小菜販，爲了慈濟的事，他們可以一通電話，全體動員。

不到一百六十公分、身軀瘦弱的比丘尼，憑著什麼，驅動這「貪婪之島」的衆生，實踐出「共生大愛」的可能？

按：講「力惡其不出於身世，不必為己」時，可參考。

二、皇位繼承制漫談

(一)嫡長子制與奪嫡事件

皇位的繼承，從「家天下」開始，就爲帝王們所重視，普遍採用的是「嫡長子制」。這項制度規定：皇后所生的長子——「嫡長子」，才是當然的皇太子，皇位的合法繼承人。這樣做顯然是爲防止皇子間的爭奪。

夏、商二朝都有傳子制，但不詳所傳之子是否嫡長子。周之先世古公亶父有子三人：長名太伯，次名虞仲，幼名季歷。季歷生賢子姬昌。古公亶父想傳位於姬昌，揚言：「我世當有興者，其在昌乎？」太伯、虞仲深知，傳位於昌，須先傳位於季歷，自己如果不讓，季歷就不得立，於是相攜逃亡到遙遠的吳國。可見周朝嫡長子制已根深蒂固，帝王本人也不敢直接修改，而是靠旁敲側擊，寄希望於嫡長子的自覺退讓。

嫡長子制是一種硬性的規定，不僅束縛帝王本人的好惡，也妨礙有才能的皇子施展抱負，因而必然導致迭出不窮的「奪嫡」事件。上述古公亶父事就是一起和平的奪嫡事件。西周幽王寵愛妃子褒姒及其子伯服，廢皇后申氏與太子宜臼，結果舉國盡叛，犬戎起兵，身滅國亡，爲流血的奪嫡事件開了先例。

秦始皇不立太子。但他明顯偏愛長子扶蘇，使助大將蒙恬守邊立功，獲取政治資本。後來始皇暴斃，欲傳位於扶蘇，以書召之，未發而死。趙高扣住此書，聯絡丞相李斯，慫恿始皇少子胡亥奪嫡。於是矯詔賜扶蘇死，胡亥嗣位。

隋文帝立長子楊勇爲太子。勇不尚矯飾，好奢華，爲其母獨孤氏所嫉。次子楊廣久欲奪嫡，乘隙矯言飾行，屢進讒言，贏得獨孤氏的同情。隋文帝因此廢勇立廣。及隋文帝病重，廣劣迹漸彰，公然調戲隋文帝陳妃，隋文帝深爲後悔，急召勇。廣搶先殺隋文帝，「血濺屏風」。即位賜勇死。

唐高祖立長子李建成爲太子，又私許皇位於有創業大功的次子李世民，以致建成與世民不和。少子李元吉野心勃勃，欲助建成除掉世民，然後再除建成自己嗣位。三方磨刀霍霍，機關算盡。最後世民發動玄武門政變，殺死建成、元吉，自己作了皇帝。

(二)兄終弟及制與兄弟相殘

古代帝王放情縱欲，多不永年。皇子幼小嗣位，使貴戚大臣有弄權之機。爲使國有「長君」，產生了「兄終弟及制」。這項制度規定，帝王可在生前立長弟爲「皇太弟」，作爲皇位的合法繼承人。

兄終弟及制在夏朝就存在，商朝執行較爲普遍。周朝以後，由於帝王的私心越來越重，都想讓子孫世襲皇位，兄終弟及制很少執行；有之，也是出於無奈，且往往導致兄弟相殘之禍。

北齊文宣帝高洋，即位之初，立子高殷爲皇太子。高殷愚弱，諸叔强悍，高洋憂心忡忡。爲除後患，高洋曾以莫須有罪名殺死高浚、高渙二弟。及高洋暴病垂死，考慮到皇位終將爲諸弟所奪，便哀求長弟高演，說：「奪但奪，愼勿殺也。」結果高演沒有守約，高殷終於難免一死。高演在策劃廢殺陰謀之前，曾聯絡其弟高湛，並許諾：「事成以爾爲皇太弟。」及即位，立長子高百年爲皇太子，高湛極爲不滿。高演臨死，深知百年遠非高湛對手，爲換取百年的平安，決定傳位於高湛，並付手書列出條件：「百年無罪，汝可以樂處置之，勿學前人。」這個「前人」就是指他自己。誰知高湛即位，專以報復爲事，百般折磨百年，最後把百年殺死。

宋太祖趙匡胤從後周幼主手上奪得天下。其母杜太后臨終，告誡道：「使周氏有長君，天下豈爲汝有？汝百歲後當傳位於汝弟（指趙匡義）。」並命大臣趙普當面作誓書，藏之金匱，派專人看守，此後匡胤遵約沒有立長子德芳爲皇太子，但同時他也沒有立匡義爲皇太弟。這說明他仍懷有私心。直到臨終前他決定傳子，皇后遵旨命宮官王繼恩火速召德芳前來受遺詔。不料王繼恩原是匡義的耳目，他沒去通知德芳，卻給匡義送信。匡義飛快帶人闖進宮中病房，宮人看見燭影搖紅，聽到斧聲鑿鑿，不一會傳來匡胤死訊。匡義唯恐夜長夢多，連夜宣告即位。

按：講「大人世及爲禮」時，可補充。

伍、問題與討論

一、青少年問題日益嚴重，青少年犯罪率日益升高，政府、家庭與學校本著「幼有所長」的理念，應有那些措施？對此，請提出你的看法。

答：請同學自行發揮。

二、臺灣人口趨向高齡化，但合格安養院極度缺乏，許多獨居老人乏人照顧，晚景堪憐，這些現象與「老有所終」的理想相去甚遠。就此，請提出你的看法。

答：請同學自行發揮。

三、試就本文所述，比較「大同」與「小康」社會的異同。

答：大同、小康之比較

區分	大同	小康
總綱	大道之行也，天下爲公	大道既隱，天下爲家
政治制度	選賢與能，講信修睦	大人世及以爲禮，城郭溝池以爲固，禮義以爲紀
社會制度	人不獨親其親，子其子；使老有所終，壯有所用，幼有所長，矜、寡、孤、獨、廢、疾者，皆有所養。男有分，女有歸。	各親其親，各子其子
經濟制度	貨不必藏於己，力不必爲己	貨力爲己
結果	謀閉不興，盜竊亂賊不作，外戶不閉	謀用是作，兵由此起

四、「小康」之治不如「大同」，但並非全無可取，請你說出其可取與不如「大同」之處各爲何？

答：「小康」之治爲可取之處乃在於「禮義以爲紀」，有大家所共同遵循的規範，以維持社會的正常運作，使社會呈現穩定的局面。其不如「大同」之處則在於並非以「天下爲公」，所行所爲純就己身之利害加以考量，不論就所採取之措施，或所達成之效果，或所呈現之境界，皆遜色許多（可再引導學生自由發言討論。）

第二課

虬髯客傳

杜光庭

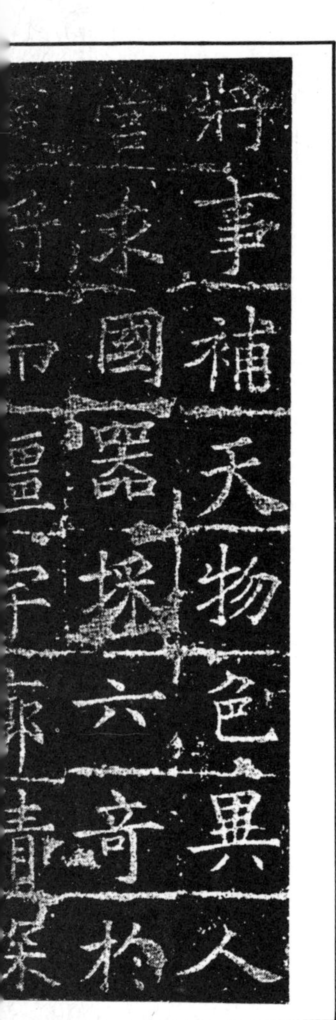

■李靖碑

壹、作者參考資料

一、文人道士杜光庭

唐五代時期，中國道教蓬勃發展。不僅道徒人數日漸增多，道教組織益加壯大，而且在道教理論方面的研究之風日熾。他們更加注意汲取儒釋之長，南北各派互相交融，出現了一大批卓有成就的理論家和學者，以《虬髯客傳》一文聞名的杜光庭便是其中之一。

杜光庭（西元八五〇～九三三年），字賓聖（一云賓至），號東瀛子。關於他的里籍說法不一：一說為括蒼（今浙江麗水）人；一說為長安人；一說為京兆杜陵（今陝西西安東南）人；一說為處州縉雲（今浙江永康縣）人，今學者多從此說。其主要生活時代，是在唐末五代之際。

杜光庭出身在一個世代書香的官宦家庭，其父以科舉入仕，為官清廉，長年不見升遷，僅以讀書吟詩自娛。他自知年事已高，不能有多大的作為，便把希望寄託在兒子身上。所以當杜光庭剛剛來到世上，就得了「光庭」這個名字。

杜光庭天資聰穎，少年時期勤奮好學，習讀經史，致力儒學，工於翰墨詩文。後來他在前蜀為政時，曾向蜀相徐光溥談到這段學習生涯，他說：「**余初學於上庠，書笈皆備，一月之內分日而習，一日誦經書，二日覽子史，三日學為文，四日記故事，五日燕閑養志，一月辛五日始，不五七年經籍備熟。**」（《十國春秋》）他惜時如金，又能循序漸進，所以學業踏實，進步很快。

唐懿宗咸通中，杜光庭懷著一舉成名天下聞的豪情壯志，從家鄉來到了京城長安，參加九經考試。考試放榜，杜光庭竟名落孫山，杜光庭面對落第的打擊，悲嘆交集，撫今思昔，慨然長嘆：「**古今感事傷心，驚得喪，嘆浮沈**」（《懷古今》，見《全五代詩》），於是打點行裝，敗興而歸，悄然回到家鄉。這時的杜光庭，也不過二十歲左右，正是風華正茂，但因仕途受阻，便棄絕凡塵入山學道去了。

杜光庭來到天台山，拜道士應夷節為師，為司馬承禎第五傳弟子（司馬承禎傳薛季昌，薛季昌傳田虛應，田虛應傳馮惟良，馮惟良傳應夷節），如從陶弘景算起，到杜光庭已是第八傳。此時，漢天師陶弘景所撰集的道門科教，因年歲已久，多已廢墜，杜光庭入道後，便廣泛搜集天下道書，進行研究整理。他以原來的儒學功底，考核眞僞，條理始末，足足費了八九年的功夫，終於又把廢墜多年的道門科教系統地呈於教壇。杜光庭艱苦卓絕的研究著述，深深贏得了道門的好評，他所整理的道門科教，從此便爲道流所遵行。由此，杜光庭的名聲便日著一日。

當時，長安城內有一道士名叫潘尊師，傳言道術極高，而且在教理方面頗有造詣，爲唐僖宗所重，與宮省往來頻繁，出入禁中。於是杜光庭不遠千里，再次奔赴長安，專門拜訪潘尊師。杜光庭幾經周折，終於見到潘尊師，並且「數遊其門」，成爲知交。他除了向潘尊師請教道家禮儀和道家經典的闡釋外，還談起了自己的打算，將所著書卷送其參閱。潘尊師一一細讀，並批注刪改。杜光庭綜合潘的見解，正式整理成文，留傳後世。

杜光庭對道教理論的貢獻，已經開始引起時人的矚目。唐僖宗朝的宰相鄭畋偶得其書，覽後大加贊賞，並以其文薦之於朝，得唐僖宗召見。唐僖宗賜以紫服象簡，令充麟德殿文章應制，爲內供奉。從此以後，他身價倍增，便經常以道教領袖的身分出入於禁中。時人盛贊其爲「**詞林萬葉，學海千尋，扶宗立教，天下第一**」。（《道藏》第三十二册）

中和元年（西元八八一年），黃巢作亂，攻破長安，唐僖宗入蜀避難。唐僖宗好道術，見蜀地道門衰落，甚感不快，於是召令潘尊師尋訪名道以振興國教。據《舊五代史》載：潘尊師奏稱，「**臣觀見兩街之眾，道聽途說，一時之俊即有之，至於掌教之士，恐未合應聖旨。吾於科場中識九經杜光庭，其人性簡而氣清，量寬而識遠，且困於風塵，思欲脫屣名利久矣，以臣愚思之，非杜光庭不可。**」（《舊五代史》卷一三六）其實，唐僖宗早在長安時便召見過杜光庭，對其人早有所了解，這次又有潘尊師極力推薦，唐僖宗便立即下旨，召杜光庭至成都，令其振宗興教、重振道風。杜光庭久蓄振宗立教之志，長期苦於不得施展，今逢唐僖宗如此相寵，正好乘機大展鴻圖。於是他抓住時機，在蜀地四處布教，道教得以迅猛發展，出現了前所未有的興旺景象。據《青城山記》記載：「**僖宗幸蜀之年，在山中修靈寶道場，行羅天大醮，神燈千餘，輝灼林表。**」足見當時道教在蜀地之興盛。不久，黃巢作亂遭鎮壓而失敗，唐僖宗重返長安。而杜光庭則繼續留居四川，且辭去所有官職，徑去青城山白雲溪潛心修煉，繼續從事道教理論的研究和其他寫作活動。

隨著藩鎮勢力的日益膨脹，唐皇朝全面崩潰，幾與後梁朱溫、吳越錢繆相繼稱帝的同時（西元九〇七年），王建也在四川稱王，建立了前蜀政權。王建聞知杜光庭博學多識才華出衆，又召其出山入朝輔政。杜光庭進朝後，深得王建賞識，命爲太子元膺之師。杜光庭身爲皇子師，在前蜀政權中的地位更加顯赫了。常常與王建同出入，共遊玩，利用所學，點撥這個馬上天子。王建對無事不知的杜光庭佩服得五體投地，把他看成自己政權的希望，聲稱：**「昔漢有四皓，不如吾一先生足矣。」**（《道藏》第五册）

但是很快，杜光庭就感到自己來到成都的所作所爲與自己最初想要弘揚道教、研習道理的想法完全相左。日夜不斷的遊宴、答對、應酬，幾乎消耗了他全部的精力，昔日青城山閑雲野鶴般的生活令他留戀回味，但他此時已是六十多歲的老人，行走不便，加上煩瑣的塵事令他無以脫身。一個天性無羈、投心自然的靈魂，多麼想回歸松林青石呀。

西元九一三年，太子元膺襲殺太子少保唐襲，王建調兵鎮壓，元膺敗死，杜光庭以皇子師的身份受到株連。杜光庭爲王建寵信，很早就引起了張格等人的嫉妒，於是乘機渲染彈劾，杜光庭也落得乘機引退。

皇太子元膺以謀反被誅，王儲之事便暫時擱淺。由於王建寵幸的徐妃從中活動，拉攏張格等人，遂立徐妃所生的宗衍爲太子。西元九一八年六月，王建病死，王衍繼位，是爲前蜀後主。

王衍是王建最小的兒子，因年齡尚幼，自即位開始，就不親聞政事。他沒有繼承王建任何爲政的本領，唯一不亞於其父的就是更加崇信道教，到處修設道觀，供奉老君，相信只要有太上老君的幫助，國家就會不治而治了。因此，在王衍時期，德高望重的道教領袖人物杜光庭，又再次受到重視。

王衍把政事交給宋光嗣、歐陽晃等宦官辦理，自己遊山玩水，醉酒歡歌。從乾德元年（西元九一九年）至乾德三年（西元九二一年）五月，花了整整兩年多的時間，修成了一座皇家大花園——宣華苑。

杜光庭見王衍如此崇奉道教，不顧年老體弱，親自參加宣華苑的修建工程。苑中的許多建築，都帶有濃烈的道教神化特點。如有太清殿、延昌殿、會眞殿、清和宮、迎仙宮等等；池中心有一小島，島上建有象徵三神山的重光殿、蓬萊亭、丹霞亭，土木之工，窮極奢巧。

王衍的大部分精力，都耗費在這座大苑內，杜光庭作爲前朝元老，被封爲傳眞天師，崇眞館大學士，常常是王衍的坐上客，傳經講道，設醮修齋，將道教推到了與皇權同尊的地位。前蜀尹鶚的《滿宮花》詞云：

月沈沈，人悄悄，一炷後庭香裊。風流帝子不歸來，

滿地禁花慵掃。　離恨多，相見少，何處醉迷三島。漏清宮樹子規啼，愁鎖碧窗春曉！

杜光庭在王衍的支持下，和他弘揚道教的事業一起，走進了道教發展的極盛時期。但是，隨著中原李存勖後唐的興起，杜光庭和他所依靠的王蜀政權，也同時迫近了日落黃昏。西元九二五年底，後唐大兵壓境，前蜀軍無力抵抗，短短七十天，前蜀就滅亡了。

失去依靠的杜光庭，像一葉浮萍，浪迹天涯。最後又回到青城山，重新過起了與世隔絕的隱居生活。此時他已無力著述，只能偶與門人口授經典。長興四年（西元九三三年）的一天，他對門人說：「青城山正在修建眞宮，工程尚未完成，可惜我不能親見了，昨晚我夢到朝拜上帝，上帝要我作岷峨主司，恐怕我將不久於人世了。」第二天，他在天隆堂披法服，作禮辭，突然趺坐而化，面含微笑，顏色不變。一個道教理論的無冕之王，就這樣與世長辭了，享年八十四歲。

杜光庭一生經歷了幾個朝代，雖也幾度出山輔佐朝政，但始終以「扶宗立教」爲己任。他四方布教，壯大了道教組織；著書立言，充實了道教理論，切切實實地推動了道教的發展。特別是他在道教理論方面的貢獻，不僅在當時直接作用於道教的發展，而且對後世的影響也是非常深遠的。應當說，他在中國道教史上也是一位舉足輕重的人物。

杜光庭一生的精力主要用於寫作，特別是隱居青城山時，更是集中全部精力闡揚教理著書立說。他著述頗豐，所涉領域極廣，除有關道教理論的研究之外，尚涉哲學、文學和醫學等諸多方面。他一生之著作，據不完全的統計，共有三十種、二百七十餘卷（收入《正統道藏》的有二十七種；收入《全唐文》的有三百二十篇。兩書所收間有重複）。言其著作等身，絕非溢美之詞。他的這些著作，不僅大大地充實了道教的理論寶庫，而且對所涉其他文化領域的貢獻也是非常突出的。

杜光庭在文學方面的造詣也是很深的，其創作體裁不拘一格，詩歌、散文、小說等無所不善。而其社會影響較大的還是小說創作，在其諸多小說作品中，又以《虬髯客傳》最爲著稱。

貳、課文參考資料

一、「傳奇」釋名

王國維以爲「傳奇」之名，自唐至明凡有四變，略分述於下：

㈠傳奇之名始見於唐

傳奇的名稱，最早見於唐，裴鉶有《傳奇》三卷，但內容俱屬小說。《南詞敍錄》云：「裴鉶乃呂用之之客，用之以道術愚弄高駢，鉶作傳奇，多言仙鬼事諂之，詞多對偶，借以為戲文之號，非唐之舊矣。」

㈡宋傳奇代指諸宮調

宋朝所謂的傳奇是指諸宮調而言，《夢梁錄》云：「說唱諸宮調，昨汴京有孔三傳，編成傳奇靈怪入曲說唱。」周密《武林舊事》卷六也有「諸宮調傳奇」字樣。

㈢元傳奇為元雜劇

元人則以元雜劇爲傳奇，《錄鬼簿》所著錄者均爲雜劇，而簿中稱之爲傳奇，如云：「前輩已死名公才人，有所編傳奇行於世者。」

㈣明傳奇為南戲專稱

明代傳奇成了南戲的專稱。《永樂大典》中《小孫屠》戲文開場有云：「後行子弟，不知敷衍甚傳奇？」還有《哪吒令》戲文有云：「這一本傳奇《周索太尉》，這一本傳奇是《崔護覓水》，這一本傳奇是《秋胡戲妻》，這一本傳奇是《關大王獨赴單刀會》，這一本是《馬踐楊妃》。」但明人如沈璟《北九宮譜》之類，則以長的戲曲爲傳奇，似乎對於傳奇與雜劇的界線，仍未分明。直到清乾隆間，黃文暘編《曲海目》，才正式把戲曲分爲雜劇與傳奇兩類，由此之後，傳奇又成爲明清戲曲的體裁之一。

二、唐代傳奇興盛的原因

㈠社會型態的轉變

唐代傳奇的產生和發展，與唐代城市經濟的繁榮有密切的聯繫。從唐初到開元，天寶年間，社會比較安定，得到迅速的恢復和發展，城市經濟得到了發展，出現了一些像長安、洛陽、揚州等以消費爲中心的大都市。在這些地方不但聚集了不少達官貴人與富商大賈。同時小商販、手工業者，知識分子紛紛湧向城市。於是適應市民需要的各種文化娛樂行業，也相繼出現了，傳奇正是一種滿足市民文化娛樂要求的產物。

㈡小說自身的發展

魏晉南北朝小說雖然不夠成熟，但也積累了不少藝術經驗，提供了不少題材，可資唐人小說作家的借鑑。六朝志怪爲唐代傳奇的產生作了準備，志怪的題材和表現手法，被唐代的傳奇作者所承襲而有所發展。

㈢唐代其他文體的影響

唐代「古文運動」的成功，對小說具有十分明顯的積極作用，幫助傳奇擺脫了前期駢偶化的形式主義傾向，確定了傳奇用散文體寫作的方向。而中唐時期最優秀的小說作者，大多是「古文運動」的積極參與者，他們又是散文詩歌的高手，這樣一來使得唐人小說不僅用了不少詩歌、詩句，而且有許多富於詩意的文句和情節，使小說更富於藝術韻味和美感。此外，詩歌與小說有時是相輔而行，如白居易寫了《長恨歌》，陳鴻就寫了《長恨歌傳》；楊巨源寫了《崔娘詩》、李紳又寫了《鶯鶯歌》，而元稹就寫了《鶯鶯傳》；元稹寫了《李娃行》，白行簡就寫了《李娃傳》，這也促使了小說與詩歌的結合。

㈣講唱文學的影響

帶有市民文學色彩的講唱技藝的發展，給小說注入了新的因素。唐代由於手工業、商業的發達，國際貿易的興旺，出現了市民階層；適應市民階層愛好的講唱文藝應運而生。其中變文、說話兩種文藝形式影響著小說的內容和形式。如《遊仙窟》、《柳氏傳》、《周秦行紀》等篇那種散韻夾雜的文體，正是變文的藝術形式；而白行簡的《李娃傳》的故事更直接來源於《一枝花話》。

㈤佛道二教的發達

唐代是佛道二教的黃金時代。韓愈力排佛、老，終致被貶潮州，尤爲佛教勢力得勝的最有力證明，從唐傳奇的結構布局也可見佛教文學的啓發，佛經體裁的特點如散韻合體及韻文歌唱部分乃重複散文敍述部分等，都可以在唐傳奇中找到模擬的痕迹。如散韻合體的《鶯鶯傳》，及《長恨傳》之解說《長恨歌》等，都是佛教小說流行下的產物。

另外，唐代的國姓是李，和老子爲本家，於是唐高宗竭力推崇老莊思想，列《道德經》與《莊子》爲士子必讀之書，而使道教和道家思想盛極一時，於是道士成爲社會上的特殊階級，像《枕中記》和《南柯太守傳》正是受道家思想影響的代表作品。

㈥藩鎮的專橫跋扈

唐代因府兵制度的崩潰，外族的入侵，原有土地法被破壞等原因，造成藩鎮制度的成立。自安史之亂後，武將擅兵，藩鎮跋扈，爲害地方。這些人往往奪人財貨，劫人妻女，有時爲了私人恩怨，甚至各蓄死士以從事暗殺勾當。人民在這些武力的脅迫下，便企求除暴安良的義俠出現，這種嚮往無形中便反映到傳奇作品裡，刺激了俠義類傳奇的產生。

㈦科舉的影響

唐代科舉取士，重視文學。在各科中，考試詩賦雜文的進士科最受重視。士人應試之前，常以所作詩文投獻名公巨卿，以求稱譽，擴大社會名聲，爲考中進士科創造條件，當時稱之爲「行卷」。傳奇文也常用作「行卷」。宋趙彥衛《雲麓漫鈔》說，「唐代士人行卷，逾數日又投，謂之『溫卷』，如《幽怪錄》、《傳奇》等皆是也。」傳奇以敘事爲主，文體近於野史，中間常常穿插詩歌韻語，結尾綴以小段議論，即所謂「文備眾體」。唐代後期傳奇專集產生頗多，大約同這種「行卷」、「溫卷」風尚有關。但趙彥衛的說法，在唐宋文獻資料中缺乏有力佐證，因此也有一些研究者對此說法表示懷疑的。

三、唐傳奇的特質

唐傳奇是在六朝志怪小說的基礎上發展起來的，但與志怪小說相比已有明顯進步。

㈠在題材內容上

志怪主要記鬼神怪異之事，傳奇雖也傳寫奇聞，卻大多取材於現實生活。

㈡在寫作態度上

志怪把怪異作爲事實來記載，並不是有意識地創作小說，唐人寫傳奇才開始了有意識的小說創作。

㈢在表現技巧上

唐傳奇在結構、語言、情節以至人物塑造等方面都有不少新的開闢和創造。因此，唐傳奇的出現是中國小說史上的一大飛躍，標誌著中國小說進入成熟階段。

四、《虬髯客傳》的寫作背景和影響

《虬髯客傳》講的是唐朝開國元勳李靖出世時的一段傳奇故事，唐史上確有李靖其人。他是唐初著名的軍事將領，曾南征吳地，北平突厥，爲唐王朝建立，立過不少汗馬功勞。唐太宗李世民非常器重他，許其爲「一代楷模」，封衞國公。

關於他的名字和事迹，還在他在世時，便已是婦孺皆知了。但是隨著時間的流轉，有關他的傳說便摻進了許多附會演義的成份，特別是在道教盛行的年代，這些附會演義便很自然地和道教掛上了勾，有些傳說，竟編進了道教典籍。據道籍所載，李靖年輕時，曾於華山遇一仙翁，而且仙翁那時就曾預言過他日後的仕途；後來他法力無邊，竟能代替海神行雨，但在行雨過程中，因將神瓶中的仙水多灑了二十滴，結果在人間釀成了一場特大水災。這樣的傳說還有不少，《虬髯客傳》中的李靖，巧遇虬髯俠客的故事，實際上也是這類傳說的餘緒。

故事雖屬虛構，但卻眞實地反映了唐朝末年人民對盛唐年代的嚮往。唐朝末年，封建割據，兵戰連年，致使生靈塗炭民不聊生。人民生活在朝不保夕惶惶不可終日的情況下，自然對當年「貞觀之治」的清明世道，寄以追念之情，人民渴望能有像李靖這樣的英雄重新出世，以重整山河救民於水火之中。《虬髯客傳》正是從這一社會現實出發，來刻畫李靖這位英雄形象的。

《虬髯客傳》問世以後，社會各界爭相傳閱，反響不同一般，它膾炙人口風靡一時，一直流傳至今。元朝凌濛初據以改編成雜劇《虬髯翁》，從那以後李靖等三位俠客的形象便走上了舞台，且成了傳統劇目千年久演不衰，所以《虬髯客傳》的影響也就越來越大了。另外，元人張鳳翼和張太和還改寫成《紅拂記》，清朝大畫家任伯年又依其繪成《風塵三俠圖》。

五、《虬髯客傳》賞析

《虬髯客傳》中的虬髯客、李靖和紅拂女，在後世被稱作「風塵三俠」。在文人的著述和民間的口碑中都頗具影響。把這三個在歷史上虛虛實實的人物結合成一個羣體，這當然是《虬髯客傳》作者的藝術創造。

「風塵三俠」是一個奇異有趣，在藝術上頗爲成功的組合。李靖，唐代開國功臣，熟諳兵法的名將，封衞國公，位極人臣，在唐代是婦孺皆知的名人。李靖在小說中登場時正當隋末天下大亂，他出身布衣，一貧如洗，但儀形軒昂，難得的是滿腹經綸，並懷抱濟時淑世之心。他是隋末大動亂之際的一位「奇特之才」。李靖是歷史上實有的人物，小說中對他的描寫大多出於虛構，而且盡量往奇人奇事方向開掘。但整體而言，小說中的李靖仍然不脫風度凝重的書生本色，有著沈厚內向的性格，還帶著唐代開國功臣的影子和痕迹。

紅拂女顯然不同。她是一個在史籍中並無蹤迹可尋，卻是在隋末動亂的社會中培育出來的，事迹驚世駭俗的奇女子。這個十八、九歲，宛若天仙的麗人，大概出身微賤，因而在隋朝司空楊素府中當歌妓。但她强烈追求自由、幸福的愛情生活，把豪門權貴看作是行屍走肉，投以極度鄙夷不屑的眼光。她見識超羣，豪爽潑辣，毫無忸怩的小兒女態。這個奇女子的最不凡處在於能慧眼識人，而且認定了，便堅決果敢，毫不猶豫地付諸行動。紅拂女在「風塵三俠」中，在小說全部的情節結構中是一個關鍵性的中介人物。她首先以慧眼賞識李靖於布衣風塵之中，甘冒風險，私奔相投。然後引出二人避地太原的情節轉折，而卻在途次留宿靈石時邂逅了虬髯客。在小說中，我們可以看到，當虬髯客脫略形迹，放肆無忌且以傲慢不遜的態度與二人周旋時，李靖蘊含怒氣，並有躍躍欲試的發作之意。卻又是紅拂女，她又一次的慧眼識英雄，示意李郎，與虬髯客三人結拜定交。中國古代婦女沒有獨立的政治、經濟地位，她們往往「**絲蘿不能獨生**」，只好依托「喬木」而生長。她們能否找到「喬木」，抑或依托的只是「灌木」或「叢莽」，在某種意義上說，便取決於她們的眼光見識了。爲什麼古代對婦女的評價常常不是以抱負、功業、文才、武略作標準，人們欽羨地注視著她們的慧眼識人，此中便露出了端倪。大觀園中林黛玉的《紅拂》詩就這樣寫道：「**長劍雄談態自殊，美人巨眼識窮途。尸居餘氣楊公幕，豈得羈縻大丈夫！**」其特別著重處也就在「美人巨眼識窮途」而已。

虬髯客在小說中是作者經意刻畫的第一主角。這位滿臉火紅的絡腮鬍鬚、乘一頭劣驢、中等身材的豪客，除「赤髯而虬」之外，形狀也並不起眼。與其人有志圖謀王霸之業，胸襟豪偉卓異，性格剛腸疾惡，行迹宛如神龍見首不見尾，且富比王侯，胸羅甲兵，知大體，識時務的種種卓犖不凡，形成一種小說美學中的「反差」。如果說「風塵三俠」中，李靖原是歷史上實有的英傑，紅拂女便是動亂生活中湧現出來的女中英傑，而虬髯客在傳奇中卻帶著神祕超人的色彩。他在某種程度上超越了歷史，也超越了生活，如同晚唐傳奇中昆侖奴、紅線女、聶隱娘之流的劍俠，顯示了獨特的風貌。虬髯客是「童話」中的人物，不過這類童話不是給孩子，而是給成年人看的。「風塵三俠」由一位英偉凝重、器宇不凡的書生，一位識見超羣、美麗絕倫的歌妓，一位橫行江湖、寄迹風塵，而又想英雄趁時，扭乾轉坤的豪客結合而成。他們相逢多奇遇，結交尚意氣，形成了情性相投、抱負相同，但對比度極高，性格反差鮮明的藝術羣體。《虬髯客傳》中的三個主要角色身上分別體現了歷史的質感、生活的實感和一種朦朧閃爍的神祕感。這在唐代傳奇中，既不同於現實感强烈的《李娃傳》、《鶯鶯傳》、《霍小玉傳》，又有別於《柳毅傳》、《南柯太守傳》和《紅線》的超現實、非人間。《虬髯客傳》自是別張一支異軍之幟。

《虬髯客傳》以隋末天下紛爭，羣雄競起作爲背景，奇特而曲折地展開其獨出機杼的故事情節——即以文中主要人物「風塵三俠」的聚合離散爲線索，鑄成一個環環緊扣，漸次深入的鏈環式結構，使人物在情節的依次展開中登台亮相，又在情節鏈環的相互撞擊中生出灼目的光彩。

「三俠」之中率先出場的人物是李靖，他「布衣上謁」當朝重臣，並直指其過：「天下方亂，英雄競起。公為帝室重臣，須以收羅豪傑為心，不宜踞見賓客。」一語驚人，不僅表現李靖的遠見卓識，而且顯示了他不畏權貴的剛直，當然，也見其胸中謀略，其日後爲人重臣，自是必然了。李靖的這一出場，不僅讓楊素爲之一震，亦驚動了一位佳麗——楊府歌妓紅拂。於是才引出了紅拂女夜奔李靖，二俠爲風塵知己的一段良緣。「絲蘿非獨生，願托喬木」，好一個英俊瀟灑的女俠，出口不凡，也算得上石破天驚了。這在封建的婚姻制度下，女子自尋夫婿已爲社會不容，而竟私奔之，不僅大膽，而且具有一種野性的挑戰神態。紅拂與李靖相會後，又匆匆逃出西京，遂引出投宿靈石旅舍，巧遇虬髯客的情節。

虬髯客的出場不同凡響，有先聲奪人之勢：「忽有一人，中形，赤髯如虬，乘蹇驢而來，投革囊於爐前，取枕欹臥，看張梳頭。」一個狀貌奇特的漢子突然出現，本來就使在逃的李靖夫婦平添一層緊張，再加上他進門後招呼不打一個，便斜躺著看美女梳頭，這乖張冒昧的行爲，不由不引起李靖的憤懣和紅拂的不安。這使三俠一相聚，就處在一種極富戲劇性的矛盾衝突之中。而風塵三俠的各自性格恰恰在這矛盾的微妙發展中，閃現出了各異的光彩：

李靖這時對虬髯客的舉止十分不悅。但想到自己身爲逃犯，不知他的底細，斷不敢魯莽，因此强捺怒火，暗自思忖應付的辦法，表現爲「公怒甚，未決，猶親刷馬。」這一生怒而能制怒，依然舉止安詳地做事，以待時機的細節，極生動地表現出李靖做爲有識之士的深沈與冷靜。虬髯客這時的冒昧乖張，則恰恰反映出他那不拘禮節，豪放無羈的俠客性格。紅拂在這突起的波瀾中，應對自如，始終掌握著主動。她作爲一名經多見廣的歌妓，並不因虬髯客的盯視而慌亂，相反，她「熟視其面，一手握髮，一手映身搖視公，令勿怒」，她不但敢於從容仔細地打量面前的不速之客，還想到暗作手勢以安定李靖，並巧妙地借同姓之由，與虬髯客結拜爲兄妹，憑她的聰慧機敏，終使「風塵三俠」得以在靈石店中歡顏相會。女俠紅拂的曠達豪爽，又心細如絲的性格特點，也在這矛盾的發展中充分地顯現出來。

三俠相聚後，相隨去太原尋訪李世民。這是他們結識後的重要活動，也是他們最終選擇各自道路的關鍵。特別是對懷有亂世之中起宏圖，成帝王霸業的虬髯客來說，這更是決定前途方向的關鍵。當他在李靖的幫助下初見李世民，雖被李世民的外貌所折服，但並未輕易地放棄圖帝王業的志向，而是偕「道兄」再訪世民，直到道兄以棋局「全輸……救無路矣！」做暗示後，他方認定李世民爲「眞命天子」，遂盡棄前念，改謀去海外另立霸業。

虬髯客志向的改變，使三俠由結合又變爲離別。相別之時，虬髯客邀李靖夫婦入宅作客。這時李靖夫婦方知他原是富比王侯的巨賈，爲圖帝業，他早已做了精心的準備。虬髯客也直言道出了他對「今既有主，住亦何為？太原李氏，真英主也。三五年內，即當太平」的感嘆，以及對李靖夫婦寄予的厚望：「李郎以奇特之才，輔清平之主」、「一妹以天人之姿，蘊不世之藝，從夫之貴，以盛軒裳。」並將自己的全部家產贈予李靖。然後與其妻「乘馬而去，數步遂不復見。」這三俠作別的場面淋漓酣暢地將虬髯客慷慨豪爽，英雄本色及善識時務的性格特徵，刻畫得異常豐滿生動。

細品小說中的人物性格，就覺故事情節曲折奇特。人物是從情節中自然而然地流出來的，小說情節環環相聯，絲絲入扣。李紅二人相識是鋪墊，三俠會面是小高潮，兩會李世民是故事的發展，也是人物性格的展開，而虬髯客散家中資財則是小說高潮，亦使人物性格越加豐滿，而結尾交代三俠各成其事，使之和書中三人命運暗相吻合，是故事的尾聲。而這三個人物正是從這一波未平，一波又起的情節中走出來的。

小說注重以人物的語言來展示人物的性格。且不說李靖進諫楊素的驚人之語，我們只看其與虬髯客初次見面時的對話，就足見作者藝術功力之深：「客曰：『觀李郎之行，貧士也。何以致斯異人？』曰：『靖雖貧，亦有心者焉。他人見問，故不言。兄之問，則不隱耳。』」虬髯之問直見性格的率直；李靖之答，足現其爲人之謹慎。又如紅拂女性格中除不同於一般女子的豪爽之處，亦表現出其身爲歌妓見多識廣，工於心計的一面。當李靖從楊府出走後，紅拂臨軒指吏曰：「『問去者處士第幾？住何處？』公具以對，妓誦而去。」紅拂夜奔之志，憑此兩問已定，所以當我們讀到夜有人叩李靖門時，知叩門者必爲紅拂，不知楊素老朽怎麼未能從這兩問中窺出紅拂心中之計。

除此之外，小說還注意人物的動作、細節描寫，多側面多角度地豐富人物性格。在靈石旅舍「客抽腰間匕首，切肉共食，食竟，餘肉亂切，送驢前食之，甚速。」這一「抽」足見其動作的乾淨、俐落。餘肉亂切送驢前的細節，又現出虬髯客那種狂放、旁若無人的神態。繼而，又食負心者心肝：「於是開革囊，取一人頭並心肝。卻頭囊中，以匕首切心肝，共食之。曰：『此人天下負心者，銜之十年，今始獲之，吾憾釋矣。』言訖，乘驢而去，其行若飛，回顧已失。」這幾段描寫，如疾風暴雨，直讓讀者目瞪口呆。通過虬髯客抽刀切餘肉食驢，開革囊，取人頭心肝，放人頭回革囊，又用匕首切心肝「共食之」這一連串的動作，除表現虬髯的「甚速」即果決外，又把他那種疾惡如仇，極爲野性的一面表現得淋漓如畫，而其乘蹇驢如飛的細節，就不無誇張了。無非是作者奇人顯奇事，豐富人物的傳奇色彩。小說以不長的篇幅，塑造了三個鮮明生動神態畢肖的藝術形象，使我們如見其人，這不能不說是作者的藝術功力所致。

六、隋煬帝幸江都

隋煬帝在位十三年，三次遊覽江都，其排場之大，耗費之巨，在歷代帝王中是少見的。江都，位於長江下游北岸，歷史上曾稱爲廣陵郡、青州、吳州等。隋文帝統一全國後改吳州爲揚州，隋煬帝大業元年（西元六〇五年）又改名爲江都郡。隋煬帝曾在揚州當過總管，當上皇帝後便一遊、再遊、三遊江都，最後被殺於江都。

隋煬帝於大業元年三月下令開運河（通濟渠），同時下詔命黃門侍郎王弘等人到江南造龍舟和各種船隻數萬艘，幾十萬人被徵調去造船，監造的官員十分嚴酷，許多民工勞累過度，死的人有十分之四、五，運載屍體的車子，東至成皋，北至河陽，絡繹不絕，前後相望。

大業元年八月，通濟渠剛挖好，龍舟等船隻也造好了。隋煬帝即從洛陽出發遊江都，令後院十六宮三千嬪妃、皇后和文武百官隨行，還有公主王侯、僧道尼姑等也隨行。煬帝坐的龍舟，高四十五尺，闊五十尺，長二百尺，有四層，上層有正殿、內殿、東西朝堂，是百官朝拜之處；當中二層，有一百二十間房間，全用金玉裝飾，供煬帝遊樂；下面一層給內侍住。皇后坐的船叫翔螭舟，有三層，裝飾與龍舟同。公主王公、文武百官和僧尼道士坐的船也各有名稱。還有衞士坐的船幾百艘。挽船的丁壯八萬多人，都是從各地徵調來的民夫；還有專門給皇帝皇后挽船的男女九千多人，叫殿腳，他們穿著錦彩長袍，拉著五顏六色的絲綢做成的挽繩，別有一番氣派。隋煬帝的船隊，前後綿延二百多里，船隊所過沿岸州縣，五百里內都要供獻珍饈美酒，食品多得吃不完，剩下的便丟在河岸邊或埋在土裡，可是許多窮苦的百姓卻餓得嗷嗷叫，許多農民被盤剝得一無所有，一些郡縣甚至強迫農民預交幾年的租稅，弄得許多人傾家蕩產。

七、楊素

楊素字處道（?～西元六〇六年），弘農華陰（今陝西華陰東）人。曾仕北周，官至司城大夫，加開府。楊堅為北周宰相，很器重他，任他為汴州刺史，以戰功任徐州總管、進位柱國，封清河郡公。隋朝建立後，歷任御史大夫、荊州總管、尚書右僕射，與尚書左僕射高熲共掌朝政。封越國公。隋文帝楊堅開皇十八年（西元五九八年），以靈州道行軍總管出塞抗擊突厥。文帝仁壽元年（西元六〇一年），任尚書左僕射。文帝對楊素言聽計從，貴寵無比，家僮數千，妓妾也以千數，第宅豪華奢侈，如同宮禁，權傾朝野。煬帝楊廣大業元年（西元六〇五年）任尚書令，拜太子太師。楊素雖屢建大功，但煬帝對其猜忌日甚，希其早死；其本人也自知品位已極，雖有病，不肯服藥，大業二年（西元六〇六年）死去。

八、李靖二三事

李靖（西元五七一～六四九年），本名藥師，雍州三原（今陝西三原縣）人。他的祖父李崇義，是後魏時的殷州刺史、永康公；父親李詮，是隋朝的趙郡守。李靖身材魁偉，容貌英俊，少年時就有文武才略，很有抱負。經常對他身旁親近的人說：「**大丈夫若遇主逢時，必當立功立事，以取富貴。**」他的舅舅韓擒虎是隋朝的著名大將，每次與李靖談論兵法時，總是感慨萬分，連連稱道：「現在可以在一起談論孫子、吳子兵法的人，除了李靖，再沒有第二個人了！」隋朝的開國元勳楊素也曾拍著自己的坐榻對他說：「將來你一定會坐到這兒的。」隋朝的吏部尚書牛弘也稱贊他是「王佐之才」。

隋大業十三年（西元六一七年），李靖擔任馬邑郡丞。李淵出擊突厥，李靖覺察到李淵有起兵反隋的動向，準備向隋煬帝楊廣告發，便前往江都，走到長安時，道路阻塞不通。李淵平定長安後，將要處死他時，他呼喊說：「你起兵是要爲天下除暴去亂，以成大事，爲什麼以私怨斬殺壯士？」秦王李世民也爲他說情，李淵便放了他，引爲三衛。隨從秦王平定王世充，以功升爲開府。

㈠兵貴神速

貞觀四年（西元六三〇年）李靖任李孝恭的副將，討伐盤據江陵（今湖北江陵）的割據勢力蕭銑。蕭銑以爲當時正是雨多的秋季，江水泛漲，三峽路又狹窄，李靖必不敢進兵，遂不設備。李靖部下諸將也主張水退後再進兵。李靖說：「兵貴神速，機不可失。今兵始集，銑尚未知，若乘水漲之勢，倏忽至城下，所謂疾雷不及掩耳，此兵家上策。縱彼知我，倉促征兵，無以應敵，此必成擒也。」於是進兵至江陵城下。蕭銑十分恐懼，始於江南征兵，果然沒有能趕到的。李孝恭率大軍繼進，李靖又敗蕭銑驍將多人，於是蕭銑請降。

㈡智退突厥

武德九年（西元六二六年），唐太宗剛即位，突厥四十萬大軍進至長安城北的渭水橋邊。唐太宗立即派驛馬召見李靖，詢問對敵策略。那時調集各州的軍隊還沒有趕到，長安城裡能當兵打仗的人不過幾萬。突厥派精騎衝擊挑戰，一天幾十次。唐太宗被激怒了，想要出擊。李靖卻主張把府庫裡所有的珍寶貨物都拿出來送給突厥，請求講和，暗地裡再發兵攔擊其歸路。唐太宗聽從了他的建議，大敗突厥軍，獲戰馬數萬匹，珍寶貨物也全部奪回。

㈢頡利成擒

貞觀四年（西元六三〇年），李靖破定襄，突厥頡利可汗大懼，遣使入朝謝罪，請舉國內附，但內心裡仍然猶豫不決，李靖揣知其意。唐太宗遣使者至突厥慰諭，李靖對將軍張公謹說：「詔使到彼，虜必自寬。」於是選精騎一萬自白道（在今內蒙古境內）襲之。張公謹說：「詔許其降，行人在彼，未宜討擊。」李靖說：「此兵機也，時不可失，韓信所以破齊也。」於是督軍疾進，距可汗牙帳十五里，突厥兵才發覺。頡利畏威先走，部眾因而潰散；李靖乘機大破之，擒頡利可汗。

九、拂

■拂塵

（據太原南郊唐墓壁畫）

拂，即拂塵。單稱「拂」。撣拭用物。有長柄，上繫以牛馬尾等長絲線，後宮中及富貴人家多用之。漢・徐淑《又報秦嘉書》：「今奉旄牛尾拂一枚。」唐・張祜《題靈隱寺師一上人十韻》：「朗吟揮竹拂，高楫曳芒鞋。」《紅樓夢》第十八回：「又有執事太監捧著香巾繡帕、漱盂拂塵等物。」《清會典圖・輿衛・拂塵》：「拂塵，用朱氂尾長二尺，結於木柄，柄長二尺一寸二分，圍一寸五分七氂，通髹以金，上飾鏤金龍二寸五分，銜小金環以綴拂。」

十、菟絲、女蘿

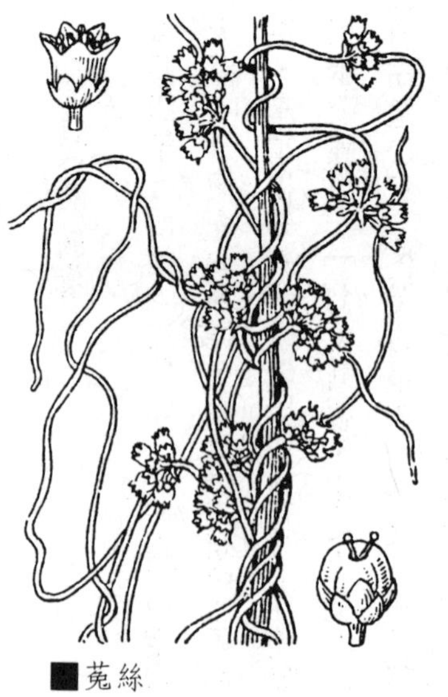

■菟絲

菟絲，草名。俗稱菟絲子。蔓生，莖細長，纏絡於其他植物上。花淡紅色。子可入藥。《詩・小雅・頍弁》：「蔦與女蘿，施於松柏。」毛傳：「女蘿，菟絲松蘿也。」《古詩十九首・冉冉孤竹生》：「菟絲生有時，夫婦會有宜。」晉葛洪《抱朴子・金丹》：「又可以和菟絲。菟絲是初生之根，其形似菟。」

女蘿，亦作「女羅」，即松蘿。多附生在松樹上，成絲狀下垂。《詩・小雅・頍弁》：「蔦與女蘿，施於松柏。」毛傳：「女蘿，菟絲，松蘿也。」一說亦泛指菟絲子。

參、語文天地

一、幸

㈠本義是意外地得到好處或避免災禍，即幸運、僥幸。杜光庭《虬髯客傳》：「今日多幸，遇一妹。」

㈡引申爲慶幸、幸虧。方聲洞《赴義前稟父書》：「幸有濤兄及諸孫在。」

㈢封建時代，以得到帝王寵愛爲幸運，所以又引申爲得到帝王寵愛。《史記・廉頗藺相如列傳》：「夫趙強而燕弱，而君幸於趙王，故燕王欲結於君。」

㈣帝王到來也被看作幸運的事，因而又引申爲帝王到來。杜光庭《虬髯客傳》：「隋煬帝之幸江都也，令司空楊素守西京。」

㈤意外地得到好處或避免災禍是人們的一種希望，故又引申爲希望。韓愈《祭十二郎文》：「教吾子與汝子，幸其成。」

二、踞、倨

㈠踞

1、踞，音ㄐㄩˋ，蹲，坐。杜光庭《虬髯客傳》：「賓客上謁，未嘗不踞牀而見，令美人捧出。」

2、通「據」。按著，靠著。宋・黃淳耀《李龍眠畫羅漢記》：「一人坐岸上，以手踞地，伸足入水，如測淺深者。」

3、通「倨」。驕傲。《抱朴子・行品》：「捐貧賤之故舊，輕人士而踞傲者，驕人也。」

㈡倨

1、倨，音ㄐㄩˋ。傲慢。《史記・廉頗藺相如列傳》：「今臣至，大王見臣列觀，禮節甚倨。」

・前倨後恭：起先傲慢，後來恭敬。形容勢利眼，前後截然不同的神態。貶義。《戰國策・秦策一》載：蘇秦在秦國游說失敗後回家，其嫂連飯也不給做。後來他在趙國做了大官，回家時嫂子見了立即跪拜在地。「蘇秦曰：『嫂何前倨而後卑也！』」西漢・司馬遷《史記・蘇秦列傳》作：

「何前倨而後恭也？」

2、通「踞」。蹲，坐。《史記・酈生陸賈列傳》：「沛公方倨牀。」

三、僭

㈠僭，音ㄐㄧㄢˋ超越本份。舊指下級冒用上級的名義、禮儀或器物。《公羊傳・昭公二十五年》：「諸侯僭於天子。」杜光庭《虬髯客傳》：「頗僭於上，末年益甚。」

㈡差失。《詩經・商頌・殷武》：「不僭不濫，不敢怠遑。」

㈢虛假，不真實。《左傳・昭公八年》：「小人之言，僭而無徵。」

四、揖、楫、輯、緝、葺、茸

㈠揖：音ㄧ，拱手禮。如「作揖」。

㈡楫：音ㄐㄧˊ，划船用的槳。如「舟楫」、「檣傾楫摧」。

㈢輯：ㄐㄧˊ，聚集之意。如「編輯」。

㈣緝：ㄑㄧ，搜捕。如「緝捕」、「通緝」。

㈤葺：ㄑㄧˋ，修補。如「修葺」。

㈥茸：音ㄖㄨㄥˊ，毛多細密的樣子。如「毛茸茸」。

五、頷

㈠頷，音ㄏㄢˋ，下巴。《莊子・列禦寇》：「夫千金之珠，必在九重之淵而驪龍頷下。」

㈡點頭。杜光庭《虬髯客傳》：「吏具以對，妓頷而去。」歐陽修《賣油翁》：「見其發矢十中八九，但微頷之。」

六、逆、逆旅

㈠迎、迎擊。蘇軾《留侯論》：「楚莊王伐鄭，鄭伯肉袒牽羊以逆。」《資治通鑑・赤壁之戰》：「遂以周瑜、程普為左右督，將兵與備並力逆操。」

「逆旅」，是迎止上賓客之處，即旅館、旅舍。宋濂《送東陽馬生序》：「寓逆旅主人，日再食。」李白《春夜宴桃李園序》：「夫天地者，萬物之逆旅。」

【辨析】

逆與迎同義。《說文》：「逆，迎也。關東曰逆，關西曰迎。」《方言》一：「逆，迎也，自關而東曰逆。」

㈡違背、觸犯。《孟子・離婁上》：「順天者存，逆天者亡。」《戰國策・魏策》：「而君逆寡人者，輕寡人與？」《史記・廉頗藺相如列傳》：「且以一璧之故逆強秦之歡，不可。」

㈢形容詞。方苞《左忠毅公軼事》：「逆閹防伺甚嚴。」

㈣副詞。預先、事先。諸葛亮《後出師表》：「至於成敗利鈍，非臣之明所能逆睹也。」韓愈《張中丞傳後敍》：「當二公之初守也，寧能知人之卒不救，棄城而逆遁？」

七、喬、喬木

喬，音ㄑㄧㄠˊ。形聲，從夭，高聲。

㈠高大的。如「喬木」、「喬松」。「喬木」亦作「橋木」。多年生木本植物。具有單一而明顯之主幹，上部分枝四展，組成龐大樹冠，地上部分可明顯分為樹冠與主幹兩部分。如楊、榆、松、杉、樟等。喬木以其高度不同可分為小喬木、中喬木及大喬木。又據冬季是否落葉有常綠喬木和落葉喬木之別。始載於先秦典籍。《詩・周南・漢廣》：「南有喬木，不可休思。」《詩經》：「出自幽谷，遷於喬木。」意謂自幽晦處升遷於高明處。後用「喬遷」賀人搬新居。

㈡改扮，裝扮。如「喬妝」，又作「喬裝」。例：「他喬裝成女郎，進入女子公寓行竊。」

八、屍居餘氣

屍居餘氣，又作屍居餘氣。語見唐・房玄齡等《晉書》卷一《宣帝紀》：「司馬公屍居餘氣，形神已離，不足慮矣。」這是曹爽部下李勝對曹爽講司馬懿近況時說的話。

魏景初三年（西元二四〇年）春正月，魏主曹叡病死，後事託於司馬懿和曹爽。嘉平元年，曹爽派河南尹李勝為荊州刺史，以探病為名探聽司馬懿的虛實。司馬懿為迷惑他，去冠散髮，裝病在牀，叫丫環進粥，故作不會喝，使粥流得滿胸。李勝拜見時說：「大家說太傅舊風發作，不想病重如此，今奉天子命為荊州刺史，特來拜辭。」司馬懿故意說：「年老枕疾，死在旦夕，現在你到并州，恐不復相見，就把司馬昭、司馬師託付給你了。」李勝說：「是去荊州，不是并州。」司馬懿又故意說：「你方從并州來，并州接近邊塞，可要好好戒備。」李勝說：「是漢上荊州。」司馬懿又故意錯亂其詞說：「你從荊州來去并州，可要好好建立功勳。」李勝信以為眞，退告曹爽說：「司馬懿這個老頭，已經是一具僵屍，只剩下了一口氣還活著罷了，形體與精神已經分離了，沒有什麼可以顧慮的了。」

曹爽聞訊便挾持曹芳出獵，謁明帝墓（曹叡墓），他的親信也隨往，準備就中行事。司馬懿在李勝走後，即令司馬昭、司馬師加緊準備，帶領家將數十，來見郭太后，說曹芳有詔令誅曹爽，並以太后命令司徒高柔行大將軍事，關了城門，佔據了曹爽營寨和武器庫，寫表向曹芳揭發曹爽篡位活動，迫使其交出了軍權後，又說他離間二宮，終夷三族。於是司馬氏篡奪了全國政權。

「屍居餘氣」，形容只剩下一口氣，如同死屍一般。《紅樓夢》第六十四回林黛玉《五美吟紅拂》中有句：「屍居餘氣楊公幕，豈得羈縻女丈夫？」這是說隋朝宰相楊素的侄妓紅拂在李靖與楊素議論時弊時，很賞識李靖的才辯，投奔他共去太原，參與了李世民的起義。林黛玉這句話是說，死氣沈沈的楊素幕府，怎能束縛住胸懷抱負的女丈夫？

「屍居」，原出《莊子・庚桑楚》：「吾聞至人，屍居環堵之室，而百姓猖狂，不知所如往。」庚桑楚傳為老子弟子，隱居畏壘山，山民要庚桑楚出來為百姓主事，庚桑楚批評山民不實行老子主張。後以「屍居」形容空占位置。

現用「屍居餘氣」，是誇張形容或挖苦飽食終日無所用心的人。

九、屨、履

(一)屨，音ㄐㄩˋ

1、麻、葛等製成的鞋。《孟子・滕文公上》：「屨大小同，則賈相若。」杜光庭《虬髯客傳》：「瞬息萬慮不安，而窺戶者足無停屨。」清・方苞《左忠毅公軼事》：「使史更敝衣，草屨，背筐，手長鑱，為除不潔者，引入。」

2、踐踏。《史記・季布欒布列傳》：「身屨軍搴旗者數矣，可謂壯士。」

(二)履，音ㄌㄩˇ。

1、鞋。《韓非子・外儲說左上》：「鄭人有欲買履者，先自度其足而置之其坐。」（《鄭人買履》）

2、穿鞋。《史記・留侯世家》：「父曰：『履我。』……因長跪履之。」漢・晁錯《論貴粟疏》：「乘堅策肥，履絲曳縞。」

3、踩，踏。如：「如履平地」、「履險如夷」、「劍及履及」。《莊子・養生主》：「手之所觸，肩之所倚，足之所履，膝之所踦。」（《庖丁解牛》）

4、引申爲登位。漢・賈誼《過秦論》：「履至尊而制六合，執敲扑而鞭笞天下，威振四海。」

5、實行，執行。《後漢書・呂强傳》：「宜履行其事。」

【辨析】

在鞋子這個意義上，「屨」與「履」同義。

十、闥

㈠闥，音ㄊㄚˋ。內門，小門。後泛指門，門戶。《詩・齊風・東方之日》：「彼姝者子，在我闥兮。」毛傳：「闥，門內也。」馬瑞辰通釋：「《傳》『門內』當為『內門』之譌。《文選》古詞《傷歌行》李善注引毛《傳》曰：『闥，內門也。』是其證矣。」王先謙集疏：「切言之則闥為小門，渾言之則門以內皆為闥，故毛《傳》但云『闥，門內也。』」《史記・樊酈滕灌列傳》：「噲乃排闥直入。」杜光庭《虬髯客傳》：「乃雄服乘馬，排闥而去。」

㈡內房。明文震亨《長物志・室廬》：「樓閣作房闥者，須回環窈窕。」清沈復《浮生六記・閨房記樂》：「若品論雲霞，或求之幽閨繡闥，慧心默證者固亦不少。」清朱錫《幽夢續影》：「雷者天之盛怒，宜危坐佛龕；霧者天之肅氣，宜屏居邃闥。」

十一、次

㈠次，第二，次一等。《孫子・謀攻》：「凡用兵之法，全國為上，破國次之。」

㈡按次序排列。《史記・陳涉世家》：「陳勝、吳廣皆次當行，為屯長。」

㈢處所，地方。晋・王羲之《蘭亭集序》：「引以為流觴曲水，列坐其次。」

㈣住宿。杜光庭《虬髯客傳》：「行次靈石旅舍。」

㈤指旅行或行軍途中的停留。《資治通鑑・漢獻帝建安十三年》：「操（曹操）不利，引次江北。」（《赤壁之戰》）

㈥表示次數。如：三番五次。《西遊記》第二七回：「既如此說，且饒你這一次。」（《孫悟空三打白骨精》）

十二、蹇

蹇，音ㄐㄧㄢˇ。

㈠跛足。杜光庭《虬髯客傳》：「忽有一人，中形，赤髯而虬，乘蹇驢而來。」明・馬中錫《中山狼傳》：「策蹇驢。」

㈡引申指跛驢或駑馬。唐・孟浩然《唐城館中早發寄楊使君》詩：「策蹇赴前程。」

㈢指騎驢。明・袁宏道《滿井遊記》：「紅裝而蹇者，亦時時有。」

㈣艱難，窮困。如「運蹇時乖」。蘇軾《病中大雪數日未嘗起……用其韻答之》：「詩人例窮蹇，秀句出寒餓。」

十三、敧

敧，音ㄑㄧ。

㈠傾斜，歪斜不正。唐白居易《新昌新居書事四十韻》：「簷漏移傾瓦，樑敧換蠹椽。」敧，一本作「欹」。清龔自珍《題鷺津上人書冊》詩：「腕僵爪怒習氣重，抑左伸右敧不寧。」杜光庭《虬髯客傳》：「取枕敧臥，看張氏梳頭。」

㈡通「倚」。倚靠、斜靠。唐劉禹錫《和宣武令狐相公郡齋對新竹》：「敧枕閑看知自適，含毫朗詠與誰同。」敧，一本作「欹」。

十四、衽

衽，音ㄖㄣˋ。

㈠衣襟，衣服前下擺。《論語・憲問》：「微管仲，吾其披髮左衽矣。」杜光庭《虬髯客傳》：「急急梳頭畢，斂衽前問其姓。」

㈡袖口。《廣雅・釋器》：「衽，袖也。」

㈢牀席。《論衡・訂鬼》：「故得病寢衽，畏懼鬼至。」

十五、銜

㈠馬嚼子。《說文》：「銜，馬勒口中也。銜者，所以行馬者也。」段玉裁注：「勒，馬頭落銜也。落謂絡其頭，銜謂關其口，統謂之勒也。其在口中謂之銜，銜以鐵為之，故其字從金。凡馬提控其銜以制其行止，此釋從行之意。」

㈡頭銜。白居易《閒行簡恩賜章服》：「官銜俱是客曹郎。」梁啓超《譚嗣同》：「皇上超擢四品卿銜軍機章京。」

㈢口含。歐陽修《秋聲賦》：「銜枚疾走。」范仲淹《岳陽樓記》：「銜遠山，呑長江。」

㈣懷藏在心中。李白《與韓荊州書》：「白每觀其銜恩撫躬，忠義奮發。」

㈤特指懷恨在心。杜光庭《虬髯客傳》：「此人天下負心者，銜之十年，今始獲。」《明史・海瑞傳》：「會高拱掌吏部，素銜瑞，並其職於南京戶部。」

十六、顧盼

㈠顧盼暉如，顧盼，看望。暉如，光亮貌。顧盼之間，神采非凡。杜光庭《虬髯客傳》：「俄而又皇來，精采驚人，長揖就坐，神氣清朗，滿坐風生，顧盼暉如也。」

㈡顧盼神飛，目光炯炯，神彩飛揚。《紅樓夢》三回：「第二個削肩細腰，長挑身材，鵝蛋臉兒，俊眼修眉，顧盼神飛，文彩精華，見之忘俗。」清・嶺南羽衣女士《東歐女豪傑》二回：「生得杏臉蜂腰，修眉俊眼，亭亭玉立，顧盼神飛，正從梅花小徑閃身出來。」

㈢顧盼生姿，顧盼：看、望。一回首，一注目，都有美妙的姿態。比喻眉目傳神。晉・干寶《搜神記》卷一八：「華見其總角風流，潔白如玉，舉動容止，顧盼生姿，雅重之。」亦作「顧盼生輝」。《二刻拍案驚奇》卷二二：「士有餘糧，馬多剩草。一呼百諾，顧盼生輝。此送彼迎，尊榮莫及。」

㈣顧盼自雄，顧盼：左看右看。自雄：自以為了不起。形容得意忘形的情態。清・紀昀《閱微草堂筆記・姑妄聽之》：「少年恃其剛悍，顧盼自雄，視鄉黨如無物。」亦作「顧盼自豪」。《民國通俗演義》三六回：「袁總統得此奇捷，未免顧盼自豪。」

十七、室如懸磬

磬：古代石製樂器，懸掛在架子上供敲擊。《國語・魯語上》：「室如懸磬，野無青草，何恃而不恐？」屋子裡空無所有。本指府庫空虛，後形容家境貧寒。漢・司馬徽《誡子書》：「聞汝充役，室如懸磬，何以自辦？」唐・白居易《十九息游墮》：「勞逸既懸，利病相誘，則農夫之心，盡思釋來而倚市；纖婦之手，皆欲投杼而刺文。至使田卒污莱，室如懸磬。」

十八、吁嗟

㈠吁，音ㄒㄩ，嘆息、嘆氣。如「長吁短嘆」。

㈡嗟，音ㄐㄧㄝ。

1、感嘆聲。《尚書·甘誓》：「王曰：『嗟！六事之人。』」

2、嘆息。唐·李白《扶風豪士歌》：「洛陽城中人怨嗟。」

3、讚嘆。三國魏·曹植《洛神賦》：「嗟佳人之信脩，羌習禮而明詩。」

4、表示呼喚。《尚書·秦誓》：「公曰：『嗟！我士，聽無嘩，予誓告汝。』」

㈢吁嗟，感嘆、嘆氣。杜光庭《虬髯客傳》：「言畢，吁嗟而去。」

十九、遄、踹、喘、湍、揣、惴

㈠遄：音ㄔㄨㄞˇ，迅速。杜光庭《虬髯客傳》：「靖策馬遄征，即到京。」。

㈡踹：音ㄔㄨㄞˋ，用腳踢開。如「踹了一腳」。

㈢喘：音ㄔㄨㄢˇ，急促地呼吸。如「喘氣」、「喘息」、「氣喘」、「苟延残喘」。

㈣湍：音ㄊㄨㄢ，急流的水。如「湍急」。

㈤揣：音ㄔㄨㄞ，估量、忖度。如「揣測」、「揣摩」。

㈥惴：音ㄓㄨㄟˋ，既憂愁，又恐懼。如「惴惴不安」、「惴慄」。

二十、奩

奩，音ㄌㄧㄢˊ。

㈠古代盛梳妝用品的器具。漆木製。流行於戰國至唐、宋間。《後漢書·光烈陰皇帝紀》：「視太后鏡奩中物，感動悲涕。」

㈡泛指一種精緻而輕巧的小匣子。如：「印奩」、「棋奩」。

㈢舊時用爲嫁女時所備衣物的總稱。如：「妝奩」、「奩資」。

按：本課將「妝奩」解釋為梳妝用的鏡匣，但依第三解，解釋為衣物，似更妥貼。

二一、櫛

櫛，音ㄐㄧㄝˊ。

㈠梳子、篦子等梳頭髮的用具。《莊子・寓言》：「妻執巾櫛。」

㈡梳頭髮。唐・杜甫《北征》詩：「瘦妻面復光，癡女頭自櫛。」杜光庭《虬髯客傳》：「巾櫛妝飾畢，請更衣，衣又珍奇。」

•櫛風沐雨，以風梳頭，以雨洗髮。形容旅途奔波勞碌，不避風雨的辛苦。南朝宋・謝靈運《山居賦》：「櫛風沐雨，犯露乘星。」

•鱗次櫛比，像魚鱗或梳子齒那樣緊密整齊地排列著。明・陳貞慧《秋園雜佩・蘭》：「自長橋以至大街，鱗次櫛比，春光皆馥也。一千數花，生於夏月者則名蕙。」常用以形容房屋、船隻或物品等密集地順序排列。

二二、侔

侔，音ㄇㄡˊ。

㈠相等，等同。《三國志・蜀志・諸葛亮傳》：「眾寡不侔。」

㈡通「牟」。謀取，求取，如「侔利」。《韓非子・五蠹》：「商工之民，……蓄積待時而侔農夫之利。」

二三、龍吟虎嘯

《易・乾文言》：「雲從龍，風從虎。」孔穎達疏：「龍是水畜，雲是水氣，故龍吟則景雲出，是雲從龍也；虎是威猛之獸，風是震動之氣，此亦是同類相感，故虎嘯則谷風生，是風從虎也。」後以「龍吟虎嘯」比喻同類事物互相感應。漢・張衡《歸田賦》：「爾乃龍吟方澤，虎嘯山丘。」宋・黃庭堅《翠岩眞禪師語錄序》：「龍吟虎嘯者，無不稱翠巖室中之句，以接大根器。」《西遊記》六〇回：「龍吟虎嘯，鶴唳鶯鳴。」亦作「龍吟虎嘯」。清洪秀全《吟劍詩》：「虎嘯龍吟光世界，太平一統樂如何！」

二四、瀝

㈠液體一滴一滴地落下。宋・歐陽修《賣油翁》：「徐以杓酌油瀝之，自錢孔入而錢不濕。」

•「瀝酒」，灑酒於地。杜光庭《虬髯客傳》：「一妹與李郎可瀝酒東南相賀。」

㈡液體的點滴。《史記・滑稽列傳》：「侍酒於前，時賜餘瀝。」

•嘔心瀝血，比喻窮思苦索，費盡心血。唐・韓愈《歸彭城》詩：「刳肝以為紙，瀝血以書辭。」《新唐書・李賀傳》：「母使婢探囊中，見所書多，即怒曰：『是兒要嘔出心乃已耳！』」

二五、螳臂當車

與「蚍蜉撼樹」同。當：同「擋」阻擋。《莊子・人間世》：「汝不知夫螳螂乎，怒其臂以當車轍，不知其不勝任也。」後比喻自不量力。明・無名氏《四賢記・解綬》：「勸恩臺裝聾做啞，休得要螳臂當車。」《蕩寇志》一一二回：「正是泰山壓卵，不須輾轉之勞；螳臂當車，豈有完全之理。」梁啓超《新羅馬・黨獄》：「爾等螳臂當車，豈非飛蛾送死。」

肆、課文補充資料

一、唐傳奇內容題材的分類

唐代傳奇的內容題材多彩多姿，大致可分爲下列幾類：

㈠以志怪為題材

唐初的傳奇，內容多是六朝小說的延續，不脫志怪小說的餘風。如唐傳奇中最早的《古鏡記》，相傳爲隋末唐初人王度作，內容以古鏡爲線索，把十多個怪異故事聯綴起來組成長篇，敍述較爲細緻，較之筆記式的六朝小說是一大進步。《補江總白猿傳》一般推測亦爲前時期作品。作者不詳，內容屬志怪一類，情節較曲折，描繪也較具體生動，初步顯示出唐傳奇的藝術創新特色。《古鏡》、《白猿》兩篇，代表中國小說從六朝志怪向唐傳奇發展的過渡形態。

㈡以佛道思想為題材

唐代佛道二教盛行，君主亦極力推崇，上有所好下必有甚焉者，於是蔚然成風，傳奇亦儘量由其中取材，有些甚至把印度故事，改裝爲中國小說，如《杜子春》即取材自《大唐西域記》中《烈士池》一段。這類小說大多以虛幻的象徵來描寫富貴功名及人生的幻滅，給當代沈迷於利祿者強烈的諷刺，這類題材的小說有《枕中記》、《南柯太守傳》、《杜子春》、《李章武》等。

《枕中記》爲沈既濟撰寫。盧生於邯鄲旅舍中遇道士呂翁，盧自嘆貧困，並述說欲建功名、出將入相的抱負。呂翁取出青磁枕授生，於是盧生即入夢中。先娶崔氏女，後中進士，並屢次升官，直至宰相，被封燕國公，子孫滿堂，享盡榮華富貴。醒來後才知是一場夢，而店主人蒸黃粱尚未熟。小說諷刺了當時熱中功名的讀書人，同時也宣揚了人生如夢的思想。明湯顯祖《枕中記》本於此。

㈢以才子佳人與妓女秀才為題材

進士爲唐代社會之新興階級，他們雖博學多才，卻多半出身貧寒，缺乏政治背景，遂藉娼妓以結交權貴。於是風流才子與多情妓女常引起感情的糾葛，而演出許多可歌可泣的故事。這類題材的小說有《李娃傳》、《霍小玉傳》、《鶯鶯傳》等。

《霍小玉傳》爲蔣防撰。這篇傳奇寫進士李益在長安與名妓霍小玉相戀，並發誓：「粉身碎骨，誓不相捨。」後卻將小玉遺棄。小玉相思成病，極爲淒苦。有黃衫豪士強挾李益至小玉家，小玉見後大罵李益負心，悲憤至極而死。小玉死後化爲厲鬼復仇，鬧得李家不寧。明湯顯祖《紫釵記》本於此。

《李娃傳》爲白行簡撰。這篇傳奇寫滎陽公子與名妓李娃相愛，後因資財蕩盡，被鴇母利用李娃將其逐去。於是滎陽生流落街頭，以做輓郎（唱哀歌）爲生，偶爲其父滎陽公認出，將生鞭打幾死，棄於荒郊。後滎陽生淪爲乞丐，李娃見後，感念舊情，不顧鴇母的反對，自己贖身，與生買舍而居。李娃苦心勉其讀書上進，生後考中高官，李娃也被封爲汧國夫人。故事情節可能取材於唐代流行的《一枝花》，元高元秀《鄭元和風雪打瓦罐》、元石君寶《詩曲江池》、明薛近兗《繡襦記》皆本於此。

㈣以俠士義烈行為為題材

唐中葉以後，藩鎮各據一方，私蓄游俠之士以仇殺異己，人們不堪其苦，心理上的嚮往義俠出現及豪俠行爲的事實表現，很自然的反應到作品上去。屬於這類題材的作品有《虬髯客傳》、《崑崙奴傳》、《無雙傳》、《謝小娥傳》、《聶隱娘傳》、《紅線傳》、《柳氏傳》等。

《崑崙奴》爲裴鉶撰。原載於《傳奇》。這篇傳奇寫崔生與某一品大官之紅綃姬私相愛慕。崔從一品宅歸來後，告知家中崑崙奴磨勒，磨勒指出紅綃姬暗示崔去幽會，並願相助。磨勒負崔逾十重垣，至一品宅中與姬相會。姬願以身相許，磨勒又負崔與姬飛出宅府峻垣，終使二人結爲夫婦。

《虬髯客傳》爲杜光庭撰。一說爲唐朝張說撰。這篇傳奇寫紅拂女爲隋煬帝權臣楊素之侍妾，後傾心於李靖，夜奔靖舍。二人同赴太原，於靈石與虬髯客結識。至太原後，虬髯客見李世民，許爲眞主，將府第、珍寶盡付於李靖，囑其輔佐李世民，並別去。後十年，李靖聞虬髯客入扶餘國自立爲王。後世文藝作品中的《風塵三俠》，即取材於此。

㈤以史料爲題材

這類小說多半帶有濃厚的時代性與社會性，取材自史料，再加以編排鋪設，與正史不同，與志怪言情之作亦異。此類作品有《高力士外傳》、《安祿山事迹》、《長恨歌傳》、《東城老父傳》、《李林甫外傳》等。

《長恨歌傳》爲陳鴻撰。這篇傳奇寫唐玄宗寵幸楊貴妃，恩及兄姐。安史變亂，玄宗與楊貴妃生死離別。後寫玄宗又命方士求見居於仙山的「玉妃」即楊貴妃。本篇是爲白居易詩《長恨歌》所作的傳。元代白樸的《唐明皇秋夜梧桐雨》、清洪昇《長生殿》皆本於此。

二、趣談鬍子

㈠仁丹鬍子

民國二十六年，上海、南京等地先後淪陷，東洋貨潮水般地沖進中國來。東洋貨中做廣告最爲特殊的要算「仁丹」廣告。它是一幅千篇一律、形式呆板的舊式軍人半身像，頭上戴著一頂石拱橋式的帽子，胸前寫著仁丹二字，主要特徵是兩撇八字鬍。廣告一般都做在大街或熱鬧處所，而仁丹廣告卻連小街小巷也滿牆都是。原因何在？其祕密就在兩撇鬍子上。日本侵入南京後，對市內街道不熟悉，就利用仁丹鬍子作爲路標，兩撇鬍子角微微向上翹，就是此路通行無阻；如果鬍子左角下垂，則左轉彎不通，應向右轉，反之亦然；如果鬍子兩角都下垂，則此路不通。待日本人熟悉地形後，日本軍方才公開了仁丹鬍子的祕密。

㈡于右任的長鬚

畫家張大千與書法家于右任都是近代有名的美髯公，于右任的鬍子，最長的部份有一尺六寸八。他有次對朋友談他鬍子的趣事說：「在一個場合中，偶然有個小男孩撲到我胸前，兩手捧著我的鬍子說：『老公公，您這鬍子在夜裡睡覺時，是放在被外，還是摟在被裡？』我當時笑了笑就作罷了。可是到了夜間，我躺在牀上，竟然覺得把鬍子放在被外就有點不舒服，又弄到被裡也覺不方便。這一向原是不經意的事，想不到由於小孩子的一問，倒教我翻來覆去難得入睡了。」

按：講「虬髯」時，可補充。

三、家妓漫談

《虬髯客傳》中的紅拂，是楊素宅中的家妓。家妓，就是私家蓄養的既不是妾，也不是婢的美女，她們獻歌舞、侍枕席，專供主人娛樂、玩賞。史籍上亦稱：「聲伎」、「女樂」、「歌舞人」、「侍姬」、「歌姬」、「舞姬」、「音聲人」等等。

家妓的歷史，早在兩漢便開始了。西漢時「諸侯妻妾或至數百人，豪富吏民蓄歌者至數十人。」漢武帝時期的武安侯田蚡，就是一個「後房婦女以百數」的代表。到了兩晋南北朝時期，蓄養家妓、女樂更是成爲世族上層社會的一種風尚。在這些人眼中，一個人蓄養家妓的數量與規模，正是他有權勢、有地位、有錢財的一種象徵。因此，這一時期的官僚貴族，蓄養家妓數量在十人以上以至成千上百的已是司空見慣。

像晋朝石崇的金谷園中，就蓄養家妓數千名之多。他除了與貴戚王愷、羊琇鬥富、爭侈靡外，還以多種方法玩賞家妓。例如，他常常挑選容顏、服飾相同的家妓侍立兩旁，身上分別佩有雕玉龍珮和溶金鳳釵，召喚她們時不呼姓名，而依聽龍珮聲和看鳳釵色，玉聲輕靠前，金色艷者居後，以此分辨美女，決定美女進出的順序。又如，他將沈香末撒在象牙牀上，讓妓妾上牀踐踏，倘若沈香末上無腳印，則賜給珍珠百粒；倘若踏有腳印，則勒令其節食減肥，以使體重減輕。石崇不光如此縱欲享樂，還濫殺婢女、侍妾。他每次邀客來家赴宴，總是要叫家中的家妓來勸酒，倘若客人酒喝不盡，他就拿家妓試問而將該家妓殺掉。一次請丞相王導和大將軍王敦喝酒。王敦故意不聽從家妓勸酒，意欲看石崇究竟會如何處置家妓，酒過三巡均不將酒喝盡，石崇便接連殺了三個家妓。

隋朝在歷史上很短，不到四十年的時間就爲唐所取代。但在隋朝仍保留了兩晉南北朝時蓄養家妓的習尚。隋朝的重臣楊素就擁有「家僮數千，後庭妓妾曳羅綺者以千數，第宅華侈，制擬宮禁。」（《隋書・楊素傳》）另一重臣宇文述的後宮妓妾有百餘人，家僮達千餘人。（《隋書・宇文述傳》）隋朝時王公貴族蓄養的家妓一部分是戰爭中掠奪的俘虜或其妻孥，還有一部分則是由皇帝賞賜的。皇帝對立有戰功或擁其上台的重臣除加封晉爵外，還賜贈女妓作爲獎賞。對此，史書上多有記載。如《冊府元龜》卷三八三記：「賜陳主妹及女妓十四人。」「諒之妓妾二十人」給重臣楊素；《隋書・樊子蓋傳》記：「賜女樂五十人」給樊子蓋；《隋書・李景傳》記：「賜女樂一部」給李景；《隋書・楊義臣傳》記：「賜女妓十人」給楊義臣等等。

隋朝歷史雖短，但隋文帝和隋煬帝有一個重大的舉措就是將女樂列入教坊管理，這爲官妓在其後的唐朝走向興盛奠定了基礎。這也是家妓蓄養之風遭遇的第一次阻抑。

家妓亦是一夫多妻制的產物。她們雖然生活在王親貴戚、達官巨卿之家，衣皆綺羅，食必粱肉，但在家主家庭和社會上的地位卻十分卑微。她們是家主的私人財產，常常被隨意轉讓、贈送或被更有權勢者劫奪，生殺予奪全憑家主。

在封建社會的家庭中，男人除了正式婚配的妻子外，還可以有妾、婢女和家妓。妻妾的義務是生兒育女，治內管家；婢女的責任是服侍主人；而家妓則是在家中充當男性主人的娛樂工具和性交工具。家妓在家主家庭中的地位介乎於「妾」和「婢女」之間。家妓雖然屬於某一男性家主所有，但沒有配偶名份。她們比妾的地位低，但比婢女高。

四、帝王之氣

在君權神授的封建時代，人們認爲帝王是「天之驕子」，所以往往有許多神話、王氣之類的傳說。例如漢高祖劉邦當泗水亭長時，爲縣令送役徒去酈山。役徒走到途中，均偷偷逃走。劉邦心想：「等到了酈山之時，這些役徒可能都逃光了。」因此走到豐西山澤之中，便停了下來飲酒。夜間，劉邦乃解開役徒，放他們逃走。劉邦說：「你們都走吧！我也從此遠走高飛了！」

其中有精壯少年十餘人，願意追隨劉邦，劉邦喝了很多酒，夜間命一個壯士前行開路。前行的人跑回來報告說：「前面有一條大蛇，擋住去路，請回轉吧！」

劉邦酒醉，說：「壯士只有向前而已，有什麼可怕的？」

劉邦於是直向前行，拔劍劈斬大蛇，蛇被斬爲兩段，劉邦乃率壯士們通過。走了幾里之後，劉邦醉得不能支持，便躺下來休息。

後面過路的人，走到斬斷大蛇之處，看見一老婦人在那裡哭泣，就問她爲什麼哭？老婦人說：「有人殺了我的兒子，所以我才哭。」

過路人說：「老太太，你的兒子爲什麼被殺？」

老婦人說：「我兒子，是白帝子，變化爲蛇，當道而臥，如今被赤帝子斬殺，所以我才哭！」過路人以爲老婦人不誠實，要打她，老婦人忽然不見了。過路的人將老婦人說的話，告訴劉邦。劉邦心中暗自歡喜，頗爲自負，自信爲非常之人。而那些追隨他的人，就一天比一天更畏懼他。

秦始皇帝說：「東南有天子氣。」因此便出遊巡狩東方，意在以皇帝之威，鎮服東南的天子氣。劉邦因此懷疑，怕自己有災禍臨身，乃逃亡藏匿在芒碭二地的山澤巖洞之間。劉邦的太太，也就是後來的呂后，不見劉邦，便帶人尋找，常常一找便得。劉邦以爲奇怪，問呂后何以能如此。呂后說：「你所藏之處，上面經常有雲氣，所以我依著雲氣去找，就會找到你。」劉邦聽此，心中喜悅。沛縣的子弟也聽說此，所以附從劉邦的人便更多起來。

按：講「望氣者言太原有奇氣」時，可補充。

五、雙關趣例

㈠

清初文壇怪傑金聖嘆，痛恨清朝政府橫徵暴斂，到文廟去哭泣，請求減免錢糧，他這種抗爭的舉動，激怒了清廷，以「哭廟抗糧，鼓動謀反」爲由，將他處死。當金聖嘆臨刑前，他的兒子來看他，便出了一句上聯，要其子對下聯，這個對聯流傳廣遠，頗爲人們津津樂道：

蓮子心中苦，梨兒腹內酸。

這個對聯以「蓮」雙關「憐」，以「梨」雙關「離」，表面上指水果，實際上敍父子離別之痛。

㈡

邵毓麟被任命爲駐土耳其大使，友人設宴歡送，祝詞曰：「邵毓麟入『土』為安！」數年後，邵大使任滿返國，原班人馬設宴接風，邵大使曰：「我終於破『土』而出了！」

(三)

人人耳朵裡響著震耳欲聾的「空洞！空洞」的機器聲。（子敏：《小太陽．單車上學記》）

(四)

人一到「西非」，氣氛就有點不同，團中人自我解嘲的說：「漸入差境。」因為以往所到各國都是非洲的黃金地帶，此後要開始嘗試「非人生活」了。（郭敏學：《非洲七十日》）

(五)

男：服役時每天都吃滿漢全席！

女：怎麼可能？

男：真的，「滿」桌都是彪形大「漢」！（璇璣子：《滿漢全席》）

(六)

洋人：貴國教會多還是廟宇多？

國人：當然廟宇多，菩薩比較吃「香」嘛！（流景《吃香》）

(七)

甲：在蘇俄，如果一個人被ＫＧＢ（俄國情報機構）找上門，通常的下場如何？

乙：家人只好和他ＫＧＢ（Kiss Good-Bye 吻別了）！（璇璣子：ＫＧＢ）

(八)

學醫的在選擇分科時可得留意，為將來開診所設想，姓段的不能開骨科，姓劉的不能開婦產科，姓吳的不能開齒科，姓賴的不能開皮膚科！（沈謙：《修辭學》）

(九)

有人送來一盒蜂蜜蛋糕，包裝十分緊密，媽媽扯了好半天還是原封不動，喚我去拿剪刀，一旁流著口水等吃蛋糕的弟弟嘆道：「果然是貨真價實的『封密』蛋糕。」（于士涵，取材自《趣譚》）

按：講「此局全輸矣！於此失卻局，奇哉！救無路矣！」

時，可補充。

伍、問題與討論

一、《虬髯客傳》一文中風塵三俠的人物刻劃有何特色，請說說你的看法。

答：請參閱，貳、課文參考資料，第五項。

二、本篇小說在情節、結構的安排上，有何特色，請說說你的看法。

答：本篇小說故事生動，情節完整。小說由三俠的相逢、相識、相別三部分組成一個完整的結構，曲折多變，引人入勝。由紅拂的私奔李靖，以及二人的「將歸太原」，引出與虬髯客的相逢。三人的義氣相投，肝膽相照，進而同訪李世民的行動，使他們由相識進而結成了生死之交。三俠的相別是情節的高潮，在這裡，不僅借虬髯客之口補敘了他自己的身分及其幾度訪問李世民的緣由，而且通過他邀李靖夫婦作客、贈送財物奴僕、勸李靖夫婦佐唐等一系列情節，交代了三俠的結局，使故事有頭有尾，前後呼應。細節描寫的成功，顯示了作者嫻熟和高超的藝術技巧。

三、本篇小說在何處使用雙關的手法？請你在別的作品中（書刊或報章雜誌皆可），找出一些雙關修辭手法有趣的例子。

答：㈠文中描寫道士與文靜對弈，道士見李世民來，斂棋子曰：「此局全輸矣！於此失卻局，奇哉！救無路矣！復奚言！」此處為雙關手法，暗示虬髯客天下大局已定，不要再逐鹿天下了。

㈡雙關趣例請參閱肆、課文補充資料．第五項。

第三課 「勸學」

荀子

■ 荀子

壹、作者參考資料

一、先秦最後的大儒——荀子

荀子是戰國晚期趙國人，約生於西元前三一三年前後，在先秦諸子中，荀子除其弟子韓非外，可以說是最爲晚出的一個。如果問同學：「荀子姓什麼？」同學一定會答：「當然姓荀啊！否則爲什麼叫荀子呢？」事實上，我們現在稱他爲「荀」子，只是遵循司馬遷《史記》的記法，因爲除《史記》外，其他的古代典籍，像《韓非子》、《戰國策》、《韓詩外傳》、《鹽鐵論》等等都是說荀子姓「孫」。這麼重要的大思想家，究竟是姓「荀」，還是姓「孫」，至今仍有很大的爭論，根據學者的研究，一般有下列三種不同的解釋：

第一種解釋是，荀子原來確姓「荀」，可是漢宣帝名叫做「詢」，當時人爲了避他的諱，便把荀子改姓「孫」了。這就是我國古代所謂的「避諱」。可是，這種避諱的說法是不能使人信服的，因爲漢宣帝以後，漢代人抄述前代人書籍中引述到姓「荀」的人，如《左傳》中的荀林甫、荀瑩都未改，而且漢代一些「荀」姓知名的人物如荀淑、荀爽、荀悅也太多了。他們爲什麼還照姓其「荀」而不改呢？

第二種解釋是「荀」和「孫」在古代的發音是很相近的，也很可能是相同的。古人常把音近或音同的字替代使用，在古書中確是一種非常普遍的現象。其實，這情形直到今天還有，例如大家常常把「了解」寫成「瞭解」，「凸顯」寫成「突顯」。

第三種解釋是姓和氏的混用。以前在西周之時，宗法制度很嚴格，姓是姓，氏是氏，不能混用。但是到了春秋，乃至於戰國時代天下大亂，姓、氏便混用了。如秦孝公時有名的宰相商鞅，他原姓「姬」，是周天子的同姓，是衞國的公族。他長大後從衞國到魏國，衞國人便稱他爲「公孫鞅」或「衞鞅」，直到他助秦孝公變法圖强，秦孝公把他封到「商」，後人才稱他爲「商鞅」。荀子的「荀」、「孫」互用可能也是因類似這樣的情形而來的。

像這樣有關古代史實的考證都不能「考證」個明白的，所以這三種解釋，嚴格說來，都只能算是一種「解釋」而已，都不是一種確定的說法。爲了避免紛爭，現在大多數人採用《史記》上的說法，稱他爲荀子。

說完荀子的姓，再說他的名。荀子名「況」，古書中也有稱他為「荀卿」或「孫卿」的。「卿」不是名，而是戰國時代對人的一種尊稱，和古書中的「子」字有相同的作用。例如戰國末年，替燕太子丹刺秦王而有名的荊軻，當時就被人稱為「荊卿」。

根據《史記》所載，荀子在趙國時默默無聞，一直到了五十歲，才從趙國前往齊國的稷下學宮講學。稷下學宮是齊王招攬人才的一個學術文化中心，位於齊國都城臨淄的稷門之外。當時各學術流派近千人的著名學者，都曾匯聚於此，他們在此討論學術問題，或各自著書立說，或為齊王提供治國安邦的建議，其中七十多人被尊為齊國的「上大夫」。

荀子在稷下學宮曾擔任過三次祭酒。「祭酒」是古代禮制中的一種稱呼，其職責是在舉行祭祀的時候，引領參與祭祀的人向神明獻酒。祭祀在古代是國家重要事務，慎重的程度與用兵打仗沒有差別，所以說「國之大事唯祀與戎」。主持這種祭典的人都是地位聲望崇高的人，所以「祭酒」的地位不僅很高，也常常是國君的最高諮商人，到現在我們仍稱在某一行業中有最高成就的為「祭酒」。備受齊王賞識的荀子，引起了一羣勢利小人的嫉恨。於是，便有人向齊王進讒言，在這種情況下，荀子被迫離開齊國。

荀子先到了秦國，秦相范雎問他對秦國有什麼觀感，他認為秦國有強固的國防要塞，豐富的物產資源，純樸的民風，但是缺少了儒教，因此雖具備大國的條件，卻做不到王者的事業。當時秦國正在推行法家的政治，急於整軍經武，對於荀子那一套儒教，自然認為迂闊無用了。於是他便跑到趙國。

在趙國時，荀子和臨武君在趙孝成王面前論兵。臨武君認為用兵的祕訣，先要得天時和地利；而且要深察敵方的情勢，才能先發制人。荀子卻有不同的意見，他認為臨武君的用兵專重形勢，只從軍事觀點來討論是不夠的；他強調的是民心，只要民心歸附，士氣必旺，這是仁者的用兵。然而如何統一民心？荀子主張要施行仁政，但趙孝成王是個急功好利的人，並沒有採納荀子的意見。

最後，荀子來到了楚國。在楚國，春申君賞識他，因而被任命為蘭陵令。在這期間，荀子充分發揮了他的政治才能，把蘭陵治理得井然有序，不幸這一點成就，仍然經過了幾番磨折。有人在春申君的面前挑撥說：「湯以七十里為王，文王以百里為王，荀卿也是個賢者，你給他一百里的地方，楚國恐怕要受到他的威脅了。」荀子遭受讒毀，一氣之下，便跑回趙國。後來又有人為荀子說話，向春申君進言：「商朝的賢相伊尹離開夏朝去投效商，於是商湯强盛而夏朝滅亡；管仲離開魯國到了齊國，於是魯國衰弱而齊國强盛。由此看來，國家能任用賢人，便能富强。現在荀卿是天下的大賢者，他到了趙國，趙國一定會强盛。」春申君覺得這番話頗有道理，便趕緊派人去請荀子回來。這時荀子怒氣未消，回了一封信給春申君，諷刺楚國朝政腐敗，並寫了一首賦送給春申君，譏笑他目光短淺，不識忠奸。這首賦的大意是：

「有珠寶美玉啊！不知佩戴；是綾羅綢緞啊！偏與粗布相混；將天香國色的美女擱在一旁，不去追求啊！反而要拜倒在醜女妖婦的石榴裙下。以盲爲明，以聾爲聰，以危爲安，以吉爲凶。唉！老天爺啊，爲什麼祢連這點都分不清呢？」（《荀子・賦篇》）

春申君看到荀子的信和賦後，再三向荀子謝罪。荀子在盛情難卻下，還是回到蘭陵做縣令。不久楚王死了，楚國發生政變，春申君死於伏兵，荀子自然被迫辭職，但他並未返回故鄉趙國，而是從此客居蘭陵，從事著述、講學活動，直到離開人世。荀子對後世最大的影響是一部著作及兩個弟子。一部著作就是他用了幾十年治學所凝成的思想成果——《荀子》；兩個弟子就是韓非與李斯。

在先秦諸子的典籍中，《論語》與《孟子》的文章不脫語錄體，《莊子》的文章多用寓言，以說理散文的標準要求，都不典型，《墨子》的文章雖具備了專題論文的要素，邏輯性也强，但是由於出於弟子的記錄和綴集，其中夾入很多「子墨子言曰」，仍然還保留著語錄體的痕迹，而且記錄並不完善，所以眞正代表先秦哲理散文成熟的是《荀子》。

《荀子》一書，內容豐富，舉凡哲學、政治、經濟、軍事、法律、倫理、教育、科技、歷史、文藝，無不思慮精湛，蹊徑獨闢。書中每一篇章都有其明確的中心主題，幾乎可以窺見當時百家爭鳴所涉及的所有問題，荀子環繞這一主題進行的嚴密邏輯分析與推理、論證，充分展示了荀子治學的態度與風格。

荀子的文章雖然學術性强，重在明道、說理，但也很注重修辭，常常使用比喻、駢偶等修辭手法。像《勸學》篇就是大量使用比喻的代表作品，文中用喻多達六十多次，不僅辭采豐茂富贍，增加了文章的形象性，而且多用排比、對偶句，使文章充滿了音樂美和節奏感，讀起來鏗鏘和諧，琅琅上口。這樣精緻的文字，當然是荀子精心寫出的。所以有些學者認爲，李斯《諫逐客書》中大量使用排比、對偶句，詞采華美，可能就是受了他的老師荀子的啓發。

《荀子》一書，經過劉向的校閱整理，編定爲三十二篇，取名爲《孫卿新書》。到了唐代中葉的楊倞把《孫卿新書》分爲三卷，重新編排，並加以注釋，定名爲《荀子》。今天我們所見的《荀子》，就是楊倞所編定的。

荀子治學謹嚴，綜合百家，既師法有源，又不抱殘守缺，規模宏浩，成爲中國古代思想的集大成者，一個爲先秦諸子百家畫上句號的人。

貳、課文參考資料

一、《勸學》賞析

本篇由《荀子・勸學篇》節錄出來。荀子主張人性本惡，必須用禮義加以矯正，因此特別强調後天的學習。荀子的《勸學》，是我國學術史上影響深遠的名篇，又是文學史上膾炙人口的佳作。它旨深意遠，文優辭美，其中有些警句，已成爲勉勵學習常用的成語。

本文旨在勸勉人們奮力求學，全文緊扣「學」字，議論縱橫開合，不離論學；立足於「勸」，多方取譬設喻，致力誘導。思路綿密，見解卓絕。

首先，論述了學習的重要性，闡述了學與行的關係。

荀子認爲只有博學深思，才能智通神明而行動無過，融貫大道而避免災禍，這充分說明了學習對行動的指導作用。接著，闡述學與思的關係，他主張學思結合，但更重視學，認爲「**終日所思**」，不如「**須臾所學**」。要學有成效，必須「**善假於物**」。所謂「**假物**」，就是要利用前人積累的知識和客觀的有利條件。但是，「假物」不能無所選擇，因爲學是爲了明道立德，所以君子「**居必擇鄉，遊必就士**」，對學習對象和學習內容要慎重選擇。他對學思關係的論述，比之於孔子的一日三思、重在修養和孟子的盡心養性、貴在自得，要深刻得多，高明得多。

其次，從「**積土成山**」至「**安有不聞乎**」，集中論述了學習應持的態度。

作者用「**積土成山，風雨興焉**」，「**積水成淵，蛟龍生焉**」，「**不積小流，無以成江海**」等一系列比喻，說明學習是一個積少成多的過程。接著用「**騏驥一躍，不能十步**」，「**駑馬十駕，功在不舍**」，「**鍥而舍之，朽木不折；鍥而不舍，金石可鏤**」等生動巧妙的比喻，說明學習要持之以恒，孜孜不倦；要勤奮刻苦，有「鍥而不捨」的精神。然後用「**蚓無爪牙之利，筋骨之強**」和「**蟹六跪而二螯**」，「**用心躁也**」兩個比喻，從正反兩方面論述學習要「專心致志，精力集中，全神貫注」，這就是學習應持的正確態度。最後加以總結，說明按此方法學習，堅持下去，必有成就。這些論述，既是前人爲學的經驗總結，也是作者治學經驗的切身體會。

第三，論述了學習的內容和目標。

荀子認爲在方法上：「**始乎誦經，終乎讀禮。**」在意義上：「**始乎為士，終乎為聖人。**」但是在誦讀時必須以「眞積力久」、「至乎沒而後止」的態度去學習，才能有成效，此乃呼應首句「學不可以已」及第五段積累、專一的論點。在學習內容的安排上，《詩》、《書》、《禮》、《樂》、《春秋》等五經，雖然不可或缺，但學習的重點和歸宿應該是禮。禮，既包括典章制度，又涵含道德規範，是法令的準繩，條例的綱領。荀子「隆禮」，比之於孔子的詩書禮樂並重和孟子的崇仁義、重詩教，要切合實際得多，可以說更恰當地解決了學用關係。「讀禮」是爲了修己治國，因此他又强調篤行，要求「**入乎耳，箸乎心，布乎四體，形乎動靜**」，一舉一動都符合準則。

《勸學》篇，是荀子議論文中最完美的理論和形象的結合體。他的卓越見解，幾乎極少抽象說教，大多通過精美的藝術形象加以表現，而且兼有節奏和韻律，達到了思想性和藝術性的高度統一，而善用博喻和對偶、排比手法，巧妙地借助形象說理，則是本篇最大的特色。

以實喻虛，用比喻說理，本來是先秦諸子的共同特長。但荀子獨善博喻，即連類不窮地運用衆多比喻，峯巒迭出地從不同側面說明同一事理。比喻的組合方法巧妙多變：

其一是數喻一意。如說明對學習的對象應加選擇以防邪僻這一道理時，一連用了蒙鳩繫葦而墜、射干生山而高、蓬生麻中而直、白沙在涅而黑、蘭芷漸滫而臭等五個比喻，使人留下深刻的印象。

其二爲一喻多意。如「木受繩則直，金就礪則利，君子博學而日參省乎已，則知明而行無過矣」中的木和金這一組比喻，含涵數意。「**木受繩**」和「**金就礪**」兩個比喻連用，本身就暗示人要如木受繩，如金就礪般多方學習，寓「博學」之意；彎木要墨線多次彈正，刀劍要礪石反覆磨擦，這暗合「參省」；木受繩後正直不曲，金就礪後鋒刄鋥亮，暗喻「知明」，直木制物無所不宜，鋒刄割物無所不斷，暗應「無過」。當然比喻總是跛足的，但可以啓人深思遐想。

其三是正反對比。如闡釋積學積善的功效，連用了跬步千里、小流江海、騏驥駑馬、朽木金石等四組比喻進行對比；論述用心專一的重要，又連用蚯蚓、螃蟹和螣蛇、鼫鼠二組比喻，從正反兩方面顯示「一」與「兩」的不同結果，最後用尸鳩對待七子始終如一的比喻作結，完美地托出本意。

再者，這些比喻的來源廣泛。全文用喻達五十處左右，被用作喻體的事物有天地山水、樹木花草、禽獸蟲鳥、金石珠玉、舟楫弓矢，還有經典格言、故事傳說、歷史人物、世態習俗等等。這些珠串璧連的妙喻，與言簡意賅的議論，契合無間，交相輝映。

善用對偶和排比是本文的另一特色，五光十色的比喻，使文章呈現錯綜之美，而對偶和排比，又使文章顯出齊整之美。這兩種表現手法，又交叉使用，更使文章多姿多采。往往，正反比喻，兩兩相對，就形成對偶；同類比喻，以賓襯主，就形成排比。如「不登高山，不知天之高也；不臨深谿，不知地之厚也；不聞先王之遺言，不知學問之大也」。在這組排比句中，前兩個比喻是賓，後一句是主，借賓襯主，烘雲托月，使主句更爲突出。此外，對偶排比還增强了文章的氣勢和雄辯的色彩。

二、中國古代織物的印染技術

中國織物的印染工藝，歷史悠久，不只是顏色種類多，色澤艷麗，而且在科學製作上，染色牢固，不易褪色。現今考古發掘出土的二千多年前的漢代織物，其色澤仍然非常艷麗可愛。中國古代高度的染色技術，在傳到西方以後，稱之爲「中國術」（Chinas）。《周禮．天官》云：「染人染絲帛。」這表明中國早在二千多年前，已有專門的染匠從事絲帛染色。周代宮廷作坊中，設有專職官吏「染人」、「掌染草」，管理染色生產，染出的顏色不斷增加。

中國古代織物染色的染料，大都是植物染料和天然礦物染料，而以前者爲主。古代染色主要有青、黃、赤、白、黑等幾個主要的顏色。

㈠青色：這主要是用從藍草中提取的靛藍染成的。

㈡赤色：這主要是用茜草染紅。

㈢黃色：這主要是用梔子染黃。梔子是一種直接染料，所染成的黃色，能微泛紅光。

㈣白色：主要是通過漂白的方法取得。漂白生絲，只要用強鹼脫去絲膠即可。漂白麻縷，則多用草木灰加石灰反覆浸煮。

㈤黑色：這主要是用櫟實、橡實、五倍子、柿葉、冬青葉、栗殼、蓮子殼、鼠尾葉、馬柏葉等物染成。

此外，有少數染料取材自礦物的，如朱砂在周秦以後，普遍當作紅色染料。

西元一九七二年長沙馬王堆一號漢墓出土的大批彩繪印花絲織品中，有不少紅色花紋，都是用朱砂繪製的。如一件朱紅色菱紋羅製作的絲綿袍，就是用塗刮的方法，將朱砂染上去的；朱砂顆粒研磨得細而均勻，其色澤至今仍極鮮艷，這說明西漢時煉製和使用朱砂已有相當高的技術水平。

按：講「青，取之於藍，而青於藍。」時，可參考。

三、輪與車

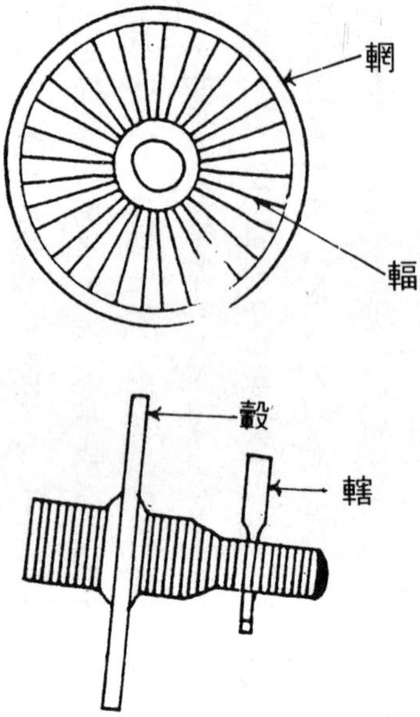

據古書記載，我國的車是夏代奚仲發明的。但那時的車，目前尚未發現，能夠看到的車最早的爲商代所製造。那時的車都是雙輪、獨輈。輈的前端縛有一根橫木叫「衡」，衡的兩邊各縛有人字形軛，用以駕馬。西周時，在衡或軛頂上裝有一種鑾鈴，行車時鏘鏘作響。《詩經・大雅・烝民》說：「四牡騤騤，八鸞喈喈」，可以想見當時貴族們的馬車是很富麗堂皇的。先秦時代的車，共分爲兩種，一種是駕馬，車箱小的叫「小車」，用於貴族出行或征戰；一種是駕牛，車箱大的叫「大車」，用於「平地任載」拉笨重東西。《論語・爲政》：「人而無信，不知其可也。大車無輗，小車無軏，其何以行之哉？」

輪子，是車輛最重要的部件。圓形，可旋轉，古代多以堅木爲之，輪轉則車行。此稱始見於周代典籍，其物則至遲於商代已產生。《詩・魏風・伐檀》：「坎坎伐輪兮，寘之河之滑兮。」毛傳：「檀可以為輪。」

輪，包括輞、輻、軸、轂、轄等部分，茲介紹如下：

㈠輞：車輪之外周，亦稱作「輮」。因有幾塊弧形木拼接而成，如網之結繩聯綴，故名。漢代以前稱「牙」。《釋名・釋車》：「輞，罔也，罔羅周輪之外也。」

㈡軸：橫於車箱底部中間、兩端貫穿車輪中心的長木。

㈢輻：連接車轂和車輞的輻射狀木條。古代車輻數量不定，十六至三十根不等。《老子》第十一章：「**三十輻共一轂。**」

(四)轂：車輪中央腰鼓狀圓木，上置車輻，中空貫軸，以使兩輪直立。此稱始見於周代典籍，其物至遲在商代即已產生。屈原《國殤》：「**車錯轂兮兵接。**」

(五)轄：插入軸端的銷釘，以使車輪固定在軸上，不致脫落。此稱始見於西周典籍，其物至遲起於商代。商代車轄多爲木製，後漸以銅鐵爲之。

四、伯牙

伯牙，中國春秋時代的琴師。先秦典籍所錄士階層中，最早以名傳世的音樂家。《荀子．勸學》有「**伯牙鼓琴，而六馬仰秣**」之說，可見他琴藝之高超。《呂氏春秋．本味》有鍾子期聽伯牙彈琴的記載。當伯牙彈琴而志在泰山時，鍾子期道：「**善哉乎鼓琴！巍巍乎若泰山。**」志在流水時，鍾子期道：「**善哉乎鼓琴！湯湯乎若流水。**」後來用「高山流水」這個成語用以比喻知音、知己的朋友，也比喻高妙的音樂。

鍾子期死後，「伯牙破琴絕弦，終身不復鼓琴，以爲世無足復爲鼓琴者。」根據這一記載，後世傳爲知音難遇的美談。演變爲小說以後，流傳爲伯牙姓俞之說，實無根據。後世以爲琴曲《高山流水》即伯牙遺作，亦來自上述故事。

伯牙故事又有「海上移情」之說（見《太平御覽》引《樂府解題》）：伯牙學琴於成連先生，三年不成。後隨成連到東海蓬萊山，聞海水澎湃羣鳥悲號之聲，心有所感，乃撥琴而作《水仙操》。從此伯牙成爲天下之妙手。這一故事亦見於《琴操》，但並無先秦文獻根據。

五、瑟

瑟係撥弦樂器。古屬八音之一的絲類。春秋時已流行。形似琴，多用桐木製作。古代之瑟分雅瑟和頌瑟兩種，流傳到後代只剩下頌瑟一種。最初為五十弦，後為二十五弦，每弦都有一個柱，而且只發一個音，按宮商角徵羽音階分為五組，音質十分宏亮。

瑟常與琴配奏，陳暘《樂志》有「用大琴與大瑟配之，用中琴與小瑟配之，然後大不陵，細者不抑，聲應相保而為和矣。」宴會禮儀常以瑟伴唱。以後民間不傳，只用於宮廷雅樂。最早的實物出土於湖南長沙瀏城橋戰國墓葬的瑟。長沙馬王堆一號漢墓也出土有瑟，並從此可知瑟在當時是按五聲音階定弦的，由低到高，弦的粗細不同。

參、語文天地

一、輮

輮，音ㄖㄡˊ。

㈠車輪的外周。亦稱「牙」、「輞」。《釋名・釋車》：「〔輞〕關西曰軸，言曲軸也。」

㈡通「煣」。用火烤木材使彎曲。《易・說卦》：「坎為水……為矯軸，為弓輪。」孔穎達疏：「使曲者直為矯，使直者曲為軸。」《荀子・勸學》：「木直中繩，軸以為輪，其曲中規，雖有槁暴不復挺者，軸使之然也。」楊倞注：「軸，屈。」

㈢通「蹂」。踐踏。《漢書・李陵傳》：「陵提步卒不滿五千，深軸戎馬之地，抑數萬之師。」顏師古注：「輮，踐也。」

二、暴

㈠音ㄅㄠˋ。

1、殘暴，暴虐。《史記・陳涉世家》：「伐無道，誅暴秦。」

2、欺凌，損害。《莊子・盜跖》：「自是之後，以強凌弱，以眾暴寡。」

3、忽然，突然。《呂氏春秋・察今》：「澭水暴益（溢），荊人弗知。」

4、糟蹋，損害。《書・武成》：「今商王受（商紂王）無道，暴殄天物，虐害烝民。」《孟子・離婁上》：「自暴者，不可與有言也；自棄者，不可與有為也。」

5、暴躁。古樂府《孔雀東南飛》：「我有親父兄，性行暴如雷。」

㈡音ㄆㄨˋ

1、同「曝」，曬。《荀子・勸學》：「雖有槁暴，不復挺者，輮使之然也。」

2、暴露，冒著，顯露。宋・蘇洵《六國論》：「暴霜露，斬荊棘。」

三、挺

㈠拔出，舉起。《史記・陳涉世家》：「尉劍挺，廣起，奪而殺尉。」《三國演義》第一回：「張飛挺丈二蛇矛直出。」

㈡挺直，伸直。《荀子・勸學》：「雖有槁暴不復挺者，輮使之然也。」

㈢挺拔，突出，如「英挺」。《三國志・蜀志・呂凱傳》：「今諸葛丞相英才挺出，深睹未萌。」

四、礪、砥礪

礪，音ㄌㄧˋ，從石厲聲，形聲。

㈠名詞。粗的磨石。《山海經・中山經》：「又北三十五里，曰陰山，多礪石。」《荀子・勸學》：「金就礪則利。」

㈡動詞。磨。《書・費誓》：「礪乃鋒刃。」韓愈、孟郊《鬥雞聯句》：「一噴一醒然，再接再礪乃。」

【辨析】

礪與砥爲同義詞，均爲磨刀石。精者爲砥，粗者爲礪。「砥礪」連用，有「磨煉」的意思。礪本作厲，砥本作底。《說文》：「底，柔石也。」段注：「柔石，石之精細者。」《說文》：「厲，旱石也。」段注：「旱石者，剛於柔石者也。」

五、日參省乎己

㈠課本解釋爲每日以三件事省察自己。「參」，義同「三」。

㈡有些注本則以「參」作「多數之稱」解，意謂君子每天要常常省察自己的言行。

㈢有些注本，將「參」解釋爲檢驗，將「省」解爲省察、考察，二字意義相近。

六、貉、一丘之貉

(一)音ㄇㄛˋ

古代北方部族名。《周禮・夏官・職方》：「掌天下之圖，以掌天下之地，辨其邦國、都鄙、四夷八蠻七閩九貉五戎六狄之人民，與其財用、九穀、六畜之數要，周知其利害。」鄭玄注引鄭司農曰：「北方曰貉狄。」《史記・匈奴列傳》：「趙襄子踰句注而破并代，以臨胡貉。」司馬貞索隱：「貉即濊也。」章炳麟《訄書・原人》：「東北絕遼水，至乎挹婁，豸種曰貉。」

(二)音ㄏㄜˊ

獸名。外形似狐，毛棕灰色。穴居於河谷、山邊和田野間，晝伏夜出，食魚、鼠、蛙、蝦、蟹和野果等。是一種重要的毛皮獸。現北方通稱貉子。《逸周書・世俘》：「武王狩，禽虎二十有二，貓二……貉十有八。」《周禮・考工記序》：「橘踰淮而北為枳，鸜鵒不踰濟，貉踰汶則死，此地氣然也。」明李時珍《本草綱目・獸二・貉》：「貉生山野間。狀如狸，頭銳鼻尖，斑色。其毛深厚溫滑，可為裘服。與獾同穴而異處，日伏夜出，捕食蟲物，出則獾隨之。」徐珂《清稗類鈔・動物・貉》：「貉，亦作狢，似貍，銳頭尖鼻。性好睡，日伏夜出，捕食蟲類。毛色斑駁，其文上圓下方，質深厚溫滑，可為裘。」

(三)一丘之貉

語見東漢・班固《漢書・楊惲傳》。

司馬遷的外孫楊惲（？～西元前五四年），字子幼，西漢華陰（今屬陝西）人，是漢昭帝時丞相楊敞之子。初作功曹，後因他得知霍光子孫博陸侯霍禹謀反，通過侍中金安向漢宣帝劉詢告發，升爲中郎將（侍衛官長），封爲平通侯。楊惲「性刻害，好發人陰伏，同位有忤己者，必欲害之，以其能高人。由是多怨於朝廷」，他同太僕戴長樂的關係不好，終於因此失敗。

戴長樂是宣帝在民間時的相識，宣帝即位後，他主持祭祀，好宣揚自己如何輔佐皇帝有功。有人告他出言不恭，他懷疑這一定是楊惲使人所爲，便上書控告楊惲：「惲上觀西閣上畫人，指桀紂畫謂樂昌侯王武曰：『天子過此，一二問其過，可以得師矣。』畫人有堯舜禹湯不稱，而舉桀紂。惲聞匈奴降者道單于見殺，惲曰：『得不肖君，大臣為畫善計不用，自令身無處所。若秦時擔任小臣，誅殺忠良，竟以滅亡；令親任大臣，即至今耳。古與今如一丘之貉。』惲妄引亡國以誹謗當世，無人臣禮。」

這件事到了廷尉那裡，皇帝不忍加誅，把楊惲和戴長樂都革職免爲庶人。後來又有人指控楊惲寫給安定太守孫會宗的信，有攻擊朝廷意，終被腰斬。

七、跂

(一)音ㄑㄧ，名詞。多生出的腳趾。《莊子・駢拇》：「而枝者不為跂。」

(二)音ㄑㄧˋ，動詞。提起腳後跟站立。《荀子・勸學》：「吾嘗跂而望矣，不如登高之博見也。」《詩・衛風・河廣》：「誰謂宋遠，跂予望之。」

八、假、叚

《說文》：「非真也。從人，叚聲。」

(一)本義是不眞、虛僞。《史記・淮陰侯列傳》：「大丈夫定諸侯，即為真王耳，何以假為？」

(二)代理某個職務並非眞正的，因此引申爲代理。《史記・淮陰侯列傳》：「不為假王以鎮之，其勢不定。」

(三)假設條件並非眞有其事，故又引申爲假設、如果。司馬遷《報任安書》：「假令僕伏法受誅，若九牛亡一毛。」

(四)「假」通「叚」，借。《左傳・僖公五年》：「晉侯復假道於虞以伐虢。」（《宮之奇諫假道》）

(五)憑藉。《荀子・勸學》：「假輿馬者，非利是也，而致千里。」

(六)音ㄐㄧㄚˋ，假期，請假。《三國志・魏志・梁習傳》引《魏略》：「時有吏父病篤，近在外舍，自白求假。」

九、絕

《說文》：「斷絲也。从糸从刀从ㄗ。古文絕象不連體絕二絲。」段玉裁注：「从刀糸，斷絲以刀也，會意，ㄗ聲。」

(一)本義是斷絲。蘇軾《赤壁賦》：「餘音裊裊，不絕如縷。」

(二)其他東西斷絕了與絲斷相類似，因此引申爲斷絕，如「氣絕多時」。方苞《獄中雜記》：「其絞縊，曰：『順我，始縊即氣絕。』」

(三)聲音斷了，也就消失了，故由斷絕引申爲消失。《水經注・江水》：「空谷傳響，哀轉久絕。」

(四)生命斷絕了，也就死了，所以由斷絕又引申爲死亡、滅亡。《左傳・僖公二十四年》：「天未絕晉，必將有主。」

(五)橫渡江河，就像有一條線把江河畫斷，因而由斷絕又引申爲橫渡、越過。《荀子・勸學》：「假舟楫者，非能水也，而絕江河。」

(六)斷絕的地方就成了盡頭，故由斷絕又引申爲盡、完。《墨子・公輸》：「雖殺臣，不能絕也。」

(七)斷絕的地方也是極點，因此引申爲極、最、獨特。《三國志・魏志・方技傳》：「佗之絕技，凡此類也。」

十、苕

苕，音ㄊㄧㄠˊ。

(一)陵苕。亦名凌霄、紫葳。蔓生草。《爾雅・釋草》：「苕，陵苕。黃華草，白華草。」《詩・小雅・苕之華》：「苕之華，芸其黃矣。」毛傳：「苕，陵苕也，將落則黃。」

(二)字本作「芀」。蘆葦的花。苕稈可爲帚。《荀子・勸學》：「蒙鳩以羽為巢，而編之以髮，繫之葦苕。」王先謙集解：「苕，葦之秀也。」

十一、涅

涅，音ㄋㄧㄝˋ，亦作「湼」。

(一)黑泥。《荀子・勸學》：「蓬生麻中，不扶而直；白沙在涅，與之俱黑。」

(二)黑矾石。又名黑石脂、石墨，可以染黑寫字。《山海經・西山經》：「西南二百里，曰女牀之山，其陽多赤銅，其陰多石涅。」《淮南子・俶眞訓》：「今以涅染緇，則黑於涅。」高誘注：「涅，礬石也。」

(三)染黑，染汙。《論語・陽貨》：「不曰白乎，涅而不緇。」晉束皙《補亡詩・華黍》：「倩倩士子，涅而不渝。」宋史達祖《齊天樂・白髮》詞：「涅了重緇，搔來更短，方悔風流相誤。」

十二、漸

(一)音ㄐㄧㄢˋ。

1、名詞。事物的開端，萌芽狀態。蘇軾《教戰守策》：「而士大夫亦未嘗言兵，以為生事擾民，漸不可長。」

2、動詞。發展變化，逐漸形成。《史記・太史公自序》：「臣弒君，子弒父，非一旦一夕之故也，其漸久矣。」又《報任安書》：「猛虎在深山，百獸震恐，及在檻阱之中，搖尾而求食，積威約之漸也。」《易・坤卦文言》：「非一朝一夕之故，其所由來者漸矣。」

3、形容詞。緩慢。嚴復譯《天演論・察變》：「特為變至微，其遷極漸。」

4、副詞。逐漸，越來越。《後漢書・張衡傳》：「時政事漸損。」《孔雀東南飛》：「轉頭向戶里，漸見愁煎迫。」

㈡音ㄐㄧㄢ

1、動詞。流入。《書・禹貢》：「東漸于海，西被于流沙。」連橫《臺灣通史序》：「顧自海通以來，西力東漸，運會之趨，莫可阻遏。」

2、動詞。沾濕、浸泡。《詩・氓》：「淇水湯湯，漸車帷裳。」《荀子・勸學》：「蘭槐之根是為芷，其漸之滫，君子不近，庶人不服。」

十三、滫

滫，音ㄒㄧㄡ。

㈠酸臭的陳淘米水，亦泛指污臭之水。《荀子・勸學》：「蘭槐之根是為芷，其漸之滫，君子不近，庶人不服。」《淮南子・人間訓》：「申菽杜茝，美人之所懷服也；及漸之於滫，則不能保其芳矣。」高誘注：「滫，臭汁也。」

㈡浸泡淘洗。如「滫瀡」。《周禮・秋官・司烜氏》：「以共祭祀之明齍明燭共明水」鄭玄注引漢鄭司農曰：「明齍謂以明水滫滌粢盛黍稷。」賈公彥疏：「先鄭云『明水滫滌粢盛黍稷』者……俱謂釋米者也。」

㈢用澱粉拌和食物，使之柔軟滑爽。亦指食物柔軟滑爽。宋梅堯臣《至靈璧鎮于許供奉處得杜挺之書及詩》詩：「葛巾輕服約登步，蔥膾冷淘誇甚滫。」清姚鼐《喜陳碩士玉舍有詩見貽答之四十韻》：「樂哉子行速，升堂奉萱滫。」

十四、蠹

蠹，音ㄉㄨˋ。

㈠蛀蟲。《商君書・修權》：「蠹衆而木折。」《荀子・勸學》：「肉腐出蟲，魚枯生蠹。」也比喻類乎蛀蟲的害人物。《聊齋志異・促織》：「獨是成氏子以蠹貧，以促織富。」比喻侵耗財物的胥吏。

(二)蛀蝕，損害，敗壞。如「蠹國害民」。南朝梁・范縝《神滅論》：「浮屠害政，桑門蠹俗。」

十五、强自取柱，柔自取束

(一)課本依據王引之《經義述聞》，「柱」當讀爲「祝」，作「斷折」講。因此整句解釋爲「太剛强的東西」，就會導致折斷；太柔軟的東西，就會自受約束。

(二)有些注本，柱則用作支柱解，整句解釋爲堅硬的東西就被人們用作支柱，柔軟的東西，就會被人們用來捆綁東西。

十六、疇

(一)已耕作的田地。《荀子・富國》：「其田疇穢。」晉・陶淵明《歸去來辭》：「農人告予以春及，將有事於西疇。」

(二)通「儔」。同類，伴侶。《荀子・勸學》：「草木疇生，禽獸羣焉，物各從其類也。」

(三)誰。《列子・天瑞》：「運轉亡已，天地密移，疇覺之哉？」

十七、質、質的、一語中的

(一)人質。古代兩國交往，常派王子或宗室子弟留居對方作爲保證。《戰國策・趙策》：「有復言令長安君為質者，老婦必唾其面。」（《觸龍說趙太后》）

(二)抵押，或作爲抵押品。清・方苞《獄中雜記》：「惟大辟無可要，然猶質其首。」

(三)引申爲賭博。《史記・孫子吳起列傳》：「及臨質。」

(四)本質，實體。南朝梁・范縝《神滅論》：「形者神之質。」

(五)質地，資質。唐・柳宗元《捕蛇者說》：「永州之野產異蛇，黑質而白章。」明・宋濂《送東陽馬生序》：「其業有不精，德有不成者，非天質之卑，則心不若余之專耳。」

(六)樸實，缺乏文采。與「文」相對。《論語・雍也》：「質勝文則野，文勝質則史，文質彬彬，然後君子。」

(七)質詢，詢問。明・宋濂《送東陽馬生序》：「余立侍左右，援疑質理，俯身傾耳以請。」

(八)評斷，對質。《禮記・王制》：「司會以歲之成質於天子。」又《曲禮上》：「雖質君之前，臣不諱也。」

(九)箭靶。《荀子・勸學》：「是故質的張而弓矢至焉。」古稱四寸的箭靶為「質」。泛指箭靶。《周禮・天官・司裘》：「皆設其鵠。」漢鄭玄注：「方十尺曰侯，四尺曰鵠，二尺曰正，四寸曰質。」

・一語破的：箭靶，比喻關鍵。一句話就說中了要害。朱自清《論雅俗共賞》：「胡適之先生說宋詩的好處就在『做詩如說話』，一語破的指出了這條路。」

十八、蹞步

(一)蹞，音ㄎㄨㄟˇ，亦作「跬」，半步。古時稱人行走，舉足一次為跬，舉足兩次為步。漢賈誼《新書・審微》：「故墨子見衢路而哭之，悲一跬而繆千里也。」《新唐書・竇建德傳》：「會大霧晝冥，跬不可視。」

(二)蹞步，亦作「跬步」，半步，跨一腳。《大戴禮記・勸學》：「是故不積跬步，無以致千里；不積小流，無以成江海。」王聘珍解詁：「跬，一舉足也。」《荀子・勸學》作「蹞步」。楊倞注：「半步曰蹞，蹞與跬同。」《北史・魏收傳》：「跬步無已，至於千里；覆簣而進，及於萬仞。」

十九、駑

駑，音ㄋㄨˊ。

(一)劣，特指馬不好。《荀子・勸學》：「駑馬十駕，功在不舍。」

(二)比喻人的才能低下。《史記・廉頗藺相如列傳》：「相如雖駑，獨畏廉將軍哉？」諸葛亮《出師表》：「庶竭駑鈍，攘除奸凶。」

(三)名詞。劣馬。《楚辭・七諫・謬諫》：「駑駿雜而不分兮。」

二十、鍥

鍥，音ㄑㄧㄝˋ。

(一)名詞。鐮刀。《方言》卷五：「刈，鉤，自關而西或謂之鉤，或謂之鎌，或謂之鍥。」

(二)動詞。刻。《左傳》定公九年：「盡借邑人之車，鍥其軸，麻約而歸之。」《荀子・勸學》：「鍥而舍之，朽木不折；鍥而不舍，金石可鏤。」

(三)截斷。《戰國策・宋策》：「剖傴之背，鍥朝涉之脛，而國人大駭。」

【辨析】

「鍥」與「契」同源。鍥字又寫作「契刂」、「楔」、「鍥」。

二十一、鏤

鏤，音ㄌㄡˋ。

(一)供雕刻的鐵。《尚書・禹貢》：「厥貢：璆、鐵、銀、鏤、砮、磬。」

(二)雕刻。《荀子・勸學》：「鍥而舍之，朽木不折；鍥而不舍，金石可鏤。」

(三)開鑿。《漢書・司馬相如傳下》：「鏤靈山。」

二十二、螯、螫

(一)螯，音ㄠˊ，螃蟹等節肢動物的變形的第一對腳，形狀像鉗子，能開合取食或自衛。《荀子・勸學》：「蟹六跪而二螯。」

(二)螫，音ㄓㄜ，蜂、蠍等用尾部的毒刺刺人。《史記・淮陰侯列傳》：「猛虎之猶豫，不如蜂蠆之致螫。」

二十三、惛惛

(一)惛，音ㄏㄨㄣ。精神昏暗，神志不清。《莊子・至樂》：「人之生也，與憂俱生，壽者惛惛，久憂不死，何苦也！」

(二)專一，專心致志。《荀子・勸學》：「是故無冥冥之志者，無昭昭之明；無惛惛之事者，無赫赫之功。」清朱仕琇《贈黃君序》：「黃君昇玉，技於畫者也。其急於其技之工也，其用心也，恆惛惛焉，孑孑焉。」

二十四、梧鼠之技

梧鼠：原作鼫鼠，訛寫作「鼯鼠」。傳說鼫鼠有五種技能（能飛不能上屋，能緣不能窮木，能游不能渡谷，能穴不能掩身，能走不能先人），但都不專精。《荀子・勸學》：「螣蛇無足而飛，梧鼠五技而窮。」後比喻技能雖多而不精。章炳麟《駁康有為論革命書》：「嗚呼哀哉！『南海聖人』，多方善療，而梧鼠之技，不過於五，亦有時而窮矣。」

二十五、秣、秣馬厲兵

㈠牲口的飼料。唐・杜甫《敬簡明王府》詩：「驥病思偏秣。」

㈡吃草料。《荀子・勸學》：「伯牙鼓琴，而六馬仰秣。」

㈢餵養。《詩經・周南・漢廣》：「之子于歸，言秣其馬。」（言：語氣詞。）唐・韓愈《送李愿歸盤谷序》：「膏吾車兮秣吾馬。」

•「秣馬厲兵」，亦作「厲兵秣馬」。餵飽戰馬，磨快武器，謂做好戰鬥準備。《左傳・僖公三十三年》：「鄭穆公使視客館，則束載厲兵秣馬矣。」（《殽之戰》）也作「秣馬利兵」。《左傳・成公十六年》：「秣馬利兵，修陳固列。」

二十六、數

㈠音ㄕㄨˋ

1、數目，數量。《戰國策・趙策》：「願令得補黑衣之數，以衛王宮。」（《觸龍說趙太后》）《資治通鑑・漢獻帝建安十三年》：「眾數雖多，甚未足畏。」（《赤壁之戰》）

2、幾，幾個。《聊齋志異・促織》：「每責一頭，輒傾數家之產。」

3、算術。《周禮・地官・大司徒》：「三曰六藝：禮、樂、射、御、書、數。」

4、技藝，方術，道術。《孟子・告子上》：「今夫弈之為數，小數也。」

5、法則，規律。《荀子・天論》：「天有常道矣，地有常數矣。」

6、方法。《荀子・勸學》：「其數則始乎誦經，終乎讀禮。」

7、命運。宋・蘇洵《六國論》：「則勝負之數，存亡之理，當與秦相較，或未易量。」

㈡音ㄕㄨˇ

1、計算，點數。明・馬中錫《中山狼傳》：「虞人導前，鷹犬羅後，捷禽鷙獸應弦而倒者，不可勝數。」

2、列舉罪狀，數說。宋・文天祥《〈指南錄〉後序》：「予自度不得脫，則直前詬虜帥失信，數呂師孟叔侄為逆。」

㈢音ㄕㄨㄛˋ

1、屢次。《史記・陳涉世家》：「扶蘇以數諫故，上使外將兵。」司馬光《訓儉示康》：「會數而禮勤，物薄而情厚。」

㈣音ㄘㄨˋ

1、細密。《孟子・梁惠王上》：「數罟不入洿池，魚鱉不可勝食也。」

二十七、箸

箸，音ㄓㄨˋ。

㈠筷子。唐・李白《行路難》：「停杯投箸不能食，撥四顧心茫然。」《聊齋志異・勞山道》：「乃以箸擲月中。見一美人，自光出。」

㈡通「著」，存留。積貯。《荀子・勸學》：「君子之學也，入乎耳，箸乎心，布乎四體，形乎動靜。」

二十八、禽犢、初生之犢不畏虎

㈠禽犢，禽和犢。古代用作饋贈的禮品，因以喻干祿進身之物。《荀子・勸學》：「君子之學也，以美其身；小人之學也，以爲禽犢。」楊倞注：「禽犢，餽獻之物也。」劉師培補釋：「《禮記・曲禮》言：『凡贄：卿，羔；大夫，雁；士，雉。』是所執之贄非獸即禽，特此文以犢代羔耳。」

㈡指鳥獸疼愛幼仔，比喻父母溺愛子女。明湯顯祖《牡丹亭・訓女》：「說與你夫人愛女休禽犢，館明師茶飯須清楚，你看我治國齊家也則是數卷書。」清劉大櫆《盧氏二母傳》：「彼以禽犢為愛，使其子怙寵滅義，不克自樹立，以至於碌碌無所短長。」

㈢犢，音ㄉㄨˊ，小牛，如「初生之犢不畏虎」，比喻年輕人對什麼權威都不怕。

肆、課文補充資料

一、特大的雞蛋——地球的結構

人類已經在地球上生活了幾十萬年，建立起高度的文明。可是，人類對於自己居住的老家——地球，內部到底是個什麼樣子，還不很清楚。

西元一八一八年，美國人西姆斯曾經有過這樣的一種

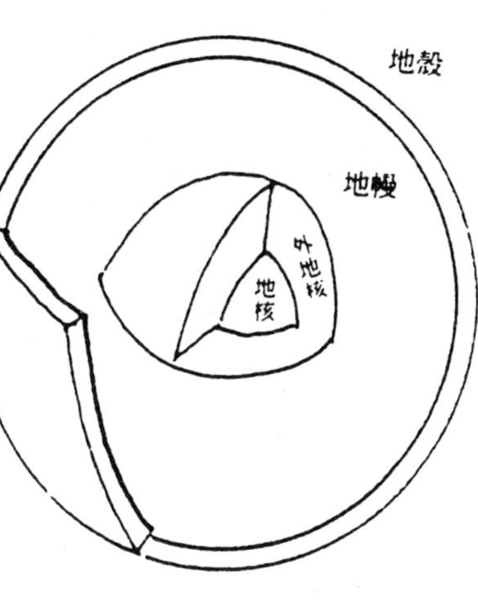

說法：地球裡面是空的，那裡很適合人類居住。在南極和北極附近，有兩扇大門敞開著，人們可以毫無困難地從那裡走向地球的深處。

這只能是一個幻想故事。可是，當時卻有人信以爲眞呢：西姆斯死去後，居然還有人組織探險隊，乘船去南極洲尋找那通向地球深處的大門。當然，探險隊只能是失望而歸了。

人們腳踩地球外殼上，活動的範圍主要在地表。現在，人類開鑿最深的礦井只有三公里，最深的鑽井（蘇聯可拉半島上）也不過十二公里左右深。地球的半徑大概有六千四百公里。目前人類用鑽探能達到的深度，只不過是地球半徑的五百三十分之一，只擦破了一點兒表皮，根本談不上內部二字。今天，人們已經「登天有術」，而「鑽地」卻依然無方，只能用間接的方法，通過火山噴發出來的物質，了解地球內部的物理性質和化學組成；同時利用地震波來揭開地球深處的祕密。

通過地震波的傳播速度，已探測出地球的結構，從地表到地心由三大部分組成：地殼、地幔和地核。如果把地球看成一個特大的雞蛋，則那三大部分就分別相當於蛋殼、蛋淸和蛋黃。

地殼是地球的表層，由固體的岩石組成。在地球的不同部位，地殼厚薄不一。在海洋區的地殼稱爲洋殼，平均厚十七公里；大陸部分稱爲陸殼，平均厚三十五公里。洋殼的岩石含鐵、鎂高，比較重；陸殼的岩石含硅、鋁較高，比較輕。

地幔由上地幔、下地幔和中間的相變帶三部分組成。

地殼加上地幔的上部，平均厚七十至一百公里，是堅硬的岩石圈。岩石圈之下的上地幔有一層軟流圈，從地表算起，深七十至二百五十公里，岩漿就儲存在那裡。多數火山噴出的岩漿就是從那裡上升到岩石圈，再噴出地表的。

按：講「**不臨深谿，不知地之厚也。**」時，可補充。

二、四萬次試驗之後

美國大發明家愛迪生，一生中約有兩千項發明，人們都稱他是天才。可是愛迪生說：「所謂天才，那是假話，努力的工作才是眞的。」

爲了把容易腐蝕的硫酸電池，改造成鎳鐵鹼蓄電池，他整整奮鬥了十年。一天，一位朋友來看他，見滿桌子都是實驗用的小電池，足有四、五百種，便問他：「你做了大量的工作，可有什麼結果呢？」愛迪生聽了笑著說：「結果嗎？現在我知道了有好幾千樣東西是不能做蓄電池的，這不就是結果嗎？」

「好幾千種？」客人似乎不大相信。「到目前爲止，你總共做過多少次試驗？」

愛迪生翹起右手的四根指頭比了比：「已經突破四萬大關。可是跟實際要求，還有相當一段距離呢！」

西元一九〇四年初，愛迪生試驗到近五萬次，終於突破重重困難，製成了一種新型鎳鐵鹼蓄電池。

按：講「鍥而不捨，金石可鏤」時，可補充。

三、爲什麼蚯蚓是益蟲？

很多生活在地下的動物都是農民痛恨的害蟲，而蚯蚓卻是農民的朋友。蚯蚓不吃植物的根和地下莖等食物，而吃泥土。蚯蚓吃東西不做選擇，泥土裡的沙粒、土壤以及腐敗葉子和小生物等有機物質，都被牠一起吃下去。有機物質被蚯蚓的腸胃消化吸收，沙土被從肛門排泄出來。這些排泄物是捲曲發黏的小顆粒，裡面含有化學物質，是莊稼所需要的營養。這樣土地就變得肥沃和疏鬆了。另外，蚯蚓在地下生活，還能把地下的細土翻到上面，把粗土翻下去，使得土地更鬆軟，容易耕種。

蚯蚓沒有腳，它們是怎樣「走路」的呢？蚯蚓沒有腳，不能像一般環節動物那樣運動，牠先把前端的體節伸展，帶動後面的體節向前移動；然後後面的體節收縮，前端的體節伸展向前移動。蚯蚓就這樣不斷地伸縮體節向前移動。蚯蚓身體再生能力特別强，把牠切斷了，還會分別長成完整的身體。

蚯蚓沒有眼睛，可是蚯蚓卻能感覺到光的明暗。原來，蚯蚓的身體表面到處都有感光細胞，尤其身體前端的口器上的感光細胞特別多。這些感光細胞就有眼睛的作用，能感覺到光的存在，以及辨別光的強弱。蚯蚓不喜歡陽光，大部分時間在地下活動，夜間才鑽出地面來活動。

按：講「蚯蚓無爪牙之利，筋骨之強，上食埃土，下飲黃泉。」時，可補充。

四、齊白石不叫一日閒過

著名畫家齊白石擅長畫蝦。他畫的蝦，形神兼備、氣韻生動，被人稱為「絕藝」。他畫過一幅「多蝦圖」，許許多多的草蝦叢集一起，疏密有致，多而不亂。每隻蝦都是軀幹透明，薄殼下宛如有生命在搏動，蝦鬚顫顫，似要躍出水面。有人問他畫蝦的「祕訣」是什麼？他笑著回答說：「要每日作畫，不叫一日閒過。」

齊白石從十五歲起學木工並開始學畫，直到他逝世的八十多年中，不論寒冬，還是盛夏，每天揮毫作畫，從不間斷，常常從清晨畫起，不知不覺畫到太陽下山。他有一首詩描寫自己作畫的甘苦：「鐵柵三間屋，筆如農器忙；硯田牛未歇，落日照東廂。」他每天像牛一樣在畫幅上耕耘，僅五十歲到六十六歲這十多年之中，就畫一萬多幅畫，刻印三千多顆。

他作畫雖多，但一絲不苟。「塗黃轉綠再三看，歲歲尋常汗滿顏。」他經常以嚴格的態度進行自我審查，不斷發展，不斷革新。在六十九歲的時候，他還手拄拐杖，經常在清晨和傍晚，到鄉間去察看草叢中蟲豸的跳躍、池塘裡魚蝦的游動。他甚至把蝦養在金魚缸裡，在每天起居時仔細觀察，反覆揣摩。「功夫深處見天然」。七十歲後齊白石畫的蝦開始超越前人，八十歲後他畫的蝦更加活脫如生，獲得中外人士的一致讚賞。

按：講「無冥冥之志者，無昭昭之明」時，可補充。

五、為學專一，樂而忘我

為樂趣而讀書或做研究的人，他們沈醉其中時，常常到了渾然忘我的境界。下面有幾個有趣的例子：

㈠清朝有個研究楚辭的學者林雲銘，他從年少時就好喜讀書，每當探索學問時，一整天忘卻飲食。盛夏之日，家僮準備好洗澡水請他入浴，常未脫衣服即坐入浴盆中，直到衣服溼透才察覺，因而鄉人都稱呼他為「書癡」。

㈡法國科學家安培，研究物理簡直入了迷。一次，他在街上散步，突然想起一道物理命題需要馬上解決。於是他迅速從口袋裡掏出粉筆，走到一塊「黑板」前演算起來。突然「黑板」移動起來，他便追著黑板繼續演算。最後，路人大笑，打斷了他的思路。他停下來仔細一看，所謂的「黑板」，原來是一個馬車的黑車篷。

安培是一個非常珍惜時間的人，爲了免受俗人打攪，便在自己家門上掛了一塊牌子，上寫「安培先生不在家」。一次，他邊走邊思考一個物理問題，走到家門口時，抬頭看看門上掛的牌子，驚訝地說：「原來安培先生不在家？」扭頭就走了。很晚很晚，家人才在街上找到徘徊躑躅的安培。

當他執教於可雷玖大學的時候，爲學生講物理課，也常常講得渾然忘我，竟然用自己的手巾擦黑板，然後再用手巾往自己的臉上猛擦不已。

㈢西元一九四四年夏天，正是第二次世界大戰最劇烈的時候，發明盤尼西林的英國化學家佛萊明爵士從事研究工作。根據他的祕書海倫・勃克萊小姐的描寫，有一天早晨，防空警報接連放了三次，炸彈就在附近落下，把房屋震得直搖，桌上的東西都互相撞擊。可是佛萊明爵士卻始終不受驚擾。等到第四次解除警報過去很久，他忽然從沈思中驚醒，對女祕書說了一聲：「好哇！」警報聲和炸彈聲他都沒聽到。

有人問佛萊明爵士在顯微鏡中看到黴菌，因而創下這樣偉大的發現時，心裡的感受如何？他回答：「沒什麼啦！只因爲這東西很有趣呀！」

按：講「君子結於一」一段時，可補充。

六、善用耐心，精益求精

有一次，波蘭名鋼琴家柏特露夫斯基（西元一八六〇～一九四一年）演奏完一曲以後，有位太太驚嘆地說：「柏特露夫斯基先生，你一定擁有全世界的耐心，才能學到這樣的程度吧！」

這位名鋼琴家說：「親愛的太太，不是這麼一回事！我的耐心並不比旁人多，只是我好好地運用了我的耐心而已！」

柏特露夫斯基後來在美國的聲譽極隆。可是他說：「我也有過少數幾次，我覺得完全滿意，可是次數極少。我常因爲自己應該可以彈得更好而困惱。」世人都以爲他的演奏已接近完美，可是他仍舊不滿足，不斷地改善自己的才能。就是這種自我要求，精益求精的精神，他的琴藝才臻於完美的境界。

七、斯威夫特知恥發憤

英國作家斯威夫特（西元一六六七～一七四五年）在獲得學士學位時，校方表示這是「特別寬容」才給的，意思是說他的學業不夠標準。斯威夫特聽了，覺得非常羞慚，決定從此要每天自修八小時，就這樣延續了七年，發憤苦讀，才使自己成了一個飽學之士。我們現在讀他的《小人國遊記》中的許多諷刺和含蓄，不能不想起他這一段經歷。

按：六、七兩項，講「真積力久則入」時，可補充。

八、射干

■射干

射干，多年生草本，葉劍形排成兩行。夏季開花，花被橘紅色，有深紅斑點。根可入藥。《廣雅．釋草》：「鳶尾、烏萐，射干也。」王念孫疏證：「方多作夜干字，今射亦作夜音。」《楚辭．劉向〈九嘆．愍命〉》：「掘荃蕙與射干兮，耘藜藿與蘘荷。」王逸注：「射干，香草。」

伍、問題與討論

一、荀子說：「學不可以已」，和「終身學習」，有無相似之處？請說說你的看法。

答：請參閱肆、課文補充資料．第一項。

二、本文在寫作手法上，有何特色？

答：請參閱貳、課文參考資料．第一項。

三、本文擅長用比喻來說理。請用比喻的手法，來說明下列五個主題。（請不要超過五個句子）

㈠驕傲　㈡嫉妒　㈢專一　㈣懶惰　㈤諂媚

例：謙虛：智慧越是遮掩，越是明亮。正像少女的美貌，因為蒙上黑紗而十倍動人。（英國．莎士比亞）

答：請同學自行發揮，以下是參考答案。

㈠驕傲：自我吹噓的人像面鼓，聲音大，肚子空。

㈡嫉妒：不少人見不得別人比他好，這種人大概是屬兔的——眼紅。

㈢專一：一隻狗同時追逐幾隻野兔，必然連一隻也抓不到。

㈣懶惰：懶惰走得那麼慢，貧窮總會很快趕上它。

（美國・富蘭克林）

㈤諂媚：拍馬屁的人都是爲了騎馬。

第四課

現代詩選

林泠
鄭愁予

■鄭愁予畫像

林泠詩集
林泠

叩關的人四方城雪地上常夜
方城雪地上常夜燈非現代的
建築叩關的人四方城雪地上
夜燈非現代的抒情建築叩關
抒情建築叩關的人四方城雪
上常夜燈非現代的抒情建築
人四方城雪地上常夜燈非現
的抒情建築叩關的人四方城
四方城雪地上常夜燈非現代
地上常夜燈非現代的抒情建
燈非現代的抒情建築叩關的
城雪地上常夜燈非現代的抒
關的人四方城雪地上常夜燈
夜燈非現代的抒情建築叩關
情叩關的人四方城雪地上常

■《林泠詩集》書影

壹、作者參考資料

一、現代詩壇的謫仙——鄭愁予

鄭愁予在現代詩壇中是個「傳說」，因爲他的詩作和一般現代詩人相較，數量上並不太多，而他赴美之後發表的詩作數量更少，儘管如此，鄭愁予被瘂弦稱之爲「現代詩的古典」的詩作，仍受到許多編選教材的主事者，及年輕人的喜愛，並在《中國時報》所舉辦的「影響三十」的活動中，《鄭愁予詩集》是唯一入選的詩集。

鄭愁予之迷人，不只在詩，也在其筆名。鄭愁予本名鄭文韜，筆名出自屈原《九歌・湘夫人》：「帝子降兮北渚，目眇眇兮愁予；嫋嫋兮秋風，洞庭波兮木葉下。」及辛棄疾菩薩蠻：「江晚正愁予，山深聞鷓鴣。」鄭愁予原籍河北寧河，他是如此述說自己的家族：「祖父和先人們曾是清朝世襲的官吏，我的二伯父做過慈禧太后的御林軍，在當時對年輕人來說，這是一項榮譽，不但相貌要長得好，還要文武兼備才能選得上。我的父親（前三軍參謀大學教育長鄭曉嵐）卻進了舊制的軍校，做一個職業軍人成了他一生的事業，後來他參加了國民革命。」（瘂弦：《兩岸蘆花白的故鄉——詩人鄭愁予的創作世界》）鄭愁予於西元一九三三年出生於山東濟南，童年時候的他，隨著父親征戰南北，抗戰的悲慘情景，逃難、流浪的經驗，深深烙印在他純眞童稚的心靈，「因此我自小便習慣流浪，而且懂得在流浪中尋求生活的樂趣和意義。」（張灼祥：《作家訪問錄：〈鄭愁予：心靈的流浪〉》）這個成長背景，使得鄭愁予詩作中有汩汩不斷的陽剛粗獷氣，在取材上，「浪子情懷」也貫穿在他不少的作品中。

抗戰後期，十二歲的鄭愁予和家人住在鄉間。在這個時期，他在私塾讀四書五經古文古詩，課餘時讀中國的詩詞，及舊小說如《水滸傳》、《說唐》之類，尤其是遊俠刺客的故事，是他最喜歡的，這對於他日後題材的選取有莫大的影響。除此之外，他就整天讀著二堂哥手抄的現代文學抄本，其中抄錄了不少新詩、散文，令鄭愁予感動不已，並由此爲鄭愁予開啓中國新文學的大門。

讀詩讀的越多，更是沈醉在詩的迷幻世界裡，慢慢地鄭愁予對於詩也有自己的見解，即便是名詩人之詩句，也有令他皺眉覺得尚有斟酌的地方，那麼「爲何不換我寫寫看呢？」那股無法按捺的創作衝動，雖然還在「仍不穩定」中，鄭愁予便將這個單純的喜好，轉化爲文字。一九四七年，他的第一首詩《礦工》發表在校刊上。他說：「我開始寫詩是在初中二年級，那時候我的一些親戚們有的已經唸大學了。北大國文系的學生在夏天組織了讀書會，我在這個讀書會裡讀到了更多的詩集子，像胡風主編的《七月詩叢》，我幾乎每本都讀了。在學校裡，我們自己要出壁報，我在壁報上開始寫詩。在抗戰中渡過的幼年，我生活在孤獨裡，接觸到的兵荒馬亂，遭遇到的中國巨大的破壞和災難，在我心裡留下了很深的印象。後來我讀了一些蘇俄時代詩人像普希金、馬耶科夫斯基等人的作品，他們的詩裡的强烈人道主義實在感動了我，感時而憂國，我開始寫作，就是把我童年所看，所記的事情寫下來。有一次學校到門頭溝去旅行，門頭溝是北平西郊的一個礦坑，我看到了礦工們的生活，回來自然而然寫了一首關於礦工的詩，這是我的第一首詩創作。我記得其中有一句被當時北大的老師特別誇讚過，那句詩的意思是說礦工一生下來，上帝就在他的手上劃了十字架。我當時也沒有什麼特定的意思，可是老師解釋說，十字架是一個犧牲自己而服務人類的象徵，這反而使我進一步的憬悟，詩裡面有兩層意義，並不只是用一些美麗的字句使之有一個莊嚴的外表，而更要有其內涵。」（瘂弦：《兩岸蘆花白的故鄉——詩人鄭愁予的創作世界》）

鄭愁予是抗戰勝利之後，隨家人回北平，插班進入市立中學二級時，才開始接觸史地數理等現代知識，可是對學習英文這件事，就是提不起勁，當然成績是不好的，當時有位教英文的李老師，爲了鄭愁予不肯開口說英文，便用「繡花枕頭」來揶揄他，這深深傷了鄭愁予的自尊心，爲此他的父親特別將他送到一所由英國人創立的教會學校北平崇德中學就讀。剛開始時，鄭愁予跟不上同學的英文程度，於是他就將全付精力讀中文書及詩，其中著力最大的是現代文學，他常利用上課時間將新文藝書刊放在膝頭上閱讀，幾個月之後他讀遍學校圖書館中新文藝的書刊。對於當時的新詩他有自己的看法：「感情很激烈，但是不夠深刻，表現的技巧因朗誦詩形式的限制，內涵不足。」（《鄭愁予與彥火談話語》）因而借用屠格涅夫的書《處女地》爲創立的壁報命名，且以「要耕處女地，必須深深的耕」，和同好的同學自我期許，努力耕耘創作。後因戰火漫延，鄭愁予全家由北平南遷至漢口，鄭愁予第一次在正式的報章刊物《武漢時報》，發表詩作：《爬上漢口》，當時的編輯胡白刃將這首詩刊於在刊頭，並加黑框加以突顯，使他得到莫大的鼓勵。西元一九四九年的春天，他進道南中學，和一些同是由北方來的同學合組名爲「燕子社」的文藝社，並發行刊物。他自費在燕子社出版他生平的第一本詩集《草鞋與筏子》，這時他才十六歲。

內戰局勢吃緊，學校被迫解散。鄭愁予到了桂林，又經陽朔到了柳州，再從柳州坐船到梧州、廣州。這些美麗的山水，爲他累積很多的創作素材：「知識發展到某一階段能從自然中取得感性時——約爲一九四七年離開北方在中國很多省旅行一直到初來臺灣寫《板車夫》、《娼妓》、《水手》等鄉土關懷詩的階段。」（義芝：《謫仙的心也淌血》）

西元一九四九年鄭愁予隨著家人到臺灣，本來要跳級念大學，但沒有成功，轉而就讀新竹中學。正處青少年期的他非常熱愛運動，他參加了球隊和田徑隊，成了一名體育選手，曾經被選上參加省運會，成績還不錯。這個愛好延伸到他長大，任臺灣青年登山協會常務理事、滑雪委員會委員，和臺灣陸軍足球代表隊隊員。但同時他「沒有一種寫詩的創作欲望」，這除了是因時局動盪外，他認爲當時目光所及的作品，在技巧上尚不及他在大陸時刊登在校刊的水準。最重要的是，在他心裡有個很大的矛盾點：「一方面我喜歡臺灣，這裡的熱帶風景給我一個全新的感覺；但另一方面，我的老家在北平，親人們都留在那兒，我希望隨時能夠回去，我的詩也要發表在那兒的刊物上，在臺灣，我只是個客人。」（瘂弦：《兩岸蘆花白的故鄉——詩人鄭愁予的創作世界》）雖說沒有發表詩作，並不表示他疏於練習寫詩，他在上作文課時，以詩代文，當時他的國文老師尚奎齋對新文學很有興趣，不但沒有反對鄭愁予這種作法，還給他很高的分數。

而後鄭愁予考上中興大學法商學院，這個時期的他，終於將觸角伸向外界，西元一九五一年夏天他參加學校的勞軍團到澎湖，在馬公城的一棵大榕樹下，詩興大發，創作出《老水手》一詩，成爲鄭愁予在臺灣發表的第一首詩。而後他開始在《野風》、《新詩周刊》等刊物上發表作品，名聲漸揚。西元一九五二年鄭愁予遇到紀弦，獲得極大的贊賞，再加上他認同紀弦的詩歌理論，鄭愁予便和紀弦及其他詩人共六人成立「現代派」。

畢業後他在臺灣基隆港務局工作，「在基隆的時候，我生活在海邊上，接觸的是船和貨物，再不就是工人和顧客，沒有機會和人討論文學或藝術，也沒有時間讀什麼文學和藝術理論。」（瘂弦：《兩岸蘆花白的故鄉——詩人鄭愁予的創作世界》）雖然這段時期，對他的新詩寫作在理論上並沒有直接的幫助，但提供他在日後創作出大量航海詩的素材。西元一九五六年他加入紀弦的現代詩社。而後陸續出版了《夢土上》、《衣缽》、《窗外的女奴》等詩集。

西元一九六八年，鄭愁予赴美，在聶華苓主持的愛荷華大學國際寫作班研究，獲藝術碩士學位，後因保釣運動上了黑名單而滯留美國，先後任教於美國愛荷華大學及耶魯大學東亞語文學系，教授中國現代文學。赴美後，鄭愁予有很長一段時間，不再發表詩作，直到西元一九七九年九月將前三冊詩集結合爲《鄭愁予詩集》（洪範出版社）出版，此年年底才又發表新作，離開臺灣，住居美國已十一年矣，四十六歲的鄭愁予，以另一種沈靜凝鍊的面貌呈現給讀者。比之另一著名的詩人瘂弦，自西元一九五一年開始寫詩至西元一九六五年停筆，從此不再有詩作發表，鄭愁予則發展了「耶魯鄭愁予」的新貌，是詩壇之幸事。赴美以後的詩作，收錄在《燕人行》、《雪的可能》、《寂寞的人坐著看花》（三書皆由洪範出版）等幾本詩集中。

在表現手法上，鄭愁予的詩作約略區分，可分爲年輕時期的浪漫感性，抒發個人的心情。中年時因受西方文學的影響，較爲知性內斂，抒發的是對國家、對社會的心情。目前則是在中國古典文學中道家的豁達中悠遊。鄭愁予說：「因爲人的體驗不同了，那麼雖然景色一樣，但是感覺不同，所以我早年寫的和後期寫的有所不同。」而在美國時的詩作，主要的不同之處，在於語言節奏感的改變，「我記得一位比較文學的前輩曾說，中國詩歌由至今的變化，是在節奏感上。古詩的節奏感變化比較緩慢，因爲社會的變化也很慢，而現代社會的變化那麼快，於是語言的變化便更加快，新的句法，詞彙也不斷出現。」（張灼祥：《作家訪問錄．〈鄭愁予：心靈的流浪〉》）所以在早期鄭愁予在寫《錯誤》時，爲表現馬蹄聲的急促感，便用比較急促的節奏。而現在因爲心境的改變，感性也改變，爲了和緊張的生活做對比，把語言放鬆，節奏也放鬆。瘂弦認爲鄭愁予詩作之美，在於其詩作中所流露的童稚純眞之心：「鄭愁予是在中國許多地方長大的北方人。童年在江南、在湘桂粵、在北平、在接邊塞的北方鄉下，和在臺灣。雖然，來臺灣已是十多歲了，而他覺得，他的童年是來臺灣一年之後才結束的。」（《六十年代詩選．鄭愁予評傳》）

蕭蕭認爲鄭愁予的詩作之所以爲人所競相傳誦，是因爲：「現代詩人競相炫奇作怪，鄭愁予獨保留宋詞元曲中的優美遺韻，讀者對於古典之美的眷懷，不能不經由鄭愁予的詩作獲得滿足。」、「在衆多『有句無篇』的現代詩作中，鄭愁予的渾然天成是他繼續擁有多數讀者的重要原因。」（蕭蕭：《情采鄭愁予》）而鄭愁予本人是如何解讀這個現象呢？他認爲：「新詩的讀者，他們的年齡是從十五歲到讀大學這階段，我自己寫詩，也是從十五歲開始，這一階段讀詩的人最多，他們往往喜歡純粹的抒情詩，像《夢土上》、《窗外的女奴》……等，我在二十五歲前寫的作品，這些作品最能夠直接打動他們當時的心靈。」對於自己在中年以後寫的詩，讀者的反應不若年輕時的多，他做了一番詮釋：「一是三十歲以後，有很多人不讀詩了，不管你寫得好或寫得壞，他都不喜歡以間接的、象徵的方式去認識人生世界。二是藝術認知問題，人生許多精妙的地方，必待中年以後才能表現得藝術化，恰到好處，但能體會此者，少之又少。」（義芝：《謫仙的心也淌血》）

總而言之，縱觀鄭愁予的所有詩作，可以爲現代詩下一個定義：無須難懂的句子和複雜深奧的哲理。誠如張默、蕭蕭在所編的《新詩三百詩．鄭愁予小評》中說的：「鄭愁予的筆觸，既有塞北江南的寓意，也有海外異域的采風，更有臺灣鄉土的情懷，而他眷愛的好山好水，一直都悠遊於作者廣大浩瀚的心室，詩人是通過書寫小我之情，捕捉大我之情，而進入無我之情的至高境界。」

二、鄭愁予二三事

鄭愁予是現代詩壇中擁有最多讀者的一位詩人。他的詩名有時還能爲他帶來一些小小的方便。鄭愁予曾和幾個朋友在南部鄉下一家小飯館吃飯，因爲同行的朋友想要喝點小酒，但老闆說飯館不允許喝酒，同行的朋友就介紹他，說這位是詩人鄭愁予先生，老闆又驚訝又高興地說：「有鄭先生在，可以喝酒！可以喝酒！」這時飯館內有一位三十多歲的年輕人，突然走過來，向鄭愁予打招呼，說他以前心情不好，什麼事都不想做，什麼書都不想讀的時候，就讀鄭愁予的詩，說得很誠懇，然後他回家去，拿著一本詩集要鄭愁予簽名，特地帶來一瓶珍藏多年的金門陳年高粱酒，要送給鄭愁予喝。

有一次，幾位文友去鄭愁予家玩，有人問：「愁予，你和梅芳是那年結婚的？」他「啊……」了半天沒「啊」出來，正巧太座梅芳從廚房裡出來抹桌子，嗔道：「好啊，連這個都不記得啦？」說時遲那時快，抹布脫手迎面飛來。

又有一次，鄭愁予在內湖洛夫家喝酒，醉了，一個人搖搖晃晃回家，正是「地行不識名和姓，大似高陽一酒徒，應是瑤臺仙宴罷，淋漓襟袖尙模糊」的境界，走到橋邊，起風了，人再也站不穩，只好爬著過橋，到家已是一身爛泥，太太又氣又疼，罰他睡地一夜。

詩人鄭愁予就是這麼一個「迷迷糊糊」的天才，一個愛山、愛水、愛飲酒、愛雲遊的漢子。論人，有幾分憨氣；論詩，有幾分仙氣。朋友們喜歡他，讀者們喜歡他。「我達達的馬蹄是美麗的錯誤，我不是歸人，是個過客……」不但已成爲現代詩的「金句」，也把他爲人的灑脫表露無遺。

三、年輕的老詩人林泠

「慧星般的出現，跟著是十數年的沈默，而她自《四方城》以降一系列的詩，恍如空谷回音，歷久不絕。林泠所掌握的童話般的語言，輕快的節奏，以及明澄如結晶體的構成，迄今仍無人出其右者。」（《剪成碧玉葉層》），詩人張默對女詩人林泠的詩作下過如此的評語。林泠是五十年代知名的女詩人，本名胡雲裳，廣東省開平縣人，民國二十七年生於四川江津。她的成長背景上有些類似鄭愁予，父親一樣是任職於軍旅，因而她的童年隨著父親在西安和南京渡過。來台後就讀於師大附中及北一女。

這位早慧的天才詩人她於民國四十一年十五歲時，於在《新詩週刊》上發表第一首詩作，民國四十五年加入「現代詩社」，成爲社中較受人注目的女詩人，民國四十五年以《四方城》系列，震驚詩壇，當時她才十八歲。民國四十六年以後因爲生計的緣故，極少發表新作。

自台灣大學化學系畢業後，於民國四十七年赴美，進入佛吉尼亞大學攻讀並獲得博士學位，歷任美國化學界、醫藥工業界研究發展部門負責人等職位。留美這段期間她長時間中斷了創作，民國七十一年集結舊作四十三首詩作爲《林泠詩集》。民國七十年，藉由回國的短暫時間裡，在聯副發表一系列的新作。

林泠堪稱台灣詩壇上最獨特的詩人，在於：

㈠雖然林泠絕大多數的作品寫成於入大學之前，內容多是感性少女對生活知性的感觸，但因童年生活的磨練，使得她得以較冷靜的態度看待生活，並將自己成爲抒情的主體，並藉此來觀照及探索內在的自己，因而反映在詩作中，表現出一種冰雕玉琢的冷峻的美感，使得詩作意象寬泛，可隨著讀者的聯想，得以深化及泛化，這與時下女詩人泛生活化的詩作不同。

林泠曾給詩人張默一封信，信中說：「我的少年不像別人的，是一段很不順心的過程（甚至可說是期期艾艾），那時候就靠寫一點詩，搞一點化學，才算把自己從『可能危險』的境地中拉了回來。這一點可能不自覺地在我的早期作品中顯現了出來。使那些作品『涙濕青衫』和『少年永嘆』有稍稍地區別。」（民國七十一年七月十七日）

可做爲她爲自己的作品，所下的注腳。

㈡林泠是台灣詩壇上年輕的老詩人。因爲她的詩作不多（只出過一本詩集），但詩齡長且詩作多爲精品，這可從她的詩作被選入《企鵝世界女詩人選集》（民國六十七年）一書，得到印證。此書由當時國外知名的女詩人：柯斯曼、基芙、韋佛合編，內容是選入古今中外著名女詩人的作品，其中中國的女詩人被選入的有五人：朱淑貞、李清照、秋瑾、冰心、林泠，其中林泠是最年輕的中國女詩人。

四、林泠二三事

㈠楊喚心儀的才女

民國四十三年一月楊喚寫給歸人的一封信中說：「我已能抑止住曾猖厥一時的悲痛。因我仔細回味時，驀然地發覺，爲一個『頑童』的折磨而自溺，殊爲可笑，儘管情癡如我。」（《楊喚全集，頁四〇五》）歸人在註解中說：「所謂『頑童』乃暗指某少女也，時讀於一女中，頗有詩才，這是使楊喚的生命發生巨大震撼的一個故事。」

信中的「頑童」指的就是林泠。原來民國四十二年的七、八月間，楊喚認識了當時就讀於北一女的她，並對她的才華十分贊賞。他曾說：「林泠的詩卻是如此的美好，我羞慚於做了她的詩的鄰居。……我說眞應該向她獻花，這是一點也不算過的，實在她眞當得起。」（《楊喚全集，頁五〇五》）。由於楊喚害羞、缺乏自信的個性使然，使得楊喚再一次失去擁有愛情的機會，並因此宣稱不再寫作：「今後我將不敢再提筆了，將永遠不提筆以贖前罪，請相信我，這絕不是說著好玩的。」（《楊喚全集，頁四五四》），楊喚說得如此愼重，而朋友僅當他是說說罷了，但沒想直到去世，他眞的不再寫詩了。

貳、課文參考資料

一、「錯誤」的寫作背景

有人曾問鄭愁予，《錯誤》這首詩是不是詩人自己的經驗之作。鄭愁予答說：「這首詩在內容上，它與某些傳統詩歌十分類似，可見詩從古代到現代，內容是沒有改變的，只是表達的方式有所不同。語言方面，它突破了中國方言的限制，當我們用廣東話去朗誦這首詩時，在味道上當然與用國語來唸不同，但卻有一種美感。至於爲什麼會寫這首詩？有些人以爲這是詩人流浪生活的一些體驗，這也是對的。這並不是記錄一個時間的事情，而是把片片段段的經驗整理起來，最後寫成了這首作品。我說過自己因爲逃避敵人，走過許多地方，看見不同的情景，如等待中的婦人、我母親就是很好的例子。那時候，父親在前線作戰，她便跟我相依爲命，成了這首詩最根本的因素。……

這首詩爲了表現馬匹經過街道，所以在詩句的安排上有些特別，前面和後面的兩行，類似馬蹄的行動；而中間有六行，主體是過路的人，客體是等待的人。至於節奏感方面，往往短句的節奏比較慢，長句的節奏則較快，在我其他詩中也有這樣的情況。」

（取材自張灼祥著《作家訪問錄》，臺北素葉出版社）

二、《錯誤》賞析

《錯誤》這首詩是臺灣近四十年來最爲人樂於誦讀、傳唱的現代詩，考其風行的原因，不外「聲色」二字，先觀「色」，鄭愁予善於轉化傳統詩詞的意象，擷取其中最爲引人的詞彙，加以活用，此詩中「江南」、「蓮花」、「東風」、「柳絮」、「青石」「向晚」、「跫音」、「春帷」，都是古詩舊詞習見的意象，鄭愁予轉而鋪排出古典婉約之美。令人不自覺地跌回唐宋詩境而竊喜不已。再察「聲」，鄭愁予的詩一向聲籟華美，此詩表面上已多處協韻，如降低二格排列的首二句，以「過」與「落」相協，完美無缺；第一段第三行「向晚」與第五行「緊掩」，也有押韻效果。其次，行中的協韻與首尾的呼應，錯落有致，起伏和諧，如：第一段中的「心、城、青、音、心、緊」以ㄣ、ㄥ相間，又呼應了最後一行的「人」；如首二句「過」、「落」可以和末二句「錯」、「過」遙相呼應；如首二句「季節」的「節」與第一段「街道」的「街」、「不揭」的「揭」，同音重複，可以再三喚醒記憶中的旋律；首二句的「容顏」與第一段末行的「緊掩」，第一段首行的「不飛」與詩之最後一行的「不是歸人」，與第一段四、五行的「春帷」與「窗扉」（「春」與「窗」聲母又同），音韻相近，跌宕相隨，這樣的設計，已進入妙境矣！更不必提「小小」、「達達」、「不來」、「不飛」、「不響」、「不揭」的類疊回音了！

《錯誤》這首詩開始的兩行比其他詩行降低兩格，這樣的形式設計，讓我們可以將這兩行詩另眼看待，將這兩行當作是此詩的「小序」，最爲恰當。現代詩人往往喜歡在詩的開頭引用別人的名言或詩句來總結全詩，或開創詩意，有「他序」的作用；鄭愁予則以自撰的詩行低置兩格，顯然是在說明寫作的旨意，有「自序」的意味。《錯誤》這首詩類似唐朝的閨怨詩，惋惜「那等在季節裡的容顏」如蓮花幾度綻開、凋零，幾度燦美、消損，這正是鄭愁予寫此詩的初衷。「我打江南走過」，表示我不是江南之人，可能從北地來、從邊塞來，那些地方乃傳統閨怨詩之「怨」所自來的地方，而江南應該是鶯飛草長，男女情亦長的所在，尤其是暮春三月。結果見到的是「那等在季節裡的容顏如蓮花的開落」，紅顏消瘦的憐惜之情，溢於言表！「江南」二字道出了此詩場景之美，「蓮花」二字顯露了此詩人物之美，以此「美麗」更能反襯其後「錯誤」的惋惜之痛！

以修辭學的觀點來看「那等在季節裡的容顏如蓮花的開落」，全句當然是譬喻句（明喻），「那等在季節裡的容顏」則暗指「思婦」，「季節」二字借代「時間」、「歲月」，時間、歲月，泛指而抽象，不如用「季節」，具體而鮮明。孔子寫作以魯國歷史爲中心的編年史，定名爲春秋，即以春秋二字借代整段歷史。「那等在季節裡的容顏」，是倒裝句：「那在季節裡等待的容顏」，此一「容顏」不用「紅顏」二字，頗有青春不再之意。「開落」二字字意相反，雙義仄用，「開」字是「配字」而已。因此，體會此句詩意應是：那在季節裡等待的思婦，如蓮花凋落，此乃本詩命意之所在。

第一段「東風不來，三月的柳絮不飛」，一方面交代事件發生的時間背景，是東風不來、柳絮不飛的時候，一方面則以外在景物暗喻內在的心境——「古井不生波」，情人是「東風」，思婦是「柳絮」，情人「不來」，所以思婦的心「不飛」。柳絮飛揚是多美的春景，但沒有東風，一切的心緒都無法飛揚！同理，情人的「跫音不響」，所以思婦的「春帷不揭」，顯示了女子對情愛的堅定與執著。因此，鄭愁予以三個譬喻句「你底心如小小的寂寞的城」、「恰若青石的街道向晚」、「你底心是小小的窗扉緊掩」來形容女子堅貞自守的心。向晚的青石街道，少有行人，寂寞可知。比較「青石的街道向晚」與「向晚的青石街道」。前者有時間延續的寂寞感，彷彿由空間（青石的街道）延向時間（晚），寂寞隨之無止盡地拉長；後者則只點出黃昏的青石街道，以一景寓一情而已。這三句譬喻句，從「城」而「街」而「窗」，由大而小，有層遞中的遞減效果。如用電影的運鏡方法，則遠景、中景而特寫，景物愈小而明晰度愈高，寂寞感也愈大。

擴大而言，整個第一段可以視爲以「你底心」爲喻體的五個譬喻句，「東風不來，三月的柳絮不飛」、「跫音不響，三月的春帷不揭」這兩句可以當作是省略喻體、喻詞的「借喻」：「你底心就好像東風不來，三月的柳絮不飛」，「你底心就好像跫音不響，三月的春帷不揭」。如是，鄭愁予以五個不同的句子來告訴我們思婦之心專一堅定，給我們留下深刻的印象。

因此，「我達達的馬蹄」才有可能造成「美麗的錯誤」，第二段的首句呼應了「跫音不響，三月的春帷不揭」，馬蹄既來，春帷揭飛，這是喜悅，這是美麗，然而這也是錯誤，因爲「我不是歸人，是個過客」，思婦難掩失望之情，期待多時卻仍然落空，跫音久不來，來的卻是過客的達達馬蹄聲，故事至此是一個高潮，戛然而止，令人回味不已。

三、蓮花

請參考第四冊第十五課，貳、課文參考資料。

四、蓮花詩文

漢代樂府《相和歌》古辭中有一曲採蓮名歌，題曰《江南》，其辭曰：

江南可採蓮，蓮葉何田田！
魚戲蓮葉間。
魚戲蓮葉東，魚戲蓮葉西，
魚戲蓮葉南，魚戲蓮葉北。

田田，形容蓮葉茂盛的樣子。歌中通過魚戲蓮葉的反複詠唱，烘托出江南水鄉的明麗風光和採蓮人的快樂心情。

東漢留傳下來的《古詩十九首》中也有一首採蓮名詩，題曰《涉江採芙蓉》，詩曰：

涉江採芙蓉，蘭澤多芳草。
採之欲遺誰？所思在遠道。
還顧望舊鄉，長路漫浩浩。
同心而離居，憂傷以終老。

詩人採集了潔美的荷花和清香的芳草，準備送給他朝思暮想的親人愛侶，無奈路途遙遠，夙願難償，只能發出天各一方、憂傷終老的悲歌慨嘆。

五、楊柳依依寄深情

柳樹是大自然的傑作，特別是垂柳，它在春風中吐綠綻芽，搖曳生姿，很早就贏得了人們的喜愛。柳樹外表柔弱，但內裡剛强，有著極强的生命力，一段小小的枝條，也能在大地上深深地扎下根。古人如陶淵明自號五柳先生，今人如小說家劉蘊華取筆名爲柳青，都蘊含著對柳樹的嚮往。柳宗元被貶謫柳州時，爲官一任，造福一方，當地人民發自內心地詠唱道：「柳州柳刺史，種柳柳江邊。柳色依然在，千株柳拂天。」

「春風楊柳萬千條」，柳絲隨風起舞，裊裊婷婷，別具風流。人們歷來愛柳，賞柳，自然不免詠柳。其中，尤以唐代詩人賀知章詠柳詩最爲傳神：「碧玉妝成一樹高，萬條垂下綠絲絛。不知細葉誰裁出？二月春風似剪刀。」

柳色如煙，柳條漫長，猶如親友之間繾綣的柔情，彷佛離人不盡的別恨。所以，柳成了人們寄託離情別意的象徵。早在《詩經》中，《小雅．采薇》就有「昔我往矣，楊柳依依」的名句。人們在千古傳誦之餘，逐漸形成了折柳贈別的習俗。據《三輔黃圖》載：「灞橋在長安東，跨水作橋，漢人送客至此橋，折柳贈別。」自此「年年柳色，灞陵傷別」，成爲文人雅事。此風在唐代尤盛，唐代樂曲中有《折楊柳行》、《折楊柳》、《楊柳枝詞》、《月節折楊柳歌》等，可見楊柳與唐人生活關係之密切。

六、文人詠柳軼聞

傳說清代揚州八怪之一的金冬心，一日應邀往平山堂赴宴。東道主爲助酒興，以「飛紅」爲酒令，先賦詩一句：「柳絮飛來一片紅。」語音剛落，四座譁然。因爲柳絮乃是白色，何來「一片紅」所以賓客無不捧腹大笑。

詩才敏捷的金冬心爲了替主人解窘，急忙站起身來，款款說道：「諸君何故發笑？適才主人所吟，正是元代詩人所詠平山堂的佳句，不信，請聽我道來。」說完，朗聲吟道：「廿四橋邊廿四風，憑欄猶憶舊江東。夕陽返照桃花岸，柳絮飛來一片紅。」

眾賓客聽了，齊聲喝采，這是一幅多美的圖畫：桃花盛開，夕陽返照，整個空間彷彿都被染紅了，這時飛來的柳絮自然也「近朱者赤」了。大夥兒無不爲金冬心的淵博所折服。其實，這那裡是什麼元詩，不過是金冬心的即席創作罷了。

此外，以柳喻人喻物的佳話亦復不少。唐代大詩人白居易有兩個女侍，其中樊素善歌，小蠻善舞。白居易曾寫詩詠道：「櫻桃樊素口，楊柳小蠻腰。」後一句把小蠻腰肢之柔軟，舞姿之裊娜，寫得活靈活現。

七、《不繫之舟》賞析

林泠的成名之作大都在她二十幾歲的時候，她將自己成為詩歌抒情的主體，來觀照及探索內在的自我。在她這首成名之作《不繫之舟》中，作者選取一個「不繫之舟」——不受纜繩牽絆，任隨著水流而自由飄動的小船為詩名，來表達出林泠的人格特徵是「意志是我，不繫之舟是我」：一個對傳統和世俗叛逆的性格。

詩一開始，作者便說：「沒有甚麼使我停留／——除了目的」這宣言式的開始，便點明了作者的心意是如「不繫之舟」，不會為了任何的形式所牽絆。作者用一放一收的句式來加强讀者的懸念心：能使作者「停留的目的」是什麼呢？「縱然岸旁有玫瑰，有綠蔭，有寧靜的港灣」作者用「玫瑰」、「綠蔭」、「港灣」來代表一般女性的最終的歸宿：愛情、婚姻和家庭。而這些都不能阻止她對女性自覺的追求：一種擺脫世俗羈絆，能讓心自由飛翔，這就是她追求的目的。所以在此段最後，作者再一次的複誦她的宣言：「我是不繫之舟」。語氣由開始的確定目標，至此一個「是」字，讓讀者更可以感受到作者那斬釘截鐵的氣魄及決心。

第二段開始，作者開始佈置一個充滿空洞虛無的場景「也許有一天／太空的遨遊使我疲倦／在一個五月燃著火焰的黃昏」因為在爭取自由之初，所有的考驗都會接踵而來，在信心尚不足之際，作者難免會對自己所努力，而有所猶豫，總有些心力交瘁。然而作者的「疲倦」只是「也許」，並不是眞得已經「疲倦」。「一個五月燃著火焰的黃昏」這暗喻著一個短暫而美麗的假象，如先前所說的「岸旁的玫瑰，有綠蔭，有寧靜的港灣」會炫惑作者的心志，讓她不再發覺自我，而受世俗所牽絆。一句「我醒了」，有如暮鼓晨鐘般，讓作者在先前那種空洞虛無中，驚醒了，再一次的確認了自己所追求的方向。「海也醒了／人間與我又重新有了關聯」詩至此說明作者找到了自己的女性自覺，同時也以一種新的關係與社會相處，但彼此之間是自由的，「我將悄悄自無涯返回有涯，然後／再悄悄離去」。再一次的點明本詩的主旨：「不繫」，並與前文「沒有甚麼使我停留／——除了目的」相呼應。

最後一段，一聲「唉」道盡作者對世俗的看法，因而

「縱然沒有智慧／沒有繩索和帆桅」，那些屬於世俗的觀念及羈絆，只要「意志是我，不繫之舟是我」，因爲我就是自我意志的主體，而這個意志也就是抽象的「不繫之舟」，換句話說，我、意志、不繫之舟以具體、抽象，有形、無形，不斷交錯在讀者的面前。而自我絕對可以克服一切，努力航向目的地而去。

本詩作者以第一人稱「我」，來描述全詩，首先拉近與讀者之間的距離。全詩運用一收一放的句式，造成一張一弛的效果，所以每一句的轉折，除了在字面上加强了句子的層次關係，在句子的內在意義上，也有加以拓深的作用。這是本詩最大的特色之一。在意念的推展及鋪陳上，可見作者思緒之縝密，常令讀者感覺到作者意在言外，强化作者本來極欲表達的意念。以作者當時寫作此詩的年齡，實在是與同年齡的青少年所發表的說情談愛的詩作，有極大的不同之處。由此可見作者早熟的心志及其詩作的最大的特色：冰雕玉琢般的冷峻的美感。

叄、語文天地

一、跫、蛩

㈠跫　音ㄑㄩㄥˊ

1、腳步聲。黃庭堅《送彥孚主簿》詩：「伏藏鼪鼯徑，猶想足音跫。」

•跫音：足音。宋范成大《留游子明》詩：「得得跫音喜，匆匆笑口開。」明袁宏道《喜蘇潛夫至柳浪座上限韻》：「屢眄跫音至，秋來信幾緘。」鄭愁予《錯誤》：「跫音不響，三月的春帷不揭。」

2、踱步行走。秦瘦鷗《秋海棠》三：「教務主任洪先生，跫到她面前來，悄悄地問。」

㈡蛩　音ㄑㄩㄥˊ

1、蝗蟲。《淮南子・本經訓》：「飛蛩滿野。」

2、蟋蟀。白居易《禁中聞蛩》詩：「西窗獨暗坐，滿耳新蛩聲。」

二、帷、運籌帷幄

㈠帷　音ㄨㄟˊ

•帳幕。李白《春思》詩：「春風不相識，何事入羅帷。」

(二)運籌帷幄

帷幄，古時軍中帳幕。在帳幕中謀畫軍機，指擬訂作戰策略。亦泛指謀畫。《史記・太史公自序》：「運籌帷幄之中，制勝於無形，子房計謀其事，無知名，無勇功，圖難於易，爲大於細。」唐李卓《黃石公祠記》：「運籌帷幄之中，決勝千里之外，其功神也。」

三、扉

扉，音ㄈㄟ。

1、門、門扇。歸有光《項脊軒志》：「娘以指叩門扉。」鄭愁予《錯誤》：「你底心是小小的窗扉緊掩。」

2、書刊封面之內印著書名、作者等項的一項。如：扉頁。

肆、課文補充資料

一、王昌齡《閨怨》

閨中少婦不曾愁，春日凝妝上翠樓。
忽見陌頭楊柳色，悔教夫婿覓封侯。

【賞析】

王昌齡是盛唐「位卑而著名」的詩人，他擅長七絕，此類作品幾乎占他所有作品的一半。其七絕的藝術特色在於：「他善於捕捉生活中的場照氛圍，通過對人物剎那間感觸的表現，揭示其複雜、深刻的內心世界，表現出興象玲瓏的多重意境，而把一切無關的景物與情思刪汰淨盡。」（馬積高、黃鈞主編《中國古代文學史・隋唐五代》）而這首《閨怨》是他素負盛譽之作。

這首詩細膩的描繪一位少婦，春日登樓時，因爲四周景色，所產生微妙的心理變化：現實及理想之間的矛盾。盛唐時，國勢強大，國君難免會對外征戰，來展現國力。爲人妻者也多盼望丈夫能藉此立功邊塞，封勳受賞。可是連年征戰及交通不便之故，往往離家經年，獨留嬌妻守空閨，這份寂寞怎一個「怨」字說得完呢？

這一首《閨怨》詩，一開始寫道「閨中少婦不曾愁」，似乎與題名不合，事實作者故意這樣寫的，因爲他要將少婦從「不曾愁」的期盼高峯，跌到「悔」的心理變化，並由其間產生的落差，讓讀者深刻的感受到少婦的「愁怨」。其次熱望丈夫在邊庭建立勳業，封王封侯而歸，離別是為創造美好的未來，因此少婦並不為夫妻離別而傷懷，所以她「不曾愁」。第三，從第二句詩句中的「翠樓」一詞中得知，這位少婦的家境優渥。因為翠樓即青樓，在古時候的顯貴人家的樓房多漆成青色，作者為了作詩的平仄問題，而將「青」改為「翠」字。由此可知這位少婦未經多少生活的磨練，天眞的認為丈夫只要隨著當時「覓封侯」的途徑，美好的未來是可以期待的。因而她心中充滿浪漫的幻想，所以在春和日麗的大好時光，心情愉快梳洗打扮，快樂地登樓欣賞春色。作者在用力描繪少婦的青春快樂，為下二句詩，描繪少婦感嘆青春虛度而預留伏筆。

當一切都看似美好時，作者從第三句詩「忽見陌頭楊柳色」起，將筆觸陡轉直下，這句話承上啟下，轉接極其巧妙，成為全詩的關鍵所在。當少婦正沈溺在春景中，「忽見」一個突兀的詞語，看似順手拈來，實則是全詩情感轉換的關鍵。正因為「忽見」才使少婦產生出一種從未一種體驗過的情緒，讓讀者產生一個期盼，少婦究竟看到了什麼，讓她微微的吃了一驚。原來她無意間發現了路邊蔥綠的楊柳，一個極普通的楊柳告訴她，一年又過去了，在大好春光中，自己竟是孤身一人賞春景，讓她想起當年折柳贈別的良人，而今何在呢？心中的惆悵油然而生，懊惱的情緒，逐漸占滿了她的整個思緒，就直逼出詩的最後一句「悔教夫婿覓封侯」：因自己的孑然一身，才想到眞不該叫丈夫去覓封侯。這也就是全詩的重點所在：《閨怨》的主題。

這首詩以反襯的方法，先寫少婦不曾愁，加深少婦的怨之深，以不曾愁反襯登樓觀景後所產生的一種無敍說的怨悔。表面看這首詩全似敍事，實際這首詩正是緣情而發，全詩字字含情，是一首優美的抒情詩作。也因作者細膩描繪剪裁的功力，抓住少婦微妙的心理轉折，讓讀者可作泛意象似的聯想：眼前好似就看見那位少婦，全程的看見她的喜、她的怨，如同閱讀一篇劇情動人的短篇小說。

二、鄭愁予詩選讀

(一)殘堡

戍守的人已歸了，留下
邊地的殘堡
看得出，十九世紀的草原啊
如今，是沙丘一片……
怔忡而空曠的箭眼

掛過號角的鐵釘
被黃昏和望歸的靴子磨平的
戍樓的石垛啊
一切都老了
一切都抹上風沙的鏽

百年前英雄繫馬的地方
百年前壯士磨劍的地方
這兒我黯然地卸了鞍
歷史的鎖啊沒有鑰匙
我的行囊也沒有劍
要一個鏗鏘的夢吧
趁月色，我傳下悲戚的「將軍令」
自琴弦……

一九五一年．《野風》

【賞析】

這首詩發表於西元一九五一年，是鄭愁予《邊塞組曲》中的第一首，帶著令人嚮往的傳奇色彩，鷹揚卻令人神傷。

第一句「戍守的人已歸了」，就把碉堡廢棄的原因說出了，第二句「邊地的殘堡」和盤托出場景。三、四句以堡盛之時與如今之景對照，並把時間點明，一百年前萋萋的草原，如今是荒禿的沙丘，使人油然生滄海桑田之慨。

第二節寫殘堡已抹上風沙的鏽色：箭眼、鐵釘、石垛，觀察相當細膩，並充滿有情的聯想。設想如果不是含情凝注，如何能感到箭孔露出怔忡的神色，如何能想到那壞壁上的鐵釘曾掛過什麼東西；自然也不會想到當年碉堡猶在時兵士的靴子踩進踩出的情形。歷史會老，景物會老，人的心會老。觸景生情，詩人寫出了屬於人文的感受。

第三節遙想百年前之風雲際會，在戎馬事業上，他投射自己的雄心壯志，隨即發出黯然的英雄嘆息。「歷史的鎖啊沒有鑰匙」，一指無從知曉從前的歷史，也有衰弱無力創造新的歷史的意涵。緊接著是背上沒有劍的鬱痛，至此，只能在樂曲中一遂英雄之夢，一灑英雄之淚了。

最後一節是大家傳誦的愁予句型，特別看末兩句，語法倒裝，在意義上具懸疑性，在音韻上有跌宕感，十分耐人細味。那刪節號點得也妙，像是弦音不斷在夢尋的途中，有其存在必要。

此詩情境蒼涼，鄭愁予少年早慧，寫這首詩時年僅十八歲，而用語沈穩、章法謹嚴，一點也沒有少年激情宣洩的毛病。四十多年後的今天，重讀此詩，我們還是不能不佩服，作者爲人間的一位謫仙。

（取材自陳義芝著《不盡長江滾滾來——中國新詩選注》，臺北幼獅文化事業公司）

伍、問題與討論

一、《錯誤》在形式上首二句低兩格排列，並且一句短一句長，其用意何在？

答：此詩在形式上採齊頭式句型，每一句之後不加標點符號，爲最通行的現代詩形式。但首二句降低二格排列，則極爲少見，可以視爲「小序」，以此二句含括全詩之意，爲期待情人之思婦而嘆。「我打江南走過」句子短，表現過客之匆匆；「那等在季節裡的容顏如蓮花的開落」句子長，則表現等待之漫長與緩慢。

二、詩人說：「我達達的馬蹄是美麗的錯誤」，「美麗」的是什麼？「錯誤」的是什麼？與「歸人」、「過客」何干？

答：「我達達的馬蹄是美麗的錯誤」，因爲「我不是歸人，是個過客」。我不是思婦盼望中的「那個人」，卻被以爲是熟悉的跫音，這是「錯誤」。但在聽到達達馬蹄聲時，心中升起喜悅之情，雖短暫，卻不失其「美麗」，就像東風忽來，柳絮忽起一樣美麗，就像緊掩的窗扉忽然春帷揭起一角一樣的美麗。「歸人」是美麗的期待，「過客」卻是錯誤的現實。

三、閱讀下列作品後，請回答各問題。

玉階生白露，夜久侵羅襪。
卻下水晶簾，玲瓏望秋月。
（李白《玉階怨》）

梳洗罷，獨倚望江樓。過盡千帆皆不是，斜暉脈脈水悠悠。腸斷白蘋洲。
（溫庭筠《夢江南》）

(一)兩首詩詞中，那兩句與「我達達的馬蹄是美麗的錯誤」的意境最接近？

(二)這兩首閨怨詩詞，與《錯誤》有何異同？

答：1、「過盡千帆皆不是，斜暉脈脈水悠悠」正是「美麗的錯誤」。

2、(1)李白的《玉階怨》：「玉階生白露，夜久侵羅襪；卻下水晶簾，玲瓏望秋月。」是一首典型的閨怨詩，合乎溫柔敦厚的詩教。這首詩描寫秋夜在階前望月的女子，等待了很久，所以玉階生白露，露水沾溼了絲襪，放下水晶簾之後，依然深情等待，透過簾子望著秋月而不能入睡。鄭愁予與李白都使用了陰柔而美的意象，鄭詩的江南、蓮花、東風、柳絮、青石、跫音、春帷，李詩的玉階、白露、羅襪、水晶、玲瓏、秋月均極優美，兩詩都表達了女子的專情與深情之等待，也都不用「怨」字卻透露了閨怨、惆悵。不同的是鄭詩的背景是春日黃昏，李詩的背景是秋天深夜；鄭詩有你我相對，李詩則人月相對；鄭詩有動態之景，李詩純以靜景表現。

(2)五代詞家溫庭筠《夢江南》：「梳洗罷，獨倚望江樓。過盡千帆皆不是，斜暉脈脈水悠悠。腸斷白蘋洲。」其情其景與《錯誤》這首詩極為相近，春閨中的女子會不會一再揭起春帷慨嘆：盡是過客，不見歸人！溫庭筠以「白蘋」表示春天，鄭愁予以「柳絮」代替春天；溫庭筠以「斜暉脈脈水悠悠」寫女子含愁遠望的神情，鄭愁予以「青石的街道向晚」寫女子心中的寂寥，都以黃昏、悠長之景來表達，古今詩情可以相通。溫有「腸斷」一詞，鄭愁予有「錯誤」之嘆。比起溫庭筠、鄭愁予含蓄多了！

這樣的含蓄之情，在唱起臺語歌曲《望春風》時可能也會興起似曾相識的情境：「聽見外面有人來，開門給看覓，月娘笑阮憨大呆，被風騙不知。」同樣的思春，同樣的期待落空，同樣無奈！

四、林泠的詩作，可讓讀者泛意象化解讀，試請學生詮釋此詩。

五、林泠《不繫之舟》在詩的布局上頗具巧思，試分析其巧妙之處。

第五課

張中丞傳後敘

韓愈

■ 韓愈

壹、作者參考資料

一、「文起八代之衰」的韓愈

唐代開國以後，文學上的風氣，漸漸醞釀著種種的變化，可是，這些變化起初都還不很顯著，直到韓愈出來，大力提倡古文運動，才有了特殊的表現。這個「古文運動」，實質上就是要把漢代以前的散文風格，恢復過來，賦予新的生命，使它代替六朝以來那種已經僵化了的綺艷形式。蘇東坡極力推崇韓愈，說他能夠「文起八代之衰」；那就是說：自漢、魏、晉、宋、齊、梁、陳、隋八代以來，文學上徒重形式，不重內容的衰敝之風，已由他登高一呼，予以廓清革除，使得文學上的風氣，有了新的面貌。

韓愈，字退之。生於唐代宗大曆三年（西元七六八年）。他的家鄉是河南河陽（今河南孟縣）。郡望是昌黎，所以韓愈後來也常自稱昌黎韓愈，後人也就叫他韓昌黎。他死後，諡號為「文」，所以後世又稱他為韓文公。

韓愈出生才兩個月，母親就死了。三歲那年，死了父親，由長兄韓會撫養，韓會比韓愈大三十一歲。當時韓會在京師做官，韓愈也就和哥哥一起在京師生活。大曆十二年（七七七），韓會被貶為韶州（今屬廣東）刺史。韓愈十歲，隨兄嫂到了南方的韶州。但禍不單行，韓會沒過幾年就病死在韶州，於是在建中元年（西元七八〇年）左右，十三歲的韓愈隨嫂嫂鄭夫人護喪又回到河陽老家。建中二年，中原發生兵亂，河陽很不安全。幸虧韓家還有祖業田產在江南的宣城（今屬安徽），於是其嫂鄭夫人帶著兒子老成和韓愈，避亂宣城。這段顛沛流離的生活，使韓愈從小就感受到了生活的艱辛，因此他從小就刻苦攻讀，日誦數百千言而不以為苦。

貞元二年（西元七八六年）十九歲時，他離開了宣城，到京師長安準備應進士試。他既沒有門第的資蔭，又沒有權貴的引薦，只有到處碰壁，三試不中。到貞元八年（西元七九二年）幸逢賢臣陸贄主考，韓愈才得中進士。唐代科舉制度，禮部考試後，還要經吏部考試合格才能授官。韓愈又是三試不中。長安十年，困厄悲愁，「無所取資，日求於人」，「飢不得食，寒不得衣」。在貞元十一年（西元七九五年），韓愈三次上書宰相，希望宰相能加以推薦任用。為了求得一官半職，他不惜低聲下氣。以致招來了後人「搖尾乞憐」之譏。但在唐代，這是當時知識分子很尋常的事。他們不做官，連養家活口都有問題，更不要說什麼實現理想和施展抱負了。從歷史眼光看，爲飢寒所驅，公開要求官做，這也是可以理解的。

貞元十二年（西元七九六年）韓愈二十九歲。七月，駐紮汴州（今河南開封）的宣武軍亂。當時宣武軍是一支十萬大軍，既要對抗河南河北及山東的叛鎮，西保洛陽、潼關，又要保護唐王朝的生命線——運河漕運，可說地處要害，非常重要。因此朝廷極爲重視，派出將入相的董晉爲宣武軍節度使赴任平亂。韓愈應董晉之聘來到汴州，做了觀察推官，從地方入仕，開始了仕宦的生涯。在汴期間，與窮詩人孟郊定交，友情至死不渝。又有李翺和張籍來向他學習古文寫作，成了最早的韓門弟子。貞元十五年（西元七九九年）董晉卒。韓愈就從洛陽到徐州符離，被徐州刺史、武寧節度使張建封辟爲節度推官。韓愈生性率直，幾次諫爭。張建封對他不甚滿意。因此，韓愈在徐州抑鬱不得志。貞元十六年五月張建封卒，韓愈於是遷居洛陽。

貞元十七年（西元八〇一年），三十四歲的韓愈被任命爲國子監四門學博士，正式進入京師官場。博士官是閒職，地位不高，常爲人輕視。但國子監是當時的最高學府，能在這裡教書，既能面對廣大青年學子，又有機會接觸文人學士，這對韓愈倡導古文運動是頗爲有利的。

貞元十九年（西元八〇三年）冬，韓愈任監察御史，曾向皇帝告了京兆尹李實一狀。李實是皇親國戚，又是唐德宗晚年所信任的佞臣，權傾朝野。這年關中大旱，秋又早霜，百姓困苦不堪，餓死者不少。而京兆尹李實卻爲了獻媚皇帝，照樣橫徵暴斂。滿朝文武爲保富貴，對此視而不見，裝聾作啞。生性鯁直的韓愈憤恨難忍，因有控告之舉，要求皇帝減免百姓租稅，留條生路。這下得罪了權貴李實，立刻被貶到千里之外的陽山（今屬廣東）做縣令。唐時廣東一帶開發較遲，瘴癘盛行，環境極爲惡劣。

陽山雖是蠻荒之域，韓愈對於政務仍然很負責，短期間就把陽山一地治理得很好，百姓對他都很敬愛。有些當地人爲了崇拜他，甚至在替兒子取名時，用上個「韓」字。後來，他總算因爲政聲良好，奉調爲江陵法曹參軍。

不久，德宗駕崩，順宗繼位，八個月後又跟著去世，由憲宗即位，改年號爲「元和」，把韓愈召回，權知國子博士，那就是要他做太學中的臨時教授，次年又派他到東都任「分教」，直到元和六年（西元八一一年），他四十四歲，才得恢復正式的博士職銜。但是，這也只是國立大學裡的一名教授，他仍是鬱鬱不得志，於是就寫了一篇文章，題爲《進學解》，用以自我解嘲。這篇文章後來給當朝的首相裴度看見了，驚爲奇才，於是就把他遷爲禮部郎中，開始了他後期的政治生涯。

唐代中葉以後，藩鎮跋扈，元和十年（西元八一五年），韓愈就曾經跟隨宰相裴度和駙馬李愬，遠征淮西，討伐當時盤據淮西的藩鎮吳元濟。事後，他因功擢昇爲刑部侍郎。憲宗皇帝爲了誇張自己的聖明神武，向其他的地方勢力示威，便叫韓愈作了一篇《平淮西碑》，刻在石上，以作紀念。韓愈在他的碑文裡，把平亂的功勞，大部分歸之於裴度。結果，駙馬李愬看見了，心裡十分不高興，因爲他自己曾經雪夜入蔡州，擒拿吳元濟，功勞很大，而韓愈的碑文竟隻字不提。於是，他便叫妻子進宮，向父皇伸訴，說韓愈所作的碑文，顚倒是非，混淆視聽。憲宗聽了女兒的話，立即下令把刻好了的碑文磨去，再命另一文人段文昌改作一篇，重新刻石，這篇新作的《平淮西碑》，內容當然盛讚駙馬李愬的豐功偉績。至於韓愈所作的那一篇，雖然在碑上被磨去，但後來收在他的文集裡，流傳至今。

元和十四年（西元八一九年）韓愈五十二歲，因上表諫迎佛骨，被貶潮州。位於長安西面的鳳翔府（今屬陝西），法門寺的護國眞身塔藏有一節釋迦的指骨。相傳這節佛骨非常吉祥。這一年正月憲宗派遣專使帶著三十名宮人前往鳳翔迎奉佛骨。先在宮內供奉三天，之後送往長安各寺傳遞供養。皇帝既如此虔誠信奉，一般士庶豈敢愛惜身命。於是長安老少奔波，抛下工作，頂禮膜拜。有的解衣散錢，有的灼頂燒指，從早到晚，互相倣效，唯恐落後。韓愈當時在長安任刑部侍郎，目睹這種情況，認爲如不即時禁止，讓佛骨再傳遞各寺，一定會有人斷臂割肉，捨身事佛。於是寫了一篇著名的《諫迎佛骨表》給憲宗皇帝，反對把佛骨迎入禁宮，他認爲佛法本是夷狄的一種宗敎，本來就不當信奉，何況佛骨更是「枯朽之骨，凶穢之餘」，決不能迎入宮中。他提議把那些佛骨燒掉，以絕後人的疑惑。文中還提到歷來信佛的皇帝儘管非常虔誠，但都短命。

憲宗得表，大爲震怒，要處以極刑。宰相裴度、崔羣勸解說：「韓愈忤逆陛下，的確該處重刑。然不是內懷忠懇，不懼貶責，那能如此。請求稍賜寬容，以勵未來諫者。」憲宗說道：「韓愈說我信佛太過，還可容忍。至於說東漢以後信佛的，都短命而死，未免說得太荒謬了。韓愈身爲人臣，敢如此狂妄，罪不可赦。」當時朝廷士大夫很震驚惋惜，甚至皇親國戚也認爲處刑太重，紛紛替韓愈求情。憲宗終於怒氣稍平，免他死罪。貶爲潮州（在今廣東潮安縣）刺史。

韓愈奉詔之後，即日乘車上路，奔馳而往。過秦嶺，至藍關（在陝西藍田縣東南九十里），遇大雪塞途，馬不肯前，步行推馬，屢次顛仆。此時他的姪孫韓湘遠道趕來陪伴，有詩示韓湘說：

一封朝奏九重天，夕貶潮陽路八千，
欲為聖明除弊事，肯將衰朽惜殘年。
雲橫秦嶺家何在，雪擁藍關馬不前。
知汝遠來應有意，好收吾骨瘴江邊。

韓愈自四月二十五日到潮州，至年底離任，治理潮州雖不到八個月，但政績卓著，爲人稱道。舉重要的來說，有三項最值得稱述：

㈠爲民除鱷魚之害：潮州在唐代是一個荒涼落後的地方。韓愈上任後探詢民間疾苦，人人都說：「潮州西邊谿潭有鱷魚出沒，吃光了百姓的家畜，因此百姓窮困。」韓愈前往視察，命官員攜豬羊各一隻，投進谿潭，並作《祭鱷魚文》警告說：

鱷魚不可以和刺史雜居此地。刺史受天子詔命看守這塊土地，治理百姓，而鱷魚悍然不安溪潭，吞食百姓畜牲，和刺史抗拒，爭做雄長，刺史豈肯低首下心，苟且偷生。現在與鱷魚約：限三日率領同類，遷徙南海；三天不遷，寬限到五天；五天不遷，寬限到七天；七天不遷，那是絕不肯遷了，不聽刺史的話了。刺史就選材伎吏民操強弓毒矢，以與鱷魚從事，到殺完爲止。

據《舊唐書．韓愈傳》記載，自從韓愈對鱷魚下了這個「最後通牒」，當天晚上就暴風突發，連河中的水也颳乾了：鱷魚因爲沒有棲息之所，就只得逃入大海，從此潮州也就不再有鱷魚爲患了。潮州人後來無鱷魚之患，當是事實。但無鱷魚之患必定是由於韓愈選「材伎吏民操强弓毒矢，以與鱷魚從事」的結果，而不是文章警告的效力。

㈡釋放奴婢：唐代南方各州流行不良風俗，即窮人借錢，以子女作抵押。過期不贖，人質沒爲奴婢。也有賣子女給人作奴婢的。元和十年韓愈朋友柳宗元貶爲柳州（今廣西柳州）刺史，到任後曾以「作工抵債」法，釋放柳州奴婢。韓愈在潮州仿效柳宗元的作法，釋放潮州奴婢無數。

㈢興辦學校：潮州州學久廢，文風衰落。從玄宗以後百十年間，潮州不曾有貢士到長安應考。韓愈到任後，即聘當地秀才趙德負責開辦學館，教授生徒，韓愈提出部份俸祿作爲興學資本。從此潮州文風才漸漸興盛。

潮州的百姓對韓愈的政績，感激萬分，爲了紀念他的功勞，便把他當日祭鱷魚的那一條河，改名爲韓江；後來又在附近建了一座韓文公廟，供奉他的塑像。

韓愈在潮州時，曾經上書唐憲宗，感謝他的不殺之恩。憲宗後來也自加檢討，覺得韓愈到底是個忠鯁之臣，便下令調他爲袁州刺史。過了兩年，穆宗皇帝即位，因愛惜韓愈的文才，便把他召回首都，當「國子祭酒」，這是國家最高學府的主管官員。這消息傳出後，太學生都很興奮，認爲韓愈到來，太學裡就不會寂寞。可見他當時很得學子們的擁護。

穆宗長慶元年（西元八二一年），成德節度使田弘正被部將王廷湊所殺。王廷湊自稱爲「留後」（就是非正式的節度使），擧兵與中央政府爲敵，圍深冀節度使牛元翼於深州。中央派大軍十萬馳援，逡巡不敢前進。穆宗皇帝不得已，打算跟王廷湊講和，就下令派人去找王廷湊談判。朝中羣臣都知道王廷湊凶悍，誰也不敢擔起這個使命，只有韓愈願挺身前往。在他出發之後，大詩人元稹怕他有失，忙對穆宗皇帝解釋，說韓愈是個難得的人才，叫他去冒這樣的危險，未免可惜；穆宗聽了，覺得有理，忙又火速下旨，叫他停止前進。但韓愈卻認爲下令挽留固然是君上的仁慈，以身殉國卻是臣下的天職，所以他不肯奉詔，仍然繼續深入敵境。韓愈不辱使命，慷慨陳辭，大義凜然，終於說服了王廷湊。於是王把拘禁中的深冀節度使牛元翼開釋，算是和中央政府媾和，彼此化干戈爲玉帛。

長慶二年（西元八二二年）九月，韓愈轉吏部侍郎。長慶三年正月，任京兆尹兼御史大夫，十月，復任兵部侍郎，旋改吏部侍郎，一直到死，所以世稱「韓吏部」。長慶四年（西元八二五年），韓愈五十七歲。五月時請病假，十二月溘然辭世。據說韓愈臨終前把家人及友朋召集病榻之前，叫他們仔細看看自己的身體，然後說：佛老之人造謠，說我排斥佛老會遭報應，必得癩病（痲瘋病）而死。現在你們看清楚，我的身體完整無損。「報應」顯靈之說，純屬欺人之談。可見他至死不忘古文運動的宗旨：排斥佛老，維護儒道。

韓愈的古文理論主要有以下幾方面：

(1) 文以明道，排斥佛老，維護儒家思想。

(2) 不平則鳴，針對現實，有爲而發。

(3) 陳言務去，言必己出，强調創造。

(4) 鼓動文氣，短長隨宜，增强氣勢。

(5) 文從字順，用比較平易流暢的語言，以加强古文的藝術表現力。

上述理論，以復古爲革新，有力地反對了駢文的流弊及時俗文字，爲中國古代散文理論的發展，作出了貢獻。

在散文創作方面，韓愈用很好的作品實踐了自己的理論主張。總體說來，韓文雄奇奔放，剛健渾厚，生動風趣而不庸俗，翻新鬥奇而不怪僻，如長江大河，雖不免魚龍混雜，泥沙俱下，但其滔滔滾滾，一瀉千里，勢不可擋，是陽剛之美的典範。韓愈以其傑出的散文藝術成就和在唐代古文運動中的卓著功績，名傳不朽。

二、韓愈二三事

(一)推敲推敲

有天，賈島騎在驢上吟詩，得句：「鳥宿池中樹，僧敲月下門」，起初，想用「推」字，又想用「敲」字，遲遲不能決定。因此，在驢上一會兒作「推」字手勢，一會兒作「敲」字手勢，不知不覺行過了半條街，旁觀者驚訝不已，賈島渾然不覺。當時，韓愈（官至吏部侍郎）代理京兆尹，正從此街經過。賈島的驢子已行過韓愈第三對隨從的騎卒，賈島還在不停地做「推」與「敲」的手勢。騎卒把他推下驢子，抓到韓愈面前，這時，賈島才醒悟過來。韓愈想要處罰他，賈島分辯說：「在街上偶得一聯，其中有一字未定，神遊於詩境中，才衝撞了大尹，請大尹見諒。」韓愈聽完詩聯後，停馬思索良久，說：「此聯用『敲』字佳。」說完，邀賈並騎論詩，同入衙門，連談數天，與賈島成了好友。

(二)將兼來比素

韓愈在作河南令時，李素正好接杜兼的職位，後來韓愈改任職方員外郎的官，回返京師，面見皇上。皇上問他說：「李素和杜兼兩人，他們先後的政績如何？」

韓愈答道：「將兼來比素」就不再說下去了。

皇上聽了點頭微笑。原來韓愈用的是古詩中的典故：「將縑來比素，新人不如故。」韓愈不好直言杜兼不如李素，於是就用此雙關語，來表達他的意思。

(三)諛墓

由於韓愈一向喜歡恭維人家，同時又有了地位，而文章也寫得很出名，於是有許多達官貴人就請他替死了的親人作墓誌銘，送給他許多的報酬。韓愈倒也來者不拒，於是有些人便認爲韓愈連死人也諂諛備至了。有個名叫劉義的，聽說韓愈很重視有才學的人，不遠千里地來投奔他，但後來和韓愈合不來，臨走時，拿了韓愈幾斤黃金，還說：「這不過是諂媚墳中人得來的東西，分一點給我老劉享用也不為過的。」韓無話可說，目送他掉臂而去。

(四)文人自負

文人才子大多有自傲自負之處，韓愈是唐朝的大文豪，自然也不例外。

韓愈曾經告訴李程說：「我和崔丞相（羣）同為朝廷之官，經常往還，我發現只有崔丞相算得上聰明過人。」

李程聽了覺得奇怪，韓愈為何今日如此推崇崔丞相呢？於是就問道：「崔丞相究竟有何過人之處？」

韓愈神色愉快地回答說：「他和我交往了二十餘年，從未在我的面前談及文章，你說他是不是較那些不知天高地厚的人聰明多了？」

此外，韓愈在作巡官時，陸長源是文壇耆宿，被委為宣武軍行軍司馬；韓愈很年輕，為宣武軍巡官，二人成了同僚。有人譏笑他倆年齡相差太大。韓聽後答道：「猛虎、老鼠、一大一小，同列十二生肖，這又有什麼好奇怪的呢？」

(五)懼高

韓愈有一次和朋友一道遊覽華山。華山的景致，果然絕塵超逸，越往上爬，其勢越險。在峯頂上，遠眺羣山聯綿，蒼翠聳峙，韓愈還來不及讚賞，就發現自己所站立的地方，峻峭幽險。再向下一望，馬上心悸目眩，雙腿發軟。

韓愈心驚不已，心裡一害怕，腳也就不聽他喚了。在山頂上折騰了半天，天色也漸漸的暗了，還是沒有勇氣下山，韓愈心想可能要受困而死於此峯了。於是發狂號哭，留下兩封遺書，一封給家人，一封給華陰縣令，請一同上山的朋友帶下山去。

華陰縣令接到韓愈的遺書，眞是啼笑皆非，心想那有人懼高到這種地步呢！話雖如此，卻也不能不管，何況韓愈還是當朝的大臣。縣令趕到華山，千方百計地才哄騙成功。韓愈聽了縣令的話，忘了自己身處絕境，與縣令邊走邊談，最後終於下得山來。

貳、課文參考資料

一、《張中丞傳後序》賞析

張中丞即是張巡，天寶十四年安祿山作亂，唐玄宗自長安出奔時，張巡、許遠死守睢陽城十個月，牽制江淮一帶的亂兵，對於郭子儀日後能順利收復兩京，有一定的影響。後因後繼無援，而爲賊將所殺，而當時許多好事者議論說張巡降於敵人。李翰深感不平，因爲他是張巡的好友，也曾和張巡共守過睢陽城一段時日，知道守城的艱苦，寫下《張巡傳》，上呈給唐肅宗，爲張巡申冤。韓愈强烈的是非心，不齒時人顚倒是非的行徑，便以維護國家統一及仗義直言的心態，於唐憲宗元和二年寫下這篇名作，做爲《張巡傳》的後序，並爲當時與張巡同時爲國殉職的許遠申冤。

這篇文章是將敍事、議論、抒情相互穿插，以夾敍夾議的寫作方式爲主，以强烈的對比例子，及反詰、設問的運用得當，犀利的言詞，增添辯論的效果，交織成一篇結構嚴密的文章，給讀者留下一個强烈的印象。

全文共分爲六段，約可分爲二大部分。前三段爲前半部分，作者以推理的方式來批駁當時流言，因爲「小人好議論，不樂成人之美」，而後便以此爲議論的中心點，來進行辯論。而辯論點始終繞在「嗚呼！而謂遠之賢而爲之邪」的「賢」字上，來抒發韓愈自己看法。

首段爲開場白，來說明韓愈寫作本文的動機是：李翰所寫的《張巡傳》，雖然寫得文情並茂，可是就史實而言，還有二個缺點：

㈠是沒有爲當時同時犧牲的許遠寫傳立名。

㈡是沒有說明雷萬春事件的原委。

可是統觀全文，這個部分韓愈並未在文章中說明，留下供後人討論的空間。有人說韓愈可能握有雷萬春事件詳細的資料，想另文詳加說明，故不在此浪費筆墨篇幅。有人說可能是韓愈筆誤，在此處的「雷萬春」就是本文後面所附的「南霽雲」。

第二段爲本文的主旨所在：爲許遠洗刷冤情，因爲一般人都以爲在守睢陽城這件事上，張巡是爲國犧牲，而許遠是降於賊人之手，後來張巡的兒子張去疾，上書朝廷，請朝廷追奪許遠的官爵。韓愈在此痛斥張許兩家子弟不深究事件，而甘心任流言來擺弄。

韓愈在此分幾個層次來說理。首先他先說明許遠禮賢下士，一切以國爲重，所以他可以「開門納巡，位本在巡上授之柄而處其下，無所疑忌」。並爲許遠決不會降敵之理預先留下伏筆。接著反駁流言：「遠若畏死，最先何苦守尺寸之地，食其所愛之肉，以與賊抗而不降？」、「賊語以國亡主滅，外無符而猶死守，人相食且盡」、「焉有城壞，其徒俱死，猶蒙愧恥求活？」從人性心理及外在環境來分析，其目的在說明許遠是不畏死的。

其次，韓愈爲睢陽城淪陷是從許遠開始之說作辯解，「人之將死，其臟腑必有先受其病者」：人死於某病，實因病灶將其整個生命力已消耗殆盡。、「引繩而絕之，其絕必有處。」：而一條粗繩之所以會斷裂，是因爲它有一個脆弱的斷裂「點」。韓愈用這兩個通俗易懂的例子，來說明許多的事情的發生，絕不是由一人之力便能決定的。

第三部分，作者對於一般人不深究事情的原委，輕易聽信流言，其見識之短淺與「兒童之見無異」，令人可怖的是散佈流言，因爲「小人之好議論，不樂成人之美」，而寄予無限的感慨。

第三段韓愈爲張巡、許遠死守睢陽一事，加以辯護，來平息流言，還給他們本來的面目。在這個部分韓愈以一提問，便做一答案的方式來進行辯論推理。第一部分，他以常理來推論一個愛國愛家之人，必定忠於守土之責：「苟此不能守，雖避之他處何益。」所以「初守之時，寧知人之卒不救而棄城逆遁？」的答案是顯而易見的。第二部分，韓愈肯定張巡及許遠捍守睢陽，對於日後郭子儀的中興，有一定性的關鍵作用。因爲盱衡當時的局勢：「以千百就盡之卒，戰百萬日滋之師」，所以「蔽遮江淮，沮遏賊勢，天下賴以不亡」。第三部分，韓愈反觀當時兵慌馬亂之時：「棄城而圖存者，不可一、二數」，而且「擅強兵坐而觀者，相環也」，不但襯托出張巡及許遠兩人的愛國心及處境之艱難，並將文章的張力，提升到飽和點上。由此感嘆朝廷不追究那些擁兵自重者、做壁上觀的官員，反而責難那些忠臣，是非黑白混淆至此，令人心痛。

後三段爲後半部分，作者至此由評議轉爲敍事，希望強而有力的事實，來補強先前的論點。

第四段，藉由描繪南霽雲慷慨壯烈的事迹，以突顯張巡的忠義形象。首先韓愈將南霽雲的事件加以剪裁、選擇，使得詳略得宜，重點突出。其一是敍南霽雲奉命向賀蘭討救兵，賀蘭不但拒絕，甚至想拉南霽雲同流合汚。賀蘭進明的小人行徑，令南霽雲不恥。他斷指陳詞，表明自己與張巡許遠同生共死的心意不變。臨去時抽箭射到佛塔上的瓦上，表示此心淸朗可昭告天地，再一次突顯出賀蘭心地褊狹，不顧大局的小人心態。其二是藉由韓愈經過泗州時，聽到民間老百姓說，當睢陽城即將淪陷時，南霽雲原想利用詐降的機會，爭取時效，因而對於敵人的招降，一直遲遲沒有回應。但他一聽到張巡「不可爲不義屈」之呼聲後，便義無反顧的就死。此段雖寫南霽雲，所謂上行下效，身爲部下的南霽雲對國家都如此忠貞不二，那主帥張巡就更不用說了，更烘托出張巡的「賢」及「忠」。在此韓愈藉由口傳歷史，補入正史之不足，並再一次爲張巡辯誣。

第五段：藉由張籍所聞張巡、許遠軼事掌故，以及文中所附的于嵩傳，這都是爲了勾勒出忠臣形貌。此段其一是在敍述張巡才情高，讀書過目不忘，並可以爲文立就，記憶力強能一見便能記住人姓名及事例。其二是藉由張巡從容就義時「衆人或起或泣，不能仰視」場景，來凸顯出張巡的勇敢。韓愈用「顏色不亂，陽陽如平常」來描繪張巡赴死時的態度，這原本可以用上許多筆墨的地方，韓愈卻用九個字帶過，給予讀者的震憾力，勝過冗長的文字敍述，強化了張巡的形象。本段的最後補說明許遠待人處事的態度，並說明其和張巡相仿的年齡。目的一是和首段相呼應，產生聯繫的作用，使文章有一體的感覺。二是再次爲流言說「巡死而遠就虜」，提出例證加以反駁。

第六段，作者對於于嵩的傳言做個收尾，在文尾附「張籍云」三字，來證明這個口傳歷史是有來歷的。至於作者在本段述說于嵩已死，及其無子的事情，有人認爲是贅文。但仔細深思，韓愈在此段中有無限的深意在，因爲他不能和張巡及許遠認識，親自傳播他們爲國犧牲的事蹟，而那個能爲他們辯誣的于嵩，又因無子及輿訟被殺，使得歷史的眞象淹沒在歷史的洪流裡，而讓流言繼續漫延下去，這是會令人心痛的。

本文結構嚴謹，富於變化，前部分的議論，既是補闕，同時也從側面樹起了張、許忠貞爲國，堅貞不屈的形象。因此，以下的敍事就有了根據，更爲充實、可信，收到了相得益彰的效果。

另一個特點是通過對人物言談舉止和音容笑貌的描繪，來刻畫人物性格，塑造人物形象。例如有關張巡的一些細節描述，如他才氣橫溢，過目不忘，爲文援筆立成，以及接近關心士卒和百姓等等，閒處落筆，把張巡的形象烘托得更加完美。說明他不僅是個勇將，而且文武雙全。對許遠的描述，雖較簡略，卻處處能照顧前文。說他「寬厚長者」、「貌如其心」、「呼巡爲兄」，與上文的「援之柄而處其下」前後呼應，一個只問國事，不計權位的寬厚長者形象更覺鮮明。又如寫南霽雲乞師賀蘭時，賀蘭不出援兵，南霽雲慷慨陳詞後憤然斷指，然後打馬馳去，「將出城，抽矢射佛寺浮圖（佛塔）」，曰：「吾歸破賊，必滅賀蘭，此矢所以志也」。寥寥數語，把南霽雲一派浩然正氣、忠勇剛烈的英雄形象再現出來。

此外，無論議論或敘事，都融入了作者的眞情實感。「尚恨有闕者」一句，是爲世人不詳張、許功績而遺憾，而痛惜。「嗚呼，而謂遠之賢而爲之耶」，感情色彩極爲濃厚，對英雄充滿了信任和敬仰之情。「小人之好議論」等句矛頭直指誹謗者，對他們的憎惡之聲，憤激之情，如聞可見。這篇文章主旨鮮明，情、景、理交融，前後渾然一體，跌宕生姿；語言淋漓酣暢，咄咄逼人，眞是深得司馬遷風神，可以繼承《史記》而無愧色。

二、張籍

張籍，字文昌，祖籍吳郡（今江蘇蘇州），後遷和州（今安徽和縣）。生卒年不詳。大約生於唐代宗大曆初年（西元七六八年左右），卒於唐文宗大和初年（西元八三〇年左右）。

張籍早年就以擅長詩文爲詩人孟郊所賞識，並把他推薦給韓愈，成爲韓門著名弟子。韓愈在汴州董晉幕下任判官時，張籍正好在汴州。韓愈邀請張籍與他相見，「開懷聽其說」。後來舉行進士考試，韓愈主試，張籍以文章出色被取錄，於憲宗元和十五年（西元八二〇年）登進士第。但他的眼睛有病，甚至中年後失明，這導致他的仕途坎坷，長期做著太常寺太祝、祕書郎等小官。至唐穆宗長慶初年，韓愈任國子祭酒，才推薦他做了國子博士（或國子助教）。不久，升任水部員外郎，這時他已是年過五十的人了。後遷主客郎中，最後任國子監司業。因此人們也稱他爲「張水部」、「張司業」。著有《張司業集》。孟郊贈詩傷之：「西明寺後窮瞎張太祝，縱爾有眼誰能珍？天子咫尺不得見，不如閉口且養眞。」道出了張籍的心事與遭遇。

張籍雖然是向韓愈學古文，但他博學多能，獨深於詩，兼工衆體，尤擅樂府。他的樂府詩，在樂府發展史上占極其重要的地位。張籍最推崇杜甫，曾拿一函杜甫詩，焚燒成灰；然後把灰燼調在蜂蜜中，以供日常飲用。他說：「服此之後，當可改換我的詩腸。」

三、李翰

李翰（生卒年不詳），趙州贊皇（今屬河北）人。弱冠登進士第，大曆八年（西元七七三年）前後，累遷至左補闕，加翰林學士。後免官，寓居陽翟。與皇甫曾友善。其文雖尚有駢儷餘風，但內容充實，富於感情，說理精密，語言流暢，爲時所稱。曾作《張巡姚闇傳》敘張巡守城事迹並上表肅宗以彰其功。原有文集三十卷，今佚。《全唐文》錄其文二卷。

四、張巡和許遠

■張巡

張巡（西元七○五～七五七年），鄧州南陽（今河南省南陽市）人，唐玄宗開元末年進士。天寶年間，出任清河令。張巡聰悟有才幹，重義氣，仗義疏財，救人急難。安史之亂爆發後，張巡時爲眞源（今河南省鹿邑縣東）令，他起兵討賊，常以千人與叛軍萬人周旋，以少勝多。當時吳王李祇爲靈昌太守，奉詔聚集河南各郡的人馬操練，以抗擊叛軍。張巡與單父尉賈賁各召募豪傑響應。

時雍丘令令狐潮圖謀投降安史叛軍，城中吏民百餘人不從，令狐潮將殺這些人，正在這時，令狐潮出城迎敵，這些被綁者自解其縛，然後緊閉城門，拒絕令狐潮入城，而召賈賁入城。賈賁與張巡引兵進入雍丘，殺死叛將令狐潮的妻子，共同堅守雍丘城。不久，安史叛軍攻雍丘城，賈賁出戰而死，於是張巡就率領全城人抗敵。令狐潮勾結賊將攻城，久攻不下，傷亡慘重。安祿山又在雍丘北面設置了杞州，築城壘以斷雍丘糧道，致使雍丘與外界隔絕。張巡又堅守了一段時間，敵兵攻城愈急，守城十分困難。

當時許遠與睢陽（今河南省商丘市）太守，安史叛軍久攻不下，張巡認爲雍丘是小邑，儲備不足，敵軍大兵壓境，很難長期堅守，於是就打開城門，驅使百姓詐降。張巡領將士且行且戰，夜投睢陽城，與許遠共謀守城。許遠不但開城門接納了張巡，而且自認爲才能不及張巡，於是把主帥讓給了張巡，自己專治糧草戰具。張巡、許遠共守睢陽，有效地阻止安史叛軍南下江淮。唐肅宗聞而壯之，授張巡主客郎中、兼御史中丞。睢陽被叛軍圍困近一年，張巡、許遠與賊大戰數十次，小戰數百次，屢敗敵兵。賊將尹子奇圍城已久，城中糧盡，以至人們被迫易子而食，人心危恐，張巡怕發生變故，於是出其愛妾，當三軍的面殺掉，以饗士卒。張巡對將士們說：「諸位爲國家全力守城，忠貞不二，雖長年缺糧，但你們忠義不減，我雖不能割自己的肉給你們吃，豈能看到危急情況而可惜一婦人。」衆將士聽後淚如雨下，不忍食其肉。同時，許遠也殺其童僕饗士卒。在極艱困的情況下，全城人心不變，協力守城。

當時，在睢陽周圍，有不少握有重兵的將領，如譙郡的許叔冀，彭城的尚衡，臨淮的賀蘭進明等，這些人爲了保存自己的力量，都見死不救。在萬般無奈的情況下，張巡派其偏將南霽雲到臨淮去向賀蘭進明求救。賀蘭進明嫉妒張巡、許遠的功績和聲望比自己大，不但不肯出兵援救，反而想把南霽雲留在自己手下。南霽雲痛斥賀蘭進明，並抽刀斷一指，表示自己守睢陽的決心。睢陽將士知道賀蘭進明不肯相救，慟哭數日。

在這危急時刻，叛將令狐潮也來勸降。令狐潮說：「你所忠的，無非是國家和皇帝。如今國亡主滅，天下大勢已去，你以弱兵守危城，怎麼爲國盡忠呢！」張巡嚴辭駁斥了令狐潮的讕言。部將中也有人以「上（玄宗）存亡莫知」爲理由勸張巡投降，張巡立即斬之。

張巡、許遠堅持守城，終因救兵不至而陷於絕境。唐肅宗至德二年（西元七五七年）十月，安史叛軍攻破睢陽城，張巡、許遠、姚誾、南霽雲等均被叛軍捉住。張巡神氣慷慨，每與賊戰都大呼誓師，瞪裂眼眶，咬碎牙齒。城陷被俘後，賊將尹子奇問張巡：「聽說你每戰眦裂，嚼齒皆碎，爲什麼這樣？」張巡回答說：「我想氣吞逆賊，只是力不從心罷了！」尹子奇聞言大怒，用大刀戳張巡的嘴，幾乎將其滿嘴牙都打掉了。張巡破口大罵：「我爲皇帝忠義而死，你們依附叛賊，如同豬狗，難道能夠長久嗎？」尹子奇認爲張巡很講忠義，想優待他，左右的人都說：「他是個守義之人，一定不會爲我們效命的。況且他素得人心，千萬不可久留。」敵人又去勸降南霽雲，南霽雲沒有回答，張巡見此情況，大聲呼喊道：「南八，男子漢大丈夫只有一死，千萬不能屈服！」南霽雲笑著說：「我是還想著能有點作爲的。既然您有話，我敢不死嗎？」於是也堅貞不屈，與張巡、姚誾等三十六人一起被叛軍殺害。只有許遠被賊將尹子奇押往洛陽請功，最後也不屈而死。

張巡等人以身殉國後，爲了褒獎他們的守城之功和忠烈精神，唐肅宗分別追贈張巡爲揚州大都督、許遠爲荊州大都督。並在睢陽城爲他們二人合建了一座廟，人稱「雙廟」。

但事過不久，就有人出來中傷他們，指責張巡、許遠以愛妾和童僕饗士卒太殘酷，說他們明知睢陽城守不住還是死守是不明智等等。爲了伸張正義，澄清事實，制止流言蜚語，張巡的朋友李翰向朝廷撰寫了《張中丞傳》。李翰曾和張巡一起在睢陽，親眼看到了張巡、許遠等人守睢陽城的悲壯之舉。《張中丞傳》有力地回擊了那些誹謗英雄的無恥之徒，可惜《張中丞傳》今已不可見，但李翰所撰《進張中丞傳表》至今猶存。

唐代宗大曆（西元七六六～七七九年）年間，張巡的兒子張去疾藉故發難，攻訐許遠。他上書朝廷，以「城陷而遠獨生」爲理由，攻擊許遠有降賊之嫌，要求朝廷追削許遠的官職，於是朝廷又掀起一次風波。朝廷召集文武百官議論此事，一致否決了張去疾的無理要求，認爲張巡和許遠同爲忠烈之士，這場風波才算暫被壓下。

唐憲宗元和二年四月十三日夜，韓愈和張籍在翻閱舊書時，發現了李翰所寫的《張中丞傳》，讀後深感不足，於是又寫下了《張中丞傳後敘》一文。文章不但嚴厲批駁了小人們誣蔑張巡、許遠的謬論，充分肯定了英雄可歌可泣的不朽功業。

五、五臟六府

五臟六府，亦作「五臟六腑」。指體內全部器官。五臟：心、肺、脾、肝、腎。六腑：大腸、小腸、胃、膽、膀胱、三焦。《呂氏春秋・達郁》：「凡人三百六十節、九竅、五藏六府。」《黃庭內景經・心神》：「六腑五臟神體精。」梁丘子注：「心肝肺腎脾爲五藏，膽胃大腸小腸膀胱三焦爲六府。」宋陸游《老學庵筆記》卷三：「五臟六腑中事，皆洞見曲折，不待切脈而後知。」清俞樾《茶香室叢鈔・長沮桀溺語》：「五藏六府，尚有未潔。」

叁、語文天地

一、柄

㈠器物的把兒。清・魏禧《大鐵椎傳》：「右脅夾大鐵椎，重四五十斤，……柄鐵折疊環復，如鎖上練，引之長丈許。」

㈡權柄，也指掌政權。韓愈《張中丞傳後敘》：「遠雖材若不及巡者，開門納巡，位本在巡上，授之柄而處其下。」梁啓超《戊戌政變記・譚嗣同傳》：「皇上手無寸柄。」

二、蚍蜉撼大樹

蚍蜉撼大樹，蚍蜉：一種大螞蟻。撼：搖動。比喻不自量力。唐・韓愈《調張籍》詩：「李杜文章在，光焰萬丈長，不知羣兒愚，那用故謗傷，蚍蜉撼大樹，可笑不自量。」元・無名氏《射柳捶丸》一折：「某想虜寇乃是蚍蜉撼大樹，可笑不自量。」魯迅《且介亭雜文末編・關於太炎先生二三事》：「近有文儈，勾結小報，竟也作文奚落先生以自鳴得意，眞可謂『小人不欲成人之美』而且『蚍蜉撼大樹，可笑不自量』了！」

亦作「蚍蜉撼樹」。《新編五代史平話・周史上》：「蚍蜉撼樹不知量。」

三、詬

詬，音ㄍㄡˋ。

(一)名詞。恥辱。司馬遷《報任安書》：「詬莫大於宮刑。」《荀子・解蔽》：「厚顏而忍詬。」

(二)動詞。指責，辱罵。韓愈《張中丞傳後敍》：「城之陷自遠所分始，以此詬遠。」文天祥《指南錄後序》：「予自度不得脫，則直前詬虜帥失信。」龔自珍《病梅館記》：「予本非文人畫士，甘受詬厲，辟病梅之館以貯之。」

四、尤

(一)形容詞，特異，優異。《莊子・徐無鬼》：「夫子，物之尤也。」陸游《過小孤山大孤山》：「信造化之尤物也。」

(二)名詞，過錯。《左傳》莊公二十一年：「鄭伯效尤，其亦將有咎！」賈誼《弔屈原賦》：「般紛紛其離此尤兮，亦夫子之故也。」

(三)動詞，責怪，怨恨。如「怨天尤人」。司馬遷《報任安書》：「動而見尤。」韓愈《祭十二郎文》：「吾實爲之，其又何尤！」韓愈《張中丞傳後敍》：「觀者見其然，從而尤久，其亦不達於理矣！」

(四)副詞。尤其，更加。柳宗元《小石潭記》：「下見小潭，水尤清洌。」歐陽修《醉翁亭記》：「其西南諸峯，林壑尤美。」

五、遁

㈠逃。《左傳・莊公二十八年》：「楚師夜遁。」韓愈《張中丞傳後敍》：「當二公之初守也，寧能知人之卒不救，棄城而逆遁。」唐・盧綸《塞下曲》：「月黑雁飛高，單于夜遁逃。」

㈡隱去。唐・柳宗元《始得西山宴遊記》：「莫得遁隱。」

六、嬴、贏、羸

㈠嬴：音ㄧㄥˊ，是姓氏之一，「嬴政」就是秦始皇，因他姓「嬴」，所以就稱他爲「嬴秦」。

㈡贏：音ㄧㄥˊ。

1、與「輸」相對，如「輸贏」。

2、得到，落得。宋・辛棄疾《破陣子・爲陳同甫賦壯語以寄》詞：「了卻君王天下事，贏得生前身後名。」

㈢羸：音ㄌㄟˊ，瘦弱。如「敝車羸馬」，指用瘦弱的馬拉的車子。

七、沮

㈠阻止，阻擋。韓愈《張中丞傳後敍》：「蔽遮江淮，沮遏其勢。」《明史・海瑞傳》：「帝屢欲召用瑞，執政陰沮之。」

㈡毀謗，敗壞。司馬遷《報任安書》：「明主不曉，以爲僕沮貳師。」《淮南子・修務》：「各有其自然之勢，無稟受於外，故力竭功沮。」

㈢沮喪。黃宗羲《原君》：「回思創業時，其欲得天下之心，有不廢然摧沮者乎？」

八、比

㈠音ㄅㄧˇ。

1、較量，比較。賈誼《過秦論》：「試使山東之國與陳涉度長絜大，比權量力，則不可同年而語矣。」《水經・江水注》：「比之諸嶺，尚爲竦桀。」

2、比擬，相提並論。《三國志・蜀書・諸葛亮傳》：「每自比於管仲、樂毅。」《論語・述而》：「竊比於我老彭。」

3、比照，依照。《戰國策・齊策》：「食之，比門下之客！」

4、等同。韓愈《柳子厚墓誌銘》：「一旦臨小利害，僅如毛髮比，反眼若不相識。」

5、《詩》六義之一，即比喻。《詩・大序》：「詩有六義焉：一曰風，二曰賦，三曰比，四曰興，五曰雅，六曰頌。」

㈡音ㄅㄧˋ

1、偏私，阿附。《論語・為政》：「君子周而不比，小人比而不周。」韓愈《張中丞傳後敘》：「不追議此，而責二公以死守，亦見其自比於逆亂，設淫辭而助之攻也。」

2、近來。韓愈《祭十二郎文》：「比得軟腳病，往往而劇。」

3、等到。《三國演義・用奇謀孔明借箭》：「比及號令到來，毛玠，于禁怕南軍搶入水寨，已差弓弩手在寨前放箭。」歸有光《項脊軒志》：「比去，以手闔門。」

4、比起……來。王安石《遊褒禪山記》：「蓋余所至，比好遊者尚不能十一。」

5、替，為。《孟子・梁惠王上》：「寡人恥之，願比死者一灑之，如之何則可？」

6、近。王勃《杜少府之任蜀州》：「海內存知己，天涯若比鄰。」

九、救人一命，勝造七級浮屠

救他人一命，勝過為寺院造一幢七層的寶塔，謂救人功德無量。元・鄭德輝《㑳梅香》二折：「救人一命，勝造七級浮屠，不索多慮。」明・無名氏《鳴鳳記・拜謁忠靈》：「（生）婦人，我下處在貢院西首張家，你明日到我下處暫住，倘有南歸鄉里，央他帶你回去。（丑）多謝老爹，正是救人一命，勝造七級浮屠。」《二刻拍案驚奇》二五回：「兩人聽得自商量道：『從來說救人一命，勝造七級浮屠。況是女人，怎能勾出來，沒人救他，必定是死。』」

十、矢

㈠箭。如「無的放矢」。賈誼《過秦論》：「秦無亡矢遺鏃之費，而天下諸侯已困矣。」韓愈《張中丞傳後敘》：「吾歸破賊，必滅賀蘭，此矢所以志也。」歐陽修《伶官傳序》：「與爾三矢，爾其無忘乃父之志！」

㈡通「屎」。糞便。《史記・廉頗藺相如列傳》：「頃之三遺矢矣。」方苞《獄中雜記》：「矢溺皆閉其中。」

(三)動詞。通「誓」。如「矢口否認」、「矢志不渝」。發誓。《詩・鄘風・柏舟》：「之死矢靡它。」

【辨析】

「矢」與「箭」爲同義關係。箭本竹名。大身小葉曰竹，小身大葉曰箭。箭竹可作矢，因謂矢爲箭。矢與箭在古方言中有別。《方言》九：「箭，自關而東謂之矢，關西曰箭。」甲金文矢爲象形字，像箭頭、桿、羽之形。

十一、帙

帙，音ㄓˋ。

(一)書畫外面包著的布套。因即謂書一套爲一帙。如：卷帙浩繁。唐・陸德明《經典釋文序》：「輒撰集《五典》、《孝經》、《論語》及《老》、《莊》、《爾雅》等音，合爲三帙，三十卷。」

(二)書的代稱。韓愈《張中丞傳後敍》：「因誦嵩所讀書，盡卷不錯一字。嵩驚，以爲巡偶熟此卷，因亂抽他帙以試，無不盡然。」

十二、戮、勠、戳

(一)戮：音ㄌㄨˋ，殺也。如「殺戮」。

(二)勠：音ㄌㄨˋ，合力。如「勠力同心」。

(三)戳：音ㄔㄨㄛ。

1、用東西的尖端刺觸，如「戳傷」。

2、指圖章之類，如「戳記」、「郵戳」。

【辨析】

「戮」與「勠」同音。戮，有殺、并力義。當并力義時，可與「勠」相通。而「戳」不讀ㄌㄨˋ，有刺、戳記義。三字字形相近，要注意區別。「戮」與「勠」，左邊相同，右邊一從「戈」，一從「力」。「戮」與「戳」，右邊相同，左邊一是「翏」，一是「翟」。

肆、課文補充資料

一、鬍鬚的故事

中國人喜歡留鬍子，像三國時魏人崔琰鬚長四尺，南北朝時王育、劉淵皆鬚長三尺，劉淵子曜鬚長五尺，謝靈運長鬚垂地。《水滸傳》裡有個「美髯公」朱仝，明朝時石亨、張敬修也髯長過膝。宋人宗泐詩說得好：「削髮除煩惱，留鬚表丈夫。」一個美男子，如果下頷沒有鬍子，就讓人覺得美中不足。所以東漢樂府《陌上桑》裡，形容美男子時說：「爲人潔白晳，鬑鬑頗有鬚。」而關公讀《春秋》時，左手持書、右手捋長髯，也更顯得氣宇非凡。

宋李昉《太平廣記》記載說：晉朝時，鍾毓、鍾會兄弟倆聰明警悟，喜歡嘲謔他人，從未屈居下風；有次他倆坐著牛車在街上走，路上有個女子笑著說：「車中央殊高。」鍾毓、鍾會沒聽懂，微笑地看著那個女的。事後，駕車的人說：「剛剛你們被那個女子嘲笑了。」鍾家兄弟不懂，車夫說：「中央高，不是兩頭低（羝）嗎？」原來鍾家兄弟都留著一嘴山羊鬍呢。

清・梁紹壬《兩般秋雨盦隨筆》記載說：淸人陳勾山年逾耳順而鬚尚全黑，同僚裘文達公跟他開玩笑說：「若以年而論，公鬚可謂抱不白之冤矣。」

按：講「鬚髯若神」時，可補充。

二、强記與健忘

有些人記憶力驚人，過目不忘，像三國王粲即是。王粲天資聰明，博聞强記，精於數學、棋藝。有一次，王粲與別人一起走，見路旁有碑，便停下來讀。那人問：「您能背誦嗎？」答道：「能。」於是請王粲當場背誦，一字也不錯。又有一次，他看人下圍棋，不小心把棋搞亂了，王粲替他們將棋局重新擺好。下棋的人不相信，便用頭巾遮著棋盤，請他在另一張棋盤上照原樣再擺一副。結果兩棋盤對比一下，一個棋子也沒有擺錯。

相反的，有些人的健忘，也是令人稱奇的。《北史》卷八十三說：劉臻是沛國相人，在北周朝擔任露門學士；隋文帝代有天下後，劉臻官拜儀三司兼太子學士。劉某人生性糊塗，常常忘這忘那；他跟也擔任儀同三司和太子學士的同僚劉訥交情最好，劉臻住城南，劉訥則住城東。有一回，劉臻要去拜訪劉訥，走到半路上，他問車夫：「你知不知道劉儀同家？」車夫以爲他指的是劉臻家，就把他拉回到劉臻自己家裡。到了門口，劉臻還以爲來到劉訥家了，便敲門進去。劉臻坐在大廳上叫劉訥出來，劉臻兒子跑出來了。劉臻說：「怎麼你也來了？」兒子說：「這是我們家呀！」劉臻左顧右看，認了老半天才認出是自己家來，便大罵車夫糊塗，帶錯路了。

有位新詩人每次構思創作時，就常忘了周邊的事物，騎腳踏車出去，就忘了騎回來，有時還想不起來腳踏車放在那兒。不過另一位作家對這位健忘的詩人說：「你這樣還沒什麼，我每次構思時，走路出門，卻是把別人的腳踏車騎回家來呢！」

伍、問題與討論

一、本文在寫作手法上，有何特色？

答：請參閱貳、課文參考資料・第一項。

二、本文在人物刻畫上十分生動，請舉例說明。

答：請參閱貳、課文參考資料・第一項。

第六課

「舊」

梁實秋

■《雅舍小品》書影

壹、作者參考資料

一、著作等身的梁實秋

㈠清華八年

梁實秋本名治華，生於光緒二十八年（西元一九〇二年），因爲生在臘月初八，所以是生於西元一九〇三年的元月六日。

梁家的遠祖在河北沙河務農。梁實秋的祖父到北京謀生，有機會宦遊廣東；後到浙江，因爲梁實秋的父親梁咸熙入學應考，遂落藉錢塘。

梁咸熙，字續三，光緒二年（西元一八七七年）生，學秀才。光緒二十一年（西元一八九八年）進北京同文館英文科，畢業後在京師警察服務。他是較早接受西方文明、眼界開闊的人，對梁實秋一生的成就影響甚大。西元一九一五年秋，梁實秋十四歲，投考清華學校。清華是由各省攤派庚子賠款而設立的，所以學生由各省考送。爲了籍貫的關係，他在直隸省京兆大興縣署（北京東城屬大興縣）申請入籍，以便合法的就近在天津應考，從此他的籍貫就是北平了。

梁實秋在清華學校接受了八年（初等科四年，高等科四年）嚴格的教育，由於他生性不喜歡數學，喜愛文學，重視對中國古典文學的學習，使他能夠同愛好文學和社會科學的同學如聞一多、吳景超、顧一樵等過從甚密。在高等科，他主編《清華週刊》的《文藝周刊》，使他的文學才華得以發揮。梁實秋在清華學校曾寫了一些新詩，這些新詩都發表在《文藝周刊》上。

很多人都以爲梁實秋是五四運動的健將，其實不然。因爲五四運動是西元一九一九年發生，梁實秋那個時候，才十七、八歲，正在清華學校高等科念書，大約是現在的高一二年級，像這麼一個大規模的民族自覺運動，他還夠不上當主角。他自己笑說：

「那有我的分啊，只是拿著小旗，到處瞎跑罷了。」

梁實秋雖不是五四運動的健將，但對與五四運動有相當關係的新文學運動卻有密切關係。他跟胡適有深厚的交誼，胡適比梁實秋大十一歲，西元一九一七年回國在北大任教。西元一九二一年《清華周刊》曾請梁啓超開列「國學必讀書目」，胡適不以爲然，梁實秋以週刊編者名義請胡適也開一個書目，發表在週刊上。此後梁實秋與胡適一直都維持著亦師亦友的關係。

清華學校實際上是留美預備學校。它的課程安排很特殊：上午的課全是用英語講授，下午的課全是國語講授。上午的課很嚴，三日一問，五日一考，不用功便要被淘汰、下午的課輕鬆，成績與畢業無關，學生聽課只是敷衍而已。

教國文是徐鏡澄，因他相貌古怪，性情又凶，梁實秋和同學們在背後都戲稱他爲「徐老虎」。

有一天，徐鏡澄大概是喝多了，搖搖擺擺地進了課堂。這一堂課是作文，他拿起粉筆在黑板上寫了兩個字，題目尚未寫完，他又像往常一樣擤了一下鼻涕，就在此時一位性急的同學忍不住發問道：「這題目怎樣講呀？」，徐鏡澄轉過身來，冷笑兩聲，勃然大怒，「題目還沒有寫完，寫完了當然還要講，沒寫完你爲什麼就要問？……」，劈頭蓋臉地一陣怒吼，吼得學生面面相覷。這時，梁實秋挺身幫腔了幾句，這樣一來，徐鏡澄把怒火全轉在梁實秋頭上，只見他在講臺上來回地踱步，擤一下鼻涕，便罵梁實秋一句，足足罵上一個鐘頭，其中有一句：「×××！你是什麼東西？我一眼把你看到底！」這可讓梁實秋永生不忘，日後梁實秋與人有爭論時，都會引用徐鏡澄的這一句「名言」。

梁實秋這個被徐鏡澄「一眼看到底的學生」，居然成爲一個受益最多的學生了，眞可謂是「因禍得福」。後來梁實秋回憶說：

「儘管這位老師罵我罵得兇，我倒是一點也不怕，不過，我對這個老師並無惡感，反而更專心聽講，文章也盡量照著這位老師吩咐的原則去寫。老師告訴我：『文章，尤其是散文，千萬要懂得割愛。自己喜歡的句子，也要捨得割愛。』每次文章交上去，老師就用大筆勾，三、四千字的文章，只剩了四百字。老師發下來，我就重抄一篇，自己讀讀，也覺得乾乾淨淨，簡潔有力，而且文字有生氣、有力量。」

梁實秋在徐鏡澄的教誨下，慢慢對創作散文有些見解：「文章要深、要遠、要高，就是不要長。描寫要深刻，意想要遠大，格調要高雅，就是篇幅不一定要長。」

梁實秋曾透露他在清華學校一些趣事，他說：

「我素體弱，又不肯用心體育，清華畢業考包括體育，其中一百碼我跑了二十多秒，四百碼跑了一百多秒，擲鉛球我偷換了一個較小的球，游泳幾乎淹死，賴友人用竹竿把我救起，於是要補考，結果連泳帶爬，喝了不少水，勉強通過，比別人遲畢業一個多月，現在才知道體育的重要。又有一次幾乎被學校開除，因爲我在週刊上鼓吹男女同校，言論過激，賴同學抗議聲援，始得倖免。」

㈡留美三年

西元一九二三年六月，梁實秋自清華學校畢業後，八月即從上海踏上赴美留學之途，抵美後先入科羅拉多大學插班英文系四年級。西元一九二四年夏天，梁實秋從科羅拉多大學英文系學成畢業，學校照例要舉行隆重的畢業典禮。

按照科羅拉多大學歷來的習慣，學生行畢業禮時，一般是一男一女的排成一雙一雙的縱隊，走向講臺領取畢業文憑。這一年，中國學生畢業的有六個人，可是沒有一個美國女生願意和中國人成雙作對的排在一起，學校沒辦法，便讓梁實秋等六名中國學生自行排成了三對。走在緩緩前進行列中，梁實秋和同學遭此歧視，無不憤怒和哀傷，但身處他人屋簷下，只得忍氣吞聲，把眼淚往肚子裡咽，原本在外國人難堪的「施恩的態度下」過日子的壓抑的心靈，又增加了一處創傷。

後來，梁實秋在一篇文章中憶及此次經歷時，萬分感慨地寫道「一個人或一個國家，在失掉自由的時候才最能知道自由之可貴，在得不到平等待遇的時候才最能體會到平等之重要。」

梁實秋二十三歲赴美留學以前，他是個熱中浪漫主義的文藝青年，不但常寫新詩，更與郭沫若、成仿吾、郁達夫等頗有交往。在他赴美前夕，創造社諸人甚至還邀他入社。西元一九二五年，他在《論中國新詩》裡更指摘胡適的《嘗試集》平庸而膚淺，冰心的詩有理而無情，卻推崇郭沫若最富詩意。西元一九二四年秋，梁實秋進入哈佛大學研究所，師事白璧德後，深受其師影響，文學觀乃作一八〇度轉變，自浪漫主義一變而爲古典主義，從浪漫的熱血提升到古典的清明。這位留學生三年後回國，從此轉頭批評外來的浪漫傾向，成了古典的砥柱。

西元一九二五年秋，梁實秋轉入紐約哥倫比亞大學。翌年夏天，因與未婚妻程季淑有約，三年必返國，遂放棄尚餘兩年之公費，於七月搭麥金萊總統號自美返國。八月底，赴南京東南大學開始授課，自此展開長達四十年的教學生涯。

㈢新月雜誌與「新月派」

西元一九二七年，隨著北伐軍占領南京後，北平學界的許多人士相繼南下，大多聚集到了上海租界，有胡適、徐志摩、丁西林、葉公超、余上沅、梁實秋等，再加上原先就在上海的潘光旦、劉英士等，一時頗爲熱鬧。這些人多少有自由主義的傾向，後來經徐志摩的熱心奔走，遂成立了新月書店。由大家認股，大股一百元，小股五十元，梁實秋屬於較貧窮的一類，只認股五十元，這樣湊足了近五千元，便在環龍路環龍別墅租下了一幢房屋，當時余上沅夫婦正苦於無處居住，借此機會，便住在樓上，任新月書店經理，樓下營業發行，主要業務是發行《新月》雜誌，而新月的編輯出版業務具體由徐志摩負責，精神上大家是默認胡適爲領導者，《新月》月刊從西元一九二六年三月創刊，到西元一九三三年六月停刊，總共發行了四十三期，其間梁實秋也曾主編過一段時間及兼任過書店的經理。梁實秋回憶說：「有人說我們是『新月派』，其實我們並無組織規程，亦無活動計畫，更無所謂會員會籍，只是一小羣窮『教書匠』業餘之暇編印一個刊物而已。我們沒有政治色彩，我們都是强烈的個人自由主義者。」

西元一九三〇年夏天梁實秋離開上海，去青島大學任教，西元一九三一年十二月，徐志摩因飛機失事而罹難，其他人又陸續離開了上海，新月書店也就關門了，而《新月》月刊也因此無疾而終。

新月的主張，有人贊成，有人學習；有人反對，有人譏諷，有人說新月派就如一鈎新月，孤零零、冷清清地出現在遠隔塵囂的天際。不管外人的批評如何，事實上，新月派對我國新文學的發展與貢獻，確曾寫下光輝的一頁，使新文學在我國現實的泥土上扎了根。

㈣烏龜兔子，何為我？

西元一九三一年「九一八」事變爆發，日本軍隊占領了瀋陽，公開侵略中國，引起全國憤怒，學界更爲激昂，平津學生紛紛罷課結隊南下赴京請願，這一股聲勢浩大的學潮不久也蔓延到了青島。學生們强占火車，强迫開往南京，政府當局無法制止，局勢失控。

當時梁實秋和聞一多皆在青島大學任職，梁實秋爲外文系主任，聞一多則是國文系主任外並兼任文學院院長。在由校長楊金甫主持的校務會議上，他倆均站在校方的立場，同意開除學潮中爲首的若干學生。聞一多還慷慨陳詞，認爲這是「揮淚斬馬謖」不得已而爲之。這樣一來，引起學生廣泛的不滿，學潮日益擴大，最後迫使校長楊金甫不得不離職。

在這次風潮裡，聞一多成爲學生最受攻擊的對象之一，在青島大學的山石邊，學生還貼了一條刺目的標語「驅逐不學無術的聞一多！」

有一次，梁實秋和聞一多從冷清的教室前面走過，無意中看見黑板上有一首新詩，是這樣寫道：

聞一多，聞一多，
你一個月拿四百多，
一堂課五十分鐘，
禁得住你呵幾呵？

這是針對聞一多平常上課說話時喜歡夾雜「呵呵……」的聲音而言的，不僅如此，學生們還在邊上畫了一個烏龜一個兔子，旁邊寫著「聞一多與梁實秋」。聞一多很嚴肅地問梁實秋：「哪一個是我？」梁實秋沒有正面回答，只說了一聲：「任你選擇」。

㈤《雅舍小品》

抗戰期間，梁實秋隻身到了重慶，應教育部次長張道藩之邀，任中、小學教科書組主任。西元一九四〇年劉英士主編《星期評論》，邀請梁實秋寫專欄，每期兩千字，名之曰「雅舍小品」，署名「子佳」。梁實秋曾自述「雅舍」之由來：

「抗戰期間，我在重慶。五四大轟炸那一年，我疏散到北碚鄉下。吳景超、龔業雅伉儷也一同疏散至北碚。景超是我清華同班同學，業雅是我妹妹亞紫北平女大同班同學，我和他們合資在北碚買了一幢房子，房子在路邊山坡上，沒有門牌，郵遞不便。有一天晚上景超提議給這幢房子題個名字，以資識別。我想了一下說，『不妨利用業雅的名字名之為雅舍。』第二天我們就找木匠做了一個木牌，用木樁插在路邊，由我大書『雅舍』二字於其上。雅舍名緣來如此，並非如某些人之所誤會以為是自命風雅。」（《雅舍小品合訂本後記》）

「雅舍」其實是相當簡陋的，用竹筋和三合土蓋成，「雅舍的位置在半山腰下距馬路約有七、八十層的土階。前面是阡陌螺旋的稻田，後面是荒僻的榛莽未除的山坡。篦牆不固，門窗不嚴，與鄰人彼此均可互通聲息。入夜則鼠子自由行動，使人不得安枕。夏季則聚蚊成雷……。」就在這樣的環境中：「長日無俚，寫作自遣，隨想隨寫，不拘篇章，冠以『雅舍小品』四字。」（《雅舍小品．初集》）

《星期評論》後來停刊，但是《雅舍小品》仍然繼續寫了下去，直到抗戰勝利之後梁實秋回到北平，才把散見於幾種刊物的小品輯為一册，交給商務印書館發行。他生平不請人作序，但是這本書他卻請龔業雅寫了一篇短序。

說到《雅舍小品》的問世過程，也是頗饒趣味的。梁實秋說：「將它付印，正是大陸要撤退、通貨膨脹之際，書已經排好、校好了，可是商務印書館就是不敢印，因爲，『一印，就不値錢』，沒辦法，我只有帶了校樣來到臺灣。有一天，碰到那時正任正中書局編輯部主任的劉季洪，說起來，劉先生極感興趣，當時我對劉先生說：『稿子已經排好了，是商務印書館印的，正中書局有興趣，可以拿去印，法律糾紛我就不管。』」

當正中書局推出時，立即受到大家的喜歡，一印再印，先先後後，竟然達到了五十多版。而後梁實秋又出版了《雅舍小品》的「續集」、「三集」、「四集」、「合集」，從而奠定了他在中國現代散文史上不可動搖的獨特地位。可以說，梁實秋一生與「雅舍」結下了不解之緣。能這樣暢銷，原因在那裡？梁實秋說：「大概是淺近，篇幅短，大家就喜歡。」

不過仍有人批評過《雅舍小品》：

1、文字太刻薄了。梁實秋的解釋是：「我寫時的原則：開玩笑，必須先開自己的玩笑：打人的本領不要有，挨打的功夫必須好。」

2、文章「文白夾雜」。梁實秋說：「這批評很對，不過，不僅我的文章是文白夾雜，我說話也是這樣。我認爲，不管是文言也好，白話也好，那種最能表達我的意思，我就表達。」

「文如其人」，這是梁實秋堅持的原則：「一個人一個樣，各有各的風格和特點，不需要模仿，要知道，學也學不像。」

㈥為稻梁謀，編纂字典

梁實秋除了在教書之外，他還利用課餘時間，爲遠東圖書公司編了一套中學英文教科書，和各種英漢、漢英字典、辭典，共三十多種，銷路很好，但爲了編這些教科書和工具書，他花費了不少心血，有朋友責備他不務正業，不好好作文章，將時間浪費在編字典上。但他從不諱言，編字典純爲「稻梁謀」：改善自己的經濟環境。不過很多學者認爲梁實秋主編的各種字典、辭典具有相當的水準。

有一段時間梁實秋正在主編《英漢辭典》，經常夜以繼日地在打字機前工作。梁實秋家裡請的一位女佣，不懂英文，也不明白梁實秋在做些什麼，只知道梁實秋在那架機器上不停地打，不停地寫，然後有人到家裡把那些紙拿走，又過幾天，又有人上門送錢，困惑不解。有一天實在忍不住，便問梁太太道：「太太，先生整天在家打字、寫字、不出門，過不久就有人到門口送錢給他，我能不能問問，他到底是做什麼的？」程季淑便對她解釋說梁實秋是以賣文爲生的。那位女佣聽後恍然大悟，說：「噢，那打字機原來是印鈔票的！」在場的人聽了捧腹大笑。

梁實秋在晚年編著《英國文學史》的期間，曾接下香港中文《讀者文摘》一本書的翻譯工作，本來每天工作五小時的他，爲此每天必須工作八小時，朋友知道了，覺得實在是不合算。但是梁實秋舉了個例子，他說英國有個名演員勞倫斯奧立佛，年紀已經不小了（筆者註：即「亂世佳人」的女主角費雯麗的丈夫）以演莎翁劇而蜚聲國際。後來他去拍了電影，藝術界人士都爲他可惜。有人問他爲什麼不專心演舞臺劇，而要去拍電影，他說：「我家裡有妻子、兒女要吃飯，而且他們還想吃得好一點！」因此梁實秋自認自己也是同樣情形，所以該書並不是什麼了不起的文學作品，又不由譯者具名，但是稿費較普通書爲高而已。

七、三十八年莎士緣

梁實秋從事《莎士比亞全集》的翻譯，是受到胡適的建議與鼓勵。西元一九三〇年，胡適開始任事於中華教育文化基金董事會（即美國庚款委員會）的翻譯委員會，他一向熱心於翻譯事業，現在有了基金會支持，便開始組織人員翻譯西方文學名著，如培根的《新工具》、哈代小說、希臘戲劇和法國戲劇等，莎士比亞戲劇翻譯工作則交給聞一多、徐志摩、葉公超、陳西瀅和梁實秋五人擔任，擬定五年到十年完成，並撥了五萬元經費。接受任務後，梁實秋則開始動手翻譯，打算一年完成兩部書稿，沒想到其他四位始終沒有動手，此項工作便落到梁實秋一人頭上，從此他與莎士比亞結下了三十八年的緣份。

抗戰前後，因爲戰亂，生活顛沛流離，梁實秋盡了最大努力，只譯完了九本：四部悲劇，四部喜劇和一部歷史劇。

西元一九四九年遷居臺灣後，生活開始逐漸安定下來，梁實秋在西元一九五九年又繼續翻譯，他規定自己每月的任務，一日譯兩千字，兩月一本，一年可以譯好五、六本，但實行起來窒礙難行，諸多的雜事纏繞著他，而且一到夏天，潮濕炎熱的氣候，使得工作效率不盡人意，進展較原計劃要緩慢得多。西元一九六二年，梁實秋又發現自己患有糖尿病，再加上膽結石常常腹痛，身體健康情況急劇惡化，翻譯起來常常覺得力不從心。因此，梁實秋翻譯《莎士比亞全集》前後拖延時期很長，譯到最後三分之一的時候，不免心生厭倦，有一次與朋友們閒談，偶然表露打算放棄這個全集的翻譯，他的朋友張北海大喝一聲：

「你尚未譯完全集，就想等著一死了之麼？天下沒有這樣便宜的事！」經朋友這一喝，他又打起精神，把握時間，鍥而不捨，繼續努力。

《莎士比亞全集》的翻譯，使他備嘗艱辛，有時忍不住也發牢騷道：「譯書之苦，不亞於生孩子」、「我眞恨莎士比亞爲什麼要寫這麼多！」但也帶給梁實秋帶來了很大的安慰，正如他自己所說：「這恐怕是我能做的最大一項貢獻，……我心裡的滿足非言語所能表達。」

西元一九六七年，《莎士比亞全集》三十七個劇本終於全部譯完，由遠東圖書公司出版。好幾個文藝協會爲梁實秋舉行在翻譯完成的慶祝會上，他說：「要翻譯《莎士比亞全集》，必須具備三要件：第一，他必須沒有學問，如有學問，他就去做研究工作了；第二，他必須沒有天才，如有天才，他就去從事創作了；第三，壽命要長，否則就無法譯完。很僥倖的，這三個要件我都具備。」與會的人士對梁實秋的謙虛與幽默，都報以熱烈的掌聲。

隨後有記者請他談談莎翁。梁實秋風趣地說：「我跟他絕交了。他佔用了我整整三十年的時候，我喜歡他，也有點恨他。你說，人生有幾個三十年呢？」

梁實秋自從上了年紀之後，對旅行一直懷有恐懼的心裡。所以一直沒有去過歐洲，當然沒去過莎士比亞故居。西元一九八二年，他的女婿邱士燿遊歐，梁實秋託女婿路過Stratford-on-Avon時，代他向莎翁問候致意。所以他的女婿專程去莎翁家鄉遊歷歸來後，向老丈人報告見聞。梁實秋後來寫信給女婿說：

「我有一套莎氏全集中譯到莎氏家鄉紀念圖書館，取得收據的信。我這一生有三十年的功夫送給了莎氏，我自得其樂而已。但也有無形的報酬，我從莎氏著作中，培養了一種人生態度，對世間萬物抱有濃厚興趣，對人間萬象持理解容忍的心胸。未能親履莎氏故鄉，爲一憾事耳。你代我簽名報到，也算了一心願。」

除了四十本莎著之外，梁實秋還譯了十三種書，其中如《沈思錄》、《西塞羅文錄》、《咆哮山莊》、《織工馬南傳》、《吉爾菲先生的情史》、《百獸圖》、《潘彼德》、《阿伯拉與哀綠綺斯的情書》等，均爲西方文學名著，論文體更遍及散文、小說、戲劇。就算他一本莎著都不曾譯過，仍然可以翻譯成家。

八、嫉惡如仇，愛憎分明

梁實秋嫉惡如仇，遇有不法之徒，爲非作歹，高官顯要，魚肉百姓，一律評以「無恥」二字。社會上不合他道德標準的頗不乏人，「無恥之徒」也就多如過江之鯽了。所以，每逢梁實秋論及某人種種，未等他開口作結，他的太太與女兒就異口同聲替他作結論：「無恥！」然後全家大笑。

在《升官圖》一文中，他以辛辣的筆法，表示了自己對做官的看法：「只因作官要看三件難看的東西：犯人的屁股、女屍的私處，上司的面孔」。以這三個短句將一些令人厭惡、醜陋的官吏嘴臉暴露得淋漓盡致。

梁實秋在文章中對那些貪官惡吏毫不留情，在現實生活中，他也一樣絕不趨炎附勢，逢迎拍馬。

有一次，政府某院的某委員打電話來，說他在招待一位美國客人，擬請梁實秋作陪。梁實秋素知此人的人品，立即拒絕了，掛上電話說：「難道我是陪酒的人嗎？」

還有一次，梁實秋家的門鈴響了，女兒梁文薔前去開門，進來一位「作官的」，滿臉「蒞臨寒舍」的狂妄相，對梁文薔正眼都不瞧一眼，很沒禮貌。此人走後，梁文薔忍不住便跑到梁實秋面前告狀抗議，梁實秋說：「這種人是吃屎長大的，不必去計較。」從此這位媚上傲下驕橫無禮的大官在梁家就有了「吃屎」的雅號。

政府剛遷臺時，政治氛圍非常詭異，只要與共產黨的事務稍沾一些邊，政治敏感度便提高不少，當梁實秋譯《沈思錄》時，只因作者瑪克斯・奧瑞利阿斯（Marcus Aurelius），譯音與馬克斯（Karl Marx）相似，被人誤會，眞是令梁實秋可氣又可笑。

西元一九六八年，文化學院要上演莎士比亞的《奧賽羅》，被警備司令部批駁，理由是劇中有兵變的描寫，上演恐影響軍心，幾經交涉，修改劇本，把奧賽羅改爲文職，不稱將軍，改稱大人，其副官不稱副官，改稱祕書，才算勉強通過。梁實秋說：「莎氏有知，怕要氣炸了肺！」

九、晚年喪偶

梁實秋與妻子程季淑於西元一九二七年在北京結婚，兩人恩愛五十年，因爲程季淑內助之賢，使梁實秋在寫作上無後顧之憂，著作等身。

梁實秋自退休後，空閒時間多起來，便常常陪著程季淑去市場買菜。常常是程季淑提菜籃，梁實秋攜皮包，緩步而行。回到家裡，兩人便相對而坐，一面做事一面閒話家常，即使西元一九七二年遷居美國西雅圖後，他們仍保持這種生活習慣。

西元一九七四年四月三十日，對梁實秋來說是個不祥的日子。上午十點半，梁實秋和程季淑仍像往常那樣手拉著手，到附近市場去買一些東西。誰知禍從天降，市場門前的一個梯子忽然倒下，正好擊中了程季淑，頓時血流滿面。梁實秋大驚失色，連忙打電話叫救護車，同時給正在大學上課的女兒梁文薔掛了緊急電話。

程季淑被送進了華大醫院急救室，因傷勢不輕，急需動大手術，怎奈當時開刀房全被占用，要等數小時之久。此時程季淑也許已經有了不祥預感，強忍著傷痛對梁實秋低語道：「你不要著急，治華，你要好好照顧自己。」結果不治而亡，享年七十四歲，葬在西雅圖的槐園。

關於生死，梁實秋和程季淑卻從不忌諱。兩人還常談論到此事，知道總有一個會先去的，但絕沒有想到死神來臨的是這樣快，這樣突然，梁實秋實在沒法承受這巨大的打擊。後來梁實秋用了幾個月的時間寫出了《槐園夢憶》，來寄託對亡妻的思念。

十、傾城之戀

梁實秋的妻子程季淑因意外受傷而不幸去世，這份巨大的打擊使梁實秋精神幾近崩潰，和梁實秋一向友好的遠東圖書公司的老板便請梁實秋回臺北散散心，在十一月二十七日，一個極其偶然的機會，梁實秋和比自己小三十歲的歌星韓菁清萍水相逢，一見鍾情，墜入愛河。

這種白髮紅顏的戀愛消息傳出後，臺灣各大小報紙頻頻地報導相關消息，而梁實秋的許多朋友也紛紛來信勸阻梁實秋，他的學生們甚至組織了「護師團」來反對這起婚姻，一時間臺灣街談巷議梁韓之戀，到處是一片痛罵聲，眞可以說得上是「傾城之戀」了。

面對此種輿論，韓菁清也有些猶豫和動搖，婉轉地勸說梁實秋要冷靜地加以考慮，但梁實秋激情澎湃，不可遏止，聲稱「就是火山口，我們也要擁抱著跳下去」。正因爲梁實秋如此痴情和堅決，才使得韓菁清鼓足勇氣，面對冷嘲熱諷而堅持自己的所愛，才使得兩位有情人終成眷屬。

梁實秋續弦後，恢復了青春活力，寫作的意願也提昇不少，他半天寫作，半天過著神仙般的生活。婚後十二年輯印成冊的有十數種，在寫作上有如此的豐收，這不能不歸功於他有一個安適而不受干擾的家庭，更不能不歸功於爲他調理生活的續弦妻子韓菁清。

十一、發憤著書，不知老之將至

梁實秋畢生寫作生涯中，以費時三十餘載，翻譯《莎士比亞全集》，最爲文壇所稱誦。當莎集四十本出齊後，他又立下兩個心願，一個是以中文寫一本《英國文學史》，一個是以英文寫一本《中國文學史》，第一個志願，以長達七載的時間，終於在西元一九七九年，全書完稿。西元一九八五年出版，共五大冊。遲遲出版的原因是篇幅太多（文學史一九二九頁，文學選二六二三頁，共四千五百五十二頁），不易覓得適當的出版者，最後由大同公司董事長林挺生先生，交由協志工業叢書出版公司出版。

在等待出版的六年中，梁實秋曾數次對女兒梁文薔說，不知是否能等到出版的那一天，惟恐這部英國文學史會成「遺著」。梁文薔雖當笑話處之泰然，心中也不免焦急，幸好梁實秋長壽，在棄世之前親眼見到了《英國文學史》的出版，了卻了他的一樁心願。《英國文學史》出版兩年後，梁實秋就過世了，完成英文版的《中國文學史》的心願，也就沒有實現了。

梁實秋是一個活到老，讀到老，寫到老的作家。寫作固然是他老年時的重要工作，爭取更多的時間去讀書，也是他所不放過的。各樣豐富的資料他要讀，對他有幫助的書要讀，新出版的書要讀，朋友們寄給他的新書要讀。早已是享譽文壇的高齡作家，竟仍手不釋卷，發憤著書，這種學無止境的精神，令人歎服。

他曾寫信給女兒梁文薔說：「……你看我，年近八十，還是有無窮盡的工作在等待我，『不知老之將至』——不知老之已至。想起來可發一笑。」

梁實秋八十一歲時，有一天早晨，醒來看錶，由於年老眼花，誤將三點二十分看爲五點二十，立即匆匆起牀，洗漱完畢，才發現看錯了時間。儘管這樣，梁實秋並不回牀上重新躺下，而是將錯就錯，坐在寫字臺邊開始翻譯文章。從早晨四點半一直忙到下午四點，翻譯好了兩篇文章，共五千五百多字，又趕快去郵局寄掉。雖然忙碌一天，非常疲勞，但打破自己平日的記錄，梁實秋感到高興萬分，自己斟了一杯白蘭地來慶賀。

梁實秋晚年曾卜居於辛亥路三段復興南路底，一座大廈的十二樓。落地窗外，正面對一片青山，山上但見青塚無數，教人觸目驚心。每天吹吹打打的喪葬車輛不知有多少，朋友們都說這不太吉利吧，尤其年紀大的人，更容易觸景傷情，勸他搬家算了。但他總是說，那有什麼關係，誰都有這麼一天，只是有快有遲罷了。每天凌晨五點多，他即起身散步到山邊，來回需一小時，在這段路上，有所頗具規模的幼稚園。他告訴朋友說，從這段路上，他看到整個人生。人生就是從幼稚園慢慢走向墳墓，只是有的走得快，有的走得慢。每天面對墳堆，對他是一種警惕，告訴自己沒有多少時間可用了，該吃的就快吃！該作而沒作的事，該說而沒說的話，就快說，快設法將他作完。

十二、靠屁股吃飯的

梁實秋的母親健在時，看到兒子整天坐在書房裡讀書寫作，以此為生，便忍不住對梁實秋說道：「我看你是靠屁股吃飯的！」雖然話近似粗俗，但卻很傳神，梁實秋聽了只是淡淡一笑，並不介意，以後還常以此自嘲。

定居臺灣後，每年夏季又熱又潮濕，梁實秋在這種環境下工作，時間久了，臀部坐處竟生了三個瘡，奇癢微痛，沒法坐下，只好站著寫字，吃飯也要站著。這樣一個暑期下來，工作量驟減，沒有達到預定的計畫。梁實秋為此懊惱至極，不禁嘆氣道：「靠屁股吃飯的人，屁股出了毛病，糟糕！」

同時折磨梁實秋的還有痔瘡。一般患痔瘡的人也不宜久坐，而梁實秋又偏偏是非坐著寫作不可的人，自然誘發了痔瘡頻頻發作。有一陣子，他被迫站著寫作，自己在家中搭了一個木架，可以不必彎腰。如果情形太嚴重時，則要臥牀休息了，他曾有一次即把學生叫到家中牀邊上。

說來也巧，梁實秋的女婿邱士燿也有痔瘡之疾，同病相憐，兩人常常在一起介紹這方面的經驗。後來女婿邱士燿實在禁不住三番五次的折磨，便做了手術，永除「後」顧之憂。梁實秋年紀大了，不願挨此一刀，便決心與「痔」共存亡。他說：「我豁出去了，反正我死了它也活不成。看它鬧到哪一天為止！」

久病成良醫，梁實秋在飽受痔瘡之苦的同時，也慢慢地摸索出了一些竅門，就是一旦感到它蠢蠢欲動時，便即刻放下工作，臥牀休息，這樣一天、半天即癒，他自採用了這種「姑息」政策後，倒也與此宿敵和平共處相安無事。

十三、兼職

晚年不幸喪偶後的梁實秋，不僅在情感上成了一隻孤雁，生活上也要完全自理，自己動手。好在退休以後，他常陪程季淑上菜市場，並看她在廚房中炒菜，無意中也學得一些廚房技藝，燒飯、炒菜還能勉強應付過去。

但又當作家又當廚子，常把他忙得暈頭轉向，相當狼狽。再加上年紀大了，記憶力不好，以至於在寫作時，常常忘記廚房裡還煮著東西，一直弄到滿屋煙霧才如夢初醒。

有一天梁實秋準備午飯時吃咖哩雞飯，鍋裡放了很多水，心想不會忘記的，可是他一到桌邊工作起來，全給忘了，空氣裡傳來了焦味才猛然記起，走進廚房一看，雞已變成烏皮雞了，湯全蒸乾了，加水再煮，味苦，一氣之下將雞倒在了垃圾桶裡，爲了懲罰自己的疏忽，他午餐只吃素——白麵包和油燜筍。

這樣幾次三番出錯之後，梁實秋想出了一個辦法，他做了一塊硬紙牌子，上面寫著，「火、火、火」，然後把紙牌綁在手背上，這樣看書便不會忘記鍋裡還煮著東西呢，幸運的是，此法還相當有效，解決了他身兼二職的矛盾。

在給女兒梁文薔寫信時，梁實秋便順便將此法告訴了她，同時還加批注道：「老人昏瞶，一至於此。」

十四、梁實秋被退稿

「秋郎」是梁實秋在《新月》時代常用的筆名，這是大家都知道的。另外，他還有一個很少爲人所知的筆名，叫「子佳」。他曾寫了篇散文，覺得自己已很久沒有用筆名發表東西，就以「子佳」的名字投寄某報副刊。沒有多久，他便接到退稿。他就將這篇文章往抽屜一丟，不去理它。過不久，該刊主編到他家向他邀稿。梁實秋正忙著寫《英國文學史》，無法旁顧，以他言出必行的性格，此時他無法答應。但該主編一再拜託，梁實秋靈機一動，就說：「我有篇舊稿，是貴刊退還來的。」不待梁實秋說完，該主編搶過嘴說：「那有這種事，梁先生的文章我們求都求不到，那會退稿？」於是梁實秋拿出退稿，那位主編打開一看，原來是「子佳」，而不是「梁實秋」。

十五、能吃、好吃、偷吃

梁實秋的老家在北平，北平大小館子，他都吃遍，每次談起當年，他就如數家珍。

到臺灣後，臺北的館子，只要你能說出那家館子，他立刻就以專家的口吻，評介一番，因此尊他爲「美食專家」當不爲過。

梁實秋晚年，糖尿病事卻把他害苦了：一定要在飲食上控制，戒吃甜品，便成爲他一件苦惱的大事。梁實秋飯量好是有名的，年輕時曾有過一餐十二個大饅頭的記錄，晚年時還是沒有兩碗飯不飽。他懷疑自己的糖尿病，是否與他的能吃、好吃有關。

說也奇怪，愈是享受不到的東西，愈想它。他常常會見到甜品而食指大動，在忍無可忍時，只好來個「偷吃」。儘管太太韓菁清監督工夫到家，但梁實秋仍是有本事把想吃的東西「偷」下肚。

有一次梅新與商禽二位詩人，請梁實秋夫婦到天廚飯店小吃。末了該店老板贈送一份油炸元宵。剛端來時，梁實秋還說：你們吃，你們吃，我不能吃。韓菁清上洗手間，他卻向梅、商二人擠擠眼，用手抓了一糰塞進嘴巴，然後縮了一下肩，再對梅、商二人笑一笑。那動作眞像三歲小孩，可愛極了。可是就那麼靈驗，回家沒多久，他的病又犯了。

最危險的一次是，他從美國一個人回臺灣，飛機上空姐送來各式各樣的蛋糕，梁實秋自然大快朵頤一番。在機場大廳與迎接他的親友寒暄後，正準備回臺北，韓菁清見他坐在椅子上兩眼發直。她問他怎麼啦，梁實秋只好從實招來。事後，只要太太與朋友提起此事，梁實秋總是推卸責任的說：「都是蛋糕惹的禍。」

十六、生性幽默，自我解嘲

㈠跳加官

梁實秋在師大任教期間，當時的校長劉眞，常請名人到校演講。

有一次，主講人因故遲到，在座的師生都等得不耐煩。於是，劉眞請在座的梁實秋上臺給同學們講幾句話。

他上了臺，以一副無奈的表情慢吞吞地說：「演京戲，在正戲上演之前，經常會找一個二、三流的角色出來跳跳加官，讓後臺的主角有充分的時間準備。我現在就是奉命出來跳加官的。」

此言一出，引起全場哄堂大笑。

㈡割膽

梁實秋任教師大時，有一次因膽病暴發到入院割膽，足足鬧了半年，驚動了所有的朋友同事。梁實秋寫信給女兒梁文薔說：「我的開刀問題，已經不是我一個人的事，成了社會問題啦！因為天天有人打聽什麼時候入院。假如我不開刀，不知有多少人要失望！」這是梁實秋慣有的痛苦中的幽默。

㈢夏娃戰勝撒旦

西元一九六二年八月某日，程季淑在院中水池裡捉到一條長約半尺的蛇。梁實秋給女兒梁文薔的信中說：「老太太手起鏟落，把它的頭砸碎了！夏娃戰勝了撒旦。」

㈣文章製造機

梁實秋前半生教書，常自諷爲「教書匠」。後半生從事譯著，自嘲爲「爬方格動物」。既老，又遭降格，給女兒梁文薔的信中說：

「××報電話來了，說葉公超死了，限我一小時內寫一篇文字，第二天未見刊出，原來是尚未死。今天他死了，可以刊出了。××報不饒我，也要我寫一篇，限兩小時交卷，也只好寫了。像一架製造文章的機器。……」

他的女兒梁文薔批註道：「『教書匠』好歹還是萬物之靈，『爬方格動物』雖已非人，無論如何還是生物，若淪爲『機器』，是乃礦物，豈非文人窮途末路！」

㈤交稅

梁實秋對交稅有獨到的看法。旅居美國的女兒向他抱怨交稅太多或稅法過繁時，梁實秋即在信中安慰女兒女婿說，交稅愈多愈好，表示家庭收入高。後來臺灣也有了所得稅，梁實秋也嘗到了報稅的味道，大呼吃不消。梁實秋不在乎交稅，認爲是應該的，但對自己要負起報稅之責，核算塡表，費時多日，反覆核對，每次算出之交稅額都不一樣時，則急得滿頭大汗，頭昏腦脹，要在他的大腦門上塗許多薄荷油才能結算清楚，舒一口大氣。梁實秋曾說：「……我想一個人在死的時候，安慰之一當是從此不再上稅。」

㈥侍女妙答

有一次，梁實秋與女兒梁文薔及親朋友好到「漁家莊」歡宴，酒菜齊全，唯獨白飯久等不來。經一催二催之後，仍不見白飯蹤影。梁實秋等得不耐煩，等服務小姐上菜之際，戲問曰：「怎麼飯還不來？是不是稻子還沒收割？」

服務小姐連眼都沒眨一下，答稱：「還沒插秧呢！」本是一個不愉快的場面，經服務小姐這一妙答，舉座大樂。

㈦鷹派

西元一九八六年十二月二十六日，他和女兒梁文薔坐在家中閒談。突然，梁實秋沒頭沒腦地說：「人在沙漠中飢渴至死之前，躺在沙中，仰望天空中徘徊翱翔的兀鷹，在等他死，後來吃他的屍體……」

梁文薔聽了，心裡很不是滋味，喊了一聲「爸爸……」，梁實秋卻沒理會，繼續說：「……我現在覺得，這些兀鷹已在我的上空愈聚愈多了。」

梁實秋的晚年，常有不認識者索要他的墨迹，甚至談話錄音，記者和出版界的人士也在爲他身後的紀念性文字作積極準備，而梁實秋攬鏡自照，已是頭頂益禿，鬢角益花白，皺紋益多，日漸衰老，這種種迹象，都讓梁實秋感到兀鷹已盤旋在頭上了，才有了上述的感嘆，此後，他一律稱此類文化界人士爲「鷹派」。

梁實秋和女兒的談話，因爲談及生死，彼此心裡都不好受，正好有人敲門，梁實秋便對女兒說：「文薔，你去看看，是不是又是『鷹派』？」

貳、課文參考資料

一、《舊》賞析

新陳代謝是生命的無情法則，亦是萬物運動之規律。故求新乃是人之常情，藝術家好標新立異；政治家要排舊布新；就是衣服款式、髮型，也年年月月流行新潮。

梁實秋卻有很深的戀舊情節，他好像眞的與守舊的哈德卡索先生一樣——「愛一切舊的東西」。他把「衣不如新」翻轉了說，極寫穿新衣的種種拘促體驗，具證之愛因斯坦穿破舊衣服之優哉游哉，眞能令人望舊衣而生羨，棄新衣如敝履矣！然而且慢，敝履也是棄不得的，梁實秋說穿新鞋要受「削足而適履」之苦呢！這衣履之事，不過是借了身邊瑣事入題。說到舊屋之戀，方才透露出隱約的鄉情鄉思。梁實秋又一筆打翻了金聖嘆「新屋落成」之快，偏說「樹小牆新」不若「苔痕上階綠，草色入簾青」。更以西洋庭園之新鮮耀眼與我們的園藝標準不同。話題中古老蕭瑟的「濠濮間」、「諧趣園」，以及青藤蔓牆，基腳上積留著遠年苔蘚的講學的上庠，永遠是他最美好的夢境與回憶吧？無怪乎他要說這樣的大學才算是第一流的啦！

人之求新與戀舊，如一劍之兩刃，梁實秋是達人，自然不會像哈德卡索先生一樣偏執於一切舊東西。因之文末乃有一大反轉。從回憶返身現實，說人生應該日新又新，卻道「擠死人的公共汽車」、「醜惡的市招」令人厭惡。從舊物之可愛轉入舊病早去爲宜。同時指出「最可怕的是，倡言守舊，其實只是迷戀骸骨；唯新是鶩，其實只是摭拾皮毛，那便是新舊之間兩俱失之了。」一枝筆眞乃雙鋒劍左劈右斬，面面俱到。文中可以看出梁實秋雖入老境，但懷古而不溺於古，念舊卻並不守舊。他用理性的觀照適當地調整了感情的尺度，又隨時穿插古今中外的趣聞掌故，文筆詼諧，說理深入。讀來有趣，又能啓人深思。

二、高爾密斯

高爾密斯，（Oliver Goldsmith 西元一七三〇～一七七四年）英國詩人、劇作家、小說家。西元一七三〇年出生在愛爾蘭中部的帕拉斯，父親是牧師。西元一七四九年畢業於都柏林大學三一學院。西元一七五二年到蘇格蘭愛丁堡大學學醫，西元一七五四年又到荷蘭萊頓大學繼續學醫，但他從未行過醫。他帶著一支長笛徒步漫遊歐洲。西元一七五六年回到倫敦，身無分文，此後就爲生活而艱苦奮鬥。曾在出版商和小說家塞繆爾・理查遜手下當編輯，又給《每月評論》雜誌寫稿。西元一七五九年給一家小刊物《蜜蜂》撰稿時才作爲文學批評家和散文家初露鋒芒。他先後結識了托馬斯・珀西和約翰遜博士，成爲約翰遜博士的文學俱樂部的一個成員。

高爾密斯最早的重要作品是一篇用散文寫的論文，題目是《關於歐洲純文學現狀的探討》（西元一七五九年）。他到西元一七六二年發表《世界公民》後才被公認爲一位天才的作家。《世界公民》有意識地模仿法國啓蒙作家孟德斯鳩的《波斯人信札》，假託一個旅居英國的中國人的通信，諷刺英國社會的虛僞和矯揉造作。它的文體接近口語，流暢自然，充滿了幽默和智慧，是英國小品的傑作之一。

高爾密斯還寫過劇本，最著名的是喜劇《委曲求全》（西元一七七三年）。它是英國戲劇史中最完美的喜劇之一，以豐富多彩的人物刻畫而著稱。喜劇《好脾氣的人》（西元一七六八年）也是一部現實主義喜劇。他的現實主義喜劇糾正了十八世紀英國的感傷主義傾向，使英國喜劇走上健康發展的道路。他最後一部詩作是《報復》（西元一七七四年），是一系列墓誌銘警句詩。例如，他批評約翰遜博士的寫作技巧，說約翰遜讓故事裡的小魚像大鯨那樣談話。這樣的批評既機智，又中肯，表現了他的文學批評才能。

三、愛因斯坦

愛因斯坦一生都以過簡單儉樸的生活而自得其樂。他曾說：「一個人的價值並不在於他的外表」，「我從來不把安逸和享樂看作是生活目的本身」。他成名前後，無論演講、會客，從不另換裝，而且是經常不穿襪子的。

愛因斯坦尚未成名以前，有一次在紐約街頭上碰到了一個熟人。那人見他衣著寒傖，連忙問道：「你怎麼穿得這樣破舊？」

愛因斯坦笑了笑，說：「反正這裡也沒有人認識我。」

幾年以後，愛因斯坦成了科學界的大人物。有一天，在紐約街上，他碰巧又遇到了這位熟人。對方上下打量了一下這位大名鼎鼎的科學家，驚訝地問道：「你怎麼還是穿得這樣破舊？」

愛因斯坦依然笑了笑：「反正這裡的人都已經認識了我。」

愛因斯坦剛到普林斯頓大學時，主任問他要多少錢薪水，他說五千，主任說：「給你五千，那我如何給一個大學畢業生呢？還是算一萬五千元罷！」

有一次，他出門搭乘太平洋航線的船，坐的是三等艙位，這時他已有了名氣，認識他的人很多，有些人特地請他改乘頭等艙，情願替他出頭等艙的票價，不要他花一個錢，然而竟被他拒絕了。

四、桓沖

桓沖（西元三二八～三八四年），字幼子，譙國龍亢（今安徽懷遠西）人。桓溫弟。初爲東晋鷹揚將軍，西陽太守，從桓溫征伐有功，累遷至南中郎將、江州刺史，領鎮蠻護軍，西陽、譙二郡太守。桓溫專政，桓沖任江州刺史十三年。桓溫死，爲中軍將軍，都督揚、江、豫三州軍事、揚、豫二州刺史，代掌兵權。時前秦統一北方，威脅東晋，爲顧全大局，桓沖自請解除揚州刺史職，出鎮京口（今江蘇鎮江），與宰相謝安協力防禦前秦的進攻。繼任荊州刺史，都督江、荊、梁、益、寧、交、廣七州及揚州之義成、雍州之京兆、司州之河東軍事，鎮江陵，又移鎮上明（今湖北滋西），積極籌劃防守。

(一)買德報恩

桓沖小字「買德郎」。年少時家貧，母病須羊以解，其兄桓溫便以他爲質，問羊主求羊。羊主贍羊但不以桓沖爲質，而撫養桓沖。後桓沖爲江州刺史，遇羊主，謂曰：「我買德郎也。」以其撫養之恩而厚報之。

㈡不樹親信

桓沖爲官謙虛愛士，顧全大局。在他之前，朝廷重臣臨終皆上表，以樹親信。只有他臨終無表，僅給宰相謝安寄書以托後事，言不及私，受到時人稱贊。

㈢不好新衣

桓沖不喜歡穿新衣服，洗澡後，妻子故意送新衣服給他。桓沖十分生氣，催促送衣人拿回去。妻子又讓人拿回來送給桓沖。並傳話說：「衣服不經過新的，從哪兒來的舊的呢？」桓沖大笑，便穿上了它。

五、金聖嘆

金聖嘆（西元一六〇八～一六六一年），明末清初文學批評家。名采，字若采。明亡後更名人瑞，字聖嘆。一說本姓張。吳縣（今江蘇蘇州）人。明諸生，他一生未仕，生性倜儻，恃才傲物，好衡文批書，嘗謂《離騷》、《莊子》、《史記》、杜甫詩、施耐庵《水滸傳》和王實甫《西廂記》依次爲天下六才子書，尤以批點《水滸傳》和《西廂記》而享有盛名，並著有《沈吟樓詩選》、《唱經堂語錄纂》等。清順治十八年，因哭廟案被殺，時年五十四歲。

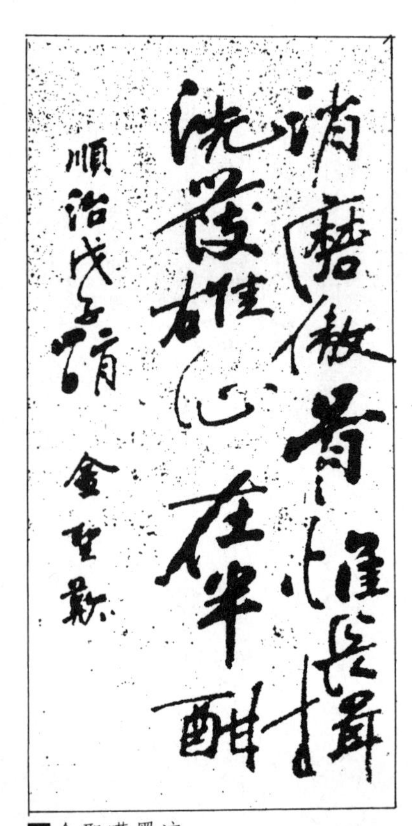

金聖嘆墨迹

㈠文曲星下凡

金聖嘆生於明神宗萬曆三十六年三月三日。這個生日對金聖嘆的一生，似乎產生過重大影響。據楊同保《金聖嘆軼事》：「俗稱三月三日，爲文昌生日，而聖嘆亦於是日生。故人稱聖嘆爲文曲星。聖嘆虔祀文昌，或亦因此故。又傳聖嘆生時，其母夢紫衣人抱小兒置諸其懷，一驚而寤，遂生聖嘆。故又謂夢中之紫衣人爲文昌帝君。」金聖嘆從懂事時起，就自視甚高，滿懷金榜題名、出將入相的用世之心，可能與文曲星的讚譽，與「紫衣人抱小兒」的傳說，不無關係。他一生表現的自命不凡，好出人頭地的性格，也許眞可以說是與生俱來的吧。

㈡屢次應試被黜

金聖嘆爲人放誕不拘禮法，爲文怪誕不中程法。曾多次參加考試，均因爲文怪誕，爲主考者所斥黜。

有一次，學使來縣歲考，以《如此則動心否乎》爲題，金聖嘆不假思索，很快就將文章寫完。看看時間尚早，他又拿起筆來，在文章後面添上一段：「空山窮谷之中，黃金萬兩；露白葭蒼之外，有美一人：試問，夫子動心否乎？曰：『動、動、動……』」，連書三十九個「動」字。學使閱卷後，覺得很奇怪，忙傳金聖嘆前來責問。金聖嘆說：「連書三十九個『動』字，蘊含著『四十不動心』的意思，正是孔夫子講的『四十而不惑』。」學使啼笑皆非。

第二年縣考時，學使出題《孟子將朝王》。金聖嘆交了一張白卷，在卷紙的四角各寫了一個「吁」字。學使接到考卷一看，連忙喝住聖嘆，問他何意。金聖嘆不慌不忙地說：「《孟子》七篇中處處都在談孟子，所以『孟子』二字不必作。《孟子》中朝王處也很多，孟子見梁惠王、梁襄王、齊惠王等等，都是『朝王』，所以也不必作。題中五個字，只有『將』字可作。舞臺演戲，王將視朝，先有四內侍，左右立而發『吁』字。故在卷紙四角各書一個『吁』字，以表『將』字微意。」學使聽了拍案而起，將金聖嘆逐出場外，革除博士子弟員資格。金聖嘆反而高興地說：「今日可還我自由身矣！」

㈢食狗肉講經

金聖嘆好食狗肉，喜飲酒，酒後意興勃發，便談文論藝，久而不倦。

金聖嘆常於居處設高座講經，稿本自攜自閱，祕不示人。所講內容極廣，經史子集，箋疏訓詁，佛道典籍，稗官野史，三教九流，無不納入其中，縱橫顚倒，議論風發。聽講的僧俗大衆，無不頂禮膜拜，嘆爲觀止，而金聖嘆也洋洋自得，對道學家的嫉恨誹謗不屑一顧。

㈣順治賞識金批才子書

金聖嘆好評稗史詞曲，往往獨具見識。最先批注的《水滸》流行於世時，歸莊（字元恭）見到後說：「這是倡亂之書！」金聖嘆後來批注的《西廂記》問世，歸莊又說：「這是誨淫之書！」當時學者均愛讀金氏批注過的書，差不多家家都有。

評點《水滸傳》、《西廂記》是金聖嘆一生精力貫注的重要事業，也是他在中國文學史上的貢獻。他評點書籍時雜學旁收，經、史、子、集、儒、道、釋都有涉及，每一種學問，雖不深入堂奧，卻能附會己意，將淺嘗所得，貫穿引申。正如他自己所說：「聖嘆本有才子書六部，……然其實六部書，聖嘆只是用一副手眼讀得。如讀《西廂記》，實是用讀《莊子》、《史記》手眼讀得；便讀《莊子》、《史記》，亦只用讀《西廂記》手眼讀得。」這種縱橫貫穿，以此證彼，縱其胸臆的「手眼」，往往能發前人所未發，警世駭俗，使人感覺到「所評諸書，領異標新，回出意表，覺作者千百年來，至此始開生面」，既能獲得讀書人的共鳴，也容易爲一般百姓所接受。

金聖嘆評書的名氣，終於傳到了北京。順治十七年（西元一六六〇年）春天，一位朋友從北京回來，帶來消息，據說順治皇帝很賞識他所批的「才子書」，稱讚他是「古文高手，莫以時文眼看他。」族兄弟金昌把這個消息告訴了金聖嘆，金聖嘆「感而淚下，因此北向叩首」，其《春感八首》的第一首就表達了他受寵若驚的心情：

絳縣塗泥不記春，江南梅柳漫驚新。
忽承帝里來知己，傳道臣名達聖人。
合殿近臣聞最切，九天溫語朗如神。
昌黎好手夫何敢，蘇軾奇逢始信真。

㈤哭廟案

順治十八年（西元一六六一年）初，蘇州發生了哭廟案，金聖嘆被捲了進去。哭廟案是由新任吳縣知縣任維初暴虐貪汚引起的。任維初是個剛愎自用的貪官，但卻有點懼怕倜儻不經的金聖嘆。他在順治十七年底到任以後，一面監守自盜，侵吞常平倉糧三千餘石，一面酷刑催逼賦稅，杖斃一人，激起衆怒，諸生向巡撫朱國治訐告吳知縣不法之事。金聖嘆也挺身而出。但秀才們也好，金聖嘆也好，都不知道任維初所盜之糧，一部分是「以媚朱國治」的，貪官狼狽爲奸，官官相護，訐告和修書，當然都不奏效。諸生正憤憤不平之際，順治崩駕的哀詔傳來，舉國上下，依例服喪，哭臨三日。諸生於哭廟日「鳴鐘擊鼓」向巡撫朱國治訴冤。朱國治以擾亂接遺詔之名，是對皇帝的大不敬，拘捕士子十八名，金聖嘆也在其中。審判結果是十八人都斬首，抄沒家產，妻兒入宮爲奴。行刑前，在獄中金聖嘆寫了《絕命詞》三首，其一云：

鼠肝蟲臂久蕭疏，只惜胸前幾本書，
雖喜唐詩略分解，莊騷馬杜待何如？

他爲沒有能夠完成批《莊子》、《離騷》、《史詩》與《杜甫詩》而遺恨。

金氏臨刑時，自己也詫嘆奇怪地說：「斷頭，天下至痛；籍家抄產，天下至慘。而我竟然無意間兩事並得，也算天下大奇事了！」於是，含笑受刑。

六、九九重陽登高

我國古代以「六」爲陰數，「九」爲陽數，九月初九日正好是兩個陽數相重，所以人們把它叫做「重陽」，也叫做「重九」。九月重陽，天高雲淡，金風送涼，五穀飄香，我國素有重陽登高的風俗。每逢這一節日，古人都要頭插茱萸，手提菊花酒，登山遊玩。古人留下許多風俗習慣，文人墨客也爲此寫下了不少詩篇。

重陽節的起源，最早可以推到漢初。漢高祖劉邦的愛妃戚夫人被呂后慘害後，侍候戚夫人的宮女賈某也被逐出宮，嫁與貧民爲妻。賈某傳出：在皇宮中，每年九月初九日，都要佩茱萸，食蓬餌、飲菊花酒，以求長壽。

重陽節民間有登高的風俗，所以又叫「登高節」，相傳始於東漢。據梁朝吳均《續齊諧記》載：

汝南桓景隨費長房游學累年。長房謂之曰：「九月九日汝家當有災厄，急宜去；令家人各做絳囊，盛茱萸，以繫臂；登高、飲菊花酒，此禍可消。」景如言，舉家登山。夕還家，見雞、狗、牛、羊一時暴死。長房聞之曰：「代之矣。」今世人每至九日登山飲菊花酒，婦人帶茱萸囊是也。

東漢年間，這個故事傳開，從此，每逢農曆九月初九，人們為取吉利和避災消禍、長壽不老，登高的風俗就興起來了。

後人在重陽節這一天，還有吃「重陽糕」的習慣。重陽糕就是用粉麵蒸糕，輔料有棗、栗或肉。講究的重陽糕要做成九層高，像座小寶塔，上面還做兩隻小羊，以符合重陽（羊）的意思。有的在重陽糕上還插一小紅紙旗，並點蠟燭燈。這大概是用「點燈」、「吃糕」代替「登高」，用小紅紙旗代替茱萸吧！舊時重陽節除吃重陽糕外，還飲菊花酒。「待到重陽日，還來就菊花。」據《西京雜記》載：

菊花舒時並採莖葉，雜黍米釀之，至來年九月九日始熟就飲焉，故謂之菊花酒。

重陽節插茱萸之風，在唐代已很普遍。古人以爲在重陽節這一天插茱萸可以避災消難。王維在《九月九日憶東山兄弟》一首七絕中云：

獨在異鄉為異客，每逢佳節倍思親。
遙知兄弟登高處，遍插茱萸少一人。

這是詩人在少年時於重陽登高時，懷念故鄉蒲（今山西省永濟縣）地的親人而作的名詩，記載了古代重陽節登高、插茱萸的風俗。

叁、語文天地

一、漬

漬，音ㄗˋ。

㈠泡、浸。陸游《老學庵筆記》卷七：「豆腐、麵筋、牛乳之類，皆漬蜜食之。」黃節《宴集桃李花下興言邊患夜分不寐》詩：「東望春可憐，千里碧血漬。」

㈡浸漬後留下的痕迹。陸游《留題雲門草堂》詩：「親滌硯池餘墨漬，臥看爐面散煙霏。」梁實秋《舊》：「一片片的汗斑油漬。」

㈢染。《考工記・鍾氏》：「淳而漬之。」引申爲沾染。《宋史・胡憲傳》：「心爲物漬，故不能有見，惟學乃可明耳。」

㈣病。《呂氏春秋・貴公》：「仲父之病病矣，漬甚。」

二、優哉游哉

《詩經・小雅・采菽》：「優哉游哉，亦是戾矣。」形容從容不迫，悠閒自得的樣子。晉・潘安仁《秋興賦》：「優哉游哉，聊以卒歲。」魯迅《且介亭雜文二集・隱士》：「凡是有名的隱士，他總是已經有了『優哉游哉，聊以卒歲』的幸福的。」

三、太虛

㈠謂空寂玄奧之境。《莊子・知北遊》：「是以不過乎崑崙，不遊乎太虛。」《紅樓夢》第一二〇回：「太虛幻境，即是眞如福地。」清陳夢雷《去者日以疏》詩：「冥心歸太虛，天地與同壽。」

㈡指天，天空。《文選・孫綽〈遊天台山賦〉》：「太虛遼廓而無閡，運自然之妙有。」李善注：「太虛，謂天也。」

㈢謂宇宙。南朝梁沈約《均聖論》：「我之所久，莫過軒羲；而天地之在彼太虛，猶軒羲之在彼天地。」唐陸龜蒙《江湖散人傳》：「天地大者也，在太虛中一物耳。」

四、閫

閫，音ㄍㄨㄣˇ。

㈠門檻。《南史・沈演之傳》：「顗送迎不越閫。」

㈡特指外城門的門檻。《史記・張釋之馮唐列傳》：「閫以內者寡人制之，閫以外者將軍制之。」因以為統兵在外的將帥的代稱。宋・文天祥《〈指南錄〉後序》：「至京口，得間奔眞州，即具以此虛實告東西二閫，約以連兵大舉。」

㈢婦女居住的內室。如「閫闈」、「閨閫」。梁實秋《舊》：「也許他是為保持閫內安寧，所以才一笑置之。」

五、削足適履

春秋時代，有兩個非常令人鼻酸的故事，都是為了聽信人家的慫恿和挑撥，結果造成弟弟逼死哥哥，父親殺死兒子的慘劇。前者是蔡公棄疾聽從臣子朝吳的奸計，殺死楚靈王的兩個兒子，逼得楚靈王上吊死去；後者是晉獻公聽信寵妾驪姬的讒言，賜太子申生自殺，又派人捉拿兒子重耳和夷吾。

《淮南王・說林篇》裡對這兩件事情，無限感嘆，寫下了下面的一段話：

「骨肉之間本來是互相親愛不能分離的；但如果有陰險奸惡的壞人從中挑撥是非的話，即使父親也會殺死兒子。由於聽信是非的話而殺掉自己的骨肉，正好像『削足而適履，殺頭而便冠。』這兩句的意思是說：鞋子小了，就把腳削小一點；帽子小了，就把頭削小一點。為了適應鞋子和帽子的尺寸，竟不惜刻肌傷骨。

後來的人，凡見到人家辦事勉強遷就，要叫實際情況去符合他的主觀要求的，就叫做「削足適履」。

六、翳

翳，音ㄧˋ。

㈠柄端飾以羽毛的舞具。《山海經・海外西經》：「左手操翳。」

㈡雲翳。陸游《入蜀記》：「是日，天宇晴霽，四顧無纖翳。」徐宏祖《遊恒山日記》：「十一日，風翳淨盡，澄碧如洗。」

㈢指濃密遮天的樹蔭。《淸稗類鈔・馮婉貞》：「去村四里有森林，陰翳蔽日。」

㈣遮蔽。《楚辭・九嘆・遠逝》：「石嵾嵯以翳日。」白居易《草堂記》：「蘿蔦葉蔓，駢織承翳，日月光不到地。」歐陽修《醉翁亭記》：「樹林陰翳，鳴聲上下，遊人去而禽鳥樂也。」

●陰翳：指樹木枝葉繁茂成蔭。宋陳亮《重建紫霄觀記》：「方山川未通，居民未多，林木陰翳，禽獸麋鹿出沒於其間之時，其靜深當不止今日。」明蔣一葵《長安客話・三忠祠》：「林木陰翳，不知凡幾百重。」

㈤眼睛上長的膜。《宋史・劉恕傳》：「目爲之翳。」

七、夜郎自大

這句成語，出自《漢書》的記載：漢朝時，我國西南即今貴州省的西邊，有一個地方名叫桐梓。這桐梓縣東二十里的地方，是當時夜郎國國都的所在地。國王姓竹。相傳從前有一個女子，在遯水的旁邊洗衣服，忽然看見水上飄來了三節大竹子，並且聽見竹子裡面還有小孩的哭聲；她趕緊把竹子撈起來剖開，果然裡面有一個男孩。於是歡歡喜喜的把他抱回去撫養。等他長大以後，既有才學，又會武藝，眞是文武全才，居然做了夜郎國的國王，也就以「竹」字做爲自己的姓。夜郎在漢朝時雖算是一個獨立的國家，但國土卻小得可憐；它不過和漢朝一個縣差不多大；而且出產很少，連牲畜也不多。可是這個國王卻很驕傲，自以爲他統治的國家是很大、很富裕的。當漢朝派使臣去訪問的時候，他竟不知高低地問：「漢朝和我的國家那個大？」

這是一個很可笑的故事，以僅僅一個縣那麼小的地方，要與偌大的漢朝相比，眞所謂井蛙觀天，唯有見識十分淺薄的人，才這樣妄自尊大。但是在我們現實的生活中，像夜郎國王這樣的人，眞是多得很呢！有些人由於常處在小圈子中，不知外面世界之大，天之高、海之深、人材之衆；以爲自己是了不起的人，但這種自高自大的思想，已經是要不得了。至於有些人明知天外有天，人上有人，卻還妄自尊大，那更是不值一笑的了！

後來的人，凡見有人本來沒有什麼能耐，卻自以爲了不起，瞧不起別人，認爲駕凌於別人之上，就根據這個故事說他是「夜郎自大」。

八、蠅營狗苟

蠅營狗苟，如蠅之鑽營，狗之苟且。比喻卑劣的品行。唐・韓愈《送窮文》：「蠅營狗苟，驅去復還。」宋・沈淑《諧史・徐觀妙》：「嗚呼，士方平時，自視霄漢，抵掌大言，以節義自許；一落賊手，則蠅營狗苟，乞一旦之命，或出力而助虐者多矣。」梁實秋《舊》：「蠅營狗苟的醜態，畸形病態的審美的觀念，以及罄竹難書的諸般病症，皆以早去爲宜。」

亦作「狗苟蠅營」。宋・文天祥《御試策一道》：「牛維馬縶，狗苟蠅營，患得患失，無所不至者，無怪也。」

九、罄竹難書

從「楚越之竹不足以書其惡」衍化而來。語見南朝宋・范曄《後漢書・隗囂傳》。隗囂（？～西元三十三年），起初在王莽的國師劉歆手下作屬官，劉歆死後，隗囂聽說漢淮南王劉玄即位（西元二十三年，年號更始），便參加劉玄的部隊反王莽，被推舉爲上將軍，在舉行盟誓的會上，隗囂發表了討王莽的檄文，其中說：

「新都侯王莽，慢侮天地，悖道逆理，鴆殺孝平皇帝，簒奪其位。矯托天命，僞作符書，欺惑衆庶，震怒上帝。反戾飾文，以爲祥瑞，戲弄神祇，歌頌禍殃。楚越之竹不足以書其惡，天下昭然，所共聞見。」

意思是：王莽欺侮天地，違反常理，毒死皇帝，簒奪皇位，假託天命，假造符書，欺惑民衆，說自己當代漢取天下，以美麗言詞把罪惡粉飾成祥瑞，眞是用盡了楚越兩地竹子作成書簡，也寫不完他的罪行，這是人們所共知的事實。

據北宋・司馬光《資治通鑑》卷一八三《隋紀七・恭帝義寧元年》載：隋煬帝楊廣的衞士李密，於西元六一六年投奔了翟讓領導的瓦崗（河南滑縣）農民軍，在李密的計謀下，瓦崗軍迅速擴大，攻城略地，一直打到隋都洛陽。翟讓見李密才能出衆，推舉他爲全軍領袖，在鞏縣即位爲魏公，瓦崗軍發展到幾十萬人，河南大部分郡縣歸瓦崗軍占領。這時李密與翟讓有隙，在一次宴會上將翟讓暗殺。李密見攻占洛陽的條件已成熟，便叫記室祖君彥（？～西元六一八年）發布了討隋煬帝的檄文《爲李密檄洛州文》，列舉楊廣十大罪狀之後說：「罄南山之竹，書罪無窮；決東海之波，流惡難盡」。這意思是說：煬帝的罪惡，用盡終南山的竹子來作簡，也寫不完他的罪過；放盡東海的海水，也流不完他的惡毒。這一句成語，只能形容罪惡方面，而不能用在歌功頌德。

十、擢髮難數

范雎，戰國魏人，有一次，他和中大夫須賈代表魏國，出使齊國，齊襄王好幾個月不接見須賈，他聽人家說范雎很有口才，就派人送十斤金子和許多牛肉酒食給范雎。須賈妒忌他，回到魏國之後，對相國魏齊捏造事實說范雎向齊王洩漏了魏國的祕密，得到齊王的賞賜。魏齊聽了，信以爲眞，就把范雎當作賣國的罪犯，毒打一頓，幸虧鄭安平假說他已被打死，才能改名張祿，逃往秦國。

當秦昭王四十一年的時候，請范雎做相國，並且聽從他的主張，進兵攻打魏國。魏王深知無法對付强秦，只好派須賈到秦國去請求罷兵。須賈到了秦國後，范雎喬裝作一個小官員去見他，並說自己可以帶他去見相國張祿，談罷兵的事情，須賈聽了十分高興，便跟著他一起到相府去。後來，須賈才知道手握秦國大權的張祿，原來就是以前被他迫害過的范雎。於是，便光著身子，跪著請門官帶到范雎面前，說有死罪，請求懲辦。范雎高高地坐在堂上問須賈說：「你有多少罪？」須賈惶恐地回答道：「拔光我的頭髮，用來計算我的罪過，也不夠呀！」

後來的人就從須賈說的話引申成「擢髮難數」這句成語，用來形容事物多到數不清楚，大多指罪惡而言，與「罄竹難書」同義。

十一、痾

痾，音ㄜ，疾病。《晉書‧樂廣傳》：「客豁然意解，沈痾頓愈。」（沈痾，重病。）梁實秋《舊》：「舊病才去，新病又來，然而總比舊痾新恙一時併發要好一些。」

十二、趨之若鶩

趨之若鶩，趨：奔赴、歸附。鶩：鴨。像鴨子一樣成羣跑過去。比喻很多人爭著趕去，多有貶義。《孽海花》二七回：「白雲觀就是他納賄的機關，高道士就是他作惡的心腹，京外的官員那個不趨之若鶩呢？」梁啓超《整理濫發紙幣與公債》：「西人稱公債，謂之有價證券，惟其有價，故人民趨之若鶩。」

十三、摭

摭，音ㄓˊ。

(一)拾取。《儀禮・有司》：「乃摭於魚腊俎。」《禮記・禮器》：「君子之於禮也，有直而行也……有順而摭也。」孔穎達疏：「摭，猶拾取也。」《文選・張衡〈西京賦〉》：「摭紫貝，搏耆龜。」薛綜注：「搏、摭皆拾取之名。」梁實秋《舊》：「唯新是騖，其實只是摭拾皮毛。」

(二)摘取。漢揚雄《法言・問明》：「摭我華而不食我實。」《儒林外史》第二三回：「若說做官，只怕紗帽滿天飛，飛到他頭上，還有人摭了他的去哩！」《醒世姻緣傳》第四五回：「尋到他園子裡頭，他正看著人摭椿芽。」

肆、課文補充資料

一、上山采蘼蕪

上山采蘼蕪①，下山逢故夫。長跪問故夫：「新人復何如？」「新人雖言好，未若故人姝②。顏色類相似，手爪③不相如。」「新人從門入，故人從閤④去。」「新人工織縑⑤，故人工織素。織縑日一匹⑥，織素五丈餘，將縑來比素，新人不如故。」

【注釋】

①蘼蕪：一種香草，葉子風乾可以做香料。

②姝：美好。

③手爪：指紡織等技巧。

④閤：音ㄏㄜˊ，旁門，小門。新婦從正面大門被迎進來，故妻從旁邊小門被送出去。

⑤縑、素：都是絹。素色潔白，縑色帶黃，素貴縑賤。

⑥一匹：長四丈，廣二尺二寸。

【說明】

這是一首古詩，最早見於南朝陳徐陵編的《玉台新詠》。宋初編成的《太平御覽》中引此詩作「古樂府」，可見是一首不明作者的樂府民歌。詩歌敘述的是一個被夫家遺棄的婦女的不幸遭遇。棄婦上山採摘蘼蕪，下山路上碰到前夫，於是有一番對話。女的詢問前夫新娶的妻子怎麼樣？前夫回答說新娘雖說還好，但不如前妻好。兩人的容貌倒差不多，但新娘的手藝卻不如前妻。從語氣看來前夫好像還有點念舊，所以棄婦緊接著就吐露當時的委曲之情：既然如此，爲什麼那時新夫人堂而皇之地從大門迎了進來，而前妻卻只能從邊門悄悄地被打發走呢！接下六句又是丈夫的話，進一步從生產技術的高低將新舊夫人作對比：新人善於織縑，每天可織一匹；舊人善於織素，每天可織五丈多。將縑與素相比，無論從質量還是數量上來說，新人都不如故人。全詩至此戛然作結。

按：講：「人不如故」一時，可補充。

二、金聖嘆「不亦快哉」

金聖嘆於《西廂記》卷七《拷豔》批語中，列舉人生「不亦快哉」三十三則。本文「新屋落成」的「不亦快哉」，在第十五則，現將其三十三則錄於下：

其一：夏七月，赤日停天，亦無風，亦無雲；前後庭赫然如洪爐，無一鳥敢來飛。汗出遍身，縱橫成渠。置飯於前，不可得喫。呼簟欲臥地上，則地溼如膏，蒼蠅又來緣頸附鼻，驅之不去。正莫可如何，忽然大黑車軸，疾澍澎湃之聲，如數百萬金鼓。簷溜浩於瀑布。身汗頓收，地燥如掃，蒼蠅盡去，飯便得吃。不亦快哉！

其一：十年別友，抵暮忽至。開門一揖畢，不及問其船來陸來，並不及命其坐牀坐榻，便自疾趨入內，卑辭叩內子：「君豈有斗酒如東坡婦乎？」內子欣然拔金簪相付。計之可作三日供也。不亦快哉！

其一：空齋獨坐，正思夜來牀頭鼠耗可惱，不知其戛戛其者是損我何器，嗤嗤者是裂我何書。中心回惑，其理莫措，忽見一狻貓，注目搖尾，似有所睹。斂聲屏息，少復待之，則疾趨如風，欄然一聲。而此物竟去矣。不亦快哉！

其一：於書齋前，拔去垂絲海棠紫荊等樹，多重芭蕉一二十本。不亦快哉！

其一：春夜與諸豪士快飲，至半醉，住本難住，進則難進。旁一解意童子，忽送大紙砲可十餘枚，便自起身出席，取火放之。硫磺之香，自鼻入腦，通身怡然。不亦快哉！

其一：街行見兩措大執爭一理，既皆目裂頸赤，如不戴天，而又高拱手，低曲腰，滿口仍用者也之乎等字。其語刺刺，勢將連年不休，忽有壯夫掉臂行來，振威從中一喝而解，不亦快哉！

其一：子弟背書爛熟，如瓶中瀉水。不亦快哉！

其一：飯後無事，入市閒行，見有小物，戲復買之，買亦已成矣，所差者甚尠，而市兒苦爭，必不相饒。更掏袖下一件，其輕重與前直相上下者，擲而與之。市兒忽改容，拱手連稱不敢。不亦快哉！

其一：飯後無事，翻倒敝篋。則見新舊逋欠文契不下數十百通，其人或存或亡，總之無有還理。背人取火拉雜燒淨，仰看高天，蕭然無雲。不亦快哉！

其一：夏月科頭赤足，自持涼轍遮日，看壯夫唱吳歌，踏桔槔。水一時塗湧而上，譬如翻銀滾雲。不亦快哉！

其一：朝眠初覺，似聞家人歎息之聲，言某人夜來已死。急呼而訊之，正是一城中第一絕有心計人。不亦快哉！

其一：夏月早起，看人於松棚下，鋸大竹作筩用。不亦快哉！

其一：重陰匝月，如醉如病，朝眠不起。忽聞衆鳥畢作弄晴之聲，急引手搴帷，推窗視之，日光晶熒，林木如洗。不亦快哉！

其一：夜來似聞某人素心，明日試往看之。入其門，窺其閫，見所謂某人，方據案面南看一文書。顧客入來，默然一揖，便拉袖命坐曰：「君既來，可亦試看此書。」相與歡笑，日影盡去，既已自饑，徐問客曰：「君亦饑耶？」不亦快哉！

其一：本不欲造屋，偶得閒錢，試造一屋。自此日爲始，需木，需石，需瓦需磚，需灰，需釘，無晨無夕，不來聒於兩耳。乃至羅雀掘鼠，無非爲屋校計，而又都不得屋住，既已安之如命矣。忽然一日屋竟落成，刷牆掃地，糊窗掛畫。一切匠作出門畢去，同人乃來分榻列坐。不亦快哉！

其一：冬夜飲酒，轉復寒甚，推窗試看，雪大如手，已積三四寸矣。不亦快哉！

其一：夏日於朱紅盤中，自拔快刀，切綠沈西瓜。不亦快哉！

其一：久欲爲比邱，苦不得公然喫肉。若許爲比邱，又得公然喫肉，則夏月以熱湯快刀，淨割頭髮。不亦快哉！

其一：存得三四癩瘡於私處，時呼熱湯關門澡之。不亦快哉！

其一：篋中無意忽檢得故人手迹。不亦快哉！

其一：寒士來借銀，謂不可啓齒，於是唯唯亦說他事。我窺見其苦意，拉向無人處，問所需多少。急趨入內，如數給與，然而問其必當速歸料理是事耶，爲尚得少留共飲酒耶。不亦快哉！

其一：坐小船，遇利風，苦不得張帆，一快其心。忽逢艑舸，疾行如風。試伸挽鈎，聊復挽之，不意挽之便著，因取纜纜向其尾，口中高吟老杜：「青惜峯巒，共知橘柚」之句，極大笑樂。不亦快哉！

其一：久欲覓別居與友人共住，而苦無善地。忽一人傳來云有屋不多，可十餘間，而門臨大河，嘉樹葱然。便與此人共喫飯畢，越走看之，都未知屋如何。入門先見空地一片，大可六七畝許，異日瓜菜不足復慮。不亦快哉！

其一：久客得歸，望見郭門，兩岸童婦，皆作故鄉之聲。不亦快哉！

其一：佳磁既損，必無完理。反覆多看，徒亂人意。因宣付廚人作雜器充用，永不更令到眼。不亦快哉！

其一：身非聖人，安能無過。夜來不覺私作一事，早起怦怦，實不自安。忽然想到佛家有布薩之法，不自覆藏，便成懺悔，因明對生熟衆客，快然自陳其失。不亦快哉！

其一：看人作擘窠大書，不亦快哉！

其一：推紙窗放蜂出去，不亦快哉！

其一：作縣官，每日打鼓退堂時，不亦快哉！

其一：看人風箏斷，不亦快哉！

其一：看野燒，不亦快哉！

其一：還債畢，不亦快哉！

其一：讀《虬髯客傳》，不亦快哉！

三、中國古代學校小史

我國的學校起源悠久，一直可以追溯到夏、商、周時代。據《學記》載「古之教者，家有塾、黨有庠、術有序、國有學。」塾、庠、術、序、學即是周代學校的名稱。

周代，百里之內二十五家爲閭，同共一巷、巷首有門，門邊有塾、塾即門外舍也，由於人們朝夕出入，受教於此，塾便成了學校的代稱，以此類推五百家爲黨、設庠。一萬二千五百家爲遂，設序。而天子之都及諸侯國則設學。逐級升高。後來，人們專用塾省私人設立的學校，叫私塾。庠、序成了鄉學之名、學則和校合併，成爲學校的通稱，一直沿用到現在。《孟子・滕文公上》有「夏曰校，殷曰序，周曰庠，學則三代共之。」可見，「學校」作爲學校的名稱，起自夏朝，則更是源遠流長了。

據史書記載，我國早在西周時代就有了大學的初步形式。西元前一二四年，漢武帝接受了大儒董仲舒、公孫弘等人的建議，成立了我國最早最高的學府——太學。設五經博士，有弟子五十人。東漢時期，太學大爲發展，順帝時有二百四十房，一千八百五十室。

魏晉以後，又設國子學（或國子監），有時與太學同時設立。唐代以國子監總轄國子學、太學、四門學等。唐代學校分六種：國子學收三品以上高級官員的子孫；太學收五品以上中級官員的子孫；四門學收低級官員的子孫和普通民家的聰明子弟；還有律學、書學和算學，收八品以下官員子孫和普通民家子弟。學生考試及格，由國子監貢到尚書省，受吏部考試，然後授官。

元明清最高學府國子監被譽為是當年的集賢之地。這裡專門培養貴胄子弟和御用文人，元代定都北京後，於大德十年（西元一三〇六年）開始修建國子監。明代建都南京後，因在南京雞鳴山又建造了一座國子監，北京的國子監曾一度改為北平學府，直至明成祖遷都北京，北平學府才又重新稱為國子監。現在，北京城東北安定門內有國子監的遺址，這裡已改為首都圖書館。

按：講「上庠」時，可補充。

四、美國長春藤盟校

提起「長春藤盟校」，不少人會聯想到深秋楓紅、爬滿了長春藤的古老建築，和倘徉其間、衣飾優雅的貴族子弟們，他們個個家世良好，將來也是上流社會的中堅分子……這個印象或許和現實情況稍有出入，但也不算離譜。

長春藤八所盟校——哈佛（創校於一六三六年）、耶魯（西元一七〇一年）、賓夕法尼亞（西元一七四〇年）、普林斯頓（西元一七四六年）、哥倫比亞（西元一七五四年）、布朗（西元一七六四年）、達特茅斯學院（西元一七六九年），及康乃爾（西元一八五三年），至今仍然聲譽不墜，還是美國的「學術貴族」。

歷史悠久，位於人文薈萃、景物豐美的美國東北部，長春藤盟校自然有其優越條件。也難怪哈佛、耶魯和普林斯頓「三巨頭」稱霸美國教育整整兩百多年，直到近三十年來，西岸的史丹福大學和加州柏克萊大學崛起，才算打破「三分天下」的壟斷局勢，使「長春藤」氣燄稍挫。

長春藤盟校全屬私立學校，它們的「貴」和「好」，使得一般美國學生往往不得其門而入。在廣漠的中西部或許沒人在乎，但在門第觀念仍然根深柢固的新英格蘭地區，「長春藤」一詞就不免常惹人「反感」了。

在許多文學作品中，「長春藤」一詞總帶有「虛榮」、「矯飾」、「虛情假意」、「自私自利」、「勢利眼」……等含意，還有貴族子弟以「拒絕進長春藤盟校念書」來凸顯自己的叛逆性和社會正義感。但另一方面，也有不少寒門子弟想盡方法擠進窄門，為的就是有朝一日，也能功成名就，躋身上流社會……。

五、門神與桃符

門神可以說是中國人最熟悉的神之一，而且門上貼門神的習俗至今不衰。我們現在一般看到的門神是秦瓊和尉遲敬德。其實神荼和鬱壘是資格更老的門神。據王充引述《山海經》中的一段話（這段話在今本《山海經》中已經找不著了）說：蒼茫大海之中，有一座度鍾朔山，山上長著一棵巨大的桃樹，樹上的枝條蜿蜒達幾千里，其中枝條之間的東北方向是鬼門，這裡是所有的鬼出入的關口。上面有兩位神人，一位叫神荼，另一位叫鬱壘。如果發現鬼中有作惡者，就立即綁將起來，扔給老虎吃掉。於是黃帝立下規矩，在門上畫神荼、鬱壘，懸掛葦索以防止鬼魅。

在中國人的觀念中，鬼總是一種不祥的東西，我們現在一碰到什麼不順手的事就會下意識地說「見鬼啦」。在古代更是把家裡的災殃歸罪到鬼的身上，因此在門上掛上驅鬼避邪的門神乃勢所必然。早在《禮記》上就有祭門神的規定。

唐代之後，門神一職漸由秦瓊和尉遲敬德取代，其原因在《三教源流搜神大全》中是這麼說的：唐太宗有一段時間總是睡不安穩，每次剛剛要睡下，經常聽見門外有拋磚弄瓦、鬼魅哭叫的聲音。於是唐太宗便將這事告訴給諸位大臣，商量對策。這時秦瓊站出來說，自己晚上願意和尉遲敬德身穿戎裝在門外守候，果然一夜無事。當然太宗考慮到讓秦瓊等二人天天守候未免有些辛苦，於是就派人按秦瓊、尉遲的形象畫到門上，以後邪鬼之類果然不再搗亂了。後來老百姓家也家家貼上秦瓊、尉遲二人。

以後，充當門神的人物漸多，計有古之勇士成慶、荊軻，以及鍾馗、溫嶠、岳飛、趙雲、趙公明、燃燈道人、孫臏、龐涓。此外，民間尚有祈福門神，而道觀山門則左有青龍孟章神君、右有白虎監兵神君。而驅鬼的神物則爲桃木，驅鬼的神獸則有虎、雞等動物。

古人對桃的崇拜由來已久。《詩經．桃夭》曰：「桃之夭夭，灼灼其華」，「桃之夭夭，有蕡其實」，「桃之夭夭，其葉蓁蓁」，對桃極其讚美。桃在人的心目中逐漸成爲靈物，成爲多子多福的象徵。壽桃一類的供品，也一直流傳至今。同時，古人還將桃崇拜爲可除災避邪、制鬼驅怪的靈物，稱其爲「神樹」、「仙木」。《典術》云：「桃者，五木之精也，故壓伏邪氣者也。桃之精生在鬼門，制百鬼，故今作桃人梗著門以壓邪，此仙木也。」這裡所說的掛於門上的「桃人」，其實是兩位神將的化身，一曰神荼，一曰鬱壘。

傳說遠古黃帝時候，黃帝不但管理著人間，也統治著鬼國。對邪些遊盪在人間的羣鬼，黃帝派了兩員神將統領著，即神荼、鬱壘二兄弟也。這哥兒倆住在東海的桃都山上，山上有一株巨大桃樹，樹幹枝丫盤屈伸展達三千里。

於是人們用桃木雕成神、鬱二神模樣，春節時掛在門上，請二位把守家門，使惡鬼懼而遠之，保護全家一年平安。但雕桃人比較麻煩，以後人們簡化爲用桃板一左一右釘在門上，上面畫二神圖像，還有的乾脆寫上他倆的大名或畫些符咒之類。此即桃符，爲後世對聯（楹聯）之濫觴。

六、《題臨安邸》

林升

山外青山樓外樓，西湖歌舞幾時休！
暖風熏得游人醉，直把杭州作汴州。

【說明】

臨安是南宋的首都，也就是今天的浙江杭州。邸就是客店。這首詩的題目可能是後人加上的，詩最初的「發表」是題寫在杭州某客店的牆壁上，大約像古典小說《水滸傳》中宋江酒後題「反詩」的情景，也是一時憤激之作，但卻成了千古名篇，至今爲人們喜愛。而作者又並非名人，今天我們只能知道他是南宋淳熙時的讀書人了。

南宋孝宗淳熙年間（西元一一七四～一一八九年），是宋金兩國「議和」之後南北相持時期，宋高宗南渡後建都臨安，至此已有半個世紀光景了。南宋統治者不思復國，竟苟安於東南一隅的「殘山剩水」之中，酣歌艷舞，日夜不休。他們唯一的事業就是致力於樓台園囿的建設，把中原淪陷於異族的奇恥大辱，早就丟往九霄雲外了。此詩用生動而具體的藝術形象，揭露了這個現實，表現了下層知識分子的清醒的憂患意識，抒發了鬱結於人民心頭的强烈憤懣。

前兩句是觸景而生情。眼前這美麗的景色豪華的氣象只能引起詩人極爲沈痛的心情，所以「幾時休」問得何等沈重，何等有力。而讀者又會從詩人高度概括的藝術描寫中，聯想起歷史上多少滅亡於這種歌舞昇平氣象中的荒淫的王朝。第三句寫盡游人醉生夢死之態。一個「熏」字，用得尤其生動傳神。結句有兩重含義：一是諷刺統治者「樂不思蜀」，不圖恢復大業。二是感慨統治者正在重蹈汴京陷落的覆轍而不自知：當年的故都就是在這樣的氣象中淪陷於敵手的。

此詩採用正言反說的寫法，將辛辣的諷刺用一種似乎是贊賞的口氣寫出，更顯得感慨深沈。

按：講「南渡諸公之觀賞西湖歌舞」時，可補充。

伍、問題與討論

一、讀了本課，請說說你對梁實秋小品文的看法。

答：請同學自行發揮。

二、梁實秋對新舊之間如何抉擇，請說明。

答：請參閱貳、課文參考資料・第一項。

三、在生活中，你一定也有「怡然稱快」的體驗，試擬兩則「不亦快哉」。

答：請同學自行發揮。

第七課

過秦論

賈誼

■ 賈誼

壹、作者參考資料

一、洛陽才子賈誼

賈誼，西漢洛陽人。生於漢高祖六年（西元前二〇一年），死於漢文帝十二年（西元前一六八年）。賈誼很早就嶄露頭角，十八歲時以能誦述《詩》、《書》和撰寫文章揚名於郡中。河南太守吳公聽說他才學優秀，便網羅他到手下，非常器重他。漢文帝劉桓即位，徵召吳公爲廷尉（掌管司法的最高長官），並力薦賈誼給漢文帝。於是漢文帝就徵召賈誼爲博士（學術顧問官），當時他不過才二十多歲。

朝廷裡每逢議論政事，賈誼常有精闢的見解，並一一批駁老博士們的意見。因此，獲得漢文帝的器重，一年之間，越級提陞到太中大夫（較高級的顧問官）。

大約就在這段時間，賈誼寫下政治性很强而又富於藝術表現張力的《過秦論》。賈誼見漢文帝信任自己，以爲英雄有了用武之地，準備大展身手，爲皇帝效力。他不斷地上書漢文帝，要漢文帝以秦朝的滅亡爲借鏡，同時還要興禮樂，定法制，易服色，削弱元老大臣及諸侯的權力。賈誼提出的這些措施正中漢文帝的下懷，並打算付諸實行，加强中央集權，並準備再次破格提拔賈誼做公卿（朝廷中的高級官員）。

聽到皇帝要拔擢賈誼爲公卿的消息，朝中的一些元老重臣如周勃、灌嬰、馮敬等人大表反對說：「賈誼年少經驗不足，妄圖獨攬大權，混擾亂事。」

由於漢文帝剛上任不久，只希望維持原狀，鞏固政權，所以怕這些元老重臣生事，於是慢慢地疏遠了賈誼，沒多久就把賈誼貶出京城，派任爲長沙王的太傅。

賈誼由於自己的政治抱負得不到施展，反被人家誣陷，心裡很憤懣。過湘水時，賈誼想起了戰國時楚國大詩人屈原。屈原才幹出衆，有心報效楚國，卻因小人讒嫉，被放逐到湘江岸邊，因而寫下了千古名作《離騷》來表達自己悲痛的情懷，最後投江而死。如今自己被貶長沙，不是和當年的屈原一樣嗎？於是長歌當哭，揮筆寫下了文情並茂的《弔屈原賦》，藉敍說屈原的不幸遭遇來抒發自己的感慨。

就形式而言，《弔屈原賦》是一篇用「騷體」寫成的抒情賦，其中體制乃至某些語句，明顯有模仿《楚辭》的痕迹，但開始從當中蛻變出來，加以散文化。可以說，《弔屈原賦》正是漢初賦體形成階段的重要代表作之一。由於賈誼在《弔屈原賦》中引屈原爲同調，而《史記》的作者司馬遷又對屈原、賈誼寄予同情，因此爲兩人寫了一篇頗有影響力的合傳，後世遂往往將賈誼與屈原並稱。

長沙地處偏遠，氣候潮濕，身在長沙的賈誼，心情也像氣候那樣惡劣，抑鬱寡歡。一天，賈誼坐在廳前獨自喝酒澆愁，忽然，一隻貓頭鷹飛來，停在他面前，兩隻眼睛直直地望著他。當時的人認爲貓頭鷹是不吉祥的惡鳥，遇到貓頭鷹的人將有災禍降臨。一看到貓頭鷹，賈誼心中大驚，他想貓頭鷹來找自己，恐怕不會有什麼好事，看來自己眞的要死在長沙了。但念頭一轉，生死有命，一隻貓頭鷹有什麼好懼怕的呢？於是，仰起脖子，喝盡了杯中的酒。貓頭鷹大概被賈誼的舉動嚇到了，「哇哇」地叫了兩聲，拍拍翅膀飛走了。貓頭鷹離去後，賈誼若有所感寫了一篇《鵩鳥賦》（鵩鳥就是貓頭鷹），表達出他因貶謫而產生的「同生死，輕去就」的退隱思想。

漢文帝六年（西元前一七四年），賈誼被貶長沙的第五年，漢文帝下詔將他從江南召回長安。當時正逢漢文帝郊祀完畢，因此就與賈誼討論些關於鬼神方面的問題，對國計民生興革大計，卻隻字不提。雖然漢文帝對於他的博學多聞，大爲稱許，但是這賈誼用世報國的初衷，有所違背，所以晚唐詩人李商隱在《賈生》一詩中不無譏諷地描寫此事道：

宣室求賢訪逐臣，賈生才調更無倫。
可憐夜半虛前席，不問蒼生問鬼神。

然而，漢文帝還是又一次被賈誼的「才調」感動了，任命他爲梁懷王的太傅。梁懷王劉揖，是漢文帝劉恆的少子，雅好《詩》、《書》，深受寵愛。賈誼來到劉揖身邊，實際上也就是向皇上大大靠近了一步。他終於擺脫了困居長沙的寂寞，他那遭受創傷的內心，暫時又得到了安慰。

其後幾年，賈誼曾多次上疏，陳述自己對政事的意見，最後寫成了《陳政事疏》（一稱《治安策》）。這篇奏疏是中國「萬言書」之祖，是賈誼多年來對現實社會觀察的總結。在這篇長文一開始，賈誼就尖銳地駁斥了「天下已安已治」之說，指出有「可為痛哭者一」、「可為流涕者二」、「可為長太息者六」。他見微知著，頗能夠洞察表面安定繁榮的社會下的隱憂，的確表現了政治家的卓見。他對於社會弊病的描述，雖有危言聳聽之處，但所抉發、分析的許多具體問題，大都做到了立論有據，一針見血，深中肯綮。

漢文帝八年（西元前一七二年），漢文帝分封淮南厲王的四個兒子爲列侯，賈誼認爲這樣做會帶來禍患，加以諫阻。後來又因擴張諸侯封地，與古制不合，屢次上疏，但漢文帝並沒有採納。

漢文帝十一年（西元前一六九年），賈誼的政治生涯又遭到一次打擊。這年六月，梁懷王劉揖在前往朝見皇上時，竟不愼墜馬而死。賈誼身爲太傅，爲此深自歉疚，認爲有負於皇上的重託。一種政治上的不祥之感，加以道義上的自責，造成賈誼過於沈重的精神負擔，終日以淚洗面，悲傷不已。賈誼的哭泣，自然也包含著對自己仕途坎坷、命運多蹇的傷痛。貶謫長沙，已使他一度難以自振。誰料當他生活上、政治上出現難得的轉機之時，又一次橫禍飛來。在他看來，實現自己苦心編織的政治理想，希望似乎是更加渺茫了。過了一年，漢文帝十二年（西元前一六八年）時，賈誼抑鬱而卒，得年僅三十三歲。

蘇軾有一篇《賈誼論》，說：「惜乎！賈生王者之佐，而不能自用其才也。」蘇軾認爲賈誼應當爲卿相，輔佐帝王，可惜不能充分發揮才能。至於賈誼三十三歲早死，蘇軾認爲他不善於自處窮困，「志大而量小」，「才有餘而識不足」。從心理學的角度而言，也就是說他忍受挫折的能力太低。蘇軾在這篇文章中，提出了一個頗有啓發意義的觀點：政治家要實現其遠大理想，就應當善於等待時機；要從事宏大的事業，就必須能經得住逆境的折磨。

賈誼留下的著作，主要有散文和辭賦兩類。他的散文，班固說有五十八篇（《漢書・藝文志》），現在能夠見到的，除保存在《史》、《漢》中的幾篇奏疏外，還有十卷《新書》。自宋以來，一再有人斥《新書》爲妄人僞託之作，其實這種懷疑和指責並無堅實的證據。《新書》固然未必是賈誼親手編定，今本複多殘闕失次，但所輯錄的文章應該是基本可信的；編輯者的時代，亦當與賈誼相去不遠。《漢書・藝文志》又記載：「賈誼賦七篇。」於今可見者五篇。其中，《虡賦》（《古文苑》卷二十一）只殘存三十字，而保存在《楚辭》中的《惜誓》一篇，王逸說：「不知誰所作也。或曰賈誼，疑不能明也。」比較可靠和重要的，就只有《弔屈原賦》、《鵩鳥賦》和《旱雲賦》了。同其他著名作家相比，賈誼傳世的作品，從數量看並不算很多，但是他承先啓後的重要作用，卻不容忽視。

賈誼的賦作，上承荀賦、楚騷，並進一步推動了漢賦這一新文體的形成。賈誼筆下的散文，往往側重於揭發社會弊端，評論時政得失；風格樸厚，樣式不一；語言或趨於淺明，或更多駢儷成分。其中雖不無先秦諸子之作的流風影響，卻更明顯地帶有漢代的色調和氣息，開了此後政論文創作的先河。

貳、課文參考資料

一、《過秦論》賞析

本文是賈誼的代表作，選自《新書》，原題目是《過秦》，後人將全文分為上、中、下三篇，班固依此節錄，並加上一個「論」，來彰顯本文的特色。《昭明文選》則依《漢書》收錄。這裡選的是上篇。

西漢初年，整個政治情勢還不是很穩固，老百姓經過長期的動亂之後，正準備休息生養，社會經濟活動正在恢復其應有的機能。而新封的諸王正暗自較勁，劃分出自己的勢力範圍，競爭之激烈已嚴重威脅到中央王室的安危，而北方外族也不時做出騷擾性的舉動，弄得人心惶惶，而思想家們也紛紛提出解決的方案，如高祖時的陸賈寫《新語》、文帝時的張釋之寫《言秦漢間事》等等，其中以賈誼寫的《過秦論》最為知名。在這篇文章裡賈誼借古諷今，企圖藉由分析秦國迅速滅亡的原因，希望在上位者，能加以注意目前出現的一些癥兆，努力改善朝政，鞏固國本。而賈誼對秦的評論獲得司馬遷的認同，便將此文附在《史記．秦本紀》之後。

全文共分為五段，試評析如下：

第一段，從秦國初期強盛說起，著重突出擁有地利、商鞅變法、內修政治，外以連橫，奠定秦國壯大的基礎。

文章一開始說明秦孝公因「據殽函之固，擁雍州之地」的地理上的利因，以及他有「君臣固守，以窺周室」統一天下的雄心，再加上他利用商鞅實行變法：對內「立法度、務耕織，修守戰之具」，對外採取張儀提出的「連衡」政策。在天時地利人和的情況下，這讓秦孝公想伺機而動：「有席卷天下，包舉宇內，囊括四海之意，並吞八荒之心。」當然以秦國的國力，最後輕而易舉的，取得黃河以西的土地，秦國就此開始銳不可擋了。

第二段，寫秦孝公死後，惠、文、武、昭襄繼承故業遺策，讓秦國日益強大的過程，東方各國逐漸衰弱，對於秦的凌厲攻勢，根本無招架之力。

本段約可分為四個部分說明：第一部分，寫孝公死後，幾代秦君「蒙故業，因遺策，南取漢中，西舉巴蜀，東割膏腴之地，北收要害之郡。」作者運用：「三、三、

四、四、六、六」的句式，藉明快的節奏，表達出秦的發展是如此迅速。第二部分，寫六國諸侯採取「會盟而謀弱秦」的政策：在人力上，「不愛珍器重寶肥饒之地」，羅致人才；在政治路線上，採用「合縱締交，相與爲一」，集中人力物力，組成聯合戰線，準備「叩關而攻秦」。作者極力描繪諸侯們的恐懼之心，來反襯秦國的國威浩大。而「當此之時」的六國，有六國文臣謀士和帶兵打仗之將領。作者將這時期的才智之士及名將的名字，逐一寫出，目的是要說明東方六國當時是士馬精研，人才濟濟，事實上有能力與秦相抗衡，此外是爲了與第四段出現的陳涉相比較，而預作的伏筆。第三部分，寫六國「叩關攻秦」而爲秦所困，結果「秦人開關而延敵，九國之師逡巡遁逃而不敢進。秦無亡矢遺鏃之費，而天下諸侯已困矣。」、秦使之「伏尸百萬，流血漂櫓」這些文字與史實略有出入，作者只是運用誇大渲染的方式，來說明秦國的國威日盛。眼下的局勢令諸侯惶恐，所以他們紛紛「爭割地而賂秦」，秦則「因利乘便」益趨强大。作者進一步渲染了秦的强大無敵，「宰割天下，分裂河山，强國請服，弱國入朝。」這段話說明秦國的聲威，已到了如日中天的地步，並將文章的氣勢，提昇至極點。第四部分，用「享國日淺，國家無事」一筆帶過孝文王、莊襄王，疏宕整個高漲的文氣，以便過渡到下文去。

第三段，寫秦始皇以武力統一天下，氣勢赫赫，自以爲立萬世不拔的基業，天下人也莫敢何。

本段說明「多行不義，必自斃」的道理，痛斥秦始皇用暴政統治人民，多行不義之實。本文「過秦」的主旨，從此開始點明。

本段可分爲兩個部分說明。第一部分：寫在秦始皇當權時，正是秦國國力達到最强盛之時。作者用「振長策而馭宇內」、「執捶拊以鞭笞天下，威振四海」等充滿暴戾語氣的形容詞，來描繪秦王嬴政不可一世的强橫嘴臉。作者筆鋒一轉，說秦始皇讓「百越之君，俛首係頸，委命下吏」，並一舉統一天下，進而制服北方的匈奴，「胡人不敢南下而牧馬，士不敢彎弓而報怨」，國外的外族都受到此等的屈辱及震恐，那國內的人民呢？作者在第二部分中，用「於是」一轉，通過對史實的評述，痛斥了秦始皇的罪過。因爲秦始皇爲了鞏固其統治地位，實行愚民、弱民的政策，諸如焚詩書、銷兵器等具體措施，企圖消除人民的反抗能力。行文至此秦朝滅亡的因素隱然浮現。作者用諷刺意味的口氣說，秦始皇自以爲「關中之固，金城千里，子孫帝王萬世之業」的美夢，已經落實。但「自以爲」三個字，點出「人算不如天算」的事實所在，即秦帝國的滅亡竟是如此迅速。

第四段，寫陳涉發難後，一陣骨牌效應，使得從之者衆，這竟可讓秦國迅速滅亡。在史實上，在秦末的確是由陳涉首先發難的，但他因部隊的組織鬆散而被秦大將章邯打敗了，最後是由劉邦完成統一全國的工作。賈誼在此寫陳涉，一則是爲寫文章的需要，另外是運用強弱的強烈對比，製造令人聳動的效果。

本段一開始：「始皇既沒，余威震於殊俗」，先說秦始皇雖已死，但國勢仍很強盛。接著用「然」字將文氣陡然一轉，開始敍寫陳涉發難。作者用鋪敍的手法極寫陳涉的出身很「微賤」，才能很平庸「不及中人」。想當然耳是無錢無勢之人，人少勢弱是「罷散之卒」，軍備極差，但他依靠「斬木爲兵」，「揭竿爲旗」，這與當年六國的諸侯兵隊，擁有名將如雲及精良的配備，差距是如此懸殊，當然也與秦的金城千里形成鮮明的對比。但他竟一舉天下應，讓強秦快速滅亡，是爲什麼呢？這個令人深思的問題，爲下文的總結預留堅強的事實爲輔證。

第五段，說明秦先後興亡的理由，推論出秦王朝迅速敗亡的原因。

本段可分爲三個部分進行說明：第一部分，是照應前文指出秦自開國以來即擁有地利：「雍州之地，殽函之固」的事實並沒有改變，這與第一段的「據殽山之固，擁雍州之地」相照應，說明秦非弱小。第二部分，將陳涉和六國相比較，在各方面的條件上，陳涉是遠遠比不上六國的，可說是有天壤之別的。但是，結果竟是「成敗異變，功業相反」的，這是和二至四段相照應，作者的目的在運用兩兩相比較的方式，引出問題來。第三部分，作者再以反詰設問的方式，從秦國方面來寫：秦國是個小國，居然能運用地利人和，使國勢強大，讓六國心生恐懼，而來朝拜。而一個平凡鄉井小民陳涉，在極差的條件下，號召反秦，竟使秦王朝頃刻間土崩瓦解。這是和三、四兩段照應，並總結前四段。最後作者作出結論：秦朝速亡的原因是：「仁義不施，而攻守之勢異也」。

本文前四段作者按歷史的發展順序來敍事，藉由大量的史實，來概述秦朝興亡的歷史過程。第五段開始進行評論，分析對照前面敍述的史實，自然導引出一個結論：「仁義不施，攻守之勢異也」。作者在論述的過程中反覆地運用反襯對比法，來增強文章的說服力。諸如在寫秦與六國之間的矛盾衝突時，著重渲染六國的精良武力，以反襯秦國的國力強大；在寫秦亡時，則著重描寫秦統治天下的強勢作風，以反襯人民力量的薄弱；提出陳涉發難時的簡陋條件，與當年六國的精兵良將，作鮮明的對比，突出了秦亡的歷史必然性。

二、《過秦論》的寫作特色

《過秦論》在寫作方法上，有幾個特點：

㈠用反覆的對比映襯以突出中心論點。

高步瀛說：「此篇前半極力形容秦國累代之强，非諸國所能敵；及始皇益强，遂滅六國而統一天下，其勢力益雄，防衞益固，眞可謂若萬世不亡者，而陳涉以一無勢力之人一出，而遂亡秦。此段更就前文所述，兩兩比較，幾同卵石之異，而卵竟碎石，是眞奇怪不可測度。其千回百折，止爲激出末句，故正意一經揭出，格外警悚出奇，可謂極謀篇之能事矣。」（《文章源流》）

這段話說得很扼要，很精彩。這篇文章就其結構布局來說，不複雜，甚至還可以說它有些簡單。但是它的好處在於兩兩對比得極其有力。爲了突出秦國的强大，文章首先渲染了東方六國的强大，「當此之時，齊有孟嘗，趙有平原，楚有春申，魏有信陵。此四君者，皆明智而忠信，寬厚而愛人，尊賢而重士。」同時還有許多著名的政治家外交家軍事家，爲六國出謀畫策、八方聯絡、統兵打仗。然而這樣的勢力在秦國面前竟不堪一擊，「秦人開關而延敵，九國之師遁逃而不敢進，秦無亡矢遺鏃之費，而天下諸侯已矣。」在忙碌與閑暇的對比中，秦國的强大已顯現得凜然不可逼視。文章在寫陳涉的時候，極力排抑，極寫他的平庸微末，不足掛齒，「甕牖繩樞之子，甿隸之人，而遷徙之徒也。材能不及中庸，非有仲尼、墨翟之賢，陶朱、猗頓之富。」但是秦王朝居然竟被這麼一個小人物搞垮了。這就是說，不是因爲陳涉有什麼奇異的神通，而是秦王朝在攻守之勢已經變化的情況下，它自己已經成爲腐屍朽木了。這就非常有力地强調了「仁義」的作用，爲人們提出了觸目驚心的慘痛教訓。

二、文章不僅以道理、以邏輯的力量服人，而且以感情、以氣勢的作用動人。

明代何焯曾說：「自首至尾，光焰動蕩，如鯨魚暴鱗於皎日之中，燭天耀海。」孫月峯說：「中間險字奇句，亦盡雜見錯出，乃卻以粗魯矯健之氣行之，讀者但見其飛砂走石，橫溢不可遏，然而精巧實理俱在內。」這些都涉及到了文章的感情氣勢問題。爲了做到這一點，作者運用了大量的排比對偶，「秦孝公據殽函之固，擁雍州之地，君臣固守，以窺周室。有席捲天下，包舉宇內，囊括四海之意，並吞八荒之心。」「及至始皇，奮六世之餘烈，振長策而御宇內，吞二周而亡諸侯，履至尊而制六合，執捶拊以鞭笞天下，威振四海。」上段裡的「席捲天下」、「包舉宇內」、「囊括四海」、「並吞八荒」意思都一樣，說了四遍；下段裡的「御宇內」、「亡諸侯」、「制六合」、「鞭笞天下」、「威振四海」意思也差不多，說了五遍。細想起來，可能會覺得有些重複，但如果只留下一句，而刪掉其他，那麼讀起來其感人效果就大不相同了。

三、作者還善於使用大量的鋪排、大量的誇張渲染。「於是六國之士，有寧越、徐尚、蘇秦、杜赫之屬爲之謀；齊明、周最、陳軫、召滑、樓緩、翟景、蘇厲、樂毅之徒通其意；吳起、孫臏、帶佗、兒良、王廖、田忌、廉頗、趙奢之倫制其兵。」氣勢何其壯觀！「於是從散約解，爭割地而賂秦。秦有餘力而制其弊，追亡逐北，伏尸百萬，流血漂櫓。因利乘便，宰割天下，分裂河山。強國請伏，弱國入朝。」精神多麼振奮！整個文章如同驚濤飛瀑，一傾而出，不可阻擋。這是戰國的文風，也是西漢初期中期一些大散文家們的共同特點。

四、作品中一系列關聯詞、語氣詞的運用，從而使文章給人一種蟬聯不絕，周回反覆，一唱三嘆的無窮韻味，這也是構成文章感情氣勢的因素之一。

「且夫天下非小弱也，雍州之地，殽函之固，自若也。陳涉之位，非尊於齊、楚、燕、趙、韓、魏、宋、衛、中山之君也。鋤櫌棘矜，非銛於鉤戟長鎩也，謫戍之衆，非抗於九國之師也。深謀遠慮，行軍用兵之道，非及曩時之士也。然而成敗異變，功業相反」，「一夫作難而七廟隳，身死人手，爲天下笑者何也？仁義不施，攻守之勢異也。」前面七個「也」字句，一氣而下，勢如破竹；而後用「然而」兩字驀地兜住，如橫截奔馬；再用一個「何也」的反問句一逗，最後「仁義不施，而攻守之勢異也」的千古結論噴湧而出，如「合六州四十三縣鐵」一下鑄就，永世不可動搖，不可移易。邵二云說：「一氣團結，直至末段，一齊倒卷，逼出結句，何等神力！」當然是不錯的。

《過秦論》的文章是歷來被人稱道的，許多有名的人物都把它用作權衡文章高下的標準，晉朝左思曾自詡道：「弱冠弄柔翰，卓犖觀羣書。著論准《過秦》，作賦擬相如。」（《詠史》）宋代范曄也曾自詡道：「吾（《後漢書》）雜傳論皆有精意深旨，既有裁味，故約其詞句。至於《循吏》以下及六夷諸序論，筆勢縱放，實天下之奇作，其中合者往往不減《過秦》篇」（《獄中與諸甥侄書》）。左思、范曄的文章能否與賈誼相比，姑且不說，而《過秦論》則的確是一篇不可多得的傑作。

三、秦孝公

■秦孝公

秦孝公嬴渠梁（西元前三八一～前三三八年），獻公之子。二十一歲即位，即位之初，爲富國強兵下令求賢，以圖改變落後於關東六國的局面。並東向進攻，西伐戎人，斬戎之豲王。隨後又任用商鞅變法革新。制定嚴厲法令，以法治國。在變法的同時，孝公一面遷都咸陽（今陝西咸陽），一面派兵大規模向東進攻。西元前三五四年，攻取魏的少梁。西元前三五二年，攻占魏舊都安邑（今山西夏縣西北）。西元前三五一年，又占領魏的固陽（今地不詳）。西元前三四〇年，商鞅以欺騙手段俘虜魏將公子印，打敗魏軍。魏連年戰敗，只好割西河一部分土地給秦國。秦扭轉處於劣勢的地位。商鞅變法，確立了封建制度，使秦迅速成爲政治制度先進、經濟發達、軍力強盛的強國，爲統一六國奠定堅實的基礎。西元前三三八年，孝公死去，年僅四十三歲。

四、崤山

崤山，位於河南省洛寧縣北，西北接陝縣，東接澠池，延伸於黃河、洛河間。主鋒千山海拔一千六百多公尺，呈東北——西南走向。崤山又分東崤山和西崤山，故又稱「二崤」。

崤山，巍峨高峻，羣峯相連，素以險峻著稱。據《元和郡縣志》記載：自東崤至西崤，長三十五里。東崤長阪數里，峻阜絕澗，車不得方軌。西崤純是石阪十二里，險不異東崤。崤山地勢險要，被《呂氏春秋》列爲天下險要的「九塞」之一的崤函古道就在這裡。崤函古道，是古代東西交通要道，春秋時期發生過著名的秦、晉「崤之戰」。

春秋時期，晉文公重耳因內亂逃往國外，靠秦穆公返回晉國爲君。四年後，晉國強盛，晉文公成爲繼齊桓公後的第二個霸主。晉文公卒後，秦穆公爭奪霸主。西元前六三〇年，秦國派兵入侵中原，攻打鄭國，路過晉國，不按禮節借路，晉國君臣憤慨之極，憑藉崤山地勢，攔截回師的秦軍。結果秦全軍覆沒，三員主將被擒。秦晉崤之戰阻止了秦人向東擴張和稱霸的企圖。

五、商鞅變法

商鞅變法是戰國中期最大的一次變法運動。商鞅（？～西元前三三八年），又名公孫鞅，衞國人，故又名衞鞅。因爲他後來替秦國立了戰功，秦孝公封賜給他商於等地，所以歷史上習慣稱他爲商鞅。商鞅好刑名之學，早年曾習李悝、吳起的學說，在魏相公叔痤的門下辦事。公叔痤很賞識商鞅的才能，曾向魏惠王引薦，但沒有得到魏惠王的重用，於是商鞅便想離開魏國。

等到秦孝公即位，頒佈了招賢令。商鞅便帶著李悝寫的《法經》來到秦國，通過秦孝公的寵臣景監的引見，得到秦孝公的信任和支持，在秦國實行變法。

商鞅在秦國兩次公佈變法措施，其變法的主要內容是：

㈠廢井田，開阡陌。宣佈廢除井田制度，鏟除舊的疆界，從法律上確認土地私有制，允許土地的自由買賣。

㈡廢分封，設郡縣。取消舊貴族的「世卿世祿」制度，實行按軍功授田，剝奪舊貴族的政治特權，確立新的封建等級制。同時在秦國設立三十一個縣，加强國王的中央集權。

㈢重農抑商，獎勵耕戰。規定凡努力從事農業生產者，可以解除原來奴隸身分，獲得自由；凡棄農經商或者游手好閒的，連同妻子兒女，都罰爲奴婢。這對發展經濟十分有利。

㈣編制戶籍，實行什五連坐。重新編制戶籍，五家一伍，千家一什，實行什伍連坐。在什伍之內，各家要互相監督；一家犯法，其他各家必須檢舉，否則與犯人同罪。

商鞅變法是秦國封建制代替奴隸制的歷史轉折點。根據《史記．帝君列傳》記載，新法「行之十年，秦民大說（悅）」、「鄉邑大治」。這反映了秦國在由弱變强、由落後到先進這一轉化過程中的一片生氣勃勃的景象。

《史記．商君列傳》記載：早在變法開始前，商鞅就和秦國大夫甘龍、杜摯在秦孝公殿前針對要不要變法這一問題，展開一場大論戰。甘龍、杜摯以「法古無過，循禮無邪」爲理由，反對變法。商鞅提出「治世不一道，便國不法古」以及「尚時而立法，因事而制禮」的理由，要求秦王「不法其古，不循其禮」，堅持變法。秦孝公支持商鞅的意見，使得變法得以實行。

變法開始後，以太子的師傅公子虔、公孫賈爲首的舊貴族，千方百計反對變法，便唆使一些不明眞相的人鬧事，還故意讓秦太子駟犯法，企圖刁難。商鞅不畏人言，不懼權貴，非常堅決。他下令嚴懲帶頭慫恿鬧事的公子虔和公孫賈，一個割掉鼻子，一個臉上刺字，使他們無臉見人。

商鞅是以重法著稱。他厲行「法治」，要求「法必明」，主張「刑無等級」，反對「刑不上大夫」。史書記載，他把那些反對變法的人，遷到邊遠地區去墾荒；還在咸陽附近渭水邊上，殺了七百個反對變法的貴族和儒生。

秦孝公死後，太子駟即位，他聽從公子虔等人的誣告，下令逮捕商鞅。商鞅化裝逃跑，但因沒有證件，爲城門守衛所阻而被捕，最後被判「車裂」之刑，全家被殺。

商鞅雖然被殺，但是秦法未敗，秦在商鞅變法的基礎上，日益强盛起來，爲後來秦始皇統一中國奠定了基礎。

六、秦惠文王

秦惠文王嬴駟（?～西元前三一一年），在位二十七年，孝公之子。惠文王爲太子時犯法，商鞅行法，曾黥（在面上刺字）其師傅以辱之。故孝公一死就將商鞅車裂。然而他並未廢除商鞅之法。在位期間，任用賢能，推行法治，並不斷向外拓展領土。西元前三三〇年，大敗魏軍。不久，魏盡獻河西地於秦。秦以黃河、函谷關爲界抵禦關東諸侯，進可攻，退可守，在戰略上處於有利地位。西元前三二五年，惠文王正式稱王。西元前三一八年，韓、趙、魏、燕、楚五國「合縱」攻秦，被秦軍打敗。惠文王所任用的遊說之士張儀，又以欺騙手段拆散齊、楚聯盟，秦乘機打敗楚國，占領漢中。在對關東六國作戰取勝時，惠文王採納司馬錯的建議，於西元前三一六年出兵滅蜀，隨又滅掉苴（今四川昭化東南）和巴（國都在四川重慶嘉陵江北岸）。使得秦「擅巴蜀之饒」，爲以後發展奠定雄厚的基礎。

七、秦武王

秦武王嬴蕩（?～西元前三〇七年），惠文王之子。即位之後，攻伐巴蜀之地的小國丹梨（川西南的一個部族）和義渠戎人，以穩定後方。同時，逐張儀而任用樗里疾、甘茂爲左右丞相。西元前三〇八年，派左丞相甘茂攻取韓國重鎮宜陽（今河南宜陽）。隨後又攻下黃河北岸的武遂（今山西垣曲東南），打通了向東發展的道路。秦武王尚武好勇，西元前三〇七年，與力士比賽舉鼎時，力不能勝，鼎墮，砸斷脛骨而死。

八、秦昭襄王

秦昭襄王嬴則（西元前三二六～前一五一年）武王之異母弟，惠文王子。武王死後，諸弟爭位。魏冉擁立其外甥為王，即昭襄王，當時年二十歲。其母宣太后主政，魏冉為將軍。西元前三〇五年，秦武王弟庶長壯與諸公子叛亂。魏冉發兵平叛，並將武王后逐回娘家——魏國。此後，魏冉掌握了秦國大權。宣太后、魏冉本為楚人，故昭襄王初年，秦楚保持姻親關係。西元前三〇二年，秦楚聯盟破裂，秦與齊結好並用齊公子孟嘗君田文為相，而不斷派兵攻楚。楚節節敗退。此時，秦昭襄王約楚懷王至武關會盟和好。卻劫持楚懷王至咸陽，要求割地。楚懷王不答應，竟終老秦國。此後數十年間，秦昭襄王時而聯齊攻楚，時而聯楚攻齊，並向魏、韓進攻，軍事上取得了一系列的勝利。並連續從韓、魏奪得宛（今河南南陽）、軹（今河南濟源東南）等地。西元前二八八年，秦昭襄王自稱西帝，尊齊湣王為東帝。齊湣王聽從謀士之策，自去帝號，並約諸侯合縱攻秦。昭襄王被迫也取消帝號。西元前二八七年，韓、趙、魏、燕、齊五國聯軍攻秦，卻被一觸即退，無功而還。西元前二八四年，在秦的操縱與直接參與下，韓、趙、魏、燕、秦五國伐齊，攻入齊都臨淄，齊湣王出逃。齊後雖復國，卻無力與秦國抗衡了。西元前二七九年，秦趙於澠池結盟。而後秦大舉敗楚。西元前二七八年，秦將白起攻破郢都（今湖北江陵）。楚遷都於陳。楚衰微之後，秦將進攻矛頭指向當時最強大的趙國。於西元前二六〇年在長平大破趙軍四十萬，除小弱者二四〇人外盡坑殺之。然而此時趙猶有餘力，故秦軍圍攻邯鄲，失敗而歸。至此期間，秦滅義渠之戎。並且聽從范睢建議免掉魏冉相位，加強了中央集權。昭襄王在位五十六年間，秦日益強大，步步進逼、蠶食、削弱關東六國。西元前二五一年，昭襄王病死。這時，秦統一全國的時機已經成熟了。

九、戰國四公子

請參閱《高趣》第四冊第九課《馮諼客孟嘗君》。

十、秦莊襄王

秦莊襄王嬴子楚（？～西元前二四七年），孝文王之子。曾作為人質居於趙，趙不予禮遇，由於大商人呂不韋的支持和活動，才得以繼承王位。故即位以後任用呂不韋爲相國，總攬大權。西元前二四九年，滅東周君。伐韓取得通向東方的軍事要地成皋和滎陽，建立三川郡。西元前二四七年攻取上黨、晋陽，連同狠孟等三十七城，合併一起，置太原郡。同年，韓、趙、魏、楚、燕五國攻秦，秦軍兵敗，主將蒙驁逃走。不久莊襄王即死，在位三年。

十一、秦始皇終略南越

越人是生活在我國東南沿海和五嶺以南的一個古老的民族。居住在今浙江境內和江西東部的爲東甌；在今福建境內的爲閩越；在今廣東和廣西東部、湖南南部的爲南越；在今廣西西部、南部和雲南東南部的爲雒越，或稱爲西甌、西甌駱。因族屬衆多，史書上統稱爲「百越」。秦統一中國，開發與征服嶺南，對越人開始了直接統治，嶺南從此納入秦的版圖。秦王政二十五年（西元前二二二年），派王翦伐荊越，平定江南；東越和閩越的君長投降，秦先後在今蘇南和浙北置會稽郡（今江蘇蘇州），在今浙南和福建置閩中郡（今福州市）。始皇三十三年攻取嶺南地區，在這裡設置了桂林（今廣西桂平西 ）、南海（今廣州市）、象（今廣西崇左）三郡。又遷徙了五十萬人戍守五嶺，與越人雜居。這次戰爭，規模較大，秦派遣尉屠睢率領大軍五路進入嶺南，用兵達三年之久。爲轉運軍糧，命監御史祿開鑿靈渠，溝通了湘江和桂江支流灕江之間的交通。從此，中原地區較先進的生產技術、經濟文化逐漸輸入嶺南，促進了嶺南地區的經濟、文化的發展，也加速了當地民族的融合過程。

十二、蒙恬

蒙恬（?～西元前二一〇年），戰國時齊人，蒙驁之孫。早年曾做過獄吏。秦王政二十六年（西元前二二一年），爲秦將軍，率軍攻齊，大破齊國，因功拜爲內史。秦統一六國後，率三十萬大軍擊退匈奴，收取河南地（今內蒙河套一帶），並修築萬里長城。戍守北邊十餘年，威振匈奴，深得始皇尊寵與信任。秦始皇死後，爲趙高所迫，身陷囹圄，被迫自殺。

十三、萬里長城

早在春秋戰國時，各國爲了互相防禦，各在形勢險要之處修築長城，如戰國時齊、楚、魏、燕、趙、秦及中山等國均相繼修築長城。秦統一中國後，爲了防禦北方匈奴貴族的南侵，派蒙恬率三十萬大軍屯戍北方，並且將過去秦、趙、燕的北邊長城予以修繕，連貫起來，構成了一條西起臨洮（今甘肅岷縣），北傍陰山，東至遼東的萬里長城。至今猶有遺迹殘存。後世各朝均在此基礎上，繼續修繕長城，今日所見之長城。修成於明代萬里長城，氣勢雄偉，是世界歷史上偉大的工程之一。

長城由關隘、城台、烽燧、城牆四部分組成，城牆是長城的主體。有人曾作過粗略的估計，如果把明清修築長城所用的磚石土方，築成一道一公尺厚、四公尺高的圍牆，能繞地球一圈還多，它是世界的奇蹟之一。據說站在月亮上，中國的長城和荷蘭的海堤是人類無數建築中僅僅能望見的兩件物體。

十四、北逐匈奴

匈奴，是我國歷史上重要的少數民族之一，匈奴人主要分布在蒙古高原一帶。戰國末年以來，常進犯南方，對中原造成很大的威脅。秦國在戰國末年，因把主要力量用於兼併戰爭，因而失掉了河套地區的大片土地。秦始皇統一六國後，又無暇北顧，致使匈奴成爲秦朝重大的威脅。於是，秦始皇於始皇三十二年（西元前二一五年）派大將蒙恬率兵三十萬北伐匈奴，第二年，一舉收復了河南地（今黃河河套），置九原郡（今內蒙古包頭西）。並在黃河的一段地區因河築塞。還把戰國時燕、趙、秦三國長城修復並連接起來。秦始皇還於始皇三十六年遷徙內地三萬戶至河套一帶地區進行屯墾。秦的一系列措施，有效地防禦了匈奴的南下騷擾。

十五、秦始皇焚書坑儒

秦始皇一統中國的第八年，在咸陽宮的一次酒宴上，曾發生一場激烈的辯論。僕射周青臣歌頌秦始皇一統天下的豐功偉業，讚揚以郡縣制代替分封制，是可以「傳之萬世」的進步措施。而儒生淳于越卻持反對的意見，認爲「事不師古」必不能長久；並以「殷周之王千餘歲」爲例，認爲應該分封皇室子弟，主張恢復分封制。

淳于越的說法遭到丞相李斯的反駁。李斯認爲時代已經變了，夏、商、周三代已成爲過去的歷史，「三代之事，何足法也！」秦始皇的偉大事業，「非愚儒所知」。李斯非常不滿這些儒生不師今而學古，利用舊文化典籍，打著私學的幌子，結黨締社、造謠生事、攻擊新制度，因此他向秦始皇建議焚書和禁止私學。秦始皇寵信李斯，於是採納他的建議，毅然下令焚書，沒收並焚毀除博士官收藏以外的《詩》、《書》、《百家語》等，「使天下無以古非今」，只准留下醫藥、卜筮、種樹之書，這就是歷史上最有名的「焚書」事件。《史記・秦始皇本紀》記載：「有敢偶語《詩》、《書》，棄市；以古非今者，族；吏見之不舉者，與同罪；令下三十日不燒，黥爲城旦。」

焚書事件發生後第二年，以求長生不死藥騙取秦始皇信任的盧生，和另一位姓侯的儒生，對焚書的命令表示不滿；他們說秦始皇「剛戾自用、專任獄吏、輕視儒士、以刑殺爲威，博士雖七十人，特備員弗用」，秦始皇聽到這些批評，當然會很不高興，因此又下令調查在咸陽的儒生，找出散佈不滿言論的人。然後，他查出犯有攻擊秦政權罪行較爲嚴重的儒生四百六十餘人，「皆阬之咸陽，使天下知之，以懲後」。這就是秦始皇的另一項暴政——「坑儒」事件。

十六、弩

弩是弓箭的發展，利用機械發射箭，使之射程更遠。主要由弓、弩臂和弩機三部分組成。弩臂木製，前端有容

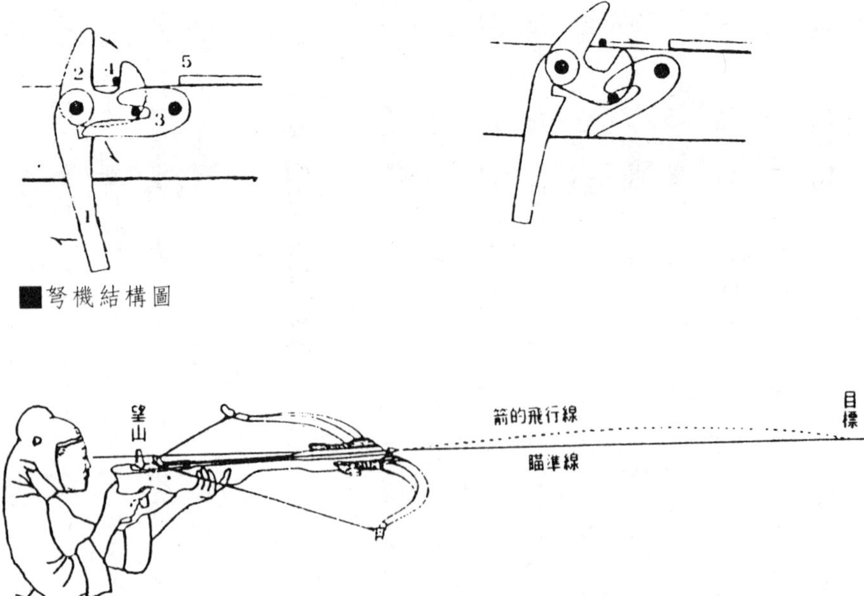

■弩機結構圖

■弩使用圖

弓孔以裝弓，臂正面挖溝形矢道，箭未發射前處於道中，矢道可使箭發後直線前進。矢道後端連著勾弦的「牙」，牙裝在上下貫通的機槽內，與其他部件組合成弩的發射機構，叫弩機。

弩機是弩的發射機構，置於弩臂後端的機槽內，主要由望山（瞄準器），牙（勾弦）、懸刀（擊發器）組成，牙的下端起卡子的作用，稱作「牛」。未發射時，牙露出機槽以上，勾住弓弦，下端的牛卡住懸刀使其不能鬆動，箭放在矢道上。這時的弩處於待發狀態。望山突出於機槽以上的瞄準裝置，望山——箭端（鏃）——目標，三點成一線，即搬動懸刀，牛脫落，牙下縮，弓弦彈回把箭發射出去。戰國時期弩是最厲害的武器。《史記·蘇秦列傳》說韓的强弓勁弩射遠可達六百步之外。這一時期出現了鐵廓銅弩機和銅匣弩機，把弩機裝在一個鐵製的廓內或銅匣裡，把廓或匣裝入機槽，增加了機槽的强度，可承受更大的力。有的弩弓非常强勁，人臂力拉不動，需用腳踏弓，雙手拉弦才能張開，叫「蹶張」。還有雙腳踏弓，腰部有鈎掛弦，用腰部的力量才能張開，叫「腰引」。漢代弩機多鐵弩機銅匣，西元一世紀的弩機望山上有刻度，瞄射目標更加準確。漢代駐守西陲的軍卒，裝備的弩機，拉力從一石到十石。唐有七類弩，車弩的威力非常大，需用軸絞索開弓上弦，其箭長三尺，鏃長七寸寬五寸，用手搬不動懸刀，發射時用錘擊牙使之下縮，射程可達七百步以上。

宋代有牀弩，將弩固定在木架上，一張弩牀可裝好幾張弩。上百人絞動轉軸張弓。可發射大鐵箭、火藥箭，還能發射箭桿很粗的「梯箭」，把梯箭一枝枝地釘在城牆上，供兵士攀登攻城。是當時非常驚人的武器裝備。到清朝後期火藥兵器取代了弩。

十七、陳涉、吳廣起義

陳勝（？～西元前二〇八年）字涉，陽城（今河南登封東南）人，家爲雇農。吳廣（？～西元前二〇八年）字叔，陽夏（今河南太康）人，貧苦農民出身。陳勝年輕時，常受雇爲人耕作。一次在田間勞作，他放下耒鉬休息，心情悵憾，嘆道：「他日如得富貴，不會忘記今日在一起受苦的同伴。」同伴聞之不以爲然。陳勝嘆道：「嗟乎，燕雀安知鴻鵠之志哉！」秦二世元年（西元前二〇九年）七月，征發閭左（秦時貧弱農戶居閭里之左，富者居右）九百人戍守漁陽（今北京密雲），陳勝、吳廣皆被征調，並爲屯長。行至大澤鄉（今安徽宿縣東南劉村集），天降大雨，道路不通，預計無法按期到達。依秦法，失期當斬。陳勝與吳廣謀議：「今逃是死，若舉大事也可能死，都是死，爲國事死好嗎？」陳勝又說：「天下苦秦久矣！現在若以我們九百人，借用公子扶蘇、項燕的名義，爲天下首倡起事，必有無數人響應。」吳廣隨即應喝。二人又巧設「魚腹丹書」、「篝火狐鳴」，製造起輿論，聲言：「大楚興，陳勝王」，並伺機殺死兩名押送將尉。陳勝隨即號令戍卒：「各位都失期當斬，設若不斬，戍守死邊的必有六七成；再說壯士不死則已，死就要成大名，王侯將相難道是父母遺傳的嗎！」九百人異口同聲，一致贊成舉大事。於是築壇爲盟，稱大楚，陳勝自立爲將軍，吳廣爲都尉，首先攻下大澤鄉，進而攻占蘄縣（今安徽宿縣蘄縣集）及附近各縣。

十八、陶朱

陶朱是越國名臣范蠡晚年的名字。勾踐滅吳成爲霸王以後，便稱范蠡爲上將軍。但是范蠡認爲「和有名的人在一起是很難相處長久的」，雖然他很想和勾踐在一起，可是「同患難，不見得能同享樂」，所以他就帶領了族人離開越國到齊國去了。

范蠡在齊國改名換姓，以鴟夷子爲號從事交易，採用曾使越國致富的計然（有一說是范蠡的著書名，但根據通說，是范蠡的老師）的策略，觀察物資的流通數量，在值錢看好時，當作糞土般毫不吝惜地賣出，而在值錢下跌時，當作珍珠寶貝似的買入，不久，他發展到價值數千萬的財富。他之所以用鴟夷作號，是因爲鴟夷原本是指皮袋，這種皮袋能在不要用的時候摺成很小，而在要裝東西的時候容量很大。

齊國很重視他的賢才，想迎接他作宰相，但是他卻以「如果在自己的家鄉能做到卿相，或成爲會賺錢的官，才是眞正的榮華，長久地浪得虛名，並不是我所能受用得起的」這句話婉拒了，並且把數千萬的財產分給別人，而前往陶（山東省定陶縣）去了。

從陶朱公經營的事業來看，符合現代的多角化經營，因爲他不但經營農產品，而且還擴展到布匹、陶瓷、鋼鐵、黃銅……等等，不亞於今天大貿易和大企業的多角化關係，同時還在各地遍設銷售網，有如今日的連鎖聯營組織。

陶朱公後來在陶山去世，事業由兒子接棒，世人遂代代讚揚陶朱公是一位全能的商神，商界均奉遵其守則，以期倣效陶朱公經營之術，人人以經商致富爲指標。

十九、戟

戟是矛和戈合體的兵器，既能刺殺又能勾殺，是當時很厲害的兵刃。出現於西周，盛行於春秋戰國至秦漢時期，唐以後不再用於實戰。

初期的戟，矛、戈合鑄，如矛頭裝柄，勾殺時易脫頭。後分鑄，用柄貫穿組合。戰國後期出現鐵戟，矛長而銳，戈窄而直，稱「卜字戟」，殺傷力很強。秦漢鐵戟的戈內成勾狀，使戟三面均可傷敵。「執戟」的數量，是戰爭實力的表現。套有戟衣的戟稱棨。

戟還是儀仗用具，直到唐代仍有列戟制度，代表主人的身分。戰國曾侯乙墓所出三戈戟，當屬儀仗用品。

叁、語文天地

一、腴

腴，音ㄩˊ。

㈠腹下的肥肉。《論衡・語增》：「桀、紂之君，垂腴尺餘。」

㈡肥胖，豐滿。《南齊書・袁彖傳》：「彖形體充腴。」

㈢肥美。漢・賈誼《過秦論上》：「東割膏腴之地，北收要害之郡。」

㈣富裕。《晉書・周顗傳》：「伯仁（周顗）凝正，處腴能約。」

二、屬

㈠《說文》：「連也。從尾，蜀聲。」徐鍇注：「屬，相連續，若尾之在體。故從尾。」此義是連續、連接。用本義時讀ㄓㄨˇ。《水經注・江水》：「常有高猿長嘯，屬引淒異。」

㈡寫作就要把詞句連接成篇，因此引申為寫作。用此義時，也讀ㄓㄨˇ。曹丕《典論・論文》：「武仲以能屬文為蘭臺令史。」

㈢跟隨在後與連接相似。故又引申為跟隨。用此義時，仍讀ㄓㄨˇ。《史記・項羽本紀》：「項王渡淮，騎能屬者百餘人耳。」

(四)跟隨某人，往往隸屬於某人。所以由跟隨引申爲隸屬、屬於。白居易《琵琶行》：「名屬教坊第一部。」

(五)同類事物必有隸屬關係，因而由隸屬引申爲類。陶潛《桃花源記》：「有良田、美池、桑、竹之屬。」賈誼《過秦論》：「有寧越、徐尚、蘇秦、杜赫之屬爲之謀。」

(六)親屬、部屬也有隸屬關係，故由隸屬又引申爲親屬、部屬。汪中《先母鄒孺人靈表》：「重以天屬之乖。」

(七)「屬」假借爲「囑」，囑託、託付。用此義時，也讀ㄓㄨˇ。范仲淹《岳陽樓記》：「屬予作文以記之。」

三、倫

(一)人倫，倫常。《孟子・滕文公上》：「教以人倫，父子有親，君臣有義，夫婦有別，長幼有序，朋友有信。」

(二)條理，順序。《論語・微子》：「言中倫。」

(三)類，同類。如：「無與倫比」、「不倫不類」。賈誼《過秦論》：「吳起、孫臏、帶佗、倪良、王廖、田忌、廉頗、趙奢之倫制其兵。」

四、延

(一)延續，延長。賈誼《過秦論上》：「延至孝文王、莊襄王，享國之日淺，國家無事。」

(二)伸長。《韓非子・十過》：「延頸而鳴，舒翼而舞。」

(三)蔓延，擴展。《資治通鑑・漢獻帝建安十三年》：「燒盡北船，延及岸上營落。」

(四)引進，邀請。晉・陶淵明《桃花源記》：「餘人各復延至其家，皆出酒食。」

(五)引申爲迎戰。賈誼《過秦論上》：「秦人開關延敵。」

(六)把時間向後推移。如：「延期」、「延會」。

五、逡巡

(一)逡，音ㄑㄩㄣ，退讓。《漢書・公孫弘傳》：「有功者上，無功者下，則羣臣逡。」

(二)逡巡

1、遲疑徘徊，欲進又止。賈誼《過秦論上》：「九國之師，逡巡而不敢進。」

2、頃刻，一會兒。宋・陸游《除夜》詩：「相看更覺光陰速，笑語逡巡即隔年。」

六、流血漂櫓

櫓，大盾牌。流血漂櫓，血流得足以將櫓浮起。形容戰場上傷亡極多。《戰國策・中山策》：「此戰之于伊闕，大破二國之軍，流血漂櫓，斬首二十四萬。」《史記・秦始皇本紀》：「秦有餘力而制其敵，追亡逐北，伏尸百萬，流血漂鹵。」晉・葛洪《抱朴子・明本》：「或冬雷夏雪，或流血漂櫓，積屍築京。」亦作「流血漂杵」。杵：搗衣棒。宋・陸游《禹廟賦》：「流血漂杵，方自此始。」

七、施

㈠音ㄕ

1、施行，實行。賈誼《過秦論》：「仁義不施，攻守之勢異也。」

2、設置，安放。《後漢書・張衡傳》：「中有都柱，傍行八道，施關發機。」

3、施加。《論語・顏淵》：「己所勿欲，勿施於人。」又給予恩惠，施捨。古樂府《孔雀東南飛》：「人賤物亦鄙，不足迎後人，留待作遺施。」

4、散布。《周易・乾》：「雲行雨施。」

㈡音ㄧˋ

1、蔓延，延續。《詩經・周南・葛覃》：「葛之覃兮，施於中谷。」覃：讀作藤，蔓也。賈誼《過秦論》：「施及孝文王、莊襄王，享國日淺，國家無事。」

㈢音ㄧˇ

1、通「迤」。透迤行進。《孟子・離婁下》：「蚤（早）起，施從良人之所之。」（《齊人有一妻一妾》）

八、策

㈠竹製的馬鞭。唐・韓愈《雜說四》：「執策而臨之。」（《馬說》）

㈡鞭打，鞭策。明・馬中錫《中山狼傳》：「策蹇驢。」

㈢成編的竹簡。晉・杜預《春秋經傳集解序》：「大事書之於策，小事簡牘而已。」

㈣帝王對臣下封土、授爵或免官的文書。《左傳・僖公二十八年》：「受策以出。」也指封立。《三國志・蜀志・諸葛亮傳》：「先主於是即帝位，策亮爲丞相。」

㈤古代考試，事先把問題寫在竹簡上，令應考者作答，稱「策問」，簡稱「策」，後成爲一種文體。如：蘇軾《教戰守策》。《後漢書・邊韶傳》：「著詩、頌、碑、銘、書、策凡十五篇。」

㈥古代用以計算的小籌。如：「籌策」。

㈦計謀，策畫。如：上策，束手無策。宋・文天祥《〈指南錄〉後序》：「歸而求救國之策。」

㈧古代占卦用的蓍草。《楚辭・卜居》：「詹尹乃釋策而謝。」

九、笞

笞，音ㄔ。

㈠鞭打，杖擊。《史記・陳涉世家》：「尉果笞廣。」賈誼《過秦論》：「執捶拊以鞭笞天下，威振四海。」

㈡笞刑，古代刑法之一，用竹板或荊條打人脊背或臀部。《漢書・刑法志》：「加笞與重罪無異。」

十、黔首

請參閱第三冊第十課《諫逐客書》，肆、課文補充資料・第三項——「百姓的別稱」。

十一、甕牖繩樞

甕牖繩樞，用破甕口作窗子，用繩作門的轉軸。形容居室簡陋，家境貧窮。賈誼《過秦論》：「始皇既沒，餘威震於殊俗，然而陳涉甕牖繩樞之子，氓隸之人，而遷徙之徒也。」清・黃宗羲《陳伯美先生七十壽序》：「夫先生以甕牖繩樞之子，一旦而爲天子所知，亦可爲榮矣。」

亦作「甕牖桑樞」。桑樞：以桑枝爲門軸。元・馬致遠《薦福碑》一折：「我可便望蘭堂畫閣，畫地著我甕牖桑樞。」

十二、躡

躡，音ㄋㄧㄝˋ。

㈠踩，踏。漢・賈誼《過秦論》：「躡足行伍之間而倔起阡陌之中。」古樂府《孔雀東南飛》：「足下躡絲履。」

㈡追蹤，跟隨。《聊齋誌異・促織》：「躡迹披求，見有蟲伏棘根。」

十三、景

(一)音ㄧㄥˇ。

「影」的本字。賈誼《過秦論上》：「天下雲集響應，贏糧而景從。」

(二)音ㄐㄧㄥˇ。

1、日光。宋・范仲淹《岳陽樓記》：「春和景明，波瀾不驚。」

2、景致，景色。宋・歐陽修《醉翁亭記》：「四時之景不同，而樂亦無窮也。」

3、境況。如「晚景淒涼」、「好景不常」。高明《琵琶記》：「晚景之計如何？」

4、大。《詩・鄘風・定之方中》：「景山與京。」

「景命」，偉大的使命。唐・魏徵《諫太宗十思疏》：「凡昔元首，承天景命。」連橫《臺灣通史序》：「我先王先民之景命，實式憑之。」

十四、鎩、鎩羽而歸

鎩，殘也。鎩羽，鳥羽摧落，不能奮飛。鮑照《拜侍郎疏》：「鎩羽暴鱗，復見翻躍。」

(一)鎩，音ㄕㄚ。古兵器。長矛。賈誼《過秦論》：「鉏耰棘矜，非銛於鉤戟長鎩也。」

(二)鎩羽而歸，比喻失敗而歸。

肆、課文補充資料

一、合縱與連橫

戰國時期，蘇秦張儀為各國君主出謀獻策：蘇秦主張合從，張儀游說連橫，互相鬥智。後來，蘇秦先張儀而死，合從失敗，連橫成功，為秦統一六國奠定了成功的基礎。雖然，一些史學家對這件事曾經表示過懷疑，如司馬遷在《史記・蘇秦列傳》之後寫道：「世言蘇秦多異，異時事有類之者皆附於蘇秦」，但苦無確鑿證據。直到西元一九七三年，湖南長沙馬王堆三號漢墓出土了一批帛書，其中有一本《戰國縱橫家書》，保存關於蘇秦的書信和游說辭十六條，才校正和補充了這一段歷史記載。

合從連橫的拉踞戰發生在戰國中後期。那時西方的秦國和東方的齊國國勢強盛，形成秦齊對峙、爭相統一中國的局面。強國要求兼併弱國，對弱國進行分化或拉攏；弱國爲求自保，想阻止強國兼併。這樣就出現了「強者兼人而弱者圖存」的錯綜複雜的形勢。在當時的弱國中，以三晉（魏、趙、韓）爲主，北連燕，南連楚爲縱；東連齊，或西連秦爲橫。合從可以對秦或對齊；連橫可以連秦對齊。韓非在《五蠹篇》中說：「縱者，合衆弱以攻一強也；而衡（橫）者，事（投降）一強以攻弱也。」適應當時的形勢，出現了一批遊士、說客，奔走於各國之間。他們的主張適合於合從的，稱爲縱說；適合於連橫的，稱爲橫說。歷史上把這些人稱爲縱橫家。

二、蘇秦

戰國時代七雄並起，到了後來秦國最爲強大，尤其它打敗魏國後，就像是猛虎一般強盛。於是，蘇秦提倡「合從政策」，就是聯合其他六國來共同抵抗秦人。

蘇秦是洛陽人（今河南省），他和張儀曾一同拜鬼谷子爲師，學成後便下山回家。在家裡待了幾天以後，蘇秦想到各國去活動一下，謀個一官半職，就請求父母變賣家財充當路費，他母親、嫂嫂、妻子都不贊成，不斷勸他：「你種田或是做生意賺錢都可以，卻想憑著一張嘴巴求取富貴，這不是開玩笑嗎？將來連飯都沒得吃的！」他兩個弟弟也勸他：「你還不如去求周王，在家鄉也可以出名，爲什麼要到外國去呢？」蘇秦遭到全家反對，只好去見周王。周王的手下知道蘇秦家裡很窮，認爲他不會有什麼本領，沒有人肯在周王面前推薦他。結果蘇秦在賓館裡待了一年，連周王的宮門都從未踏進一步，氣得他回家賣了家產，換了一些黃金，做了一件昂貴的黑貂皮大衣，買了馬車，僱了幾個傭人同遊列國，考察山川地形、人民風土，旅行了幾年，卻沒有一個君主肯用他。

這時商鞅在秦國變法，很得秦王重用，蘇秦便準備到秦國求發展，沒想到等他到了秦國，商鞅已死，新立的國君最討厭獻計的謀士，不願意接見蘇秦。可憐的蘇秦，錢用光了、黑貂皮大衣穿破了，到頭來仍舊是個無業遊民，只有把馬車賣掉做爲路費，一個人扛著行李顛顛簸簸地走回家，面容憔悴，看起來像個病人。

回到家，他太太正在織布，見蘇秦回來連眼皮都懶得抬起來，他的父母繃著臉不理他。蘇秦餓得受不了，請嫂嫂做點吃的東西，她嫂嫂一翻白眼喝道：「家裡沒柴啦！」蘇秦難過得眼淚直流，現在他知道沒有眞才實學，光憑口才好是沒有用的，從此痛下苦功求學問。讀書本是一件苦事，蘇秦發奮讀書，爲了怕自己偷懶貪睡，想了一個法子，他一打瞌睡，就用尖尖的錐子猛刺自己的大腿，鮮血直流，痛得睡不著，只有繼續苦讀。同時他仔細研究天下大勢，對列國局勢有了深切的了解。如此過了一年，才又向弟弟借了路費，告別家人上路。

此時戰國七雄之中，仍以秦國最強大，但是上回蘇秦已在秦國碰了壁，不敢再去冒險。於是他日夜苦思，想出一個擯退秦國的計畫——「合從」。那就是聯合韓、趙、魏、齊、楚、燕六個國家同一陣線對付秦國、孤立秦國。可是六國之間，仍然明爭暗鬥彼此不合，蘇秦憑著三寸不爛之舌到各國去遊說，才使合從計畫得以完成。

蘇秦做了六國宰相，佩六國相印，非常神氣。他的車隊走在路上，前前後後有二十里長，各國的官員遠遠望著車子揚起的塵土下拜。以前不屑見蘇秦的周王，現在聽說他要來了，居然先派人掃除道路，在郊外爲他搭了帳篷，裡面擺滿了好吃的食物供他享用。蘇秦的母親扶著拐杖站在路旁觀看，嘴裡不停地稱讚；他的兩個弟弟、妻子及嫂嫂跪在道旁迎接，頭不敢抬，眼睛也不敢向上望。蘇秦在車裡斜著眼對他嫂嫂說：「妳以前不是不肯做飯給我吃嗎？現在又何必這麼客氣？」蘇秦的嫂嫂說：「你現在有錢又有勢，和從前不一樣了！」蘇秦嘆了一口氣，蘇家的人實在是太現實了，但他也只能無奈地把家裡的人接上車，共享榮華富貴。

三、張儀

張儀，魏國人，和蘇秦一同拜在鬼谷子門下學外交，學成以後，本來想在魏國找事做，可是因爲家裡窮困，沒有辦法用紅包買通魏王的手下，因此見不到魏王。只好到楚國在宰相昭陽家中當門客。

昭陽帶軍攻打魏國，連下七城。楚王很高興，就把最寶貴的和氏璧賞給他，昭陽也覺得非常光榮。爲了擔心被人偷走，他時時刻刻把它藏在懷中，常常摸一摸、看一看，愛不釋手。

有一天，昭陽帶著一百多個賓客到赤山去玩，那兒風景美麗極了，尤其是赤山下的深潭，相傳姜子牙曾在此釣魚，更增加了它的傳奇性。大家飲酒作樂喝得醉醺醺時，幾個客人一起央求昭陽把和氏璧拿出來，讓大家也開開眼界。

昭陽答應了，很愼重、小心地把和氏璧拿出來，果眞像傳說中一般光彩耀眼，衆人一一傳閱，每個人都讚不絕口。此時忽然有人大叫：「潭中有大魚躍起！」昭陽連忙跑過去倚著欄杆觀看，其他賓客也紛紛靠過來看，那大魚跳起來有一丈多高，嚇得許多小魚也跟著跳躍不已。正看得起勁時，忽然雷聲大作，似乎馬上要下大雨了。昭陽便吩咐說：「回去吧！」可是這時和氏璧竟不見了，誰也不記得剛才傳到那個人手中，亂了一陣子仍找不到，昭陽只好很憤怒的回府。有一個手下說：「張儀那個窮小子，品行向來不好，這璧玉一定是他偷走的。」昭陽心裡也懷疑張儀，就派人將他五花大綁，狠狠用竹子猛抽拷問，打得他遍體鱗傷，奄奄一息。但是，張儀沒有偷怎麼交得出和氏璧呢？當然抵死不肯承認。毒打一番後，昭陽便把張儀趕出去。

張儀一拐一拐的回到家，她太太看見了，一面幫他敷傷，一面忍不住埋怨：「唉，要是你安分守己種田過日子，怎麼會碰到這種倒楣事呢？」張儀張開口，很緊張的問：「我的舌頭還在嗎？」他太太笑道：「還在。」張儀說：「舌頭在，就是我的本錢，你等著看吧！」休息一段日子後，便回魏國去了。

過了半年多，張儀聽說蘇秦在趙國很得意，打算去拜訪他。正準備出門，在門口遇到從趙國來的賈舍人，便再求證道：「蘇秦眞的當了趙國的宰相嗎？」賈舍人說：「當然！」並且還邀張儀同往趙國。到了趙國邊境，賈舍人說另有他事，便和張儀分別了。

第二天，張儀帶了名帖去見蘇秦，到了門口就被一口回絕，說是蘇秦不見。第三天還是不見。到了第五天，名帖總算送進去了，卻說宰相很忙，請他改天再來。張儀氣得要回魏國，但旅館老闆說：「你的名帖已經給了宰相，萬一有一天他來這兒要人怎麼辦？」便不准張儀走。張儀又煩又悶，最後決定去向蘇秦告別。這次，蘇秦雖然沒有接見，但告訴看門的人：「叫他明天再來！」

隔日清晨，張儀便在相府門下守候，蘇秦命人關緊大門，叫張儀自旁邊小門鑽進去，他正要踏上臺階，衛兵又喊住他：「相國還在辦公，你在這裡等一等。」等了半天，快到中午才喚他進入。一進去，發現蘇秦大模大樣高坐上面也不起身相迎，很輕蔑的招呼著：「餓了吧，吃完飯再說好了。」說著，便命人擺張桌子在廳堂下面。蘇秦自己的飯桌上，山珍海味應有盡有，而張儀桌前的呢？一點肥肉，一盤青菜，一碗粗米飯罷了。張儀氣得不想吃，可是肚子實在太餓了，只好低著頭扒飯。一抬頭，卻看見蘇秦給手下的剩菜比自己的豐盛得多，眞是又羞又惱，勉強吃完了飯。這時，蘇秦才傳言「請客上堂」，張儀一看，蘇秦仍坐著不動，氣得跳起來大罵：「可惡的蘇秦，我以爲你不忘老朋友，才來投靠你，你爲何如此侮辱我？」蘇秦慢條斯理地說：「你比我能幹，一定會比我有辦法，沒想到你如此狠狽！萬一我推薦了你，你又不振作，我豈不是倒大楣了？」張儀怒吼：「難道我非要你推薦不可？」蘇秦冷笑道：「不然，你來找我幹嘛？」說完，丟了一些金子給張儀，打發他上路。張儀氣得把金子用力摔在地上，氣沖沖地出了相府。

回到旅店，張儀卻看到自己的鋪蓋已被搬到外頭。老闆說：「宰相一定請你搬到賓館去了吧。」他既付不出房錢，又有口難言。這時，賈舍人從遠遠走過來問：「見到相國了嗎？」張儀越發火冒三丈，大罵道：「別提那個無情無義的人了！」接著把經過敍說了一遍。賈舍人說：「我替你付了房錢，送你回魏吧。」張儀說：「我沒有臉回魏國，七國中只有秦可對付趙，我想到秦國去，只是沒路費。」賈舍人說：「我正好要去秦國看朋友，咱們一起做個伴吧。」張儀感動得緊緊握著賈舍人的手：「世界上有你這麼好的人，蘇秦聽到了該羞愧得去自殺。」兩人並結爲八拜之交。

一路上，賈舍人爲張儀置衣服、買僕人，闊氣得很。到了秦國，又拿出一大筆錢做紅包，買通秦王的手下爲張儀鋪路，使張儀有機會在秦王面前表現才能。經過一席商談，張儀馬上被秦王請作顧問，至此，張儀可眞的揚眉吐氣了。

此時，賈舍人急急求去，張儀不願他離開，說：「以前我倒楣、落魄得要命，全是靠你的幫助，我才能有今天，現在正準備報答你，爲什麼非走不可呢？」賈舍人笑道：「其實，幫你忙的是蘇秦。他派我假冒商人到魏國去接你，然後又故意對你不客氣，要刺激你投奔秦國向他報仇，並拿了一大筆錢，告訴我，隨便你花多少都可以。你才華高，遲早會被秦王發現的，蘇秦正用『合從』抗秦，能破壞他計畫的只有你。」張儀感歎的說：「蘇秦眞有一套，請你代我向他道謝。並且請他放心，只要他在趙國一天，我絕不攻打趙國。」

張儀憑著他的辯才，取得秦王的信任，第二年就做了秦相。他幫助秦惠文公稱王，同時游說各國，迫使各國服從秦國。他爲魏出了一個主意，「欲以秦、韓與魏之勢伐齊、荊（楚）」，實際上眞正的意圖在於「欲令魏先事秦而諸侯效之。」這就是他的連橫政策。他的主要活動，是破壞當時的齊楚聯盟。張儀以獻商、於六百里地引誘楚與齊絕交。楚懷王昏庸無能，上了張儀的圈套，與齊絕交。齊王氣怒交加，不顧後果與秦結交。秦齊聯合，共同對楚。當楚使者向張廉要商、於六百里地時，張儀反口說當時只答應給六里地。楚王大怒，發兵攻秦。誰知受到齊秦聯軍的東西夾攻，慘遭失敗，反被秦奪去了漢中之地。

後來，蘇秦聯合齊、楚、燕、韓、趙、魏六國，抵抗秦國，秦王準備出兵攻趙，破壞「合從」。因有約在先，張儀便勸秦王：「六國剛剛聯合在一起，我們一出兵攻趙，其他五國一定會合力攻打我們，不如把公主嫁給燕國，和魏講和，先實行分化，再各個擊破，這樣就能破壞他們團結了。」這就是「連橫」政策。果然不出所料，魏國上當了，別的國家看到魏國和秦國聯手，心中很憤怒，開始自相殘殺，姑息共同的敵人，合從政策便在無形中被瓦解了，秦國便輕輕鬆鬆地把六國一個個併吞掉。

四、賈誼論（節錄）

蘇軾

夫絳侯親握天子璽，而授之文帝。灌嬰連兵數十萬，以決劉、呂之雌雄，又皆高帝之舊將，此其君臣相得之分，豈特父子骨肉手足哉？賈生，洛陽之少年，欲使其一朝之間，盡棄其舊而謀其新，亦已難矣。為賈生者上得其君，下得其大臣，如絳、灌之屬，優游浸漬而深交之，使天子不疑，大臣不忌。然後舉天下而唯吾之所欲為，不過十年，可以得志，安有立談之間，而遽為人痛哭哉？觀其過湘，為賦以弔屈原，紆鬱憤悶，趯然有遠舉之志。其後卒以自傷哭泣，至於夭絕，是亦不善處窮者也。夫謀之一不見用，安知終不復用也？不知默默以待其變，而自殘至此。嗚呼！賈誼志大而量小，才有餘而識不足也。

【語譯】

周勃曾親自握著皇帝的印璽交給漢文帝，灌嬰曾聯合幾十萬軍隊，決定了劉、呂兩家的勝負，他們又都是漢高祖的老將，這種君臣相互投合的情分，難道只是父子兄弟的骨肉情分能夠相比的嗎？賈誼不過是洛陽的一個年輕人，想讓漢文帝在一朝之間，廢除所有舊政而改用新政，也太困難了。作爲賈誼這樣的人，對上取得漢文帝的信任，對下取得大臣的支持，對周勃、灌嬰這一類人，能用從容不迫，逐步滲透的方式與他們結成深交，使天子不猜疑，大臣不妒忌，這樣就能使整個天下按照自己的設想去治理了，不出十年，就可以實現自己的抱負。那有在站著談幾句話的時候，就急著對人痛哭流涕的呢？看他路過湘江時，作賦憑弔屈原，滿懷憂鬱苦悶，心情激盪有遠走退隱的想法。後來又終於自傷不幸而哭泣不止，以至於中年夭折，可見他也是個不善於身處逆境的人。政治主張一次沒有被採用，怎麼知道就永遠不再被採用了呢？不懂得默默地等待形勢的變化，卻自我傷害到這種地步。唉！賈誼的志向遠大而氣量狹小，才能有餘而見識不足啊！

【說明】

本文選自《東坡文集》，屬論辯類古文。自司馬遷以來，歷代的評論家都對賈誼懷才不遇、抑鬱早夭的遭遇，寄予同情。但蘇軾在這篇文章裡卻批評賈誼不能自用其才，操之過急，氣量狹小，並借此提出了一個頗有啓發的觀點：政治家要實現其遠大理想，就應當善於等待時機；要從事宏大的事業，就必須能經得住逆境的折磨。

《孟子．告子》：「天將降大任於是人也，必先苦其心志，勞其筋骨，餓其體膚，空乏其身，行拂亂其所爲，所以動心忍性，增益其所不能。」本文可說是孟子這一思想的發揮。政治家要實行改革，在條件尚未成熟時，應該有所妥協，不能指望畢其功於一役。作爲個人來說，在遭受挫折之後，應當堅忍等待，不能一蹶不振。蘇軾的這篇《賈誼論》是從另一個角度來看賈誼的遭遇，從而得出了新的結論，見解新穎，道前人所未道。

五、賈生

李商隱

宣室求賢訪逐臣，賈生才調更無倫。
可憐夜半虛前席，不問蒼生問鬼神。

【賞析】

這首詩是託古諷時之作，借漢文帝在宣室召見賈誼的史實，諷刺晚唐那些荒於政事、不知用人的爲政者。

「宣室求賢訪逐臣，賈生才調更無倫。」前兩句純從正面著筆，絲毫不露貶意。第一句特標「求」、「訪」，彷彿熱烈頌揚文帝求賢意願之切、之殷，待賢態度之誠、之謙，所謂求賢若渴，虛懷若谷。次句隱括漢文帝對賈誼的推服讚嘆之詞。讚嘆了賈誼少年才俊、議論風發、華采照人的精神風貌。給讀者的印象是，賢君召見了賢臣，像是一篇聖求賢頌，然而看到下文，方才知道其中眞意是欲抑故揚。

第三句承、轉交錯，是全詩樞紐。承，即所謂「夜半虛前席」，把漢文帝當時那種虛心垂詢、凝神傾聽，以至於不自覺移動坐位向前傾聽的情狀，描繪得維妙維肖，使歷史陳迹變成了充滿生活氣息、鮮明可觸的畫面。這種善於選取典型細節，善於「從小物寄慨」的藝術手法，正是李商隱詠史詩的絕招。而「轉」，也就在這戲劇高潮中同時開始。不過它並不露筋突骨，而是用詠嘆之筆輕輕撥轉——在「夜半虛前席」前加上「可憐」兩字。可憐，即可惜。不用感情色彩強烈的「可悲」、「可嘆」一類詞語，祇說「可憐」，比劍拔弩張的「可悲」、「可嘆」更爲含蘊更耐人尋味。

末句方引滿而發，緊承「可憐」與「虛」，射出直中鵠的的一箭——「不問蒼生問鬼神」。鄭重求賢，虛心垂詢，推重嘆服，乃至「夜半虛前席」，不是爲了詢求治國安民之道，卻是爲了「問鬼神」的問題！這究竟是什麼樣的求賢，對賢者又究竟意味著什麼！詩人仍祇點破而不說盡——通過「問」與「不問」的對照，讓讀者自己對比得出應有的結論。這就和前面的補述形成了强烈的對比。

這首詩有諷有慨，寓慨於諷，旨意並不單純。從諷的方面看，表面上似諷刺漢文帝，實際上詩人的主要用意並不在此。晚唐許多皇帝，大都崇佛媚道，服藥求仙，不顧民生，不任賢才，詩人矛頭所指，顯然是當時現實中那些「不問蒼生問鬼神」的統治者。在寓諷當時君主的同時，詩中又寓有詩人自己懷才不遇的深沈感慨。這首詩中的賈誼，正有詩人自己的影子，慨而言之，諷漢文帝實刺唐帝，憐賈生實亦自憫。

六、十二金人的悲慘沒落

西元前二二一年，秦始皇統一天下，在咸陽建造了雄偉富麗的阿房宮，在這座雄偉的阿房宮前殿的正面，立了十二尊巨大的金人——所謂金人，實是銅人。當時稱銅爲金。這十二尊金人，每個重二十四萬斤，是收集天下的銅兵器，銷毀改鑄的，那時，秦國兵士已改用鐵鑄的兵器了。銅兵器已失去了實據的功用，故集中了用以鑄銅人。

這是中國有史以來最大的一次冶金鑄造工程。試想：每尊金人皆二十四萬斤，其熔爐之大，可以想見。在秦以前，鑄萬斤的鼎，已是極罕見。而秦國的技工，卻能完成如此巨大的冶鑄工程。因此，十二金人的製作爲中國工業技術進展的主要一頁。

但是，秦帝國的壽命並不久，劉邦、項羽攻入咸陽，項羽放火燒毀秦宮，阿房宮付之一炬，僅剩十二金人孤立著。

西元一九〇年，後漢獻帝初平元年，相國董卓，將漢皇朝的都城，由洛陽遷到長安。那十二尊金人，依然屹立在廢墟上。自鑄造到此時，金人的年紀，已四百十歲以上了。

董卓，在流徙和兵戈之餘，財用缺乏，錢幣的流通不夠，銅礦開發，緩不濟急，於是，他打了十二金人的主意。他下令銷毀金人，用其原料來鑄錢。

被冷落了四百年的阿房宮廢墟又熱鬧了起來，冶爐立在銅人的前面，工匠鑽鑿銅人，取下銅塊來熔化，再鑄成錢，據說，董卓毀銅人而鑄的是小錢，每斤銅鑄錢六十四枚。又說是一百枚，其詳細無法考定了。

董卓鑄錢，共毀了十尊金人，餘下的兩尊，被移到長安城東的青門里。至於爲何要將它移徙，史書失載，我們也無法明白了。最後的兩尊金人，在西元三八二年被前秦的苻堅銷毀。距鑄造的時間是六百零三年。

伍、問題與討論

一、本文在寫作手法上，有何特色？

答：請參閱貳、課文參考資料．第二項。

二、作者總結秦亡在於「仁義不施，攻守異勢」，請就自己所知，提出意見加以討論。

答：請同學自行發揮。

第八課

剪掉散文的辮子

余光中

■ 余光中

壹、作者參考資料

一、文壇祭酒余光中

余光中以一六〇公分的身軀，翻躍過現代文學的巨風大浪，女婿戲稱他爲「小巨人」，在兩道濃眉及深度眼鏡後，是閃爍著一代文豪智慧之光的眸子，並構成一個絕對要求純粹實我的寧靜世界，他是「回頭的浪子」、「逍遙的焚鶴人」、「望鄉的牧神」，有人稱贊他是「一個心多一竅的詩人」，而他最高興說的是「我是女生宿舍的舍監」（因爲家中有四個女兒）。

祖籍福建永春的余光中，民國十七年在南京出生，是家中的獨子。父親余超英，曾任福建永春的教育局局長，後爲僑務委員，一生致力僑務工作，民國八十一年逝世，享壽九十七歲。由於時局混亂及父親職務繁忙之故，余光中的童年多是待在母親孫秀君的身旁，隨著母親逃難，流亡於蘇皖一帶的淪陷區。民國二十六年才乘船入蜀，與在後方的父親重聚。由於受到整個時局及環境的磨鍊，余光中覺得母親在他的心中是既堅強又獨立的女性，是個典型的「嚴母」，余母於民國四十七年去世，余光中用新詩來爲母親寫墓誌銘，並常利用詩文來懷念自己的母親。

「我生於南京，早期的家庭生活中，家人對於寫作並沒有給我特殊教育或引導，只是家父和舅父喜愛文言的書，有時教我看些古典文學和舊小說。」在那個物質缺乏，人人自危的抗戰時期，正就讀南京青年中學的余光中，每天被父親要求讀《古文觀止》、《古文筆法》等，他覺得枯燥乏味，在偶然的機會，發現二舅孫有孚家豐富的藏書，滿足他無窮無盡的求知慾，並在這位曾任小學校長的二舅的帶領下，讓他領略了《赤壁賦》、《醉翁亭記》等文章，豐富多彩的感官世界。

但讓余光中對古典文學眷戀終生的，是他初中三年級的國文老師，一位國學造詣極高的前淸拔貢戴伯瓊，對於老師能輕輕鬆鬆的進出古典文學的領域，常令小小年紀的他，好生羨慕。即使老師怕改學生不夠成熟的文言文，而規定作文若用白話文寫者八十分，若是用文言文寫著六十分，好强的余光中就偏偏用文言文來繳卷，結果可知，他的成績始終在及格邊緣徘徊。可是由於長期努力練習的緣故，奠定他紮實的古文基礎。

「就讀於四川青年會中學，當時有一位教英文的孫良驥老師，英文教得極佳，導致我『歡喜』英文，乃至後來走上外文系、教外文的路。」實際上，早在余光中十歲左右隨母親逃難至上海，在這個十里洋場裡，有許多的異國文化，這些開啓了余光中的眼光，並爲他日後學習英美文學埋下了遠因。等到他讀青年會中學，畢業於金陵大學的孫良驥老師，細心調教余光中六年的時間，提高他的學習外國文學的企圖，並讓他終生悠遊於英美文學奧妙的世界裡。

在余光中中學時期，讀了朱光潛的《給青年的十二封信》、《談美》等深入淺出的美學書，讓他一而再，再而三的看，並反芻出新鮮的道理來，他稱這書爲「智慧之書」，其影響力從當時到日後寫理論文章，都有莫大的啓發作用，當然，余光中仰慕朱光潛之心，不是言語所能形容的，所以當他聽說朱光潛任教於北京大學時，他便一心想就讀北京大學，待抗戰勝利後，他回到南京考大學，北區考取北京大學，南區考取金陵大學，但考量整個北方尚處於動盪不安的情況下，只好就近到金陵大學外文系報到。大二那年，戰況吃緊，余光中只好揮別金陵大學，轉學到廈門大學。

余光中和廈門大學的緣份，雖僅有一學期，但在這一學期內，余光中將心中醞釀已久的感動，在此時以詩的方式，第一次在報章上發表，他說：「這段時期我喜歡古典詩，當時周圍沒什麼好詩，那些流行的社會詩大都是主題明朗、文字淺顯，我也偶爾爲之，寫了十餘篇刊在廈門的江聲報和星光報上，但這些詩我並不滿意。」

沒多久，余光中隨家人來台，就讀台灣大學外文系。外文系自由的學風，讓他急於出頭的文學種子，得以萌芽，其中由系主任英千里處領略英詩之美，曾約農教授同意他的學士論文，以譯作《老人與海》來取代，處女作《舟子的悲歌》有梁實秋所寫的書評。余光中日後曾說：「感謝當年臺大的求學環境，倒不是說臺大爲我作了什麼，而是說臺大免於我做了什麼，主要是課程不很緊迫，教師也並非美國剛學成回來有些理論急於推銷等等，故學生比較有寫作的空間，我覺得科學是忙出來的，而文學卻是閒出來的，臺大兩年，可以『好讀書不求甚解』，才有餘暇寫作，老師也很鼓勵我們，於是從那時起寫到今天。」自己高昂的學習精神，加上受到師長們的賞識，形成良性循環，讓余光中有如脫韁的野馬，向文學的大道載欣載奔而去。

「那時開始認眞的寫詩，以純抒情爲多，來臺後第一篇散文是投在新生報，後來詩作大都發表於當時最熱門的中央副刊，一直持續六、七年。」二十幾歲的余光中雖然年輕，作品的高見報率，使他在校外早已小有名氣。當時，宋淇爲主編《美國詩選》，邀約當時許多的名家，如梁實秋、夏菁、張愛玲、邢光祖等共襄勝事。吳魯芹稱許余光中譯英詩的功力，力薦他進入編輯羣，獲得宋淇的認同，成爲成員中最年輕的一位。因爲親炙當代翻譯文學名家，使他翻譯的功力更加的精進。

大學畢業後，余光中在國防部聯絡官室服役，當了三年的翻譯官。其間他並沒有將創作的活動停頓下來，反而繼續寫詩，出版了《藍色羽毛》。爲了呼應紀弦發動的《新詩的再革命》：「橫的移植，而非縱的繼承」，於民國四十三年，與覃子豪、鍾鼎文、夏菁、鄧禹平共創藍星詩社。

民國四十五年退役後，他分別在東吳大學及師範大學任教。民國四十七年，接受亞洲協會的資助，到愛荷華大學讀美國文學及英文寫作。余光中此時的創作風格，深受西方現代藝術的影響，表現出浪漫的情懷。

民國四十八年余光中獲藝術碩士，返國後於師大英語系任講師，主編《現代文學》及《文星》詩作部分。民國五十三年二度赴美任密西根州立大學英文系副教授，民國五十八年赴科羅拉多州，任寺鐘學院客座教授。

對於頻頻出國一事，余光中是這樣描述自己複雜的心路歷程：「他知道，一架猛烈呼嘯的噴射機在跑道那邊叫他，許多城，許多長長的街伸臂在迎他，但他的靈魂反而異常寧靜。因爲新大陸和舊大陸，海洋和島嶼，已經不再爭辯，在他的心中。他是中國的。這一點比什麼都重要。他吸的既是中國的芬芳，在異國的山城裡，亦必吐露那樣的芬芳，不是科羅拉多的積雪所能封鎖。每一次出國是一次劇烈的連根拔起。但是他的根永遠在這裡，因爲泥土在這裡，落葉在這裡，芬芳，亦永永永永播揚自這裡。」（《蒲公英的歲月》）。

返國後，余光中曾任師範大學教授、政治大學西語系主任，在這個時期，余光中的作品又逐漸由現代主義，轉向充滿民族感情的「中國意識」。

民國六十三年赴香港任中文系教授，這個決定令余光中掙扎許久，他說：「台灣對我是鼓勵，是安慰。香港，卻是陌生的挑戰。」這挑戰是指：第一是粵語的世界；第二是對立而分歧的政治環境；第三是不利文藝的重商社會；第四則是轉系改行，由教了十多年的外文系改教中文系。余光中認爲「大陸是母親，臺灣是妻小，香港是情人，歐洲是外遇。」由於地緣的關係，余光中藉香港這位小情人，更接近日日思慕的大陸，「在國內，自己只是一千七百萬個中國人之一，到了外國，自己就是全部的中國；所以去國愈遠就愈想祖國，年齡愈大，鄉愁也就愈濃。而目前在香港，離大陸更近，筆尖更不自覺的伸回大陸……。」至此，所有的懷念及矛盾情節，全部抒解開來，直接向中國古典文學汲取養分，注入自己的作品裡，所以余光中在香港十一年，「雖然忙，作品反而多，那個階段正是中國大陸文革後期，改革開放的早期，從大陸來的，或世界各地經香港赴大陸他們的風格——中文系的古典，傳統吸收不少，於是寫了一些以蘇東坡、杜甫、李白爲對象的詩。」在這個時期最著名的有《北望》、《九廣鐵路》等。

余光中民國七十四年離港，定居高雄，任國立中山大學文學院院長。他說：「要到《與李白同遊高速公路》和《石器時代》，才算勉强就位於台灣，而眞正就位於高雄，當始於《讓春天從高雄出發》和《控訴一枝煙囪》，那已是來高雄的四個月了。」（《夢與地理》的後記），他由關心高雄，而積極投入南台灣的藝文活動，縱然許多和他同期的文人，早已將創作之筆，束之高閣，他仍筆耕不輟，不斷有新作發表。

二、余光中的文學觀

「今天的天空很希臘」、「鄉愁是一枚小小的郵票」等名句，是出自余光中的筆下，他筆耕五十多年的時間，時見佳作，作家常自我戲謔說：自己右手寫詩，左手寫散文。而黃維樑先生卻認爲，余光中才學出衆，再經過時間環境的淬勵，早已擁有璀璨的五采筆，那就是詩、散文、翻譯、文學評論、編輯，由於成績斐然，使他成爲當代文學的重鎭，影響後學頗爲深遠。

余光中自己是如何看待「創作」這件事呢？他認爲作者自己有時都弄不清「由心到筆尖的這一條路」，是如何複雜微妙，而他自己：「我每當開始寫作時，情緒總是不平衡，沒有安全感，渾身都有很不適的感覺，待我找出原因，寫了出來後，就會慢慢恢復安全感。因此，我常想，一個人的心情若十分之好，恐怕不易寫出什麼好作品，他可以做任何事，但恐怕不能當作家，因爲，作家往往是過了一陣子就與自己過不去的人！」「但不論如何，文學創作中，最基本不變的特質，還是在於人性！」

余光中自小深受古典詩歌文學的熏陶，早發的文名多半是與詩相伴而出，創作的生涯頗長，作品因階段不同，而呈現不同的風貌。目前有許多詩評家及文評家開始著手研究他的創作，加以歸納整理，例如，有人將余光中的創作生涯，大致區分爲：最早的格律時期，留美的現代化時期、虛無時期、新古典主義時期，走向近代中國時期，樸素的民謠風格時期、歷史文化的探索時期等。然而余光中自己卻認爲自己的創作風格丕變之因，在於：

㈠環境的因素

余光中說：「譬如我從台灣、香港或到美國，由於環境的改變，觀察的角度就不一樣。」

例如，余光中以鄉愁爲主題的詩句，曾牽動多少遊子心中的隱痛，可是當兩岸開放後，鄉愁早已因交通往來的便利而越來越淡薄，他幽默的說：「兩岸開放交流，反而把我的一個大題材解構掉！」

㈡行業的轉變

余光中早年任外文系教職時，汲汲營營鑽研於西洋文學的領域裡，然而在香港中大教授中文，讓他重頭在中國古典文學中，汲取他所需的題材及養分。

㈢年紀的轉變

余光中說：「一位作家能隨時間的推移眞實地把當時的環境和心情寫出來，是很有價值的。」

余光中的作品題材隨著年齡的遞增而有所不同，從早年爲妻子所寫的組詩《三生石》，到爲孫子寫的《抱孫》等，作者心境屢有改變，給讀者的感動也常有不同。

㈣是對文化、語言的看法改變

余光中說：「我最近的中文、譯文和早年的中文、譯文不一樣，早年的文字比較白話，如今西化越來越少，文言反而多一點。」

因爲余光中發現在許多的媒體上，如報紙、雜誌及電視劇等，西化的句子正無孔不入的滲透每個人的腦子。例如，英式的中文如當……被、一定的、主要原因之一等，在在都使簡潔的中文，成爲常爲一句二、三十字的繁句，因此，他對中文西化絕對反對，並爲這種潮流，感到憂心。

下面，我們試探討余光中對詩、以及散文的看法。

在詩方面

余光中說：「我寫詩開始於大學時代。」那時他才二十歲，就讀廈門大學，深受三〇年代文學的影響，詩風頗類似新月派。來台後，以純粹個人抒情爲主。爾後，余光中頻頻出國，作品風格受現代西方藝術所影響，其後，大多是著重回歸中國的古典、重視當代中國現象的詩風。著名的作品有：《舟子的悲歌》、《藍色的羽毛》、《鐘乳石》、《萬聖節》、《蓮的聯想》、《五陵少年》、《天國的夜市》、《敲打樂》、《在冷戰的年代》、《白玉苦瓜》等。

余光中在浸淫詩的世界多年之後，他認爲詩是「靈魂最眞切的日記」，因爲詩不似散文，能極力鋪陳，面面俱到，只能將事件、情感加以集中、濃縮，用幾個重點來突顯，「詩是一列輕騎兵，出擊，一擊得中，只有一個機會。散文，一擊不中，可以回過頭來，再擊。」所以，「有時爲了一字未妥，你奮力追捕，如獅子搏兎；有時爲了一個飛躍的意象，你苦坐了一整天，結果一隻翅膀也孵不出來。」

「詩人原就是語言與文字的主宰者，詩人從事文案工作也較得心應手，在寫宣傳或廣告上，詩人掌握文字的技巧是比較高明的。」所謂的「詩人」，余光中認爲除了用詩作印證自我的存在，提昇了語言的純淨度，最重要的是，他應該爲民族的代言人，並利用詩句來推銷詩人自己的理想、遠景、心靈，而千萬不能淪爲商業行業下的犧牲品。在創作上，詩人必須有成熟的思想，不斷的超越古人、超越今人、超越自己，才會一步步邁向「大」詩人之列。

從小接受傳統古典教育的余光中，認爲「吟誦」是件極重要的事，「至於文學欣賞，我主張要讀出聲音，精緻的作品，往往表現在音調、節奏上，若不懂得吟誦，多半無法顯現文學作品的生命。」吟誦可以超越語言所能傳達的意境，讓余光中深陷吟誦的樂趣中，而不自拔，無論他教授的是英詩、中國古典詩、現代詩。

二度在美國講學的過程中，余光中開始接觸美國的搖滾樂，鄉村歌曲等，「當時我覺得這種新藝術實在太好了，同時，想藉搖滾樂影響國內的現代詩和流行歌曲；那時的現代詩太晦澀難懂，題材太過生硬，我想以搖滾樂的歌詞來衝擊新詩，並對當時旣膚淺又商業化的通俗流行歌有所刺激。」他力主「詩和音樂結婚，歌乃生」，而此歌還要「傳誦於街頭巷尾，活大廣大青年的唇間」，他的想法由楊弦落實，將他的八首新詩譜曲，其中最著名的是《鄉愁四韻》，並於中山堂開演唱會發表。這個創舉，吸引了音樂家李泰祥等的興趣，進行創作，不久，就蔚爲一股民歌潮。

在散文方面

「我直到大學畢業後，才算眞正開始寫散文；但若要回溯起啓蒙的經過，從小喜愛作文，以及老師的誘導，至今不爲作文而寫文章，這樣的歷程應該算是相當自然的。在學校裡寫週記、作文、辦壁報，對於走上寫作之途，應該算是很好的鍛鍊。」余光中始終沒有刻意經營自己的散文，民國四十一年才在中副發表第一篇散文《猛虎與薔薇》。「儘管有不少讀者喜歡我的散文甚於我的詩，儘管有些朋友，認爲我的散文勝於我的詩，而另一些朋友，只承認我的散文而絕口不提我的詩，我自己始終認爲，散文只是我的副產品。」然而，有扎實文學基礎的他，在這項「副產品」裡，仍交出亮麗的成績單：《左手的繆思》、《掌上雨》、《逍遙遊》、《焚鶴人》、《記憶像鐵軌一樣長》等。

艾略特說：「任何詩要寫得像樣，都要有很扎實的散文基礎。」散文的寫作，雖然比詩在範圍、主題，技巧上自由很多，但要去安排一個言之有物的氛圍，動聽的故事等，卻非易事。余光中從求學過程及備課中，約略有千首的英詩可以讓他自由運用，以及自小背誦的古典詩歌，都成爲他在寫作散文的基礎，所以有人評余光中的散文是從寫詩的筆法而來。

「我曾經說過，散文是一切作家的『身分證』，連散文都寫不清楚，別的談了。散文可以說是基本訓練，基本要都不要求。」要如何做好這個基本訓練呢？余光中認爲首先要循求一條「自然的路」，也就是從自己的性格、人生經驗、知識程度及讀書背景，慢慢鋪展開來，較爲自然不造作，「我想，年輕時適於走感性的路，中年以後，經驗比較豐富，熱情比較減退，不妨寫一點從容不迫，入情入理的散文，否則，二十歲就想嚐試知性的散文，知識、經歷都不夠成熟，恐怕不易成功，相對的，中年之後，還拚命馳騁感性，也會力不從心的。」

在落筆爲文時，余光中認爲一定要先想清楚，自己究竟要表達什麼，無論抒情、論理，都要言之有物。其次是要有彈性，也就是說要有變化，散文雖然沒有像詩一般，深受字數及格律的限制，有句法的變化、文字的起伏，均賴於活潑的口語。而這「口語」，並不是純粹的白話，也包含部分的文言，「一路白到底，不如偶爾用一點文言的句法，才顯得凝鍊，如果太文，也可以來一句大白話，鬆一口氣。」及標點符號的運用，「英文用標點是爲了文法，中文用標點是爲文氣。英文文法比較緊湊，所以往往一句長句，無須多用標點，中文文法自由，一句之中，段落何在，有賴標點。」

總而言之，余光中期待中的散文：「可以提昇到一種崇高、繁富、而强烈的程度……堅實如油畫，遒勁如木刻，……在文字的彈性、密度、和質料上多下功夫；在節奏的進行上，應該更著意速度的控制，使輕重疾徐的變化更形突出。」

上面談論了這麼多，究竟要怎樣才算是好的詩及散文呢？余光中說：「我想，最重要的是你的感情、感想，能找到恰如其分的文字來表現，換言之，即文字要能充分配合你的感情，配合的就像手套一樣，這樣的作品，才算是成功的！」縱然余光中在詩、散文的領域自由來去，有沒有遇到面對誤用詩或散文的窘境呢?有的。他的解決方法是:欲記其事,用散文;欲傳其情,則以詩表現。最後,余光中曾在《左手的繆思》一書說:「寫散文,是『謀事在人,成事在人』。寫詩,則『謀事在人,成事在天』。」「詩是我的抽象畫,散文是我的具象畫。詩是我的微積分,散文是我的平面幾何。」爲他對詩及散文二者,下了個最好的註解。

三、余光中二三事

(一)努力勤修稿

余光中可以在監考時寫詩,有飛機上寫詩,看報紙時也可以以詩對時事議論一番,但最後所發表的作品,卻不是他一揮而成的初稿,而是他一而再,再而三修訂後的作品。因爲余光中「在寫作習慣上,我並不是坐下來等靈感的人,而是天南地北的看各種書,在寫作慾望時再坐下來寫。通常我都是第一遍把初稿寫好,放在抽屜中,第二、三天再拿出來修改,有時修個兩、三次就寫成定稿,有時卻要一、二個月才會覺得滿意。」

例如,他寫八十行的〈湘逝〉一詩,詩中描寫杜甫在湖南死去的情景,余光中便仔細研究杜甫出蜀入湘這個階段的詩都略讀一遍,選出代表作加以精讀,並分析此階段中歷史、文化糾纏的背景,光是寫這首詩的前置工作,他就要耗費月餘時間來準備,他說:「寫這樣的詩就比較複雜了,短詩可以一揮而就,但是這是指初稿,我的習慣是初稿不管多麼不完備,無論如何要勉強寫完,擺久一點再回頭去改就容易多了。」

由於余光中對自己的作品是這麼的嚴謹,出書更是如此,大地出版社姚宜瑛女士曾說:「余光中的書(註:《梵谷傳》)往往一改再改,三、五年才推出。」甚至當《梵谷傳》再版前,余光中光修訂,又修訂了十個月,將原先六百多頁的譯本更動了一萬處以上。

(二)書齋、書災

著書、看書是余光中最高的娛樂,而書房是他通往智慧的候機室,他常將應酬摒除在外,在書房內,既不一煙在口,也不一杯在手,只任憑腦細胞拚命的活躍,而進入創作的半昏迷狀態。他的女兒佩珊、珊珊回憶說:「白天我們很少看到他,他總躲在書房,對著那幾櫥書。只有我們吵得不像話時,他才衝出來對我們吼:『你們聽聽看,簡直像一羣母鴨,能不能少講話!我實在沒法思想。』」

余太太范我存常是既憐惜又埋怨的說：「他老是把衣服拿來擦書」，原來余光中愛書成癡，常用手帕、襯衣下擺、毛衣袖口擦拭書籍。由於余光中文名遠播，每天由海內外寄來的郵件、雜誌、書籍是成綑成綑的丟到余光中的家中，再加上自己的藏書，讓他原本不大的房舍更顯狹隘，余光中無可奈何的說：「家裡的書就像一羣流氓，已超過了取締的可能。」而這羣「流氓」常讓他找不著該回覆的信，該用的書稿等，他也只好自嘲說：「目前只能一天過一天，什麼是井井有條，只好以後再說，就像天國是以後的事了。」雖說如此，可千萬不要以爲余光中任憑那些「流氓」欺侮，林彧說：「看著那書災——你不要以爲那些看起來都很新的書，是擺飾用的，有一次，我興起，細細『點閱』那一排又一排書隊，才發現幾乎每本書都被『翻』過了。珊珊告訴我：『爸爸每次寫篇文章，書房就成了戰場，那些原本放得好好的書，一夜間都鬧革命了，好像每本書都爭嚷著，讓我來！讓我來！』」

當然，你可千萬不能錯過余光中的一篇幽默小品《書齋、書災》，看看他和這些「流氓」交手的心路歷程。

㈢余妻，我妻

余光中曾說：「談戀愛可以大驚小怪，轟轟烈烈。婚姻卻要平淡中見雋永。婚姻是一種妥協的藝術，一對一的民主，一加一的自由。」並寫下《珍珠項鍊》和《三生石》兩首詩作，來描繪他和妻子范我存之間動人的夫妻之情。

余光中的母親和范我存的母親是堂姊妹，但余光中是在十九歲那年，在南京姨媽家，初次見到當時十六歲，甫自初中畢業的范我存。當時余光中用文言文翻譯拜倫的詩，寄到學校給她，范我存說：「余先生不知道我的名字，只知道我的小名叫『咪咪』，就寫來了，輾轉才拿到信。」而後就沒有聯絡，一直到了台灣，兩人才重新交往，由於兩家有表親關係，交往逐漸密切，最後在「有共同愛好，彼此適合」的理念下，於教堂舉行簡單的結婚儀式。

婚後，范我存爲了照顧相繼而來的四個子女及老人家，辭去了工作，做一名純家庭主婦。余光中說：「在我們家裡，並沒有形式上的男主外、女主內，我們的興趣十分接近，我寫作，她幫我謄稿，我教書，她分享我在外面的經驗，我喜歡的人她也喜歡，我討厭的人她也討厭。」而在生活細節上，他也非常依賴范我存，只要太太不在身邊，他就不知道什麼東西放在那裡，「我一直到現在，從來沒有自己買過衣服，我的衣服不是朋友送的，就是她買的。」由此可知「分享」及「相互依賴」是余光中和妻子的相處之道，也是整個家庭的生活重心。范我存也說：「余先生本質上是個文人，聊天的內容不外是小說、詩，我一直很崇拜他，至今猶是。」、「在我們共同生活的歲月裡，我認爲最大的樂趣是彼此分享。我分享了他寫作、讀書的經驗，他也和我共同欣賞繪畫和音樂。我喜歡繪畫，我介紹余先生看梵谷的作品，他開始還覺得怪怪的，後來非但慢慢能夠接受，還比我更能欣賞；我喜歡音樂，介紹余先生聽古典音樂，後來他買雷射唱片買得比我更厲害。」

范我存早年喜歡攝影，偶爾將作品搭配在余光中的詩作中，現因子女長大了，空閒時間較多，於是拜林文月教授的夫婿郭豫倫爲師，學習收藏古玉，甚至開過收藏展，余光中戲說是「遲來的春天」，並說：「你玩的小石頭要花錢，我賞的大山大石卻不用錢。」

(四)詩人的童心及幽默

余光中不說話的時候，神情很嚴肅，讓人望而生畏，但范我存卻是如是說：「光中外方內圓，不瞭解他的人，總覺得他不說話時臉板板的很嚴肅，其實相處久了，就知道他非常富有童心。」

他的女兒珊珊曾爲文說，余光中在他們四姊妹小時候，常講愛倫坡的恐怖故事，「他總挑在晚上，將周圍的電燈關掉；在日式老屋陰影暗角的烘托下，再加上父親對細節不厭其煩地交代，語氣聲調的掌握，遣詞用字的講究，氣氛已夠幽魅詫異的了。而講到高潮處，他往往將手電筒往臉上一照，在尖叫聲四起時，聽者講者都過足了癮。」此外，余光中常和女兒們打枕頭戰，弄得枕頭滿天飛，大家高興的狂歡在一起。當然，「他也常在夏夜我們作功課時，摒息站在我們桌前的窗外陰森而笑，等我們不知所以抬頭尖叫時，即拊掌大笑。」

在朋友羣及學術界中，余光中是有名的「名嘴」，無論是大型演講，或是小型的聚會中他常是焦點之所在，因爲他生性樂觀，有著跳躍式的思惟，在社交時的僵局，座談會時突然而來的問題，常因他在取譬、用字，選詞，調皮地或漫不經心的說了一個笑話，可以在短時間內，爆開笑點，在場者笑得前仰後合，捧腹笑得猛擦眼淚時，他卻事不關己似的，坐在一旁，這更將笑點推往更高潮。

余光中曾說，他在讀大學時由於翻譯的成績優秀，頗獲得任課老師的器重，甚至在生活，包括理髮等瑣事，都受老師特別的關注。一日，他的頭髮長了，老師特別帶他去某家理髮店時，一打開門，才見到店早已坐滿一排鋪好白布等待理髮的客人，並且一致轉頭注視著他。原來，這些人都是這位老師的高徒，他們都奉命在同一時間內，來這家理髮店，理同一種髮型。

某次，中大舉行一次演講，事後有人問那位年逾八十的大陸批評家：「魯迅和郭沫若等作家，為什麼沒有人敢批評呢？」批評家回答說：「哦，老虎屁股，誰也摸不得啊！」在場的余光中，輕輕鬆鬆的插嘴說：「獅子可以摸嗎？」整個在場人員都笑彎了腰，老批評家見狀，連忙說：「我不是獅子。」

有一次，林文月到中大學行演講，主席是余光中。而這次演講的題目是談翻譯《源氏物語》，為了讓讀者能很快進入狀況，現場有發一份日本帝王的世系表，而其中有一個帝王名為桐壺帝。演講完畢後，余光中怕冷場，便以非常誠懇老實的態度率先發問說：「我們的中國皇帝，都叫孝武啦、光武啦、太宗啦，含義的都很好的……日本人為什麼叫皇帝做桐壺（銅壺）呢？」剎那間整個演講堂已爆開一朵朵的笑聲，也炒熱了整個會場的氣氛。

當余光中準備離港返台時，在中大新亞書院的餞別宴上，院長梁秉中教授在開宴前致介紹詞說：「余教授口才很好，大家一定會聽得耳裡出油。」余光中立刻回答說：「梁院長盛筵難再，我們早已等得口裡流水了！」即興的妙答，讓在場的人都為之絕倒。

㈤乾淨整齊的稿子

我們常在報紙、雜誌上，看到余光中的詩作，常以原稿方式刊登，而且據聞許多編輯喜歡保存余光中文章的原稿。原因無他，因為余光中做事有條不紊，即便是寫稿也是一樣。他喜歡用款式老舊而筆尖較粗的鋼筆，在比一般稿紙稍大的格子裡，一絲不苟的用楷書一筆一畫的寫下來，幾乎沒有一個塗抹的痕迹。但是連草稿都這樣乾乾淨淨，那花費在寫稿的時間，是不是很長呢？他的女兒珊珊說：「他寫字速度不快，但很專注，時常寫稿寫到深夜，但不管多晚睡覺，他在清晨六點一定起牀。」

㈥喜歡閱讀地圖

余光中有個特別的嗜好，就是閱讀地圖，他認為在紙上將具體的山水，化為抽象的符號，除具有實用價值外，「當你置身其中，會發現圖上所開出的寓言都會一一兌現，那種滿足，是一種智者的滿足。」而他這個嗜好是有淵源的，在中學時期的余光中，一度以為自己長大後會朝向地質學的方向去，因為他當時住在四川鄉間，靜謐美麗的山水，引發他對地理山水的興趣，進而喜歡研究地理，喜歡看地圖，尤其是外國地圖，並因善繪地圖，而名聞全校。每位新任的地理老師，上他的課時，都戰戰兢兢的，唯恐在黑板上畫錯山脈或河流，被余光中指出而貽笑課堂上。

閱讀地圖的習慣，一直延續著，他每到一處新的地方，就先購買地圖，據聞目前他已蒐集了兩三百幅地圖。並在爲李元洛《鳳凰遊》寫序時，親自爲作品繪了一幅地圖。

㈦擴充記憶容量

余光中中學時期，因拜良師的鼓勵，學英文學得非常起勁，爲他今日橫跨中西文學的領域，奠定扎實的基礎。當時，他向一位家境富裕的同學借了一部《商務版英漢大辭典》，除了每天抱著這部大字典，像個學者般的在校園裡閒晃外，並利用字典做定期的自我測驗。他測驗的方式，是先選定一個英文字母，然後默寫出所有以這個字母爲開頭的單字，記下總數，並每隔一段時日，再檢視自己遺忘了多少。

有一天，他問同學：「你們記得的單字，那一個字最長？」同學面面相覷，支支吾吾的說了幾個單字，看著同學慌張的神情，余光中此時才氣定神閒的背出一個冷僻的英文單字，一共二十九個字母，讓同學們打從心底佩服他。

有人問余光中說，如何才能學好英文，余光中說：「我在爲一本字典寫的序中提到，王雲五先生年輕時讀過兩遍很難想像有人從A讀到Z，字典不是用來讀的，是用來查的。」「要學好英文，尤其是做老師的，一定要查英英字典，光看英漢字典，不免隔靴搔癢，有疑問不能解決時，一定要看本國人編的字典，越是簡單的字越難查，因此英文字典雖然不是拿來讀的，但對一個字的定義，就算它有四十八個解釋，也要從頭看到尾。」

據說，余光中擔任高雄中山大學外文所所長時，辦公室門口掛了一個刻有但丁名言的牌子，英譯作 Abandonhope, all ye who enter here，余光中譯爲：「入此門者，莫存倖念。」這可以爲余光中給學習英文者的一個諫言吧！

㈧序債

余光中因盛名在外，在他身後有永無了斷的稿債演講評審開會，其中大多是序稿的邀約，而這嚴重耽擱了余光中本身的文學創作，但待人客氣的他，卻不好意思當著別人的面推辭，只好忍著一股哀怨之氣，回到自己家中的書房中咬牙切齒，當桌而搥，大叫說：「永遠有做不完的事！永遠有找不完的人！」罵完之後，只好認命的坐在桌前，伏案寫序。所以，他總戲稱自己的生活是「吃過早飯，幫人寫序」。

余光中說：「爲人作序，對我來說就像在婚禮中當證婚人，總要說些吉利的話，這些話寫下來又沒什麼意義，因此我寫序便把它寫成了書評，寫序要站在作家那一邊，寫書評則可以客觀些。」所以，他一本敬業之精神，努力爲人寫序，余光中在《井然有序》一書的自序中，將自己寫序的過程，說明一番：「我爲人寫序，前後往往歷一週之久。先是將書細讀一遍，眉批腳注，幾乎每頁都用紅筆勾塗，也幾乎每篇作品都品定等級。第二遍就只讀重點，並把斑斑紅批歸納成類，從中找出若干特色，例如縈心的主題、擅長的技巧、獨樹的風格，甚至常見的瑕疵等等。兩遍既畢，當就可以動筆了。」

余光中所寫的序文，突破了傳統寫序的窠臼，無論是前輩的書稿，晚輩的新稿，他都以三分是序，七分是書評的方式來寫序。在序梁實秋的《雅舍小品》時，他指出：「梁先生在文章裡絕少用驚歎號的，卻在信裡用於臺灣」，而在序李元洛的《鳳凰遊》中，他「史無前例」的繪製一幅地圖，讓讀者深刻了解李元洛作品中所提及的名勝古迹的方位。有時，余光中寫序並不完全針對作品本身，而是旁及到作品的種類。例如，是翻譯作品，他會寫一些翻譯的基本原理；若是詩集，他會談談做詩的概念。對於讀者而言，有很大的參考作用。

無論他如何的仔細，用心，他的序債每天如潮水般的湧來，有時「在出國的前夕，我往往放下行李不整，卻在燈下大趕其序。有時實在來不及寫，只好把待序之稿帶出國去，但又往往原封不動，帶回國來，讓那篇烏有之序徒然周遊了列國。」有年余光中去墨西哥，去四川，他「都有許多深刻的感觸，相關資料也收集好了，就是沒有辦法坐在書桌前寫作。由於欠了六、七篇序，於是坐下來寫自己的作品時，就覺得充滿罪惡感。」但寫序本來就是件耗費時日的事情，余光中感嘆的說：「當日伏案耗時，短則三數日，長則逾旬。如果每篇平均以一週計數，則所耗光陰約爲八月，至少也有半年。人生原就苦短，能多少個半年呢？」無可奈何之餘，余光中陶侃自己說：他自己莫名其妙欠了一屁債，而這稿債又和一般債務不同，向人借錢，雖是欠債，至少有錢入袋，可是這稿債卻沒有什麼收入，就莫名其妙欠下了債。

現在，這些序債成了一本書：《井然有序──余光中序文集》，該是余光中辛苦很多年的代價呀！

(九)「女生宿舍舍監」及「四個假想敵」

余光中有四個令他疼惜的女兒：珊珊、幼珊、佩珊、季珊，在他整個創作歷程中，和他太太范我存，一路陪伴著他，並分享他在生活中的點點滴滴，儘管他的工作幾經調動，他都不曾在孩子的成長歷程中缺席。余光中曾戲謔的說：「多年來，我已經習於和五個女人為伍，浴室裡瀰漫著香皂和香水氣味，沙發上散置皮包和髮捲，餐桌上沒有人和我爭酒，都是天經地義的事。戲稱吾廬為『女生宿舍』，也已經很久了。」

儘管女兒們是如此的貼心，但時間是不會停滯，一直往前轉動，小女孩們終究是要依次長大，結婚，余光中這位父親，也一如平凡的父親們所要面臨的問題，「吾家有女初長成」，及調適那種無可奈何的心情，他說：「一般人總感覺女孩比較容易吃虧，如果是四個兒子的話，也許不致那麼緊張，認為會造成損害。所以，對於女兒所交往的男友，免不了升起一般淡淡的敵意。」於是，他發表了一篇幽默的散文《我的四個假想敵》，因為，他「做了『女生宿舍』的舍監，自然不歡迎陌生的男客。尤其是別有用心的一類……。」文中他這位憂心忡忡的父親，為自己模擬了四個假想敵，並為戰況做一番「沙盤推演」。

(十)詩序換書評

有人曾問余光中為何至今執筆不輟，他說：「這其中有許多因緣，投稿順利是其一；老師的勉勵和關切更為重要。特別是梁實秋先生為我寫了一篇書評，鼓舞很大，他希望我走出一條大路，在寫作上，不僅要學習古典作品，也不可忽略西洋的技巧。」在「書評」的背後，是一段溫馨感人的文壇軼事。

那年，余光中發表他的第一本詩集《舟子的悲歌》，余光中向前輩梁實秋索序，結果梁實秋以新月詩的風格，寫了一首三段的格律詩代序。余光中見到時，便抱怨說：「您的詩，似乎沒有特別針對我的集子而寫。」梁實秋見狀，僅淡淡一笑說：「那就別用得了。」

結果，詩序換成一篇長達一千多字的書評，刊登於民國四十一年四月十六日的《自由中國》。

(十一)只為名字太簡單

余光中隨家人來台，就讀台灣大學外文系時，在開學之初，校方貼出一份公告：「查余光中等××名……各記小過乙次」，原因是當時來台的流亡學生，不願參加學校因政治因素所舉行的宣誓大會，臨場缺席人數竟高達五六十人，余光中當然也是其中的一個，因爲他的名字簡單好寫，所以，貼公告時以他爲首。

貳、課文參考資料

一、格雷夫斯

格雷夫斯，R. R.（Robert Ranke Graves 1895～1985）英國詩人、小說家、評論家。曾在第一次世界大戰中負傷，寫了許多反戰詩歌。戰後就學於牛津大學，並在開羅執教一年。西元一九二九年發表自傳《向那一切告別》，譴責戰爭的殘酷，對英國病態的社會和文化表示不滿。同年定居在地中海西部西班牙所屬的馬略卡島上，從事寫作。他擅長寫洗練的抒情詩，特別是愛情詩，繼承了傳統的風格，不趨時髦。他的歷史小說和傳奇小說有《克勞狄烏斯自傳》（西元一九三四年）、《克勞狄烏斯封神記》（西元一九三四年）、《彌爾頓先生之妻》（西元一九四三年）、《金羊毛》（西元一九四四年）、《耶穌王》（西元一九四六年）、《荷馬之女》（西元一九五五年）等。他對希臘和希伯來神話也深有研究。西元一九六一～一九六五年任牛津大學詩學教授。

二、現代舞先驅——鄧肯

當整個西方世界正在沈溺在古典芭蕾舞的風采中時，一個美麗的美國少女主張不穿硬舞鞋，以自己的天賦，無須矯飾及人爲的劇情，只需順應自然本能的舞動在天地之間，這個女孩就是現代舞的先驅-鄧肯。

鄧肯（Isadora Duncan），西元一九七八年生於美國舊金，家裡有兄弟姐妹四人，她是最小的女兒。她的父親在她出生沒有多久，便放棄養家的責任，母親只好用教鋼琴，及編織手套圍巾來勉強度日。所以貧窮的影子，伴著她過完整個童年生活。

當鄧肯學步時，她便在母親的琴聲中，手舞足蹈起來，旁人的喝采聲不斷，令她更喜歡即興起舞。十歲時，她爲家計，只好輟學在家教舞。長到十七、八歲的鄧肯，修長的身材，姣好的面容，出落的更是動人。一日，她在芝加哥的一處屋頂花園上獻舞。當時的歌劇院經理戴利正好在場，他對於鄧肯的舞藝，大爲激賞，於是力邀她加入他在紐約的劇團。可是鄧肯的演戲事業並不順利，於是她決定表演她最擅長的獨舞。

在那個保守的年代裡，鄧肯的舞藝是不見容於社會的，因爲在當時民風淳樸，尤其婦女們在各個層面上都是非常守舊的，尤其在上流社會中的繁文縟節更是多，例如連說「大腿」二字，都嫌不雅。而鄧肯在表演時爲遵循希臘式的自然，便袒頸露臂，兩腿全裸，身上沒有華麗的服飾，只有幾片薄紗而已。因而鄧肯所受到的批判，是空前的嚴厲。甚至在一次表演中，有四十名婦女當場退席離去。當她要去英國獻藝的時候，有人不禁搖頭嘆說「怎麼會這樣呢，我們還和英國的交情還不錯呢？」

可是去歐州大陸獻藝的鄧肯，她的舞蹈生涯，就此大放光彩。在英國，倫敦的觀眾爲她獨特的舞藝，深深著迷。維多利亞之女海倫娜公主曾三次請她到皇宮裡表演，由此可見她受多麼受到歡迎。而在巴黎，她所受歡迎的程度，不下於倫敦，許多知名的藝術家都爭相請她爲模特兒，如知名的雕刻家羅丹不但爲她作了速描，並贊譽說：「鄧肯得天獨厚，她的稟賦不是本領，而是天才。」

鄧肯是個浪漫的藝術家，充滿浪漫的情懷，因而她的感情生活也是多姿多彩。她曾與匈牙利的演員、保加利亞費迪南多親王等，有過短暫的戀情。但爲人津津樂道的是她特異獨行的行徑：無論是在平日的服裝，表演的舞步、舞台布景等，並成立："鄧肯女兒團"到處獻藝。就這樣，鄧肯享盡盛名之福。

古人說：「樂極必反」當鄧肯正沈溺在盛名的快樂中時，悲劇正悄悄的降臨在她的身上。她的一雙兒女於西元一九一三年四月十九日，在一場意外中雙雙喪命。痛不逾生的鄧肯，只好用四處表演，來排遣悲傷。在這段時間，第一次世界大戰開打，她所表演的馬賽曲，獲得大獎。常常在舞到最高潮時，她會倏爾撕下胸口的一片戲服，宛若自由女神的化身。

無論鄧肯如何受到歐陸的歡迎，但始終不能見容於自已的國家：美國。爲此她心中始終不能明白，美國的觀眾爲何不能接受她自然舞動的率性演出。她曾對波士頓的記者表示說，她寧願裸體舞蹈，也不願如歌劇的演員一般，裝模作樣，去挑逗觀眾。說這樣率眞言詞的，就是鄧肯。

西元一九二二年，鄧肯四十四歲時，下嫁給比她小十七歲的俄國名詩人艾遜寧。這是她另一個苦難的日子的開始，因爲她的知名度比她的先生高，艾遜寧無法接受這事實的打擊。他開始酗酒，玩女人，打鄧肯，讓鄧肯終日生活在恐懼不安中。再多的暴力行爲，也無法遮蓋住艾遜寧愛鄧肯的心，最後，他在昔日和鄧肯度蜜月的旅館，割腕上吊自殺，只留下一首用血寫的詩：「吾友，再會，吾愛，妳仍依偎在我胸懷。」

鄧肯四十九歲那年，西元一九二七年，她雖然徐娘半老，但風韻猶存。在一次出遊中，她依慣例，圍著她最心愛的領巾，並沒有發現領巾夾在車門縫裡，當車子一發動，車輪絞住領巾運轉，扯緊的領巾勒斷了她的頸骨，結束她精彩的一生。

三、《祭石曼卿文》

歐陽修的《祭石曼卿文》是一篇理實兼俱、文情並茂的精粹短文。石曼卿是作者的至交，爲人率直酣放，任氣節，通大略。因他一生境遇不佳，才幹未能施展，很不得志，所以養成了憤世嫉俗、蔑視禮法的性格特徵。《宋史・本傳》中說他是「讀書」通大略爲文勁健，於詩最工而善書……與人論天下事，是非無不當」歐陽修對其詩文十分推崇，對其懷才不遇，遭遇坎坷亦深表同情。石曼卿於壯年（四十八歲）死去，歐陽修曾懷著無比悲痛和惋惜，爲其撰寫墓碑。二十六年後，又寫了這篇祭墓文。可見石曼卿之死，在作者心中留下的傷痛，是極其深遠的。

四、石延年二三事

石延年（西元九九四～一〇四一年），字曼卿，一字安仁。其先世爲幽州人，後家遷宋城（今河南商丘），北宋文學家。曾屢舉進士不中，眞宗時以爲三班奉職，他恥而不就。後爲太常寺太祝、知金鄉縣，又任大理評事、館閣校勘、大理寺丞、祕閣校理，遷太子中允，同判登聞鼓院。《宋史》本傳說：「延年爲人，跌宕任氣節，讀書通大略，爲文勁健，於詩最工而善書。」唐李賀《金銅仙人辭漢歌》有「天若有情天亦老」詩句，人皆以爲奇絕不能對，他以「月如無恨月常圓」對之，被傳爲佳話（見《溫叟詩話》）。其詩如《送人遊杭》、《偶成》、《首陽》、《銅雀台》、《留侯廟》等具有勁健雄放的風格。《籌筆驛》中有「意中流水遠，愁外遠山青」句，歐陽修用澄心堂紙，請石延年親筆書寫，因稱詩、書、紙爲「三絕」。此外，其「行人晚更急，歸鳥夕無行。」、「天寒河影淡，水凍瀑聲微。」（見《宋詩紀事》）等詩句也受後人稱贊。有《石曼卿詩集》。

有兩位學子見到人家娶親，便在晚上偷看洞房，被夜巡的吏卒發現。到了早晨，兩位學子見到石延年上朝經過，便向他呼喊求救。石延年了解事情經過後，解救了這兩位學子，同時作詩譏諷他們的行徑。云：

司空憐汝汝須知，月下敲門更有誰，
叵耐一雙窮相眼，得便宜是落便宜。

石延年喜飲酒，且酒量過人。當時有個叫劉潛的人常和他對飲。他們曾在京城王氏新開酒樓飲酒終日而互相不發一言，直至日暮，臉上毫無酒色，京城紛紛傳說有二酒仙來王氏酒樓飲酒。石延年通判海州時，劉潛去探訪他，兩人劇飲，至半夜酒將喝盡，即以一斗多醋倒入酒內，第二天酒醋皆盡。石延年以各種方式飲酒，並各有其名，據說宋仁宗愛其才，希望他戒酒，石延年於是不飲酒，但不久就成疾死去。

五、喬叟

喬叟，G.（Geoffrey Chaucer 約 1343～1400）英國詩人。出生於倫敦一富裕的家庭，父親是酒商兼皮革商。喬叟可能上過牛津大學或劍橋大學。西元一三五七年進入宮廷，任英王愛德華三世的兒媳阿爾斯特伯爵夫人身邊的少年侍從。西元一三五九年，隨愛德華三世出征法國，被法軍俘虜，後被愛德華贖回。西元一三六六年，喬叟和菲莉帕結婚。菲莉帕的妹妹後來嫁給愛德華的次子蘭開斯特公爵，喬叟因而受到蘭開斯特公爵的保護。同時，喬叟也是愛德華三世的侍從騎士。西元一三六九年，蘭開斯特公爵貢特約翰的元配夫人布蘭希逝世，喬叟寫了悼亡詩《公爵夫人的書》（西元一三六九～一三七〇年）來安慰他的保護人。西元一三七〇至一三七八年之間，喬叟經常出國訪問歐洲大陸，執行外交談判任務。他曾兩度訪問義大利（西元一三七二～一三七三年；西元一三七八年），這對他的文學創作有重要的作用。他發現了但丁、薄伽丘和彼特拉克的作品，這些作品深刻地影響了他的創作，使他從接受法國文學傳統轉向接受義大利文學傳統。從西元一三七四年開始，喬叟擔任了一些公職。他先被任命爲倫敦港口羊毛、皮革關稅總管（西元一三七四～一三八六年），後來被英王理查二世任命爲皇室修建大臣（西元一三八九～一三九一年），主管維修公共建築、公園、橋樑等。喬叟還擔任過肯特郡的治安官（西元一三八六年），並當選爲代表肯特郡的國會議員（西元一三八六年）。後來喬叟還擔任過管理薩默塞特郡皇家森林的森林官（西元一三九一年）。喬叟於西元一四〇〇年十月二十五日在倫敦逝世，葬於威斯敏斯特教堂裡的「詩人之角」。

喬叟最有名的作品是《坎特伯雷故事集》。《坎特伯雷故事集》由總引和二十四個故事組成。一天傍晚，喬叟所在的泰巴旅店來了二十九個香客，他們準備結隊去坎特伯雷朝聖進香。晚飯後旅店老板建議，爲了使旅途愉快，每人都必須在來回的路上各講兩個故事。誰的故事講得最好，誰就可以在回來時免費享用一頓晚餐。大多數的故事，和總序一樣，都是用雙韻詩體寫成的，只有兩個故事是用散文寫的。

六、柯立治

柯立治，S. T.（Samuel Taylor Coleridge 1772～1834），英國詩人、評論家。西元一七七二年十月二十一日生於英格蘭德文郡奧特里・聖瑪麗。父親是牧師，在他九歲時去世。他十歲到倫敦基督慈幼學校上學，熟讀希臘、羅馬文學，精習形而上學。十九歲進入劍橋大學攻讀古典文學。

西元一七九四年，與騷塞合寫《羅伯斯庇爾的失敗》一劇。西元一七九六年自辦《警衞者》報，不久停刊。後移居英國西部湖區，與華茲華斯過從甚密。西元一七九八年兩人發表詩集《抒情歌謠集》，成爲浪漫主義的宣言書。同年與華茲華斯兄妹到德國留學，翻譯席勒的劇作《華倫斯坦》。西元一八〇九年創辦《朋友》雜誌。以後大多寫詩及批評文章，也曾爲皇家學會講演。

晚年貧病交迫，兼有鴉片癖好。自西元一八一六年開始，住在倫敦海格特區吉爾曼醫生家。西元一八二四年被選爲皇家學會成員，西元一八三四年七月二十五日逝世於吉爾曼家中。

柯立治的詩數量不多，但《古舟子咏》、《克里斯特貝爾》和《忽必烈汗》都膾炙人口，是英國詩歌中的瑰寶。這些詩顯示了柯立治創作的原則和特色，即以自然、逼眞的形象和環境的描寫表現超自然的、神聖的、浪漫的內容，使讀者在閱讀時「自動摒棄其不信任感」，而感到眞實可信。其他優秀詩篇如《青春與暮年》、《沮喪》、《寂寞中的恐懼》、《霜夜》、《無希望的工作》等，大多傷感、陰鬱，表現了作者不幸的生活遭遇和抑鬱的心情。

柯立治的文學、哲學、神學論文在他全部著作中占有很大比例。其中發表於西元一八一七年的《文學傳記》，包括他的評論的精華，浸潤著濃厚的浪漫色彩，得到現代文學批評界的高度贊揚。其中提出了關於批評理論與哲學基礎等基本問題，被理查茲稱爲新批評派的思想源泉。

柯立治在英國文學史上占有重要地位。他在詩歌、文學理論方面都有獨到的見解，是浪漫主義思潮的主要代表。他對華茲華斯以及拜倫、雪萊都有直接或間接的影響。

七、艾略特

艾略特，西元一八八八年出生在美國密蘇里州聖路易城的一個貴族世家。這個家族的祖先是英國人，十七世紀才移居美國，曾出過許多著名學者和商人。艾略特早年進哈佛大學攻讀了四年的哲學，繼而到法國和德國深造。西元一九一四年，第一次世界大戰爆發時，艾略特到了英國生活，並從事文學創作。西元一九二七年正式加入英國國籍，從此他一直以英國人身份在世界文學舞台上活動，他和愛爾蘭的葉芝、蕭伯納都獲得過諾貝爾文學獎，但都並非是土生土長的英國人。西元一九四八年，他曾獲得過英國國王授予的勛章。艾略特因他的《荒原》、《丁·阿爾弗雷德·普魯福勞克的情歌》和《四個四重奏》被譽爲西方二十世紀的詩魂。

艾略特最早的文學活動，得到龐德的大力支持。西元一九一四年，艾略特剛到倫敦，就結識了他的同鄉詩人龐德，他將自己的詩作《丁·阿爾弗雷德·普魯福勞克的情歌》拿給龐德看，龐德大爲贊賞，他從當時名聲並不大的艾略特身上看到天才詩人的光芒，就將這首詩推薦給自己關係密切的雜誌社予以出版，結果引起轟動。七年以後，艾略特完成了那首輝煌的《荒原》，他特地趕到巴黎，將這首詩的初稿，拿給龐德看。龐德讀了以後，在充分肯定的前提下，又作了大量有益的指點。艾略特聽從了這些建議，將《荒原》從原來的八百餘行刪減成最後發表時的四百餘行。他對龐德的指教很感激，在正式發表《荒原》的時候，他在詩的標題下寫下了「謹以此詩獻給龐德」的話。後來，艾略特又將原稿送給友人，讓友人看了龐德在上面的文字修改，以示龐德對自己的恩惠。《荒原》的發表，使艾略特獲得了巨大聲譽，他取代了龐德而成爲現代詩壇的領袖與宗師。當然，他也絕非忘恩負義之輩，他與龐德仍保持友好關係，當龐德在二次大戰後因替墨索里尼作宣傳而被聯邦法院拘禁時，艾略特極力相幫，除四處活動外，還說服自己任職評委的美國國會圖書館，將西元一九四八年的波林根獎金授予龐德，以顯龐德的成就。最後使龐德獲釋。

艾略特在西元一九一五年時與一名叫維弗的女子結婚，婚後的一段時期，兩人形影不離。艾略特將維弗奉爲詩神繆斯，維弗對他的早期詩作產生了不可低估的影響。但詩人生性靦腆，不善交際，即使到中年獲得了名望之後依然如此。而他的妻子則熱情豪放，特別喜歡交際，尤其愛參加各種舞會。爲此，兩人產生了分歧，維弗爲此而痛苦，結果導致精神極度壓抑。艾略特竟以此爲藉口，在西元一九三二年設法將與自己共同生活了十七年的妻子送進了精神病院。維弗在那裡一直待到西元一九四七年，於孤寂中死去。這十五年裡，艾略特從未去看過她，對她的無數次來信也從不回覆，他甚至把自己作品中凡是提到維弗的地方全部刪去，以示絕情。艾略特獲得過無上榮譽，除了英國國內的嘉獎外，還得過哈佛以及美國其他大學的榮譽學位，法國總統也曾授與他榮譽團的綬帶。西元一九四八年，他獲得諾貝爾文學獎。

八、漁洋山人王士禎

王士禎（西元一六三四～一七一一年）字貽上，號阮亭，又號漁洋山人。山東新城（今桓臺縣）人。清代初年著名詩人和詩壇領袖。出身世宦家庭。順治十二年（西元一六五五年）進士。順治十六年任揚州推官，五年後調任京職，歷代禮部員外郎、戶部郎中、翰林院侍讀、國子監祭酒，兵、戶二部侍郎。康熙三十八年遷刑部尚書，四年後因事免官。從此退居故鄉新城安度晚年。王士禎今存詩千餘首，在清初與朱彝尊齊名，並稱「南北兩大詩人」。王士禎詩文，有《漁洋詩集》、《漁洋文略》，詩話有《漁洋詩話》、筆記有《池北偶談》、《古夫於亭雜錄》、《香祖筆記》等。

王士禎論詩，以「神韻」爲宗，他取司空圖所謂「味在酸鹹外」，嚴羽所謂「羚羊掛角，無迹可求」來標示旨趣。他自稱「平生論詩凡屢變」，但倡導「神韻」之說始終沒有變。

㈠王士禎幼時穎異，博學強記。十歲那年，有客人在其家議論明焦竑之字「弱侯」究竟爲何義。有人以爲漢魏相字弱翁，焦之字似取其意。這時王從邊上站起來說：「此意當出《考工記》所謂『輪人竑其幅廣以爲之弱者』，不是嗎？」學座皆驚嘆其聰慧。

王士禎的從叔祖王象咸，明末爲光祿寺署正，擅長草書。崇禎年間曾奉皇帝之命書寫宮中屏風。一天王士禎的祖父備酒招待王象咸，酒興將盡時，孫兒們紛紛上前求取墨迹。當時王士禎尚年幼，祖父一手拿著酒杯要王士禎對句：「醉愛羲之迹」，王士禎應口對道：「狂吟白也詩」，化杜甫《春日憶李白》「白也詩無敵」之句，祖父大喜，就賞了他一杯酒。

㈡王士禎以詩名重於當時，但起初卻浮沈於部曹小官之任，無法施展其才能。張英（諡文端）值南書房時，爲其在聖祖前揚譽，聖祖因召王入宮，出詩題當面考他。王作詩靈感本就來得遲緩，加上以一部曹小臣，初見皇帝，緊張得連手執筆都在發抖，竟然寫不成一個字。張見狀，即暗中代王作一詩，將紙撮成墨丸大小，偷偷放在王的桌邊，王賴此才得以完卷。聖祖閱其詩，不見有人傳所謂「豐神妙悟」之氣，但在張的褒譽下，還是下令將王改官入翰林院，王因此而得任高官，並終身感激張。

㈢康熙初年，王士禎、汪琬（字苕文，號鈍庵）、劉體仁（字公㦷）分別在禮部、戶部、吏部做官，又共同主持文壇，風流儒雅，一時聞名。當時的士大夫和各地來京城的讀書人凡作了詩文，都一定先要送呈三人，定下優劣，然後才可能有名聲地位。然而這三人對投謁的詩文態度各不相同：王多有贊譽，汪卻多有批評，而劉則不置可否。王曾對劉說：「我們三人性格不同，各執一端。翁潔身自好，不能容人，但過分批評人，幾乎不留一點餘地；我寬容喜獎勵引導後學，但過分的贊言容易使人滋長驕傲之心，我倆都有偏頗。只有足下把人家的作品擱放一邊，不置可否，實在是我們比不上的呵！」劉聽言一笑。

㈣劉體仁的畫及不上他的詩，劉因此常請金陵畫師吳宏代爲作畫。王士禎每次向劉索畫，事先都要寄上短信一封說：「不煩擾您親自操筆作畫。」劉對此很不理解，一次當面詢問其故。王笑著答道：「兄之畫就像是宣城兔毛褐，眞的可比不上假的啊！」劉聽了不由大笑。

九、袁枚二三事

㈠十二歲中秀才

袁枚七歲時受教於史玉瓚老師，學四書五經。有一天，他和三妹素文一起朗讀《詩經・緇衣》一章。史老師進來，聽見了，覺得讀得很好。後來有人向史老師借銀子，拿「古詩選」做抵押，袁枚才有機會進一步讀到漢、唐時代的許多好詩，而且偷偷模仿著作起詩來。袁枚十二歲，和史老師同一年考取縣學做了生員。報錄人來報喜的時候，他還正和鄰家小朋友在玩遊戲。這麼年輕就中了秀才，四鄰羨慕極了。

㈡金鉷力薦

乾隆元年，袁枚二十一歲時，去廣西看望叔父。巡撫金鉷（字震方）一見袁枚，就認定他有成爲國家傑出人物的才氣，特上疏薦舉袁枚參加博學宏詞科的考試。金鉷在奏章中首敘袁枚之年齡，次誇其文學造詣，並寫道：「臣朝夕觀察袁枚的爲人，他性情恬淡，舉止安詳，正是應國運而崛起的人才，日後定會成爲有大成就之人。」一時各部屬官紛紛前來探問。金鉷每次會見屬官時，除照例商談公務外，總要津津樂道袁枚的詩句，欣喜之情流露於容止動作。袁枚在屏風後面聽了，暗暗高興。以後，袁枚只要得知金鉷會見來客，總要跟隨其後偷聽他們的談話。

㈢三年翰林

袁枚在京裡三年，到二十四歲終於考中進士，進入翰林院。他身材高，口才好，風度翩翩，文章又寫得漂亮，在翰林院裡特別有名聲。這一年，他回鄉娶王氏夫人。回京後，他跟史貽直尚書學滿洲文，讀得很苦，作詩說：「笑余聱牙學蝌斗，略解婁羅偏上口。」讀了三年，成績不及格，就被外放到江蘇做知縣。

㈣計懲頑民

袁枚生性不喜拘束，朝廷卻召令年輕的翰林學習滿文，這種詰屈聱牙，學了又無大用的滿文，袁枚實在不感興趣，結果三年散館，他的滿文考試只考得一個下等，於是被外放到江南的溧陽去做知縣。

江寧是一個大地方，很難治理，總督尹繼善知道袁枚很有才幹，特別賞識他，而袁枚也能竭盡所能，盡力從事，每天都高坐在堂上，任由鄉民前往告事。如果是小訟獄，當場就判決，不使案件稽留延誤。

當地有許多地痞流氓，仗著惡勢力，專做欺民害民之事，歷來的地方官爲怕麻煩，都不敢去招惹他們。當袁枚初來江寧時，這一批地痞流氓們，見袁枚年輕，卻不知袁枚做事老練，他事先命人將當地流氓地痞的姓名，都調查的清清楚楚，登記在一本册子裡，然後把他們一個個找來，加以警告說：

「你作惡多端，名字已登記在我的册子上了，但只要你三年不做壞事，我就把你的名字從册子上劃掉。」這般流氓地痞見自己的大名已上了縣老爺的黑名單，誰不害怕?從此再也不敢惹事生非。是以袁枚出任不久，縣內的治安大爲良好。

㈤新詩和到明年

尹繼善（諡文端）才思敏捷，作詩落筆即成，與袁枚有師生之誼，交往甚爲親厚。乾隆年間，尹任兩江總督時，與袁枚作詩唱和，每得佳句，必以快馬傳箋，不肯講先，袁枚頗畏其神速。這年除夕夜，袁枚靈機一動，乃作詩一首，派人送往兩江總督府，待詩輾轉送達尹繼善手中時，鼓已三更。其詩末兩句云：「今日教公輸一著，新詩和到是明年。」尹繼善看罷，知道這次讓袁枚佔了上風，自己和詩再快也已晚了「一年」，不由哈哈大笑。

㈥隨園由來

康熙時，一姓隋的江寧織造在南京小倉山北坡造起一座花園，內種楸樹、桂樹各千株，號稱「隋園」。一時城中士子往來不絕，堪稱盛事。三十年後，袁枚任江寧知府，「隋園」已破敗不堪，袁枚以三百兩銀子買下。他修整門牆、改建樓閣，因地制宜，在高處造望江的小樓；在低處置臨溪的亭子；在澗水上架小橋；在水流湍急處備放小船；又依地勢之高低與角度之不同，點綴假山岩石；順平坦而樹木蓊鬱處構造或東北或東南朝向的屋子。整個園子沿勢設景，不使景物的氣脈受阻斷，因名以「隨園」。既沿用了舊園名的讀音，又突出了因勢造園的「隨」字。隨園造好後，袁枚感慨地說：「如果當官時居於此，疲於公務，最多每月住上一回；若是純粹住家，那便可天天飽餐秀色。二者不可兼得，還是捨棄官位而在園中居住吧！」於是袁枚便稱疾辭官，率弟袁樹（字香亭）、外甥湄君，把書籍搬至隨園中住下來。

㈦隨園女弟子

時人對袁枚的風流浪漫的行爲，有的稱他是風流才子，衞道者則加以嚴厲評擊。但他對別人的批評並不放在心裡。他除了數逾金釵，還到處尋春外，又廣收女弟子。以其蓋世才名，因此女弟子羅列門下，都以能承教澤受爲榮。廣收女弟子在當時的社會看來，和到處尋春一樣，都是放浪的行爲，所以他的好友趙翼松說他「引誘良家婦女，娥媚都拜門生」。不過，若從文學教育的觀點來說，他實在是提倡婦女文學的導師。

袁枚的女弟子席佩蘭，詩才清妙，袁枚曾經懷疑是由其丈夫孫原湘（字子蕭）所代作。有年春天袁枚到虞山去拜訪他們，正逢席佩蘭的婆婆病故，所以席佩蘭穿喪服出見，只見她容貌秀美，與詩才相配。她拿出小像求袁枚題詞，袁枚將它放進袖中，就拉著孫原湘一起到吳蔚光（號竹橋，曾供職翰林院）家飲酒。天還未黑，席佩蘭就送來她所贈的三首詩歌。袁枚讀過後，感到情感細膩、字面風光，才認識到正如東漢的徐淑超過丈夫秦嘉那樣，席佩蘭才氣也確實要勝過孫原湘。席佩蘭的肖像繪得十分幽艷，袁枚認爲自己已年老，不敢在此下筆。袁枚到杭州，將肖像請王玉如夫人添上布景，孫雲鳳、雲鶴兩位女士各題詩詞。袁枚寫了幾句跋語記下這「三絕」。

(八)詩文被翻刻盜印

袁枚曾自刻《隨園詩話》、《小倉山房尺牘》兩種，不料後被書商私自翻刻出售，二書風行一時，而這都是書商爲謀利所致。袁枚後來又聽說有人已在翻刻《隨園全集》了。劉志鵬（字霞裳）有感於此，在九江寄詩於袁枚，中有句云：「年來詩價春潮長，一日春深一日高。」袁枚戲答云：「左思悔作《三都賦》，枉是便宜賣紙人。」

(九)人人皆可以為我師

袁枚認爲，鄉下兒童甚至是放牛娃，他們的一句話，都可成爲讀書人的老師。只要善於取捨，就能成爲好詩句。有一位在隨園中挑糞的人，於十月中旬在梅樹下面歡喜地說：「有滿身的花了！」袁枚因此而寫成詩句：「月映竹成千『個』字，霜高梅孕一身花。」二月裡，袁枚出門遠遊，有一個和尚送他，說：「園裡梅花開得這樣茂盛，可惜你卻一點也帶不走！」袁枚又受到啓發，寫成詩句：「只憐香雪梅千樹，不得隨身帶上船。」

(十)錢塘蘇小是鄉親

袁枚是錢塘人，曾在一方私印上戲刻唐人「錢塘蘇小是鄉親」的詩句。某尚書途經南京，向袁枚索取詩冊看。袁枚一時隨意在詩冊上蓋了這方閑章。尚書見了對袁枚大加喝斥。袁枚起初還恭敬地表示歉意，但尚書卻責備不休。於是袁枚嚴肅地說道：「大人以爲這方私印不倫不類嗎？在今天看來，自然您官高一品，比起來，蘇小小的地位卑賤多了。只怕百年以後，人們只知道有蘇小小，卻不知道有您呢。」在座的人聽後無不失笑。

(十一)晚年得子

袁枚雖姬妾盈庭，但六十歲時，仍無兒子，乃以其弟香亭之子爲嗣。丁酉七月，鍾姬始生一子，袁枚大喜，有詩云：「六十生兒太覺遲，即將遲字喚吾兒。」因取名曰遲，號眞來。自謂六十衰翁，學爲人父。這時其弟香亭遊宦遠方，江寧某將軍乃遣人以六百里飛報。太守香亭得檄，不知何事，不勝駭愕，急忙拆開來看，不意書中竟然僅寫八字，即：「隨園先生已得子矣。」蓋將軍以此爲大事也。

(十二)獎掖後進

劉志鵬（字霞裳）第一次謁見袁枚時，曾投獻所作詩歌十餘首，其作雖不甚佳，但袁枚卻不忍挫傷劉志鵬的寫作熱情，因此將劉詩全都貼在家中壁上，劉志鵬見此也十分高興。袁枚於是邀劉同遊天台山，一路上，兩人以詩唱和，劉志鵬詩也大有長進，較之於先前的投獻之作，則面目全然不同。兩人往返達二月之久，劉抵家後，急急趕到袁枚之居處隨園，撕下壁上詩作，焚燒一盡，對袁枚開懷大笑。

(十三)文人相重

清乾隆十九年，袁枚（號簡齋）遊揚州，一日過宏濟寺，見有題壁詩二首（見典源），詩末署名「苕生」二字。袁枚甚喜愛其詩，便抄錄下來，訪求詩的作者。過了一年多，尚未打聽到其人爲誰。又過了很久，方得知是蔣士銓所作。蔣士銓聽說後，頗感激袁枚爲知己，特地寄詩一首云：「鴻爪春泥迹偶存，三生文字繫精魂。神交豈但同傾蓋，知己從來勝感恩。」兩人從此訂交，成爲文友。

興化人鄭燮（號板橋）曾任山東濰縣知縣，鄭燮久慕袁枚才名，但彼此從未見面。曾經有人誤傳袁枚去世，鄭燮聞訊嚎啕痛哭，哀慟難禁，以足蹋地。袁枚聽說此事，深爲感動。二十年後，鄭燮、袁枚在盧見曾（號雅雨）所設筵席上初次晤面。鄭燮感慨地對袁枚說：「天下雖大，但人才寥寥，屈指數來，不過幾人。」袁枚因此贈詩於鄭燮：「聞死誤拋千點淚，論才不覺九州寬。」

(十四)性情中人，看破生死

袁枚四十歲時，有個相士叫胡文炳，說他六十三歲得子，七十六歲考終。後來生子之期果然不爽，故至七十六之年，自以爲定數難逃，乃預期作輓詩兩首，遍索和章。這年的除夕，袁枚開筵，把盞言道：「死期合在今夕，不死其改名更生延壽乎？」到了天明，卻突然無恙，至八十二歲始卒。

袁枚是性情中人，八十二歲時雖遭病魔纏身，但心情卻極爲閑適，除自作輓歌外，遍向友人索取輓詩。他人皆以此老愛開玩笑，且運句遣詞需有所顧忌，因此都一笑置之，遲遲未見片紙隻字。袁枚笑得不耐煩了，就一本正經，若有其事的作詩分別催請。

袁枚身老花叢，優游自得，知足常樂，恬淡自安，對生、老、病、死，認爲乃必至之常期，看得非常輕鬆，他曾經說：「人人有死何須諱，韓蘇李杜皆不免」。豁達情性，由此可見其餘。

十、王國維

王國維（西元一八七七～一九二七年），我國近代史上著名的美學家、文藝理論家、文學家、史學家。初名德禎，字靜安，又字伯隅，號觀堂。出生於浙江海寧城一個商人的中產家庭。其父對詩文書畫篆刻的愛好，給王國維以很大影響。他少年時期所受的是傳統的教育。西元一八九二年，十六歲時考取秀才。此後，他對史學發生了濃厚的興趣，開始研讀《史記》、《漢書》，此時康有爲、梁啓超爲領袖的維新變法的政治運動和思想在社會上影響深廣，這使得王國維在西元一八九五年第二次應學不中之後，就決定「絕舉業而不就」，從此走上另一條學習的道路。

西元一八九八年，王國維離開家鄉來到上海，到《時務報》任文書、校對等工作。同時，他到羅振玉私人創辦的東文學社學習日語、數學等課程。戊戌變法失敗後，他一面學習，一面兼管學社雜務，直到西元一九〇〇年學社停辦，此後他前往武昌參加編譯由羅振玉主辦的《農學報》，同年，他在羅振玉的資助下，到日本留學。五個月後，因病回國，先後在南通師範學校和蘇州師範學校任教，直到西元一九〇六年。這期間，王國維從學習「新學」到研究哲學，他被叔本華的哲學思想所征服，成了叔本華哲學的信徒，爲介紹叔本華哲學思想，他寫下了《叔本華之哲學及其教育學說》等文章，還以叔本華學說爲指導，寫下了這一時期最重要的美學和文學評論《紅樓夢評論》。

西元一九〇七年至一九一一年，王國維到北京任學部總務司行走，後任學部圖書局編譯、名詞館協修。這期間，他開始對叔本華的學說產生懷疑，於是轉而進行文學創作和美學、文藝理論研究，在西元一九〇六年、西元一九〇七年分別完成了《人間詞》甲、乙兩稿，西元一九〇八年寫成《人間詞話》，另外，還有若干篇戲曲史研究論文和專著。之後，他開始了戲曲史的研究，從西元一九〇八年至一九一一年，他先後寫成了《曲錄》、《戲曲考源》、《錄鬼簿校注》、《優語錄》、《唐宋大曲考》、《錄曲餘談》、《古劇腳色考》等著作。

西元一九一一年，辛亥革命勝利後，王國維攜家眷東渡日本，開始了長達五年的旅日生活。西元一九一二年在日本完成了著作《宋元戲曲考》。此後，他結束了對哲學、文學的研究，轉而研究經史考據之學。先後寫成《簡牘檢署考》等著作。西元一九一六年春，王國維回到上海，接受英籍猶太人哈同的邀請，編輯《學術叢編》，並任蒼聖明智大學教授。西元一九二三年底，王國維將西元一九一二年以來的主要著述結集出版，定名《觀堂集林》。西元一九二三年，王國維被遜帝溥儀徵召為南書房行走。西元一九二五年三月，應聘為清華學校國學研究院導師，在從事學術研究的同時，培養出不少傑出的學者專家。

西元一九七七年六月二日（農曆五月初三），王國維像平常一樣起牀、漱洗、進早餐。八點，他準時來到研究院辦公室，發放了學生成績單，研究了暑假後招生的事。然後，他向辦公室的胡侯培借了五元錢，雇了一輛人力車前往頤和園。大約十點鐘，他進園來到石舫前，坐在那裡沈思了很久，緩步走進魚藻軒，點燃了一支香煙，吸了幾口，隨之頭朝下投入昆明湖中。附近的園丁聽到投湖聲，立即呼人搶救，不到兩分鐘就把他救上來，然而他已經氣絕。因為岸邊水淺而多污泥，他的口鼻都被污泥堵塞，而內衣仍然是乾的。他的遺體暫時放置在魚藻軒中，蓋著一牀破席子，四角壓著四塊破磚頭。

王國維就這樣結束了他的一生，當時他才五十一歲。

從他的內衣中，發現了遺書，全文是：

五十之年，只欠一死。經此事變，義無再辱。我死後當草草棺殮，即行藁葬於清華園墓地。汝等不能南歸，亦可暫於城內居住。汝兄亦不必奔喪，因道路不通，渠又不曾出門故也。書籍可托陳、吳二先生處理，家人自有人料理，必不至不能南歸。我雖無財產分文遺汝等，然苟能謹慎勤儉，亦不至餓死也。

五月初二日父字

遺書的背面寫著：「送西院十八號王貞明先生收。」貞明，是王國維第三子。

王國維的自殺在社會上引起極大的震動，人們表示深切的同情和惋惜。關於他自殺的原因也有各種各樣的說法，到今天還是莫衷一是。

十一、海明威二三事

(一)力求簡潔，站立寫作

海明威——美國作家，西元一八九九年七月二十一日出生於芝加哥郊區，西元一九五四年榮獲諾貝爾文學獎金。他的重要著作有：《太陽依舊升起了》、《老人與海》、《戰地春夢》等暢銷書。

海明威高中畢業時，美國參加第一次世界大戰，他因患眼病未能入伍。同年十月，他來到堪薩斯市《星報》擔任見習記者。報社總編是個對文字要求很高的人。他交給海明威一本採訪手冊，讓他先認眞讀一讀，再開始自己的工作。海明威是個非常好强的人，他要求自己一定要達到採訪手冊上所提的要求。採訪手冊中有一條：「句子要短，段落要簡單，語言要生動。」他把這些要求當作純技術訓練，爲了用簡明的語言準確表達中心意思，他鍛鍊自己用一隻腳站著寫作，他說：「我站著寫，而且用一隻腳站著，這種姿勢，使我處於一種緊張的狀態，迫使我盡可能簡短地表達我的思想。」他把這種方式當成一種祕訣。因爲「站著寫」，就會使自己感到一種緊張而艱苦的勞動，迫使自己把那可有可無的話刪掉。

㈡冒險人生

本世紀二十年代，戰爭毀滅了一代西方人的幻夢，海明威作爲「迷惘的一代」的主將集西方享樂主義和東方放浪曠達的生活態度於一身。嗜酒、好色、漁獵、拳擊、鬥牛，所有充滿刺激而涉足冒險的生活他都嘗試過並津津樂道於其中。他十歲開始吸第一支劣等雪茄，十二歲開始品嘗第一杯威士忌，十三歲懂得什麼是女人。僅僅是爲了嘗一嘗味道，他吃過各種各樣的東西，有鼻涕蟲、蚯蚓、蜥蜴，還有世界上野蠻部落愛吃的佳肴。他參加過第一次世界大戰，西班牙內戰和第二次世界大戰，二戰中海明威把自己的遊艇改裝爲間諜艇，監視德軍潛艇的活動，指揮過游擊隊，參加了第一批諾曼底登陸的隊伍。他的一生中起碼有三次聽到了死神的敲門聲，其中西元一九五四年一月的一個星期裡，他兩次從墜毀的飛機裡死裡逃生，當他返回人間時，各大報紙都在草擬海明威的死之訃告。

海明威在戰火紛飛的西班牙戰場、激情狂歡的墨西哥鬥牛場、陰影籠罩的非洲原始森林、濤聲陣陣的古巴海岸都留有足迹。他的生活中最爲人稱道的是他的「硬漢子」性格，他自己曾說他最欣賞的是鬥牛士刺向公牛那一瞬間的美妙。一次大戰時期的意大利戰場，一天夜裡，年僅十九歲的海明威正在戰壕分發巧克力時，突然發現了一個意大利狙擊手被敵軍槍彈擊中而倒在毫無遮攔的眞空地帶，海明威看見那個意大利人危在旦夕，就冒著如雨的子彈衝上前去想把他拖入戰壕。黑暗中海明威巧妙避開了敵人的子彈，找到了那個意大利傷員，把他放到背上匍匐向自己陣地爬去。這時，奧軍重新發動一次炮轟，子彈擊中了海明威。當他醒來時，發現雙腿已不能動彈，但疼痛呼醒了海明威的信心，他背負著傷員，艱難地一步一步地爬向安全地。突然幾束探照燈光照在海明威的身上，而槍聲卻停止了——敵人停止了射擊，海明威終於倒在自己的陣地上。一個奧軍軍官後來說，他們看見一個人背著傷員向營帳爬去，因而敬佩這一勇氣，不忍心打出致命的一槍。

㈢四次婚姻與男歡女愛

海明威終生迷戀著男歡女愛，他時刻不忘施展自己的魅力，先後與四個女人結過婚。他的第一個妻子叫哈德莉，是一個彈得一手好鋼琴的嫵媚女性，海明威與她在巴黎度過一段值得留戀的日子後，回到美國不久，即告分手。西元一九二七年，海明威再次結婚，對象是一位為時裝雜誌寫文章的作者，她是在一次採訪中認識海明威的。婚後海明威仍未放棄任何一次縱情機會，漂亮的妻子常為丈夫的放蕩而苦惱，在共同生活十三年後，他們分手了。三個星期後，又與有才華的女作家瑪莎結婚，並到中國度過蜜月，可是好景也不長。他最後的一位妻子叫瑪麗，海明威對她很鍾愛，瑪麗懂得看住丈夫的最好辦法就是根本不去管他，當海明威知道自己隨時都可以跟其他女人尋歡時，這件事也就顯得不那麼具有刺激了。海明威常常與一些放蕩的女性鬼混，但在挑選妻子時，總是選良家婦女。可他自己並不是稱職的丈夫，就連瑪麗在給自己的回憶錄起名時，也用了「短暫的快樂時光」。

㈣《老人與海》

第二次世界大戰結束後，海明威遷居古巴。西元一九五二年，他發表了中篇小說《老人與海》。小說敘述的是一個名叫桑提亞哥的古巴老漁民和一條大西洋巨鯊搏鬥的故事。桑提亞哥連續八十四天沒有捕到魚，後來好不容易捕到一條大魚，在返航途中卻和一條鯊魚相遇。他捕到的魚被鯊魚吃得只剩下一副魚骨架，他在和鯊魚的搏鬥中是個失敗者，但卻表現出在彈盡糧絕下也要鬥爭到底的硬漢性格。正如書中所寫的：「人是不能被打敗的，人可以被摧毀，但絕不能被打敗。」

㈤飲彈自盡

古巴革命後，海明威夫婦遷居美國愛達荷州。晚年，海明威患上了糖尿病、精神抑鬱症等多種疾病。他不願向病魔低頭，西元一九六一年七月二日，海明威口含獵槍，飲彈自盡。翌日，全美發行量最大的幾家報紙都將當時世界政治舞台上風雲突變的柏林危機、突尼斯戰爭、東南亞革命擠到報紙的第二版。消息迅速傳開後，喪鐘為海明威而長鳴。美國總統甘迺迪在悼詞中稱他是一位「偉大的世界公民」，並說「幾乎沒有哪個美國人比歐內斯特・海明威對美國人民的感情和態度產生過更大的影響」。在《戰地春夢》中飾演女主角的瑞典美女英格麗・褒曼說：「海明威不僅是一個人，他代表一種生活方式」。

㈥海明威的幽默

海明威雖然創作嚴謹，但生活中卻頗具幽默感。

海明威遷居古巴哈瓦那後，一位紐約富商慕名前去拜訪，堅持要海明威在他的日記簿上簽名留念。海明威曉得這個來訪者是依靠房地產買賣而發財的。他即刻用手杖在沙地上劃出了一個簽名說：「請你收下，不妨連地皮一起帶回紐約去。」

有一次，海明威在喻瓦那的一個宴會上，又遇到一個才無半斗，眼高過頂的作家跟他說話，海明威曾幾次想藉故脫身，但那位作家卻一直糾纏不休。最後，那位作家更以爽朗高傲的口吻向海明威表示了他的願望，他說：「海明威先生，我早就有心爲你寫篇傳記，希望你死了以後，我能獲得爲你寫傳這一殊榮。」海明威尖刻地答道：「我知道你想我死後能爲我寫傳記，所以我就千方百計盡量想法子也要活下去！」

美國有家服飾公司，爲了招攬生意，有一次給海明威送去一條領帶，並附短言說：「我公司出品的領帶，深受顧客歡迎。現在奉上樣品一條，請您試用，並望寄回成本費二元。」過了幾天，公司收到海明威的回信，外附小說一冊，信裡寫道：「我的小說深受讀者歡迎，現隨信奉上一冊，請你們一讀。此書價值兩元八角，也就是說，你們還欠我八角錢。」

一家威士忌廠商希望海明威做他們的產品的廣告代言人，酬勞是四千美元和免費飲用一輩子的威士忌。不過海明威拒絕了，他說：「只爲了四千美元就要喝不喜歡的威士忌一輩子，這簡直是在開玩笑，我有我自己喜歡的威士忌！」

海明威初去西班牙時，不懂西班牙語。一天，他和朋友到一家小餐廳進餐。他的朋友也不懂西班牙語，而餐廳的女招待也不會講英語。

海明威和他的朋友向女招待打著手勢，希望她能明白，給他們來一些牛奶和點心。不料，兩位非西班牙人用手勢比劃了半天，女招待還是弄不明白。

海明威靈機一動想出了一個辦法：他拿來一張紙，在紙上畫了一頭牛，然後遞給了女招待。女招待看後點了點頭，立即跑出了餐廳。

海明威得意地對朋友說：「你看，當我們在國外遇到語言不通的情況時，我這支筆能起多麼大的作用啊！好了，我們馬上就能喝到了可口的牛奶了……」

正說著，女招待氣喘吁吁地跑回來了，她微笑著把兩張觀看「鬥牛」的門票遞給了海明威。

十二、文壇伯樂龐德

龐德的一生頗具傳奇色彩。西元一九〇七年，在印第安納華培許學院教學的龐德因生活失檢被校方辭退。次年，他隨運牛的船隻來到歐洲，開始在歐洲文壇的活動。西元一九〇九年，愛爾蘭大詩人葉芝在倫敦主持了一個頗負名望的沙龍，美國「牛仔」龐德經人介紹進入這一沙龍後，大放厥辭，宣揚一套令那些人的眼花繚亂的藝術觀，居然影響了葉芝。龐德被葉芝聘爲祕書，兩人共同進行新詩的探索。西元一九一一年的某日，龐德從巴黎的地鐵走出，在身邊的人羣中，他突然看到了一張張美麗的笑臉，心裡若有所思。回到寓所之後，他費了一整天，寫了一首三十行的詩句，試圖來表現那一久久纏繞他的印象，卻覺得意猶未盡。六個月後，他再拿出月前寫成的詩句，把它改成了十五行，仍不滿意。一年後的一天，他突然感悟到了什麼，就在一張廢紙上模仿日本徘句的形式寫下了這樣兩行詩：

人羣中幽然浮現的一張張臉龐
黝黑的濕樹上的一朵朵花瓣

這就是龐德著名的《在地鐵車站》的形成過程。西元一九一三年，一位已故的東方學家的妻子在雜誌上讀到了龐德的幾首「意象派」詩，覺得其風格與中國古詩很相似，認爲龐德是自己丈夫未盡事業的理想繼承人，於是就將亡夫的遺稿交於龐德。龐德根據這份直譯的手稿，參照拉丁語言翻譯了十幾首中國古詩，之後他又譯了《大學》、《論語》、《詩經選》等中國文學作品，結果引起西方文壇的轟動，被稱爲「東方精神的入侵」，艾略特則稱龐德爲「我們這個時代的中國詩歌的發現者」。

西元一九一四年，龐德結識了流落到倫敦的愛爾蘭小說家詹姆士・喬伊斯，很快成爲摯友。儘管此時喬伊斯影響並不大，可龐德卻慧眼獨具看中了他，極力幫助喬伊斯。這個愛爾蘭流浪漢不僅作品難以出版，就連生活都無保障。龐德極力說服葉芝，讓他相信自己幫助的是一個未來的天才大師。葉芝終爲其說服，寫信給皇家文學基金會舉薦喬伊斯，設法從那些學院大官手裡得到一份贈款，以解喬伊斯燃眉之急。龐德等得不耐煩了，就冒昧直接寫信去，對喬伊斯百般贊揚，語中帶刺地要那些人別讓天才從自己眼下溜走。結果當然令龐德失望，他苦笑著寫了一首打油詩，詩中說：喬伊斯這個作家年紀輕，寫的文章精又精，文章雖好沒稿費，朋友們焦急又氣不平。他一方面爲喬伊斯生活奔波，另一方面又想方設法讓他的作品得以出版，喬伊斯不朽的《一個青年藝術家的畫像》和《尤利西斯》的出版都得到龐德的大力資助。

龐德除了扶持喬伊斯之外，還關心過許多其他青年作家，如艾略特、勞倫斯、阿拉貢、海明威。海明威當時是加拿大《星報》長駐巴黎記者，龐德與他接觸以後，經常往來，對他作品中不成熟的地方作過指點，並將它們推薦到雜誌上去發表。後來海明威在自己的回憶錄《流動的聖節》中對此作過感謝。龐德因此被人稱爲二十世紀初年西方文壇的「伯樂」。

十三、歌德二三事

(一)含淚焚稿

西元一七六五年，德國文學家歌德才十六歲，入德國萊潑捷區大學（Leibzig University）就讀，開始時歌德非常用功，除了主修法文外，對哲學、宗教、拉丁文等課程也非常感到興趣，一時求知慾非常高昂。在進大學以前，歌德已有才子之自負，並學了一些東西，這時候當然更狂熱。只是維持沒有多久，幾個月後，他就縱情聲色。幸而校中有位教授是他父執，教授夫人除教導他禮儀外，還啓發他文學鑑賞能力。歌德忽然感到以前之輕浮，就把以往稿件付之一炬，這是他文學修養的一大蛻變，從此以後，寫作就跨入另一境界。

(二)烽火之戀

歌德流傳下來的愛情故事很多，可是他眞正結婚時，已五十五歲。西元一八〇六年十月九日普法之戰爆發，十四日就有法國軍人十餘人在歌德宅中駐紮，深夜又有兩個法國兵闖進來騷擾，幸而他多年戀人克麗斯汀正陪伴著他，急急喚醒旁人，把那兩個兵驅散，才解了圍。經過這次變故以後，歌德就於十九日與克麗斯汀成婚，可是婚戒上刻的日期卻是十四日，以紀念那夜的驚變。

(三)傻子讓路

歌德在威瑪公園散步。不巧，在一條狹窄的僅能容一人通過的小徑上，歌德碰見了一個曾經把他的所有作品都貶得一錢不值的批評家。兩人面對面站著，那位批評家就傲慢地說了：「對於一個傻子我絕不讓路！」

「我卻讓的。」微笑著，歌德站到了一邊。

十四、約翰生二三事

㈠淡酒如水

一天晚上，英國文學家約翰生博士和英國法學家、傳記作家波茲維爾一起吃晚餐。波茲維爾說：「紅葡萄酒眞是好酒，我最喜歡喝了。」

「那是給小孩喝的酒，」約翰生博士回答道，「淡得就跟水一樣。如果想用紅葡萄酒來喝醉的話，在喝醉之前就先被淹死了。」

㈡品評不當

又有一次，波茲維爾在跟約翰生一起用餐時，波茲維爾說：「我覺得比起優秀的詩人來，還是手藝高超的廚師對社會貢獻更大。」

約翰生博士回答道：「街上的流浪狗或許會同意你的看法也說不定。」

㈢一目瞭然

波茲維爾有一次問約翰生博士：「金錢和人格，何者比較受人尊敬？」

約翰生博士回答道：「你到外面去，找來兩個人，向當中的一個人說教，另一個人則給他錢，看看誰比較尊敬你就可以知道答案了。」

㈣積習難返

一位夫人向約翰生博士說，自從她發明了到了起牀時間，捆著一塊巨石的繩子就會被油燈的火燒斷，發出嚇人聲響而把她驚醒的奇妙設備，她就不再睡懶覺了。約翰生博士回答說：

「我的睡懶覺程度並沒有輕微到用那種聲音就可以吵醒。」

㈤精神可嘉

約翰生博士一個人獨力完成分爲上下兩卷的大辭典，一位夫人讚美他說：「裡頭一個淫穢的字眼也沒有，眞是了不起。」

「妳也很了不起，」愛諷刺人的約翰生博士回答說，「只爲了看那種字眼就把辭典從頭到尾查了一遍。」

㈥也有例外

約翰生博士是個著名的禁酒主義者。有一天，一個酷愛杯中物的男子對他說：「酒可以忘記一切不愉快的事情，具有這種功效的酒，難道你從來沒有想要去喝嗎？」

「不能說沒有，」約翰生博士回答道，「比如坐在你身邊的時候。」

(七)哪一半是真的？

有一個人話題不但豐富而且生動有趣，但是內容卻不太可靠。有人這樣批評那個人說：

「他所說的事情只能相信一半。」

「可是，」約翰生博士問，「到底要相信哪一半才好呢？」

(八)對牛彈琴

一個IQ有點不足的人跟約翰生博士辯論，最後那個人叫著說：

「你所說的我一點都不懂！」

「我可以跟你辯論，」約翰生博士回答道，「但是我卻無法給你理解的能力。」

十五、斯威夫特知恥發憤

英國作家斯威夫特（西元一六六七～一七四五年）在獲得學士學位時，校方表示這是「特別寬容」才給的，意思說他的學業不夠標準。斯威夫特聽了，覺得非常羞慚，決定從此要每天自修八小時，就這樣延續了七年，發憤苦讀，才使自己成了一個飽學之士。我們現在讀他的《格列佛遊記》（《小人國遊記》）中的許多諷刺和含蓄，不能不想起他這一段經歷。

十六、羅素二三事

(一)征服自己

羅素當年稍露頭角，人家請他演講時，他總很膽怯，當然效果也不好。有一天，他對自己說：「假使羅素的演講講得很不好，這世界又會有什麼改變呢？對這世界沒有什麼驚天動地的影響，歷史也照樣延續下去。」據他說，當他征服了這種自我中心的關注，不怕被人輕視，就不再懼怕，以後就把演講看作樂事，不用說也是講得很好了。

㈡文人無行

有一個英國作家，剽竊了羅素許多理論，作爲自己的思想，寫成一本書。而且竟敢厚顏求羅素替他寫一篇導論。

羅素給他的答覆非常簡單：「羞於從命。」

㈢老當益壯

羅素在七十到八十歲生日之間寫了十三本書。八十歲以後，他曾表示還想去當兵。究竟有什麼祕訣使他保持這樣旺盛的精神狀態？他說：「大人們都不大懂得放鬆自己。這本來是孩子們的心理狀態，可是大人們也該學習重新培養。」

㈣可信度甚低

英國哲學家羅素有一次對泰晤士報的編輯說：「報紙上的記事中，我唯一能夠相信的只有足球比賽的成績和股票行情表。」

十七、蘭姆二三事

㈠手足情深

寫《莎氏樂府本事》（Tales From Shakespeare）和《伊里亞隨筆》（Essay of Elia）的卻爾斯・蘭姆，可算是最富於同情心的作家了。在他二十一歲的時候，他的姊姊瑪蘭在一陣瘋狂的衝動下，用一把雕刻刀刺進了母親的心臟。從這時候，卻爾斯便決心犧牲自己，自願終身陪伴這位精神不正常的姊姊。愛情與婚姻的念頭都拋棄了。僅有的一點財產他也放棄了，留給他的姊姊。而自己只靠每年極微薄的收入維持生活。直到瑪蘭臨終，都是由他照顧。卻爾斯曾說：「直到我的姊姊瑪蘭快離開世界時，我才看到她的眼睛眞是如此美麗。」

㈡妙計藏拙

卻爾斯・蘭姆很喜歡戲劇，自己也寫過戲劇，可是不太成功。

有一次他的一本劇本上演，只演了一個晚上，就演不下去了。因爲就在首次演出的那晚，觀眾們噓聲百出。這時蘭姆自己也坐在院子裡看戲，他也跟著觀眾一起噓。後來他對朋友們解釋：「因爲如果我不噓，我怕大家都會看出我就是這戲劇的作家呵！」

(三)高下有別

詩人華茲華斯有一次對蘭姆說：

「如果我有心想做的話，我也能夠寫出像莎士比亞那樣的作品來的。」

「那是當然的，」蘭姆回答道，「你只是少了那個心而已。」

十八、蕭伯納二三事

(一)病中求婚

蕭伯納年輕時喜歡騎腳踏車，可是因技術不高明，常常摔倒。有一次跌斷腿骨，有人把他扶到附近他的女同學家去。他的女同學很體貼照料他，蕭伯納知道自己意志不堅，再待一天一定會向這位女同學求婚，所以決定溜走。可是不小心從樓梯上跌到樓梯下，兩條腿都跌壞了。結果他果然問她肯不肯和自己結婚。當女同學點頭時，蕭伯納昏了過去。

(二)最好不聽

蕭伯納常常要見許多訪客，客人們也常常要求他講個幽默故事。有一天，蕭翁夫婦同幾個賓客談話，蕭翁談得興高采烈，可是他的太太卻在旁織毛線，織得非常賣力。坐在蕭太太旁邊的那位客人看了，覺得很奇怪，就問他：「他講這樣精采的故事，你怎麼能專心織毛線？」

蕭太太回答：「這個故事我至少聽了二千遍了！如果我手裡不找一點工作，我一定會扼住他的喉嚨的。」

(三)幽還一默

蕭伯納時常喜歡挖苦人，尤其是美國人。有一次，他挖苦過美國人後，有許多報紙都想出種種方法來還擊。只有一張報紙沈得住氣，絲毫沒有反感。

後來蕭伯納訪問美國米亞米州。前面所說的那家報紙就以「蕭伯納夫人訪美」爲題，寫了一篇很長的報導，描寫蕭伯納夫人參加什麼宴會，什麼活動，穿什麼服裝，說了些什麼話，做了些什麼事，就在這一篇長長的報導結尾，淡淡的加了一句說：「蕭伯納夫人是由他的丈夫蕭伯納陪同前來美國訪問的，這位蕭伯納據說是一個作家。」

(四)意外收穫

「美國婦女爭取永久和平工作委員會」寫信給蕭伯

納，希望他能捐幾本親筆簽名的作品，參加義賣，以便爲該會募集基金。蕭伯納的回信說，他不願意，因爲他覺得這是聯合國的工作，以一個婦女團體來從事這種工作，未免有點不相稱，這封信嘮嘮叨叨寫了許多話。

在義賣時，一本作者簽過名的暢銷書不過賣上七十塊美金，可是蕭伯納這封牢騷信卻賣了一百七十塊美金。

(五)一切照辦

有一次，蕭伯納在海濱游泳，忽然有個孩子游來把他的頭往水裡壓。蕭伯納非常氣憤，責怪孩子怎麼這樣頑皮。孩子指著遠處幾個頑童說：「我和他們打賭，如果我能把你這樣一位白鬚老公公壓到水中去，便可以贏一先令。」蕭伯納聽了，便吸足一口氣，聽憑那個孩子把他的頭往水中壓下去。

(六)最後一吻

有人邀請英國幽默大師蕭伯納夫婦拍一段記錄影片，拍攝他們兩個在一起走。當兩個人漸漸走近鏡頭時，蕭伯納突然抱住他太太，親切地吻她。蕭太太沒有料到他這一手，就說：「你這樣做是幹麼？」這位幽默大師帶著微笑，很世故地說：「難道你不知道，每部影片都是以接吻作結束的嗎？」

(七)告別人生

蕭伯納在他九十歲的那年，曾花了幾個月的時間，整理個人物品，把該還的賬，一一還清，又清點一下自己的財產。因爲他覺得這樣做可以使以後執行他遺囑的人，容易處理些。後來他以一貫的幽默口吻對人家說：「我這樣做，彷彿準備出去旅行渡假一樣。」

(八)只求安息

蕭伯納在臨終的時候，有人要問他一個問題。他非常生氣地說：「你不要來吵我。難道你不知道我正忙著要死了嗎？」

十九、蘇格拉底二三事

(一)妙語解頤

蘇格拉底的太太非常凶悍。有一次，她大發脾氣，把蘇格拉底大罵一頓後，還有餘怒未息，就提了一大桶水，澆在她先生頭上。蘇格拉底究竟不愧是大哲學家，涵養功夫特別到家，他非但不生氣，搔了搔淋濕的頭髮，笑道：「雷聲以後必有大雨，這是自然法則，也證明這是眞理。」

㈡婚姻妙論

蘇格拉底的婚姻生活過得不很幸福。可是他卻能從自己的不幸中，獲得一個幽默的結論：「不管怎麼樣，還是要結婚。如果娶到一位好太太，那麼你很幸福。如果你娶到一位壞太太，你會變成一個哲學家。」

㈢加倍辛勞

有個青年到蘇格拉底門下去學演講術。說明自己來意以後，他就滔滔不絕地講了許多話。蘇格拉底答應收他做學生，但是要他付兩倍的學費。那個青年就問：「爲什麼要收雙倍學費？」蘇格拉底說：「因爲我一面教你如何演講，一面還要教你如何保持靜默。」

㈣無愧無羞

蘇格拉底既仁慈又聰明，可是他卻敢於冒犯掌權者，所以當時的權要就把他拘禁起來，對他說他被判死刑。蘇格拉底接到了這死刑宣告，只是一笑了之。他們說：「你該準備接受死刑。」可是他搖搖頭，還是笑著，說：「我一生都準備有一天會死。」他們問：「你怎麼準備的？」蘇格拉底大義凜然地說：「無論是大衆面前，或是私底下，我從未做過一件對不起人的事。」

二十、多產作家泰戈爾

泰戈爾（Rabindranath Tagore，西元一八六一～一九四一年）是印度近代著名詩人、小說家、戲劇家和音樂家。他的一生寫了五十多部詩集，十二部中長篇小說，一百餘篇短篇小說和戲劇二十餘種。他還作了二千餘首歌曲，其中一首《人民的意志》被定爲今日印度的國歌。在七十歲高齡時學習繪畫，有作品一千五百幀，曾在世界各地展出。

二一、寒山

寒山，又稱寒山子。貞觀時人，唐代詩僧。與豐干、拾得號稱「國清三隱」。居天台唐興縣（今浙江天台）寒岩，常往國清寺訪友人詩僧拾得。據傳縣令閭丘胤到國清寺去訪他，他回到寒岩穴中，其穴自合。（《全唐詩》小傳）《全唐詩》編詩一卷，約三百餘首（觀其詩中自述，可知其詩超出六百首）。其內容大抵皆結合眼前時事、日常生活、人生經驗參悟佛理，勸善誡惡，宣傳福善禍淫、與世無爭、因果報應。因爲結合時事，所以詩裡也反映了一些社會現實。如「朝朝爲衣食，歲歲愁租調。千箇爭一錢，聚頭亡命叫」，「推尋世間事，子細總皆知。凡事莫容易，盡愛討便宜。護即弊成好，毀即是成非」。還有一些詩是諷刺世俗人情的。另有不少詩寫自己山水幽居之樂，其風格近於陶謝而更加口語化，不事雕琢。多五言律詩，對仗工整、平仄合律。也有些七言古詩和七言絕句，還有幾首三字詩。他對別人譏笑自己做詩不識蜂腰、鶴膝，但取凡言，很不以爲然。認爲「我詩合典雅」，「不煩鄭氏箋，豈用毛公解。不恨會人稀，只爲知音寡」。他不少詩句取陶、謝、《楚辭》、《莊子》。而他的有些詩句又爲後來的詩人所吸收。

二二、拾得

拾得（生卒年里不詳），唐詩僧。與豐干、寒山同時，約於先天至大曆間在世。舊說爲貞觀間人，實誤。數歲時被遺棄於赤城道側，爲台州國清寺僧豐干拾歸，就養於寺中，遂以拾得爲名。後爲國清寺苦行僧。與寒山子友善。二人執爨訖交談，聽者多不能解。或傳其爲菩薩後身，時人尊爲賢士。喜作歌詩，內容多宣揚佛教思想以勸諭世人，亦有吟詠山林風物及隱遁生活之作。詩風淺顯明白，頗似偈語，與寒山之詩風相近。後世並稱二人詩體爲寒山拾得體。其詩由僧道翹編次爲一卷，凡五十餘首，附收於《寒山子詩集》之末。《全唐詩》卷八〇七編詩爲一卷。

二三、司馬中原

司馬中原，男，本名吳延玫，民國二十二年生於江蘇省淮陰縣，後經戰亂流離，勝利後移居南京，遂以南京爲籍。由於戰爭的關係，十五歲時便從軍報國，未受正規的學校教育，一切皆靠自學自修。在軍隊中歷任教官、訓練官、參謀、新聞官。民國五十一年以中尉軍階退役，即以寫作爲專業。

曾以《荒原》一書獲第一屆「全國青年文藝獎」，五十六年獲教育部文藝獎，六十年獲十大傑出青年「金手獎」，另獲第一屆十大傑出榮民獎，第二屆聯合報小說獎特別貢獻獎，七十六年「國家文藝獎」等。

他的作品主要有短篇、中篇、長篇小說及傳記等約六十餘部。齊邦媛教授認爲他的重要作品按主題和表現形式可分爲三類：史詩性的，純抒情的和鄉野傳奇。史詩性的小說是他以山河戀爲經，以三十年前抗日剿共的戰爭爲緯，襯托出人性的正邪之爭；純抒情的作品，最成功的有散文詩體的〈黎明列車〉、〈鳥羽〉、〈靈語〉等短篇，散發著人性的光輝；第三類的作品數量最大，這些趣味性很高的故事都發生在他所熟知的鄉野間。

民國五〇年代，「現代文學」初辦不久，陳若曦向司馬中原約稿，司馬中原寫了一篇小說《黎明列車》應命。那時候，《現代文學》是同仁雜誌，沒有稿酬。當時那位年輕軍官司馬中原，看「若曦」這名字很有豪氣，以爲是位男士無疑，就從南部基地寄信去：「我很需要錢，你就是脫了褲子上當鋪，也該把我的稿費寄來，因爲那是我的心血！」

回信很快，拆開一看：「我沒有褲子，只有裙子！」司馬中原這才知道原來對方竟是位小姐，臉紅到了脖子，自悔孟浪。當然，稿酬的事也就不好意思再談。

參、語文天地

一、不容置喙

容，容許。喙，音ㄏㄨㄟˋ，嘴。置喙，插嘴。不容置喙，不容許插嘴。《福惠全書保甲部朔望》：「安敢置喙。」指不讓人有說話的機會。

【辨析】

喙，不要讀寫成「啄」（ㄓㄨㄛˊ）。

二、咬文嚼字

咬文嚼字，過分地斟酌字句，後多指死摳字眼而不注重整篇、整段的精神實質。元・秦簡夫《剪髮待賓》二折：「又則道俺咬文嚼字。」《二刻拍案驚奇》卷四：「好詞，好詞。關情之處，令人淚落，眞一時名手！怪不得他咬文嚼字，明日元宵佳節，正須好詞，不免赦其罪犯，召他轉來，爲大晟樂正供應詞章。」《隋唐演義》六回：「如遇患難，此輩咬文嚼字之人，只好坐以待斃，何足爲用。」

後也用以諷刺講話賣弄學識。《金瓶梅》五一回：「見他鋪眉弄眼，拿班做勢，口裡咬文嚼字，一口一聲，只稱呼他薛爺。」《歧路燈》七七回：「咬文嚼字，肉麻死人。」茅盾《腐蝕·十一月十日》：「噯喲，你還來咬文嚼字呢！乾脆一句話，可注意到了沒有，——有人跟住你啦！」

三、杜撰

這個典故的成因有兩處：

一見北宋·王楙《野客叢書》卷二十載：「杜默爲詩多不合律，故言事不合格者爲杜撰。」是說宋代有個名叫杜默的讀書人，喜歡作詩，但他的詩大多數內容都是憑空捏造的，而且不合於格律，當時人們一見杜默的詩就說：「這是杜默撰寫的。」王楙還解釋說：日常人們還有「杜田」「杜園」之說，都是由於杜默寫詩不合格律，就把「杜」字看成與「假」字相同的，有的還把自己釀造的酒稱爲「杜酒」，以表示謙意。

二見北宋·文瑩《湘山野錄》卷上：「石參政中立在中書時，盛文肅度禁林當直，撰《張文節公知白神道碑》，進御罷，呈中書。石急問之：『是誰撰？』盛卒對曰：『度撰。』對訖方悟，滿堂大笑。」這是一本記述北宋初年故事的書。說北宋初年，有個叫盛度的人，人稱盛文肅公，他撰寫一個《張文節公知白神道碑》的碑文，當時的參政石中立問這個碑文是誰寫的，盛度手下人回答說是「度撰」，即盛度所寫。後人也因而取諧音「杜撰」。

「杜撰」，就這樣成爲編造無稽之談的一個代詞。

「杜」原是木名，也是姓，有堵塞、斷絕意，但與「撰」組合爲詞組，便成爲無源臆造的意思。

四、贗品

贗，音ㄧㄢˋ，亦作贋。假、僞造。《宋書·恩倖傳·戴法興》：「帝常使願兒出入市裡，察聽風謠，而道路之言，謂法興爲眞天子，帝爲贋天子。」唐韓愈《崔十六少府攝伊陽以詩及書見投因酬三十韻》：「前計頓乖張，居然見眞贋。」

㈡贋品，僞造的東西。多指書畫文物。清蔡雲《癖談》卷二：「而究以年代荒遠，人反疑爲贋品，斯仍歸於不幸也。」魯迅《書信集·致臺靜農》：「至於拓片兩包，是都收到的，『君車』畫像確係贋品，似用磚翻刻，連簠齋印也是假的。」秦牧《藝海拾貝·細節》：「在藝術史上有過許多這類的逸話：人們從一些事理的微小的裂縫中發現了可以亂眞的贋品。」

肆、課文補充資料

一、善飛與善走的鳥類

什麼鳥可以飛得最久、最遠？大概是一種名叫金鴴（ㄏㄤˊ）的小鳥吧！它的體重僅有一〇〇公克，卻能從北美洲最北端，飛越幾個國家，直到南美洲的最南端，足足有一萬五千公里之遙，是可以不停飛行最遠的鳥。

金鴴在生活上比較挑剔，對氣候、光度、飲食、繁殖等條件，要求很高，所以最初的時候，牠經常飛到很遠的地方去尋找過冬場所。

久而久之，形成跨越兩大洲的遷徙習慣。路途遙遠，時間要求緊，速度必須快。金鴴用五五～八三公里的時速飛行，可以連續飛行近二百七十多個小時，就能到達目的地，速度超過任何鳥類。

金鴴能飛得這麼遠這麼快和牠的生理特性有關：金鴴的體形是紡錘形，羽毛向後生長，大大減少空氣的阻力；骨骼堅硬，中間是空的，沒有骨髓，身體輕盈；視力發達，在高空也能看清地面上的景物，以作爲導航目標；食量大，體力强；體溫高，體內熱量大，耐力持久；呼吸量大，氣囊和骨骼裡能充氣，既增加了浮力，也能屏息加速。

另外有一種鳥，牠不會飛，但是跑起路來的速度卻是相當驚人。像鴕鳥雖有羽衣也肩插雙翅，但不能飛向藍藍的天空，只能在遼闊的沙地或草原上奔走。像鴕鳥這樣不能飛，而腿腳粗壯有力，善於奔走的鳥，被稱爲走禽類。

第九課

觀行

韓非

韓非子翼毳卷第十九

日本　福山　太田方述

五蠹第四十七蠹說文云木中蟲也付生的過而害於國者五焉以喻是蠹也

上古之世人民少而禽獸衆人民不勝禽獸蟲蛇有聖人作構木爲巢以避群害而民悅之使王天下號曰有巢氏唐類函帝王有巢氏始學篇云上古皆穴處有聖人教之巢居號大巢氏民食果蓏蜯蛤腥臊惡臭而傷害腹胃民多疾病腥臊一作鮏鱢路史注引韓子作聖人有作避群害作之群居無而民悅之付了六字蜯蛤作螺蠬○木實曰果草實曰蓏蜯蛤同蜃屬似蚌而圓慧琳一切經音義十卷

■《韓非子》書影

壹、作者參考資料

一、集法家大成的韓非

韓非大約生於西元前二八〇年，西元前二三三年去世，這期間是戰國七雄用武力爭奪天下的時代。有關韓非的身世，比較完整的記載是在司馬遷的《史記・老子韓非列傳》中，也有一些散見於《史記》的其他篇章和秦漢的其他典籍裡，但大多是一些評論性的記載，並沒有多少史料的價值。

韓非出身於貴族世家，是韓國的公子，他是著名儒家大師荀況的學生，和後來做了秦王朝丞相的李斯是同門師兄弟。不過，韓非並沒有繼承荀子的儒家思想傳統，反而受法家前輩的影響，並吸取、綜合他們思想的菁華，成爲法家學派的集大成者。

韓非雖出身於貴族世家，但從韓非的生理條件來看，似乎注定他不能成爲一個當權者或政治家。根據記載，韓非口吃得很厲害，幾乎不能言說。然而，在韓非的時代，能言善辯是從政者所必備的條件。事實上，在說客、策士橫行天下的戰國時代，即使是日常生活中，不擅言語就已經是一種缺憾，更何況是來自生理上的限制。

對於這致命的缺陷，韓非不得不認命，既然不擅口辯就以筆辯，於是韓非把更多的精力投注在著書立言上面。韓非的文章寫得洋洋灑灑，辭鋒犀利，論理透闢，氣勢不凡。他目睹韓王不以法治國，不以權勢駕御羣臣，不任賢以富國強兵，反而重用虛浮圖名之輩，韓國日漸削弱，於是多次上書韓王，勸他變法圖強，但韓王並沒有採納他的主張。在政治上不得意的情形下，韓非寫出他最有名的幾篇政論文，包括《孤憤》、《五蠹》、《內、外儲》、《說林》和《說難》等三十餘篇，共有十餘萬言，成爲傳世的《韓非子》的主體。

然而，文章卻給韓非的命運帶來了轉機，他的《孤憤》、《五蠹》傳到秦國，秦王嬴政讀了以後十分讚賞，感嘆：「我要是能見到寫這些文章的作者並和他交朋友，死也無遺憾了。」剛巧李斯在他身邊，就說：「這是韓國的公子韓非寫的。」秦王嬴政緊急發兵攻打韓國，目的只有一個：那就是得到韓非。

由於韓非在韓國不受重用，在秦軍兵臨城下之際，韓王便拱手把韓非給了秦王。對想得到而無法得到的東西，往往渴求盼望，但是一旦到手，卻往往棄置一旁。秦王對韓非就是這種態度，他很喜歡韓非的文采，但因他是韓國公子而不信任他，當然更談不上重用。但也可能是因韓非的口吃，不擅言辭，而使秦王對他的嚮往崇敬大大打了折扣。

同時韓非的同門師兄弟李斯害怕秦王重用他，對自己前途不利，竟然不顧同窗情義，在秦王面前詆毀韓非。他說：「韓非是韓國的公子，即使大王重用他，他也肯定不會誠心實意地爲秦國做事。但是，如果不用他，將來他回到韓國後，必定成爲大王統一天下的後患。依臣之見，不如找個罪名把他除掉，以了卻一樁心事。」

秦王覺得李斯的話有幾分道理，但對韓非是殺是留，一時還游移不定，便下令把他暫時囚禁起來。韓非下獄後，李斯玩弄了兩面三刀的手法，派人告知韓非，秦王已不再賞識他的才華，與其在獄中受折磨、受凌辱，不如一死了之。此時的韓非還想親自向秦王說明自己的冤屈。但在李斯的控制下，韓非的意願是不可能傳到秦王那裡的。最後在絕望之餘，只好服下李斯派人送來的毒藥。

另一方面，在韓非下獄後不久，秦王對自己莽撞的決定有些後悔，覺得有必要親自與韓非談一談，於是下令赦免韓非的罪過。這時候，李斯告訴秦王，韓非已畏罪自盡於獄中，還就韓非自盡一事，證明秦王當初定韓非罪是正確的，否則韓非爲什麼會自盡呢？因此秦王也就沒有追究下去。李斯爲人器量狹隘，妒才忌賢，爲了保全自己的功名地位，竟置同門韓非於死地，日後李斯之不得以善終，也是其來有自的。

儘管韓非未能在實際政治中一展長才，就冤死。但在歷史的政治舞台上，不時見到政治人物以不同的方式，來運用他的政治理念，而他們的政治理念究竟爲何？

韓非是先秦法家思想集大成者，他建立了一個以法治爲主的「法」、「術」、「勢」相結合的政治思想體系。「法」是指成文法令，「術」是指國君駕馭臣下的權術，「勢」是指最高統治者的特殊地位和權勢。韓非吸取和綜合了早期法家各派的思想，並且總結了戰國時期各國變法的經驗，認爲必須把「法」、「術」、「勢」三者統一起來，缺一不可。

韓非認爲，商鞅只講「法」不講「術」是有缺陷的。他說，商鞅在秦國推行法治，造成了「國富兵强」的良好形勢，但是君主卻沒有權術去考察羣臣的忠奸，那麼富强的成果也只是給羣臣造成爭權奪利的機會罷了。等到秦孝公和商鞅都死了，惠王即位，秦國的法治沒有敗壞，張儀就利用秦國富强的實力，向韓、魏兩國謀取私利。惠王死後，武王即位，甘茂也利用秦國的實力向東周謀取私利。武王死後，昭襄王繼位，魏冉就越過韓、魏兩國的國境，向東進攻齊國，經過五年的時間，秦國沒有增加一尺土地，他卻獲得了陶邑的封地。所以秦國徒有法而無術是不行的，羣臣利用秦國的實力圖私利了幾十年，結果仍然不能成就帝王的統一大業。

韓非認爲申不害只講「術」不講「法」也是有缺陷的。他說，申不害是輔助韓昭侯治國的大臣。韓國是從晉國分出來的國家，晉國的舊法沒有廢除，韓國的新法又產生了；前代國君的法令還沒有收回，後代國君的法令又頒佈下來了。申不害不專行一種法令，不把新法、舊法統一起來，羣臣就利用新法和舊法的矛盾，從中取巧作弊。所以韓昭侯雖然運用權術，奸臣還是可以利用花言巧語來欺騙他。申不害憑藉韓國擁有萬輛兵車的實力，執政十七年，仍然不能使韓國成爲霸主，或達成「王天下」的目的。

韓非重「勢」的理論淵源於愼到。愼到認爲，君主只要保持住最高的「勢位」，就可以使賢者、智者服從指揮。韓非十分贊賞愼到的這種理論，特著《難勢》加以宣揚。韓非認爲，「法」和「術」都必須以掌握政權爲前提，必須爲政權服務。他說：「**抱法處勢則治，背法去勢則亂**。」這樣他就把法、術、勢三個因素有機地統一起來，構成了一個完整的政治思想體系。韓非的這套理論，符合了當時的歷史趨勢，爲秦王朝建立中國歷史上第一個中央集權國家提供了理論基礎。

韓非堅決反對儒家「祖述堯舜，憲章文武」和「法先王」等頌古非今的論調。他認爲歷史是不斷進化的，「世異則事異，事異則備變」。社會在變，一切都要隨著變化；情況變化了，具體措施也要因應變化。韓非曾用「鄭人買履信度」的寓言來諷刺儒家的不知變通。

故事是說：鄭國有一個想買鞋子的人，先量了自己的腳，把量好的腳模放在自己的座席上。等到市集的時候，卻忘記帶。等找到賣鞋子的，竟說：「我忘記把量好的腳模帶來。」便轉身回家去取。等再趕到市場，市集已經散了，他因而沒有買到鞋子。有人問他：「爲什麼不用自己的腳試一試？」他答說：「寧可相信腳模，不要相信自己的腳呀。」

在這個寓言中，「足」比喻實際的環境；「度」（腳模），比喻先王之法。韓非在說完這個故事之後，他指出：「夫不適國事而謀先王，皆歸取度者也。」就是說，那些不顧社會現實，而一心只想恢復「先王之政」的人們，都像這個不相信自己的腳，而跑回家去取腳模的鄭國人一樣，是再愚蠢可笑不過的了。

《漢書・藝文志》著錄「《韓子》五十五篇」與今本《韓非子》五十五篇相同。《隋書》、《舊唐書》、《新唐書》、《宋史》、《四庫全書總目提要》皆著錄《韓子》二十卷，這說明《韓非子》從先秦流傳到現在，都沒有佚失現象，這在先秦哲學典籍中，是不多見的。《韓非子》本名《韓子》，後因唐代韓愈的名氣愈來愈大，後人爲了加以區別，故改名《韓非子》。

有關《韓非子》各篇的眞僞問題，學術界也曾有過爭論，有的認爲書中多數篇不可信，有的認爲書中只有少數篇不可信。如容肇祖從考察思想入手，斷定只有《五蠹》、《顯學》、《難勢》、《問辨》、《詭使》、《六反》、《心度》、《難一》八篇爲韓非所作，十八篇爲別家之言，二十四篇不能斷定。梁啓雄從考察思想和文字入手，斷定只有《十過》、《用人》、《安危》、《功名》、《忠孝》、《大體》、《守道》、《觀行》、《制分》是僞作。劉汝霖認爲《初見秦》、《存韓》、《難言》、《有度》、《十過》、《飾邪》六篇是僞作。大多數學者認爲，《韓非子》一書基本上是韓非的作品，也不排除個別篇摻入了別人的東西，這在古書的流傳過程中，是不可避免的現象。

貳、課文參考資料

一、《觀行》賞析

《韓非子・觀行》一篇，從現在的眼光看，即在提醒領導者如何善用人力資源，掌握各種不同下屬的特質，讓下屬發揮才智，能善用下屬的智能，又能免於下屬反居其上。

全文分三段，第一段指出個人的有限性，在古代貴族出身的君王，相對於他人而言，有著優沃的環境，不困於生活所需，可以擁有也必然擁有良好的生活條件和養成教育。因此一個君王若非先天不足或特別頑劣，其知識智能是在普通人之上的。但即便如此，相對於宇宙間豐富無窮的事理，有著良好教養的君王，其所知仍是有限的。一個在上位者惟有了解這一點，認識自己是有限，才能不盲目地自我膨脹，而能客觀地看到別人的長處，善用他人的長處。然而就算是有自知之明，有心克除以自我爲中心的習性，人依舊是有盲點的，很容易不自覺地掉進慣性的窠臼。如何撥除障礙？讓自己超越自己？答案自然是以一套客觀有效的方法。

善於自省的人，在了解自己的缺失之後，會以客觀事物幫助自己矯正缺失，所以西門豹佩韋、董安于佩弦，韋弦有緩急之分，但作用則是一致的，不外是借外在事物的提供與約束，提醒自己別掉入習性的窠臼中。也就是說方法非常多，但客觀的態度卻是大原則，一個明智的領導者，應該懂得靈活運用各種方法來調整自己的不足。

第二段一開始，就提出三項必然事理。而這三項仍然是繞著有限而言的，聰明才智不是任何時刻都可以發揮作用：力氣再大，也有使不上的時候；再強悍的人也有武力敵不過的。例如，治理天下這種大事，就不是憑堯一個人的智能可以完成的，因爲這是羣衆的事務，光一個人做好，別人不配合沒用；大力士沒辦法把自己舉起來，則是物理定則，一定要違反這定則，再大的力氣也沒用：強悍的人若只靠自身武力，不運用戰鬥技巧，仍是有打不過的敵人。也就是說沒有什麼事是絕對的，任何力量都有他作用的極限，不同的環境會產生不同的結果，因此明達的領導者要能考慮客觀環境的變數，了解情勢，善用下屬專長，才能以最少的資源得到最大的功效。

第三段是說明，一個領導除了掌握下屬的特質，也了解客觀形勢。能夠善用屬下之後，仍要好好運用一些技巧，讓自己不被掌握。也就是說要能看透別人、看清形勢，但自己不能被看透、摸清。最基本的技巧，就是把自己眞正的情緒掩藏起來。

「時有虛滿」、「事有利害」、「物有生死」，指的是自己處在最有利，或最不濟的時機之中，處於上風時的得意或困境時的挫敗，都是心防最弱的時候，面對利害、生死時亦然，也就是說這些算是一個人最在意的事，人在面對最在意的事時，很自然會流露眞正的感情，這時也是人最脆弱的時候，在最脆弱時做出的決定，往往是有失客觀公允。若這種情況一再出現，自然會喪失人心。所以一個聖明的君王，要保持時時客觀理性，以靈活的方式觀察別人，了解別人，要能知己知彼，卻不能被知己知彼。

在法家的思想中，雖然人性的光明面並不被突顯，法家運用術勢的主張，也常是針對人性的弱點而出發的。但是我們若能以現代人的眼光，去客觀地看待這一特質，就能夠免去法家苛薄寡恩，澆薄人情的缺點，進而學習法家的長處，以《觀行》篇爲例，了解客觀形勢，認識自己的侷限，微觀他人細行，善用他人長才，都是很好的人生智慧。

雖然法家很強調人君必須隱藏眞實的自己，善用術勢，似乎意圖只利用別人，而不做相對的回饋，但是如果我們能夠把這主張，放在客觀的形勢與積極面看時，可以轉化成在處事時，保持客觀理性的態度，不讓個人情緒與喜好影響決定，也就可以杜絕他人以個人情感，企圖左右公務的心態；而在對人時，則回復坦誠相待的對等付出，若能如此既可以從古人的遺產中汲取智慧，又能免去古人之失，還能成爲客觀、理性、聰明、智慧又具人性的領導者！何樂而不爲？

二、鏡

鏡，古代土青銅鑄造的照容用具，也稱照子、銅鑑。中國的銅鏡基本爲圓形，也有方形的。鏡背中央有鈕，鈕有孔可穿繩絲掛佩。鏡面需用玄粉白旃多次打磨，使之平整光潔，表面發亮，才能供人照容。鏡背面的紋樣，是研究銅鏡必須關注的。

中國最早的銅鏡，出土於甘肅青海等地的齊家文化遺址，距今約四千年。春秋時期銅鏡漸多，進入戰國以後，銅鏡製造業發展迅速，所用青銅中銅、錫比例合理（銅七〇％、錫二四％、鉛五％、其他一％），色澤青白。鏡背飾紋以細密精緻的地紋襯托各種突出生動的主紋。地紋多用羽狀紋、渦紋、雷紋等銅器傳統紋樣，主紋流行山字紋、菱紋、禽獸紋、花葉紋等多種，既規整又富於變化，還有武士鬥獸寫實圖紋。製作工藝精湛，採用錯金銀、透雕、髹漆彩繪等細工工藝，精美異常。

漢代開始在銅鏡上鑄造文字，飾紋中少用地紋，流行規矩紋、草葉紋、星雲紋、四神（青龍、白虎、朱雀、玄武）紋，漢代的透光鏡，可使背紋現在正面。唐代銅鏡式樣很多，有方、圓、菱花、葵花、荷花等狀；紋樣多用瑞獸、鳳凰、花鳥、蜻蜓、蝴蝶、團花、故事人物等。製作工藝有貼花、嵌螺鈿、飾金、鎏銀多種技法。鏡上的文字，多用四言或五言詩形的鏡銘。宋代稱銅鏡爲銅鑒、照子，形式特點在於有柄的增多了。元明銅鏡仿古風氣較盛，還多鑄雲龍、雙魚、雙龍紋，並鑄有鑄造年代。主要流行有湖州和饒州鏡。

中國是世界上出現銅鏡最早的國家之一（還有西亞），流行了幾千年，自成系列，成爲古器物學和考古學的一個研究專題。西元十六、七世紀，玻璃鏡逐步時興，因其造價低、映容清晰而受到歡迎。大到置於室內的穿衣鏡，小到揣入衣袋裡的袖珍鏡，形式多樣，使用越來越普遍。

三、韓非用賢之術

韓非主張君主要用賢，他認爲用賢要能做到以下幾點：

㈠是用其所長：

他說：「夫物者有所宜，材者有所施，各處其宜，故上下無爲。使雞司夜，令狸捕鼠，皆用其能，上乃無事。」（《揚權》）這就是說事物都有所適宜的地方，人才都有所特長的方面，只有用其所長，才能使上下各得其所。

㈡是放手使用：

《揚權》篇中談到：「用一之道，以名爲首。名正物定，名倚物叛。故聖人執一以靜，使名自命，令事自定。」就是說，任人辦事，關鍵是定名位。名分、職位安排好了，職責就明確了。這時，就應放手讓他們去辦事情，不能干涉得太多，只要勤加檢查就行了。

㈢是專才專用：

他說：「明君使事不相干，故莫訟；使士不兼官，故救長；使人不同功，故莫爭。」（《韓非子集釋・卷八》）使各種事情不要互相牽扯，人不要一身多職，也不要許多人做同樣的事情。這樣，就能使人行爲自主，發揮專長，以免彼此損害。

㈣是厲行賞罰：

韓非把賞罰看作是君主用人的「二柄」，即：「明主之所導致其臣者，二柄而已矣。二柄者，刑、德也。何謂刑、德？曰：殺戮之謂刑，慶賞之謂德。」（《二柄》）並提出：「明主立可爲之賞，設可避之罰」（《用人》），即根據實際情況制定賞罰措施，不要使人求賞無門，避罰無路。

韓非主張用賢，因此對國君身旁的奸人，則相當痛恨。韓非在《外儲說右上》篇中講了一個「酒酸不售」的故事：有一酒家酒味醇美、買賣公平而又待客熱情，然而就是賣不出去，以至酒都變酸了。爲什麼呢？因爲他養了一條惡狗，見人就咬，誰還敢去呢？韓非接著指出：「夫國亦有狗，有道之士懷其術而欲以明萬乘之主，大臣爲猛狗迎而吃之，此人主之所以蔽脅，而有道之士所以不用也。」因此，他氣憤地說：「不殺其狗則酒酸」，必須鏟除國君身旁的奸人。

四、西門豹的故事

魏文侯時，西門豹做鄴縣縣令，他一到地方上，就走訪民間疾苦，得悉這一帶的人們受到三老和廷掾（三老掌教化，與廷掾皆古官名）的欺騙，每年省吃儉用節省下來的錢，都花在河伯取妻這件事情上了。這是因爲三老和廷掾勾結了祝巫，硬說從前有位名叫馮夷的人，在渡河時不幸溺死了，以後便成了河伯（神），每年都要娶一個妻子，如果不依從他，河水就會立刻泛濫成災。其實，被搜括去的錢，十有八九都是落到三老、廷掾和祝巫們的口袋裡的。

平時，祝巫到處串門訪戶，只要遇到中意的美貌女子，就通知這家人說：「恭喜你啦，你家小姐要嫁給河伯爲妻了。」於是，逼著女子離開家庭，沐浴潔身後，就住到河邊臨時搭起來的「齋宮」裡。自此之後，大家便開始忙著爲河伯的新媳婦添置衣服，辦理嫁妝，忙了十多天後，出嫁的日子到了，女子便被打扮得跟新娘一樣，然後扶她坐到水面上的牀蓆上，由河中心隨著水流慢慢漂浮到下游去。最後，牀蓆漂流數十里後下沈了，這位女子也就溺死了。這是多麼殘酷悲慘的事情，而三老和祝巫們卻故意說是女孩子有福氣，因此，這一帶有女兒的家庭，深怕自己的女兒被選爲河伯的妻子，都紛紛舉家逃亡到別的地方去。

西門豹知道這種情形，就對當地的人們說：「河伯娶妻那天，你們來通知我，我願意和三老、廷掾他們一起去送嫁。」

河伯娶妻的日子到了，西門豹到河邊會見三老、廷掾。河岸四周人山人海，最受人注目的是一位七十多歲的老巫女，她身後還帶了十個女徒弟，個個打扮得跟神女一樣。西門豹心中有數，便對老巫女說：「河伯娶妻是件大事呀！讓我先看看新娘有沒有達到標準。」於是，大家把新娘從「齋宮」中引出來，西門豹見了，對三老、廷掾和圍觀的人們皺皺眉頭說：「糟透了，如果送這個女孩子給河伯做妻子，一定會惹河伯生氣的！不行，我看還是請大巫婆婆到河伯面前去說明清楚，等我們找到合適的，過幾天再出嫁。」不等老巫女回答，西門豹立刻命令衞士把她抱起來，投到河裡去。過了一會兒，西門豹說：「這個老糊塗，去了這麼久還不回來，叫她的徒弟去催一催。」立刻又把一個徒弟投到河裡去了，又過了一會兒，還不見有人回到河上來，又投了一個徒弟到河裡去。連續投了三個徒弟到河裡去以後，西門豹很不高興地說：「老巫婆婆的徒弟都是些女孩子，辦不好什麼事，我看得麻煩三老一下，到河伯那裡替我們說句話吧！」於是三老也被投到河裡去了。隨後，他很恭敬地站在河邊，等了很長的時間，如此一來，連一批年老的官吏和老百姓都感到驚慌恐懼了。西門豹才又向四面看一看說：「咦！這批人怎麼還不回來？該怎樣辦才好呢？」意思是想再叫其他官員下去。不料，官員們聽了西門豹的話之後，早就跪伏在地上，不斷地磕著頭，面色也變得如死灰一般，顫抖著不敢抬起頭來。

這時，西門豹並沒立刻放過他們，只說：「好吧！那麼我們再等一等看。」過了好久才嘆口氣說：「你們起來吧！看樣子河伯已經留住客人了，娶妻的事改天再說吧！」從此以後，再也沒有人敢談論「河伯娶妻」這件事了。

西門豹又帶領人們開鑿出十二條深渠，引進河水灌溉田地。從此以後，鄴縣再也沒有大水為患，而且，田裡的莊稼年年豐收，當地居民都非常感激、尊敬西門豹。

五、董安于深謀遠慮

春秋時期，趙簡子的家臣董安于受命治理趙氏的根據地晉陽。在修建公宮的牆壁時，他堅持裡面夾雜可以做箭桿的荻、蒿、楛等野生植物的莖和幹；前堂後室的橫樑立柱不用木料，而用精製的銅做成。大家都不知其用意何在。

後來，趙簡子死，襄子即位。晉六卿中實力最強的智伯，企圖消滅其他各家而獨霸晉國。他先向韓、魏索求土地，韓、魏害怕，不敢不給。接著，又向趙襄子索求，被襄子頂了回去。智伯便脅迫韓、魏共同攻打趙襄子。趙襄子退回晉陽城，堅守不出。眼看著守城最有效的武器——箭就要用盡了，形勢非常危急。這時候，趙襄子叫士兵們打開公宮的牆壁，取出荻、蒿、楛的莖、幹做箭桿，拆毀堂室的銅樑銅柱，重新冶煉後，製成箭鏃。這樣一來，守城的弓箭源源不斷，人心也就安定下來。到此時，人們才明白董安于的遠見卓識，感嘆道：「治理國家需要賢臣，竟如此重要啊！」

後來，智伯終於被趙、韓、魏三家滅掉了。

參、語文天地

一、疵

疵，音ㄘ。

㈠小毛病，引申爲缺點，過錯。《韓非子．大體》：「不吹毛而求小疵，不洗垢而察難知。」

㈡誹謗。《鹽鐵論．非鞅》：「〔商鞅〕功如丘山，名傳後世，世人不能爲，是以相與嫉其能而疵其功也。」

二、韋、韋編三絕

㈠韋，去毛熟治的獸皮；柔軟的皮革。《儀禮．聘禮》：「君使卿韋弁。」鄭玄注：「皮韋同類，取相近耳。」賈公彥疏：「有毛則曰皮，去毛熟治則曰韋。本是一物，有毛無毛爲異，故云取相近耳。」

㈡皮繩。《韓非子．觀行》：「西門豹之性急，故佩韋以自緩；董安于之心緩，故佩弦以自急。」

●韋編三絕：古時用竹簡寫書，竹簡用牛皮帶編聯起來，稱「韋編」。三絕：多次斷絕。《史記．孔子世家》：「孔子晚而喜《易》……讀《易》，韋編三絕。」意謂孔子晚年反覆研讀《周易》，以致編聯竹簡的皮帶，因經久摩挲而多次斷絕。後用以形容讀書刻苦勤奮。晉．葛洪《抱朴子．自敍》：「聖者猶韋編三絕，以勤經業，凡才近人，安得兼修！」

㈢皮製的劍鞘。《墨子．兼愛中》：「昔者晉文公好士之惡衣，故文公之臣皆牂羊之裘，韋以帶劍。」《漢書．東方朔傳》：「富有四海，身衣弋綈，足履革舃，以韋帶劍，莞蒲爲席。」顏師古注：「但空用韋，不加飾。」

三、弦

㈠張在弓上用以發箭的牛筋繩子。如「箭在弦上，不得不發」。《韓非子．觀行》：「董安于之心緩，故佩弦以自急。」

㈡月半圓時形似弓弦，因稱：陰曆初七、八，月缺上半，叫上弦；二十二、二十三，月缺下半，叫下弦。

㈢弦樂器上用以發音的線索。如「弦外之音」、「改弦易轍」、「弦歌不絕」。唐．白居易《琵琶行》：「轉軸撥弦三兩聲，未成曲調先有情。」

●改弦易轍：轍，車輪軋過的痕迹，這裡指道路。樂器換弦，車子改道。比喻改變方向、計劃、作法或態度。宋．王楙《野客叢書．張杜皆有後》：「且如杜周，亦以酷惡著名，而得全首領以歿，亦可謂幸免矣。使其子孫改弦易轍，務以寬厚，亦足以蓋其父之愆，奈何繼以酷暴，是益其誅也。」《封神演義》八回：「待老臣同進朝歌，直諫天子，改弦易轍，以救禍亂。」

四、鈞

㈠古代重量單位，三十斤為一鈞。如「一髮千鈞」、「力舉千鈞」。《孟子・梁惠王上》：「吾力足以舉百鈞，而不足以舉一羽。」（〈齊桓晉文之事〉）

㈡製作陶器時用的轉輪。《漢書・董仲舒傳》：「猶泥之在鈞，唯甄者之所為。」

㈢通「均」。《荀子・議兵》：「明道而鈞分之。」此指平均。《孟子・告子上》：「鈞是人也，或為大人，或為小人，何也？」

㈣敬辭，用於下級對上級。如「鈞座」、「鈞鑒」。

五、因

㈠動詞。

1、沿襲、依照。賈誼《過秦論》：「蒙故業，因遺策。」《韓非子・觀行》：「因可勢，求易道。」

2、繼續，連接。《論語・先進》：「加之以師旅，因之以飢饉。」《史記・平準書》：「太倉之粟，陳陳相因，充溢露積於外。」

3、順著。《莊子・養生主》：「因其固然。」

㈡名詞。緣故，原因。魏徵《諫太宗十思疏》：「恩所加，則思無因喜以謬賞。」

㈢介詞。

1、根據，憑藉。《呂氏春秋・察今》：「變法者因時而化。」《史記・孫子吳起列傳》：「善戰者因其勢而利導之。」賈誼《過秦論》：「踐華為城，因河為池。」《三國志・蜀書・諸葛亮傳》：「高祖因之以成帝業。」

2、趁著。賈誼《過秦論》：「因利乘便，宰割天下，分裂山河。」

3、由。《後漢書・張衡傳》：「振聲激揚，伺者因此覺知。」

4、通過。《史記・廉頗藺相如列傳》：「因賓客至藺相如門謝罪。」

㈣副詞。就，便。柳宗元《黔之驢》：「因跳踉大嘔」。方苞《左忠毅公軼事》：「因摸地上刑械，作投擊勢。」

㈤連詞。因為。《夢溪筆談・雁蕩山》：「樣符中，因造玉清宮，伐山取木，方有人見之。」

肆、課文補充資料

一、《昏鏡詞・並引》

劉禹錫

鏡之工，列十鏡於賈區①。發奩②而視，其一皎如，如九霧如。或曰：「良苦③之不侔甚矣！」工解頤④謝曰：「非不能盡良也。蓋賈之急，唯售是念。今來市者，必歷鑒周睞⑤，求與己宜。彼皎者，不能隱芒杪⑥之瑕⑦，非美容不合。是用什一其數也。」予感之，作《昏鏡詞》：

昏鏡非美金，漠然喪其晶。
陋容多自欺，謂若他鏡明。
瑕疵既不見，妍態隨意生。
一日四五照，自言美傾城；
飾帶以紋繡，裝匣以瓊瑛。
秦宮豈不重？非適乃為輕。

【注釋】

①賈區：買賣市場。賈，音ㄍㄨˇ。
②奩：音ㄌㄧㄢˊ，梳妝匣子。
③良苦：精良與粗劣。侔：音ㄇㄡˊ，相等。
④解頤：笑。頤，面頰，下巴。
⑤睞：音ㄌㄞˋ，旁視，顧盼。
⑥芒杪：麥芒和樹梢，這裡指細微。杪，音ㄇㄧㄠˇ。
⑦瑕：缺點，瑕疵。

【語譯】

製鏡匠在市場上擺了十面鏡子，打開匣子，其中一面鏡面像明月一樣明亮，九面鏡面像霧一樣迷濛。有人說：「怎麼好壞差這麼多。」那鏡匠哈哈大笑，說：「不是不能將鏡子都做的精緻。而是商人的只是一心想把鏡子賣出去，現在來買鏡子的，必定要逐個挑選，看看這個再照照那個，選一面與自己合適的鏡子。那面明鏡，不能夠隱藏極微小的毛病，絲毫畢現，不是長得漂亮的人不買，所以，用明鏡的只佔用鏡子的十分之一。」我有感於此，作了這首《昏鏡詞》：

昏鏡子好像不是青銅所製，模模糊糊，光澤完全消失。醜陋的人，往往自欺欺人，硬說昏鏡和明鏡是一樣的。因為昏鏡照不出他的醜陋，自以為有多美麗就多美麗。對看昏鏡一天照個四五次，說自己傾城傾國美麗至極。

他為昏鏡裝飾上繡花錦帶，放在鑲嵌著美玉的匣子裡。

咸陽宮的寶鏡難道不貴重？因為不適用，所以被輕視。

【說明】

這首詩的引，本身就是一則完整的寓言故事，再用詩一渲染，給人的印象就更深了。它諷刺那些自護其短、以醜爲美、以壞當好的人。爲明鏡的不被重視而鳴不平，抒寫了詩人無端被貶的憤懣。

全詩共有十二句，分爲三個層次。第一個層次開門見山地寫了陋容之人硬說昏鏡和其他鏡子同樣明亮，爲下面的敍述埋下伏筆。第二層次四句，一針見血地揭露了陋容之人的昏聵。短短二十字，將陋容者面對昏鏡，神魂顛倒的醜態刻畫得維妙維肖、淋漓盡致，他越是面對昏鏡忸怩作態，就越顯出他的醜陋、昏聵。第三層四句總結全詩，點明陋容者珍視昏鏡、不重視寶鏡的原因所在。昏鏡不見瑕疵，正好適用於陋容之人，而寶鏡卻不適用。那些陋容之人諱疾忌醫，根本不想用寶鏡照照他們的尊容。

按：講「古之人目短於自見，故以鏡觀面。」時，可補充。

二、王藍田性急

《世說新語》

王藍田性急，嘗食雞子，以箸刺之不得，便大怒，舉以擲地。

雞子於地圓轉未止，乃下地以屐齒蹍之，又不得。瞋甚，復於地取內口中，齧破，即吐之。

王右軍聞而大笑，曰：「使安期有此性，猶當無一豪可論，況藍田耶？」

【說明】

《王藍田性急》抓住王藍田吃雞蛋這樣一個情節，採用了幽默、誇張的表現手法，把他動輒暴怒的性格，寫得淋漓盡致。

小說共八十個字，除去寫王右軍評論的二十五個字，僅有五十五個字。作者分三步寫此事。先寫王藍田用筷子刺雞蛋，刺不著便大怒，抓起雞蛋扔到地上。再寫雞蛋在地上不停地打轉，更使他惱怒，於是「下地以屐齒屐之」（屐底前後掌加厚高起，名屐齒，爲了踐踏泥土。）由於性急，用力過猛，沒踩著。最後，他竟把雞蛋撿起來，狠狠地咬碎，然後吐到地上。

爲文之妙，在於抓住獨特性格加以描摹。通過這一連串漫畫式的動作描寫，把王藍田的性格寫得十分具體、鮮明，讀後給人以深刻的印象。同時也體現了短篇小說單一情節的嚴謹和完整性。

小說中的王藍田，確有其人，東晉時官至散騎常侍尚書令，襲爵爲藍田侯。王右軍即王羲之，曾做右軍將軍。安期，是王承的字，王藍田之父，曾官東海內史，從事中郎。爲人謙和，居政清謙，是一位德高望重的長者。小說最後借王右軍之言，把王藍田和其父王承作了對比，給人以啓發，即動輒暴怒，難於成事。總之，這篇小說即事見人，簡約允當，「誇而有節，飾而不誣。」（《文心雕龍·誇飾》）的確是《世說新語》中的佳作。

按：講「西門豹性急」時，可補充。

三、慢性

古詩云：「江平疑不流。」慢性的人也似乎由於血管中的血液裝得太滿或者「心庫」裡所貯藏的情感太多了，所以也顯出「江平疑不流」的特色：無論對人說話或每個舉止行動，總是像蝸牛爬行那樣緩慢，和這種性質的人共事，簡直會使你產生幻覺，總以爲對方是架積鏽很厚的機器。

《笑林》：「有人性寬緩，冬日共人圍爐，見人裳尾爲火所燒，乃曰：『見一事，見之已久，欲言之，恐君性急，不言，恐君傷太多，然則言之是耶？不言之是耶？』人問何事，曰：『火燒君裳。』遂收衣火滅，大怒曰：『見之火，何不早道？』其人曰：『我言君性急，果是。』

儘管上錄的是一則笑話，但它卻生動、具體地刻畫了「其人」性緩的特色：雖然他早已發現對方的裳尾爲爐火所燒，但因考慮對方性急，在不言欲言的矛盾中，費盡了心思。這種性緩不僅顯得可笑、迂腐，如若讓爐火一直燒裳，還會造成意外的嚴重後果。

按：講「董安于之心緩」時，可補充。

四、漢高祖擅用人之長

漢高祖劉邦，出身於普通平民家庭，曾任秦泗水亭長。秦末，諸雄並起，爭相亡秦。劉邦先參加推翻秦朝的起義，後與項羽爭奪政權，「以布衣提三尺劍取天下」，成爲西漢王朝的開國皇帝。他之所以能建立這樣一番轟轟烈烈的功業，除了順應歷史潮流等條件外，主要是他擅於用人。正如他稱帝後在洛陽宴請羣臣總結經驗時所說：「夫運籌帷幄之中，決勝於千里之外，吾不如子房；鎭國家撫百姓，給饋餉，不絕糧道，吾不如蕭何；連百萬之軍，戰必勝，攻必取，吾不如韓信。此三者皆人傑也，吾

能用之，此吾所以取天下也。項羽有一范增而不能用，此其所以爲我擒也。」（《史記・高祖本紀》）

劉邦本來是很討厭儒生的，甚至「解其冠，溲溺其中」。但是對儒生中有謀有識之士還是很器重的。有一次酈食其求見劉邦，劉邦說戰爭時期不用儒生。酈食其大怒說：老子不是儒生，是高陽酒徒。劉邦才接見了他。見後酈食其不但不行禮，還把劉邦教訓了一通，劉邦從此改變了對儒生的看法。後來，劉邦用儒生陸賈著《新語》、儒生叔孫通制禮義。而對其他的將士文人也都是捨短用長。

劉邦對於部下，多能看其長處，不拘小節。比如，項羽手下的陳平在魏無知的推薦下，受到劉邦的重用。劉邦的舊部周勃、灌嬰等到劉邦那裡說陳平雖然儀表堂堂，但不一定有德才。如在家私通其嫂、不被魏王、楚王重用、來後又收取賄金。但劉邦原諒了陳平的這些小節，使其成爲身邊的一位重要謀士。

按：講「以有餘補不足，以長續短之謂明主」時，可補充。

五、金無足赤，人無完人

一天，魯哀公問孔子：「我聽說古代有位叫夔的人只有一隻腳，他是不是眞的只有一隻腳呢？」

孔子笑了，回答說：「不是你聽說的這麼回事，夔並不是一隻腳。他這個人性格暴躁、凶狠，很多人不喜歡他。但他爲人誠實，所以人們也不傷害他，而說他有誠實這一條就足夠了。不是說他只有一隻腳。」

魯哀公接著說：「確實是這樣的話，本來也就足夠了。」

孔子糾正錯誤的傳言，但故事的本義是人應該誠實，同時，它也告訴人們，人不一定是全才，在各方面都是傑出優秀的。用人，能用有全才的人固然好；沒有全才的人，不妨用非全才的人的長處。把有不同長處的人匯集在一起，各展其長，效果不會比用有全才的人差。

漢武帝招募能夠建功立業之士，就只以能否建功立業爲標準，不計較他因道德品行不好，遭到世俗之人的批評。曹操公開聲明，只要能幫助他統一天下，道德行爲上有些汚點也無所謂。這就像人們重視的是夔的誠實，而不把他性情的暴躁、凶狠當一回事。

夔一而足，君主能用每位賢臣的一個長處也就行了。

按：講「雖有堯之智，而無眾人之助，大功不立」時，可補充。

六、目不見睫

《韓非子・喻老》

楚莊王欲伐越，杜子諫曰：「王之伐越何也？」

曰：「政亂兵弱。」

杜子曰：「臣愚患之。智如目也，能見百步之外而不能自見其睫。王之兵自敗於秦、晉，喪地數百里，此兵之弱也；莊蹻爲盜於境內，而吏不能禁，此政之亂也。王之弱亂非越之下也，而欲伐越，此智之如目也。」

王乃止。

【語譯】

楚莊王打算攻打越國，杜子勸說道：「君王爲什麼要攻打越國？」

說：「越國的政局動蕩，軍隊衰弱。」

杜子說：「我很擔心這件事。有時，人的智謀如同人的眼睛一樣，能看到百步以外的地方，但看不見自己的睫毛。君王的軍隊戰敗於秦、晉兩國後，已喪失數百里的土地，這是軍隊衰弱；莊蹻在國內稱寇，官府還沒能夠拘捕他，這是政局動蕩。君王的兵弱政亂，不在越國以下，而您打算攻打越國，這個智謀就如同人的眼睛。」

楚莊王於是放棄了攻打越國的打算。

【說明】

「目不見睫」其意並不在於說人的眼睛看不到睫毛，而是說人往往看不到自己的弱點和毛病，眼睛總是看到別人的缺點，從而導致做出錯誤的判斷。

人的五官中，眼睛最明亮，能見山峯之遠，能視秋毫之細，但獨獨看不到眼前的睫毛。看別人事無巨細，毛髮盡現；看自己是視而不見。看別人是一臉疤，看自己是一朵花。這種感覺和毛病在日常生活中還危害不大，充其量人人側目，親朋遠避。但在治理國家等大事上，就爲害非淺了。像楚莊王，如不聽杜子之勸，出兵伐越，就非吃敗仗不可。如何克服「目不見睫」的毛病？古聖先賢云：「不能正己，焉能正人。」

按：講「離朱易百步而難眉睫」時，可補充。

七、齊桓公好服紫

《韓非子・外儲說左上》

齊桓公好服紫，一國盡服紫。當是時也，五素不得一紫。桓公患之，謂管仲曰：「寡人好服紫，紫貴甚，一國百姓好服紫不已，寡人奈何？」管仲曰：「君欲止之，何不試勿衣紫也。謂左右曰：『吾甚惡紫之臭。』於是左右適有衣紫而進者，公必曰：『少卻，吾惡紫臭。』」公曰：「諾。」

於是日，郎中莫衣紫；其明日，國中莫衣紫；三日，境內莫衣紫也。

【語譯】

齊桓公喜歡穿紫色的衣服，全國上下盡是穿紫色衣服的人。這時，五件純色衣抵不上一件紫色衣的價值。桓公爲了這件事發起愁來，對管仲說：「我喜歡穿紫色的衣服，紫色的衣服就貴得很，舉國上下喜好穿紫衣的風氣有增無減，我怎麼辦好呢？」管仲說：「您想制止它，何不試試不穿紫衣呢？您對左右說：『我很討厭紫衣的臭氣。』如果有人穿紫衣進來，您就說：『請稍退後一些，我討厭紫衣的臭氣。』」齊桓公說：「好吧。」

齊桓公眞的這樣做了的當天，侍衛近臣沒有誰再穿紫衣了；第二天，整座京城沒有誰再穿紫衣了；第三天，全國境內沒有誰再穿紫衣了。

【說明】

這則寓言看上去似乎只是講服飾潮流的變化，實際上揭示了一個十分深刻的道理，這就是：欲正人，先正己。穿什麼樣的衣服，喜歡什麼樣的顏色，純屬個人愛好，本是無所謂的事，然而一經天下人的競相仿效，卻導致了「五素不得一紫」的嚴重後果。試想，如果桓公的愛好不是穿紫色衣服，而是犬馬淫樂，而天下人竟相效尤的話，其結局又將如何呢？

這則寓言提醒人們：作爲領導者，無論他是否願意和是否有意，其言行舉止乃至於興趣和偏好在客觀上對周圍的人們總是存在著影響力的。所以，領導者必須時時事事處處注意自己的表率作用；出了問題也應先從自己身上找原因，並先從自己改起。

按：講「明主觀人，不使人觀己」時，可補充。

八、和珅投乾隆之所好

清高宗乾隆皇帝在位六十年，又當了幾年太上皇，活到八十九歲。在任期間六次南巡，揮霍無度。後期任用和珅二十年，縱容貪污，使吏治更加腐敗，大規模的川楚白蓮教起義即爆發在此時。

乾隆皇帝好大喜功，自誇「十全武功」，自稱「十全老人」。他愛聽奉承話，但必須是高級奉承，奉承得恰到好處爲好。一位年輕的侍衛摸透了他的脾氣，總是曲意奉承，總能博取歡心，所以青雲直上，官做到文華殿大學士，紅極一時。這位最善於奉承乾隆皇帝的人，就是滿洲正紅旗人鈕祜祿氏和珅。

和珅生性乖巧，能說會道。在官學中讀過四書五經，對於古典文化和歷史也有所了解。和珅的發迹很有戲劇性。有一次和珅在乾隆皇帝的轎前聽差，大駕急於起行，倉猝之間找不到黃龍傘蓋。乾隆帝發脾氣，問道：「是誰之過歟？」

鑾儀衞的人你看看我，我看看你，誰也不知道該怎樣回答。這時和珅應聲答道：「典守者不得辭其責！」

乾隆帝看了看這個說話的人，見他長得眉清目秀，儀態俊雅，回答得很文雅，又有典故，很有幾分好感。這個典故便出自《韓非子》：

「昔者韓昭侯醉而寢，典冠者見君之寒也，故加衣君之上，覺寢而說（悅），問左右曰：『誰加衣者』左右對曰：『典冠』。君因兼罪典衣與典冠。其罪典衣，以爲失其事也；其罪典冠，以爲越其職也」。

韓非講這個故事，是說明臣下各有職責，臣不得越官而有功。和珅的回答是强調誰負責這件事誰有責任，回答得清楚而文雅。乾隆覺得言語很得體，很喜歡。他坐在鑾輿內詢問了和珅讀書情況，「奏對頗能稱旨」。乾隆很滿意，就讓和珅總管儀仗隊，升爲侍衞。

和珅受寵，青雲直上，由侍衞而副都統，由副都統而戶部侍郎，接著是軍機大臣，兼內務府大臣，兼步軍統領，充崇文門稅務監督，總理行營事務等等，都是肥缺、實缺。

和珅揣摸透了乾隆的心理，他見這位皇帝處處以康熙皇帝爲榜樣，便投其所好，大談特談當年康熙下江南的盛況，不失時機地勸說：「萬歲的文治武功，在人們的心目中，也和皇祖一樣。現在是太平盛世，如果萬歲也能像皇祖那樣南巡，實乃萬民之福」。乾隆早有這種想法，立即決定效法聖祖遊江南。和珅於是負責建造龍舟、督修行宮，花去銀錢不計其數，自己也從中撈了一大把。

按：講「明主觀人，不使人觀己」時，可補充。

伍、問題與討論

一、首段舉西門豹佩韋、董安于佩弦二典故，用意何在？

答：請參閱貳、課文參考資料・第一項。

二、從本文中，韓非子認爲君主用人要注意那些事項？

答：請參閱貳、課文參考資料・第一、二項。

三、爲什麼「明主觀人，不使人觀己」？請說說你的看法。

答：請參閱肆、課文補充資料．第七、八項。

第十課

「鴻門之宴」

司馬遷

■ 司馬遷

壹、作者參考資料

一、忍辱發憤著史的司馬遷

㈠史官世家

司馬遷，字子長，漢左馮翊夏陽（今陝西韓城）人，約生於漢景帝中元五年（西元前一四五年。另有一說，司馬遷生於西元前一三五年），卒於漢武帝征和三年（西元前九十年）左右。

夏陽地處黃河岸邊，不遠處有座龍門山，是傳說「鯉魚躍龍門」的地方。龍門，是一個充滿詩意和神奇色彩的地方。龍門在黃河的左岸，龍門對岸是梁山，兩山夾金湍，峙立如門闕，形勢之險要，據說只有神龍才能騰越而上，因此稱為「龍門」。傳說這個「龍門」是大禹治水、疏導黃河時開鑿的，所以也稱作「禹門口」。龍門的壯麗景觀已足以引人遐想，而這裡作為河東、河西的津渡，在楚漢相爭之際，曾留下過韓信巧用疑兵計，偷渡擊破魏王豹大軍的故事，因此更增添了它的傳奇色彩。《太史公自序》自報「遷生龍門」，大概是因為具有「地靈人傑」這種觀念的緣故吧！

家世對一個人是有影響的，許多人往往以顯赫的家世炫耀於人，而司馬遷卻以史官的家世為榮。他把傳說中的顓頊時代掌管天地的重黎氏，說成是自己的遠祖，就是為了說明他有一個久遠的史官家世。當然，對他影響最大的還是他的父親司馬談。司馬談學識淵博，曾做漢武帝的太史令。「太史令」也就是史官，在漢代，通稱「太史公」的，主要是掌理天文、星曆和占卜、祭祀的事情，同時也兼管文書和記載朝廷大事。《史記》中記載了司馬談寫的《論六家要旨》，這是我國古代思想史上，一篇十分重要的學術論著。司馬談把古代的學術思想分為陰陽、儒、墨、名、法、道六家，他對各家學說一一加以評論，指出他們的優缺點，惟獨對道家推崇備至。司馬遷後來在《史記》的論贊裡，也常常流露出道家的觀點，除了受時代的薰陶之外，顯然還受了他父親直接的影響。

司馬談從年輕時就以著史為己任，並希望自己的兒子能繼續堅守史官的世業，所以司馬遷從小就要閱讀經、史、諸子各種典籍。在司馬談的嚴格督促和培育下，司馬遷十歲時就能誦讀《左傳》、《國語》、《世本》等古代史籍了。就在司馬談做太史令的這一年，司馬遷跟隨父親離開家鄉，到京師長安。在京城，司馬遷向當時的古文大家孔安國學《古文尚書》，又向當時的今文大師董仲舒學《公羊春秋》。經過這一番鍛鍊，司馬遷成爲一個年輕博學的人物。

(二)壯遊大江南北

在父親的刻意培養和薰陶下，司馬遷繼承父業的思想逐漸明確起來。於是，在他二十歲時，爲了「**網羅天下放失舊聞**」，在父親的支持下，他開始漫遊大江南北。根據《史記》中的《太史公自序》和其它各篇的記載，可以大致勾勒出他這次遊歷的路線：從京師長安出發，南下至江陵，渡江輾轉到汨羅江畔。汨羅江是愛國詩人屈原自沈的地方，屈原對楚國的熱愛和忠貞，深深地感動著司馬遷。司馬遷面對著滾滾的江水，想像屈原的爲人，不禁爲之悲傷流涕。司馬遷在長沙，還憑弔了賈誼的遺迹。賈誼後來死於長沙，一生遭遇和屈原相似。司馬遷把他們的資料搜集在一起，寫了一篇「合傳」，表示他對屈原和賈誼的同情，並對統治者的不辨忠奸，深感不滿與憤慨。

司馬遷在湘南，想起了古代史籍有舜葬九疑的記載，便前往九疑山瞻仰了一番。然後，他從湘南輾轉到了湘西，順著沅江而下，再東浮大江，南登廬山，實地考察了「禹疏九江」的所在地。接著，他來到了東南的浙江，遊覽了著名的會稽山。「會稽」就是會計的意思，傳說夏禹曾經在這座山上會集諸侯計功封爵，因此得名。

會稽也是夏禹後裔——越王勾踐的都城。司馬遷親臨這些遺迹，訪問各種遺聞，深爲勾踐臥薪嘗膽和報仇復國的堅強意志所感動，所以他後來在《越王勾踐世家》裡贊道：「**勾踐苦身焦思，終滅強吳，……可不謂賢哉！蓋有禹之遺烈焉。**」司馬遷在這裡，還聽到了關於陶朱公（范蠡）、伍子胥和專諸刺吳王僚的故事，這些事都分別記載在《越王勾踐世家》和《吳太伯世家》裡。

結束了對會稽的考察後，司馬遷便渡江北上，到了江蘇淮陰。這裡是漢初「三傑」之一——韓信的故鄉和封地。在這裡，他搜集了關於韓信的「漂母飯信」、「胯下之辱」等故事，後來都寫在《淮陰侯列傳》。

接著又向北來到汶水、泗水一帶，拜訪孔子的故鄉曲阜。司馬遷拜謁了城北泗上的孔子墓，考察了有關孔子的事迹，看到了齊魯的士人，經常到這裡來祭奠孔子，使他對孔子產生無比的敬佩。司馬遷後來在《孔子世家》的贊語中，寫下了對孔子景仰的心聲：

詩有之：「高山仰止，景行行止。」雖不能至，然心

鄉往之。余讀孔氏書，想見其為人。適魯，觀仲尼廟堂，車服禮器，諸生以時習禮其家，余低回留之，不能去云。

由山東峯山往南走，到了薛縣，這是齊國孟嘗君（田文）的封地。司馬遷深感當地的民情風俗和鄒魯不同，「其俗閭里率多暴桀子弟」。幾經訪察，才知道當年孟嘗君好客，喜歡養士，大量招致天下的豪傑俠客，有六萬多戶人家遷居薛城，遂形成這種特殊的豪强風氣。後來司馬遷寫《孟嘗君列傳》，由於他掌握了豐富的材料，因此，他所塑造的像「雞鳴狗盜」和魏子、馮驩的人物形象，都寫得豐富多彩，生動活潑。

自薛縣再向南，就到豪傑輩出、楚漢交戰時必爭之地——彭城（今江蘇徐州市）。司馬遷在彭城及其附近一帶遍訪當地父老、文人，考察歷史遺迹，因此掌握大量有關楚漢相爭以及漢初的歷史資料，這些都分別寫入了《史記》的有關篇章之中。司馬遷遊訪了薛縣、彭城之後，「過梁楚以歸」，回到了長安。

司馬遷回到長安後不久，元朔五年（西元前一二四年）被任命爲郎中。郎中是皇帝的侍從，官職位雖不高，但是只要被天子看上，就有機會擔任大官。司馬遷曾以郎中之職，多次隨從漢武帝出巡。曾西至崆峒山（今甘肅平涼縣西），東登泰山，上碣石，直到東海，北出長城，直抵九原（今內蒙五原縣附近）。漢武帝元鼎六年（西元前一一一年），他奉命出使巴、蜀以南，最遠還到達了昆明。在完成經略西南任務的同時，他對西南地區各個少數民族的經濟、政治、社會生活及風土人情，都做了深入的調查。因此，他後來才能在《史記》中，爲西南地區的少數民族作傳，敍述得錯落有致，井井有條。

年輕時代的壯遊，與多次隨從漢武帝出巡的經驗，使司馬遷開闊了眼界。除河西、嶺南外，司馬遷的足迹所至，幾乎遍及全中國。這些遊歷，給他帶來兩種好處：一是使他有機會廣泛地接觸下層庶民，考察風土民情，體驗到人民的痛苦與願望。二是訪問父老耆舊，採集傳說逸聞，考證歷史遺迹，積累了豐富的史料。《史記》之所以傳世，司馬遷之所以不朽，最重要的一點，是他不僅「讀萬卷書」，同時，還「行萬里路」，以消化、印證、考據典籍上的資料，培養了他開闊的胸襟、深遠的見識、和豪邁的氣勢。一千兩百年後的蘇轍非常景仰司馬遷，他說：

「太史公行天下，周覽四海名山大川，與燕趙間豪俊交遊，故其文疏蕩，頗有奇氣。」（《上樞密韓太尉書》）

㈢繼承父命修史

元封元年（西元前一一〇年），漢武帝到泰山舉行封禪大典。身爲太史令的司馬談隨從東行，但因重病滯留在周南（今河南洛陽）。此時，司馬遷正從西南出使歸來，便急忙趕到周南探視父親。司馬談臨死前，他對守護在身邊的兒子司馬遷說：「余死，汝必為太史；為太史，無忘吾所欲論著矣。」，「今漢興，海內一統，明主賢君忠臣死義之士，余為太史而弗論載，廢天下之史文，余甚懼焉，汝其念哉！」（《史記・太史公自序》）這段遺言透露出司馬談爲撰述《史記》已做了一些準備的信息，現在《史記》有些篇目就是出於司馬談的手筆。司馬談把未竟完成的事業，和偉大的抱負，交付給司馬遷，司馬遷也向父親立下完成《史記》的誓言。

司馬談逝世後的第三年（元封三年，西元前一〇八年），司馬遷依他父親的遺言，作了太史令。這是司馬遷畢生著作《史記》的起點和重要的條件。東漢桓譚說：「太史公不典掌書記，則不能條悉古今」（《全後漢文・新論上》）。因爲當了太史令，使得司馬遷能夠進入皇室的「金匱石室」，使他有更多的機會，閱讀宮廷收藏的典籍文獻。由此，開始了著述《史記》的準備工作。

不久，他又受詔主持改革曆法的工作。漢承秦制，漢初沿用秦代通行的《顓頊曆》。這種古曆與天象多有不合，缺點不少，於是在元封七年（西元前一〇四年），漢武帝接受司馬遷等人的建議，詔令制定新曆。經過半年時間，制成了新曆，稱作《太初曆》（即夏曆）。好大喜功的漢武帝，便把年號元封改爲「太初」，所以元封七年歷史上又稱爲太初元年。《太初曆》以正月爲歲首，既符合天象氣節，也符合農業生產的實際需要，所以這次改革在曆法上是個重大的進步。完成了這次改曆工作以後，司馬遷就全神貫注地開始了《史記》的著述工作。

在寫作《史記》的過程中，司馬遷面臨著無數的難題：首先，這些文獻有充斥著古代的神怪傳說，極難分辨眞假的；有互相矛盾，說法不同的；有許多典籍遭逢秦末之亂散失、焚毀了，只留下殘缺不全的片段，要加以選擇和整理眞是不容易。其次，最重要的還是怎樣來寫的問題，《史記》問世以前，中國的史書，像《尚書》以記言爲主，《春秋》、《左傳》以編年爲綱，《國語》、《戰國策》以地域分類，這些史書雖都有其特色，但卻不能系統地、全面地反映當時整個時代的歷史過程，也沒有把歷史中最主要的部份——人物的活動、社會生活的動態呈現出來。以往的既是無可遵循，那麼，就須要他自己闖出一條新的道路來。

經過五、六年的苦心研究，他摸索出一種前所未有的編寫歷史的方法——創立了以記人物的本紀和列傳爲中心的紀傳體，融合表、書、世家，將五種史書體例匯集一書，使之互相配合、補充，各盡其用。紀傳體史書的新體裁，記載社會各方面的內容，包括政治、軍事、思想文化、經濟、民族以及中外關係等，從不同的角度顯示社會的基本狀況，內容廣泛，既提綱挈領，又包羅宏富，顯現了司馬遷在史書體裁方面高度的創造力。後出的二十五史，就是用這種方法與體例寫出來的。

㈣李陵之禍

任太史令之後的第七年，發生了李陵事件，這個大災禍，差點葬送了司馬遷那偉大的寫作計畫。

漢武帝天漢二年（西元前九十九年），漢武帝派貳師將軍李廣利率大軍出征匈奴，卻讓著名的大將李陵為李廣利押送糧草。李陵不願作李廣利的隨從將領，主動向漢武帝請求，自願帶五千步兵北擊匈奴。漢武帝雖然心中不高興，還是答應了李陵的請求。李陵領兵從居延出發，北擊匈奴。起先，李陵深入敵境，因為沒有和敵人相遇，進展相當順利；漢武帝得到報告也很高興，朝中諸大臣紛紛向漢武帝祝賀。不久，漢軍遇到了匈奴的強大隊伍，他們由三萬騎兵增至八萬餘。在幾場惡戰中，李陵終因寡不敵眾，加之後無援兵，人盡糧絕，在敵人的重重包圍之下，終於戰敗被俘，最後投降了匈奴。

李陵戰敗投降的消息傳回之後，震動整個朝廷。漢武帝本來希望李陵在兵敗時戰死或自殺，給漢朝爭回一些面子。後來聽說李陵投降了匈奴，大為震怒，原先祝賀的朝中大臣們立刻附和著，異口同聲的批責起李陵來。漢武帝震怒後下令把李陵的家人全部扣押起來，打算問罪。司馬遷平日和李陵雖然沒有什麼特別的交情，但佩服李陵的為人，認為李陵勇敢孝義、廉潔謙恭，加罪李陵實在冤枉。於是他替李陵抱不平，向漢武帝陳言：「臣以為李陵對父母孝順，待士兵如子，有國士之風。他帶領不滿五千的步卒，深入匈奴腹地，轉戰千里，奮力殺敵，為國立下大功。最後他被圍困，弓箭用盡，援兵不到，才不得已被俘投降。他之所以不死，或許是為了將來尋找機會報效大漢。」沒想到漢武帝聽了這些話後，馬上變了臉色，他認為司馬遷為李陵辯護，是故意擡高李陵身價，打擊大將軍李廣利。原來這一次統率大軍的李廣利，不是別人，正是漢武帝自己的大舅子。漢武帝晚年寵幸李夫人，這李廣利就是李夫人的哥哥，兄以妹貴，所以能夠身統六軍。漢武帝當時已經痛恨李陵的投降，又疑心司馬遷在嘲諷他的大舅子作戰不力，所以一怒之下，以誣罔罪將司馬遷關到獄中。

司馬遷瑯璫下獄，自然是大受折磨。更不幸的是：第二年消息傳來，竟說李陵在爲匈奴練兵，準備進攻中國。漢武帝聞報，愈加震怒；就將司馬遷定了死罪。按照當時的法律規定，有兩種方法可以免除死刑：一是用錢贖罪，這需要五十萬錢，司馬遷官小家貧，又沒有親友肯幫助他，無論如何也拿不出那麼多錢來。二是接受腐刑，這不僅需要遭受肉體的巨大折磨，還必須忍受精神上莫大的恥辱，司馬遷要想免死，只有接受腐刑。

什麼叫腐刑？腐刑又叫宮刑，就是把生殖器割掉，要一個男人，永遠不能和女人玩「雲和雨」的遊戲。

司馬遷遭李陵之禍，被處以宮刑，心中受到極大的創傷。他在《報任安書》中曾說：「我因爲說話不謹愼，遭遇了這樣的災禍，深爲鄉里朋黨所恥笑，因此汚辱了先人，又有什麼面目再上父母的墳呢？即使千百年後，恥辱只會更深而已！因此，愁腸百轉，平時在家，心裡恍恍惚惚，如有所失，出外往往不知道走向那裡去，每想到這種恥辱，就會汗流浹背，濕透衣裳。我像一個宦官一樣，怎麼能夠自己引退，深藏隱居呢？所以只好姑且跟著世俗隨波逐流，隨時應付，抒發內心的悲憤和矛盾。」司馬遷曾經想到自殺，但他考慮又考慮，覺得處在當日的情勢下，縱使死了，誰也不會覺得可惜的，反使人以爲他罪大惡極，死有餘辜。他想到父親要他繼承史官世業的遺命，想到「草創未就」的《史記》，想到「人固有一死，死或重於泰山，或輕於鴻毛」，想到過去許多聖賢在苦難遭遇中所做的事業。於是他決定要完成不朽的事業——《史記》的寫作，便打消了自殺的念頭，雖「隱忍苟活，幽於糞土之中而不辭」。李陵之禍當然不是司馬遷創作《史記》唯一的動機，但是這個事件，毫無疑問的，更堅定他要完成《史記》的決心。司馬遷在《太史公自序》一文中，說明了自己「發憤著書」的心聲：

於是論次其文。七年而太史公遭李陵之禍，幽於縲紲，乃喟然而歎曰：「是余之罪也夫！是余之罪也夫！身毀不用矣！退而深惟曰：夫《詩》《書》隱約者，欲遂其志之思也。昔西伯拘羑里，演《周易》；孔子厄陳蔡，作《春秋》；屈原放逐，著《離騷》；左丘失明，厥有《國語》；孫子臏腳，而論《兵法》；不韋遷蜀，世傳《呂覽》；韓非囚秦，《說難》《孤憤》；《詩》三百篇，大抵賢聖發憤之所為作也。此人皆意有所鬱結，不得通其道也，故述往事，思來者。」於是卒述陶唐以來，至於麟止，自黃帝始。

司馬遷的痛苦、悲憤之情，躍然紙上。然而，個人的悲劇並未把他的理想埋葬。相反地，爲了完成「究天人之際，通古今之變，成一家之言」的《史記》，他把個人的生死、榮辱都拋到九霄雲外，在痛苦中以自己的血和淚撰寫著《史記》。

經過非人的宮刑折磨，司馬遷出獄了。漢武帝大概是憐惜他的才學，在司馬遷出獄後提升他爲中書令（掌握宣布皇帝詔命的官員，通常由宦官擔任）。官位雖然升高了，可是這是宦官擔任的職務，身負奇才的司馬遷做這種官，感到奇恥大辱，內心無比痛苦。但他把痛苦與恥辱埋在心底，更加勤奮地埋首於史書的寫作中。

爲了向朋友傾訴苦衷，說明自己「隱忍苟活」的原因，漢武帝太始四年（西元前九十三年），司馬遷寫了一篇自傳式的長信，把自己的遭遇和心情，詳盡地告訴好友任安。在信裡，司馬遷談到了他已完成《史記》一百三十篇，五十二萬六千五百字。這篇著名的書信，就是和《太史公自序》具有同等重要價值的《報任少卿書》。

大約在征和三年（西元前九十年），司馬遷逝世了。至於司馬遷的死因，不少學者認爲是漢武帝所害。雖有一些間接的旁證，但也大都是後人揣測之言，難以置信。司馬遷被下獄時，他並不畏懼死，他之所以要活下去，是因爲沒有完成《史記》。《史記》完成了，他活下來的目的已經達到。再說，司馬遷出獄後，一直因受腐刑的恥辱而抑鬱寡歡，悲憤而死，可能才是他眞正的死因。

◆二、《史記》的內容

《史記》是中國歷史上第一部紀傳體通史。全書五十二萬六千餘字。其記事上起傳說中的黃帝，下至西漢武帝太初年間（西元前一〇四～前一〇一年），共約三千年史事。漢以前的歷史寫得比較簡略，漢以後的當代史較爲詳細，基本上是出自司馬遷自己的創作。此書計「本紀」十二篇，「表」十篇，「書」八篇，「世家」三十篇，「列傳」七十篇。由於後世的散佚，今本《史記》雖然也是一百三十篇，但少數篇章不是司馬遷的手筆，如《三王世家》、《外戚世家》、《龜策列傳》、《日者列傳》等係西漢元帝、成帝時的博士褚少孫所補寫，書中凡有「褚先生曰」的文字就是他的補作。另外，《武帝本紀》全篇從《封禪書》裡截取，全書還有後人補綴的其他文字。利用《史記》的材料，需明瞭這一情況。

「本紀」的內容，包括歷代帝王的世系和國家大事，以事繫年，屬於全國的編年大事記，也是全書的綱領。前五篇分別記述傳說中的五帝，以及夏、商、周和秦國前期歷史；後七篇記載秦始皇和漢高祖劉邦至漢武帝時期的逐年大事。透過《秦始皇本紀》保留下來的原始而又系統的史料，後人得以瞭解秦如何削平六國，統一全國政令，推行中央集權制度。值得注意的是，司馬遷把項羽和呂后呂雉都列入「本紀」。項羽雖然沒有登上皇帝寶座，但他推翻秦王朝的各支起義力量的實際領導者，「楚漢相爭」時的政治中心人物。呂雉是在劉邦死後，以太后身分執掌實權，發號施令，惠帝劉盈不過徒有虛名。因此，司馬遷尊重歷史事實，不以成敗論英雄。

十表包括《三代世表》、《十二諸侯年表》、《六國年表》、《秦楚之際月表》、《漢諸侯王年表》、《高祖功臣侯者年表》、《惠景間侯者年表》、《建元以來侯者年表》、《建元以來侯者年表》、《王子侯者年表》、《漢興以來將相名臣年表》。記錄了從黃帝開始，夏、殷、西周到共和行政爲止的帝王屬系。其中較重要的《十二諸侯年表》排列了從共和有紀年開始（西元前八四一年）周、魯、齊、晉、楚、宋、衞、陳、蔡、曹、鄭、燕、吳等諸侯國的年代始末。《六國年表》把周、秦、魏、韓、趙、楚、燕、齊等國排列成表，各國之間的縱橫關係顯而易見。漢興以來的幾個功臣表列述了西漢初年同姓諸王異姓諸王、各諸侯國的繼統以及功臣將相的事迹，便於了解漢初的政治情況。「表」的形式源於《周譜》，是用表格的形式譜列歷史大事件和某些列傳不勝記載的人物活動，這種寫法使歷史發展的脈絡更爲明晰。所以《通志》說：「史記一書，功在十表」。

「書」是很重要的部份，對經濟、文化以及典章制度作了專門論述。八篇「書」中，《禮書》、《樂書》分別論述了禮儀和音樂的社會作用。《律書》論音律，古代師出以律，故後人認爲該篇即是《兵書》。《曆書》、《天官書》專記曆法和古代天文知識。《封禪書》以較長的篇幅記錄歷代帝王祭祀天地諸神和名山大川，並對漢武帝祭祀活動有所諷刺。《河渠書》詳載古代主要水利工程。《平準書》是武帝以前的西漢經濟專篇，既概述漢初經濟恢復和發展的全過程，也展示漢朝經濟政策的演變脈絡，如鹽鐵政策、錢幣制度以及征榷制度，均有詳細論述，彙集了漢初經濟狀況的珍寶史料。《平準書》這種專記經濟史的篇章，是由司馬遷首創。

「世家」三十篇，有一半以上記述春秋戰國時期各諸侯國興衰存亡的歷史，如吳、齊、魯、燕、晉、楚、越、韓、趙、魏等國，均有專篇記載。有些事件雖不涉及全國範圍，但對某一封國或全國社會生活的某一方面有較大影響的，皆收入書中，故「世家」可以說是一種「國別史」。另外，所記人物均爲影響較大者，如孔子、蕭何、張良、曹參、陳平、周勃等，既記載他們的家世、生平事跡，也保存了一些與當時重大歷史事件和典章制度密切相關的史料。尤其可貴的是司馬遷把陳涉也列入「世家」之中，充分肯定了陳涉在推翻秦朝暴政統治中的歷史功績，認爲「天下之端，自涉發難」，給予陳涉很高的評價，與歷來史家誣其爲「盜」、爲「暴亂之人」的態度大相徑庭。

「列傳」也爲司馬遷首創。七十篇中的絕大多數是人物傳，專記歷史上的重要人物，尤其是秦漢時期活躍在政治、經濟、軍事、文化等領域的社會各階層代表。如商鞅、蘇秦、張儀、呂不韋、李斯、韓信、叔孫通、賈誼、晁錯、衛青、霍去病、孟子、荀子、屈原、扁鵲、司馬相如等，都經司馬遷的記載，展示了各自的活動對社會產生的重大影響。當然，單篇的人物傳中，有些史料不免顯得零散，但分門別類加以整理，就可以從中提煉出比較完整的史料，可供研究之用。除了以事繫人，專記一人或數人的專傳、合傳外，「列傳」中還有數篇類傳，每篇都收錄若干同類人物而記其行事，集中反映歷史的一個側面。《儒林列傳》記載了儒家代表人物的學術活動，和儒家經典的傳授過程。《酷史列傳》集中描寫了郅都、寧成、張湯、王溫舒等人崇尚嚴刑峻法，以酷烈手段馭民的情形。《游俠列傳》專記歷史上「其言必信，其行必果，已諾必誠，不愛其軀」的俠義之士，反映了這類人物在社會上的地位和影響。《佞幸列傳》揭露天子身邊的寵臣、佞臣不惜以吮癰、歌舞等種種手段獲取寵幸地位，最終則身敗名裂。《貨殖列傳》是經濟專篇，在主張强本抑末的西漢社會，司馬遷卻爲許多工商業者立傳，宣揚他們的多財善賈、不貴而富，肯定他們的社會作用，同時，也保存了秦漢以前以及當時的各地物產農業經濟、手工業和商業的原始資料。列傳還有六篇記載我國少數民族地區和周邊國家的情況，涉及匈奴、南越、東越、朝鮮、西南夷以及大宛，比較系統地反映了各少數民族發展的歷史，和亞洲許多國家的古代概況，成爲古代民族史和中外關係史方面的珍貴記錄。

《太史公自序》係列傳末篇，也爲全書之殿。司馬遷在該篇中先敍自己的家世和事跡，並說明編著本書的經過和旨意，然後逐一概述各篇的內容，表明了作者的史學見解。這是後世研究《史記》和司馬遷，所不可缺少的原始史料。「究天人之際，通古今之變，成一家之言。」這是司馬遷對寫作《史記》的目的所作目的自我評價，事實上也是對《史記》一書的客觀評價。

《史記》成書後，由於它「是非頗謬於聖人，論大道則先黃老而後六經」（《漢書・司馬遷傳》），被指責爲對抗漢代正宗思想的異端代表。因此，在兩漢時，《史記》一直被視爲離經叛道的「謗書」，不但得不到應有的公正評價，而且當時學者也不敢爲之作注。到南北朝時，由於經學衰微，玄學佛學繼起，南朝劉宋的裴駰才開始爲《史記》作《集解》。隋唐時，又有司馬貞爲之作《索隱》，張守節爲之作《正義》。北宋以後，在《史記》的正文之下，都附有以上三家的注文。自宋以後，研究《史記》的著述增多了，較有代表性的如清梁玉繩的《史記志疑》、崔述的《史記探源》、張森楷的《史記新校注》、日本學者瀧川資言的《史記會注考證》，以及清趙翼的《廿二史札記》和王鳴盛《十七史商榷》的有關部分，都是重要的參考書籍。

三、《史記》的文學成就

《史記》是中國史學中一部繼往開來的偉大著作，司馬遷創造以人物爲中心的紀傳體，在漢以後一直是歷代王朝正史所沿用的體制。而《史記》的人物傳記，由於作者的匠心獨運，使之成爲中國古代歷史傳記文學的開山之作，後代的文學家從中受到的影響是多方面的。宋代鄭樵說：「百代而下，史官不能易其法，學者不能捨其書。」魯迅譽爲：「史家之絕唱，無韻之《離騷》。」都說明司馬遷對中國文學發展的貢獻。以下說明《史記》的文學成就與特色：

(一)有豐富的思想內容和無畏的批判精神

在《史記》全書裡，充滿著反對暴君、豪強、酷吏的思想。他揭露、批判了歷史上許多昏君、佞臣的醜行。對於愛國愛民的、品質高尚的、尚義任俠的、對社會有貢獻的各種人物，他固然給予高度的評價；對於出身微賤的下層人物，他也同樣重視。因此，伯夷、叔齊、孔子、荊軻、陳涉、項羽這些身分不同、事業各異的人物，作者都注以同情之心，使他們在歷史舞臺上，放射出不滅的光輝。

(二)用不同的筆調刻畫不同的人物性格

《史記》的紀傳以描寫人物爲中心，司馬遷在這方面表現了卓越的才能和技巧。《史記》中出現的人物，非常廣泛，上自帝王、將相，下至遊俠、刺客，但司馬遷都能採用不同的筆調，去刻畫他們不同的性格和面貌，使他們個性分明、神情逼露、形象生動。有的用讚歎，有的用同情，有的用諷刺，有的用批判，有的粗豪，有的細膩，愛憎非常分明，褒貶極有分寸，都能給讀者留下難忘的印象。同爲貴族出身的四公子，各人有各人的性格；同爲刺客、遊俠，各人有各人的面貌；都是賢相，管仲、晏嬰的形象有別；都是策士，蘇秦、張儀的臉譜不同。這就是司馬遷的語言藝術，在描寫人物上的才能和成就。

㈢選取典型事件表現人物的性格

《史記》又善於通過典型的事件，去表現人物的性格。對不足以表現人物性格的材料，則予以捨棄或一筆帶過。例如《廉頗藺相如列傳》選取了「完璧歸趙」、「澠池相會」、「負荊請罪」三個典型的事件，既寫出了藺相如的勇敢機智，以及「先國家而後私仇」的高尚品質，又刻畫了廉頗深明大義、知錯能改的豪爽性格。又例如《項羽本紀》，司馬遷選取了項羽一生三件大事作詳細的描寫：「鉅鹿之戰」寫出了項羽叱吒風雲、所向無敵的勇武；「鴻門之宴」寫出了項羽驕縱、率直、剛愎自用而又優柔寡斷的性格；「垓下之圍」寫出了他的英雄氣概、磊落胸懷和悲劇結局。

㈣善於運用對話表現人和性格

《史記》又善於運用人物的對話表現人物的性格。例如《淮南侯列傳》中劉邦和韓信議論帶兵能力的一段對話，一邊是劉邦的試探、觀察和猜疑，一邊是韓信的自信、失言和防範，短短的幾句話，就寫出了劉邦對功臣的猜忌性格和韓信的尷尬處境。又例如劉邦和項羽都曾看見過秦始皇出遊，但他們與人的對話卻表現了各自的特殊心理，可說是「連人帶話一齊來」。項羽說：「彼可取而代也！」劉邦說：「嗟乎！大丈大當如是也。」前者是一個貴族情感的流露，後者是一個平民思想的反映。

㈤詞彙豐富精煉、變化多采

《史記》語言的特色，是詞彙豐富，整潔精煉，氣勢雄偉，變化有力，具有高度的概括性和生動的形象性。同時還具有規範化、通俗化的特徵。他寫《五帝本紀》，就是將《尚書・堯典》的艱深文句改譯爲漢代通行的語言。再如他引用《左傳》、《國語》、《戰國策》的材料時，有的意譯，有的加工，都經過一番剪裁提煉的工夫，以表現自己的風格。

㈥善於汲取民間語彙歌謠

司馬遷還吸取民間口語諺語和歌謠，以表現人物的性格，增强形象的眞實性。如《陳涉世家》中引用土話：「夥頤！涉之爲王沈沈者！」生動地表現了農民的驚訝神態和質樸性格。又如《李將軍列傳》引用諺語：「桃李不言，下自成蹊」，來表彰李廣的「木訥少言」，受人尊敬。又如《淮南衡山列傳》引用民謠：「一尺布，尚可縫；一斗粟，尚可舂。兄弟二人不相容。」來諷刺漢文帝與諸王兄弟之間的傾軋。

貳、課文參考資料

一、《鴻門宴》賞析

秦始皇死後，各地發生叛亂，項羽和劉邦約略同時起兵，在大亂中獲勝而保存，直到最後形成二人一爭天下霸業的局面，兩人的對峙，在《史記》中可算是格外精彩的場面。而在二人爭奪天下的許多場面中，鴻門宴又可以說是其中最出色的一段。

整篇故事可分爲三大部份：第一部份寫宴前雙方的形勢，交代鴻門宴的緣由；第二部份在說明鴻門宴上的情形，到最後劉邦如何逃走，做一清楚的交代，是整個故事最主要的部份，將雙方人物如張良、項伯、樊噲、范增等人的動作及鴻門宴上緊張的氣氛，描寫的非常完整、生動。第三部份則寫鴻門宴之後，項羽和劉邦兩方人馬各自的作法，是整個鴻門宴故事的結尾。整篇故事情節迭宕、結構嚴謹，描寫人物的語言、行動、情態，栩栩如生，表現出每一個人不同的性格特點。

文章的第一段寫秦朝滅亡，劉邦、項羽的軍隊都駐紮在咸陽附近，隨時可能有戰事發生。此事的導火線是曹無傷向項羽告密，說劉邦想佔據關中稱王。其實，楚懷王原本就和劉、項二人有約定：「先入咸陽者王之。」劉邦先入咸陽，本就應當稱王。但是由於項羽的軍力較強大，自然不會甘心讓劉邦稱王，因而聽到密告後，決定要消滅劉邦的軍隊。項羽既已決心要攻打劉邦，范增又向他進言劉邦有意想當天子，主張「急擊勿失」，這無異是火上加油，使得整個場面非常緊張。

第二段寫劉邦面對緊急狀況，如何設法改變對自己不利的形式。正巧項伯基於對張良的友誼，而將項羽的計策告訴了張良，使得劉邦有了可乘之機，乘機籠絡項伯，讓項伯爲他說話。項伯果然替劉邦向項羽求情，有了這一層緣故，使項羽的決心被動搖了。這也是劉邦能保住一命的重要關鍵。

第三段描寫的是鴻門宴上劉、項雙方主要人物的衝突，主要共可分四個部份：第一部份，劉邦赴宴，態度謙恭，同時有意地向項羽點明是受小人的挑撥。項羽輕易地上當了，竟將告密的人告訴了劉邦，以示坦然；第二部份，是寫范增向項羽舉玦示意，要他殺掉劉邦。項羽卻在這緊要關頭猶豫了；第三部份，范增派項莊舞劍，要他伺機殺掉劉邦，沒想到卻因項伯暗中保護劉邦，處處阻止項莊，而使范增未能達到目的。第四部份，寫樊噲闖進帳內保護劉邦，並巧妙地責難項羽，竟得到項羽的敬重，以禮待之。

第四段寫劉邦藉口如廁逃回營地，以及留下張良在項營與項羽周旋，如何全身而退的經過。最後以范增對項羽的評語以及曹無傷被劉邦誅殺作結，同時對雙方的後續作了清楚的交代。至此之後，楚漢之爭，大勢已定。

項羽斬宋義、破秦軍，爲諸侯上將軍，眞是非常勇猛；但是坑秦卒二十多萬人，卻顯露出他的殘暴嗜殺，這也是劉邦之所以成功而項羽之所以失敗的最大原因。而鴻門宴上，項羽的失策計有：㈠他未能如原定計畫殺劉邦；㈡心慈手軟，未能在宴會上聽范增建議，就勢殺掉劉邦，永絕後患。這可說是使一直居於優勢的項羽，最後卻節節落敗，以致後來落個兵敗垓下、自刎烏江的悲慘結局的關鍵所在。此宴之設乃楚漢相爭的肇始，項羽和劉邦二人不同的性格，是決定這場爭霸戰成敗的主要原因。

二、《鴻門宴》的寫作特色

《史記》爲史傳文學的典型代表，《項羽本紀》是其中最優秀的篇章之一，「鴻門宴」又是最精彩的片段。「鴻門宴」在寫作上有幾個特色：

㈠人物刻畫細膩入微

司馬遷刻畫歷史人物，善於抓住人物一生中最具典型意義的事件和行動，加以細膩的描寫，以突出人物的主要性格特徵。所以他所寫的史傳既形象鮮明，深刻動人，又不損害歷史的眞實性，且能在敍事中寄寓自己強烈的愛憎感情。作者通過緊張、複雜的情節描寫，成功地揭示了不同人物的不同性格：例如劉邦得知項伯密報的軍情後，始而「大驚」，繼而「默然」，並一再追問張良「爲之奈何」，充分表現了他驚恐不安和無可奈何的神態。但他又立即意識到項羽的到來大可利用，因而馬上作出「吾得兄事之」的決定，又充分表現了他的權變和機智。他到鴻門向項羽謝罪時所說的那番話，顯得謙虛得體，卻處處正中項羽下懷，使項羽大爲開心，充分表現了劉邦能委曲求全的性格。他善於聽取謀士張良的意見，知人善任，自己在劣勢下又能忍辱負重，因此在這一場爭霸戰終於逐步由劣轉勝。

項羽是一個粗豪坦率的人。他和劉邦一見面，就毫無心計地說：「此沛公左司馬曹無傷言之。不然，籍何以至此！」這和劉邦的多於心計成了鮮明的對比。在宴會上，范增「數目」，三次「舉玦」示意，項羽卻「默然不應」；項莊舞劍，緊張異常，而項羽卻對項伯公開保護劉邦的作法無動於衷。這些細節生動地刻畫出項羽的優柔寡斷，缺少謀略。他剛愎自用，不能聽取謀士范增的意見，終於坐失良機。范增也是刻畫得很生動的一個人物。他「數目」、「舉玦」之後，又「起」、「出」、「召」、「謂」，連續地行動，焦急之情歷歷可見。他深知放虎歸山的後患，又對項羽的執意孤行毫無辦法，他只得把劉邦所贈玉斗扔到地上，「拔劍撞而破之」，長嘆：「唉！豎子不足與謀！」形象地寫出了這個老謀士氣憤之至的神情。

其他次要人物雖著墨不多，但也寫得有聲有色。張良足智多謀，沈著冷靜。范增急躁易怒，目光銳利。項莊頭腦簡單，勇謀不足。他們都形象鮮明，且具有一定的典型意義。

㈡情節跌宕，波瀾起伏

《鴻門宴》的另一個特點是具有強烈的故事性，它把人物之間的關係、矛盾和衝突，構成曲折動人的故事情節，波瀾起伏，奇絕動人。故事開端寫曹無傷告密，項羽大怒：「旦日饗士卒，爲擊破沛公軍！」如像項羽和劉邦的一場衝突即將發生，但突然出現了項伯顧念與張良的私情，前往劉營通風報信，並被劉所利用，使一場迫在眉睫的廝殺暫時緩和下來了，宴會上，「范增數目項王，舉所佩玉玦以示之者三」。只要項羽一點頭，劉邦就會人頭落地，但「項王默然不應」，又出現較爲和緩的局面，接著出現了「項莊舞劍，意在沛公」的場面，不料項伯又再次出場，「常以身翼蔽沛公」，使項莊無法擊殺沛公。刀光劍影，形勢十分緊迫。這時張良急忙引樊噲闖帳而入，與項王怒目而視，似乎一場你死我活的較量就要開始了。但性情暴烈的項羽，對樊噲這種「死且不避」的膽量、風度，大爲贊賞，尊他爲「壯士」，並賜以酒食，矛盾反而得到緩解，最後劉邦不辭而別，一場險絕奇絕的鬥爭就此結束。故事從曹無傷告密開始，波瀾起伏，大起大落，直到曹無傷被誅結束，有頭有尾，結構謹嚴而又曲折動人。總之，故事化的手法和緊張場面的運用，使《史記》的故事更爲生動，引人入勝，因而成爲歷史與文學相結合的典範著作。

㈢對話生動，富個性化

本文的語言很富於個性化，能在一言一語中表現出人物的神情姿態，體現出性格。凡如劉邦謝罪和樊噲闖帳兩個情節，劉邦、樊噲兩人在項羽面前說的話，意思基本一樣，說明他們事先已有過商量，要採取委曲求全的策略來麻痺項羽，從而贏得勝利。但兩人的說法、口氣又很不相同；樊噲舉秦王因殘暴而失敗爲例，暗示項羽不宜以暴行來對待劉邦；樊噲提出懷王約言，以說明劉邦沒有野心；樊噲敢於直截了當指出項王的的過錯，以助劉邦脫險。而劉邦向項王謝罪說的話，口氣就不同了，他用詞審愼，卑躬屈節，既恭維項羽，又表白自己的功勞，甜蜜動聽，溶化了凝凍的空氣，以求得項羽的信任。若劉邦像樊噲那樣說，勢必會增加項羽的疑忌，產生相反的效果。這就是由於人物身分地位的不同所致，也充分體現了不同的性格特點。同是一個人，不同時候說的不同的話，則表現出不同的心理狀態。比如，當項伯夜馳劉邦軍營，張良轉告了項伯帶來的情報，說項羽準備舉兵進攻時，劉邦一聽這一消息，急問張良：「爲之奈何？」表現了驚恐的心理狀態；經過和張良研討後，再問：「且爲之奈何？」比前句多了一個「且」字，則表明他已冷靜下來，準備傾聽張良的借箸代籌，這是一種進攻的姿態。一字之差，表現了不同的心理狀態。「鴻門宴」的語言運用，可以說達到了聞言顯情，尋聲得貌，神態畢現，呼之欲出的精妙地步。

此外，本文中的一些詞語，如「秋毫無犯」、「勞苦功高」、「人爲刀俎，我爲魚肉」等，至今仍廣泛運用。「項莊舞劍，意在沛公」的情節幾乎人人皆知，「鴻門宴」也成爲隱藏著危機的政治談判的代名詞。這足見本文影響之深刻廣泛了。

三、項羽與劉邦

項羽與劉邦是兩個極端不同的人物，項羽（西元前二三二～前二〇二年）是名門貴族子弟，世代皆爲楚將，剛勇無雙又頗有才氣，雖然非常愛護部下，但對敵人卻殘暴無情；劉邦（西元前二五六～前一九五年）則爲沒沒無聞的農家子弟，寬厚、圓滑，是個懂得運用人際關係、實事求是的人。他們兩人間可以「剛與柔」、「動與靜」、「直與迂迴」做個鮮明的對比。

劉邦、項羽年輕時曾經分別在不同地方見過秦始皇出巡的行列，而且彼此的反應也饒富趣味。當時的項羽志得意滿地說了一句：「彼可取而代之」的話，結果遭到一旁叔叔的斥責；劉邦則喃喃自語的嘆著氣說：「大丈夫當如是也。」前者直言無忌地將自己的野心表露無遺，而後者則只點出每一位在場者心中的共同感慨。這一段小插曲正可以說明兩人個性上的差異。

在劉邦與項羽的爭霸戰的初期，項羽是占了壓倒性的優勢。因爲單純的從兵力上來比較，項羽擁有十萬大軍，而劉邦僅及項羽的四分之一，所以劉邦經常敗北而面臨困阨之境，但是隨著時間的推移，形勢逐漸逆轉，致使項羽陷於「四面楚歌」的困境，終而飲恨烏江。

本來是處於劣勢的劉邦，最後爲什麼能獲得勝利呢？當劉邦消滅了項羽凱旋回都時，曾詢問他的臣下：「朕獲得天下的理由何在？而項羽失去天下的理由何在？朕想聽聽你們肺腑之言。」

高起與王陵立刻搶著回答：「臣以爲陛下雖然倨傲不遜，但項羽則過於感情用事。當陛下占領都城、領土時，能慷慨的將領土分贈給諸位功臣；反觀項羽，他的猜疑心重，凡是有能力有才幹的人都會被他視爲讎敵，有所擄獲也全視爲一己之功，不肯讓他人分享，臣以爲此即其失天下之因。」

劉邦說：「你們只知其一不知其二啊，且仔細聽朕說來。運籌帷幄之中，決勝於千里之外，朕不如張良；充實內政、安定民生、調配軍糧、供應補給，朕不如蕭何；能率百萬大軍馳騁疆場，則我不如韓信。張良、蕭何、韓信都是各有所長的傑出人物，而我就是能善用這三位人物的人，這才是朕得天下的眞正原因。項羽身邊雖也有智足爲謀的范增，但是項羽卻不知善用，所以反而促成了有利於我方的條件。」

劉邦說得一點都不錯，知人善任正是他得勝的關鍵。劉邦用人的原則是只要能對他的江山有用，不管其出身如何，有過何種經歷，他都一律願意接納。例如張良原是六國時韓相的後裔、樊噲是屠狗者、蕭何是秦王朝的下層官吏、韓信是貧農、酈食其是看門人、婁敬是戍卒……劉邦對此都一視同仁，只要有眞的本領和好的建議，他都大膽提拔和重用。這與劉邦自己本身出身平民和小吏有相當程度的關聯性。

有一次，劉邦和韓信論天下大事。說到項羽的爲人，韓信認爲他只是生活細節上對人關心體貼，而對立有戰功，應當封官晉爵的人，卻把封爵的大印拿在手上，摸來摸去，印的棱角都磨光了，還捨不得給人家。韓信認爲他沒有政治家的氣度，只是一種婦道人家的仁慈。舊時輕視婦女，故用「婦女之仁」這句話批評項羽。（後遂用「婦人之仁」比喻小恩小惠，或形容處理事情姑息優柔，不識大體。）項羽不懂得收攬人心，不但招致失敗，也造就了劉邦乘勢崛起的有利之機。兩個人個性上的這點差異，無形中主宰了彼此的命運，也影響了歷史的推演，這是不容忽視的史實。

四、劉邦二三事

㈠高陽酒徒

劉邦在與秦軍作戰時，有一次路過陳留。這時高陽儒生酈食其要見劉邦。劉邦聽說此人的打扮很像儒生，就很不耐煩地對門人說：「替我謝謝他，就說我以天下大事爲己任，沒有時間會見儒生。」酈食其一聽此言，瞋目按劍，大聲喝斥門人：「你再替我向沛公通報，說我是高陽酒徒，並非儒生。」酈食其於最受到了劉邦的熱情接待，並得以重用。後人遂用「高陽酒徒」指好飲酒狂放不羈的人。

㈡助桀為虐

劉邦一進入秦宮就要貪圖享樂，張良告誡他這種行爲，無異於幫助暴君夏桀作惡。劉邦一聽，乃還軍灞上。後人遂用「助桀爲虐」比喻幫助惡人幹壞事。

㈢韓信登壇

韓信原在項羽軍中任郎中，因數次獻計都未被項羽採納，故背楚歸漢，被劉邦任爲治粟都尉。後來韓信看到劉邦也不能重用他，就逃跑了。丞相蕭何知道韓信是難得的人才，就把他給追了回來。並向劉邦建議，要與項羽爭天下，必須重用韓信，只有拜韓信爲大將才能把他留住。劉邦同意後就要召見韓信。蕭何勸阻道：「大王平日態度傲慢，不注意禮節，今拜大將如同呼喚小孩子一樣，這樣韓信是不會滿意的。只是擇日齋戒，設立壇場，以隆重的儀式拜韓信爲大將，才會把他留住。」劉邦答應了蕭何的要求。衆將領聽說劉邦要拜大將都很高興，都以爲自己可以做大將。誰知到時拜的卻是韓信，全體將士都十分震驚。後人遂用「韓信登壇」、「築壇拜將」表示授予或尊擁某人爲將。

㈣鬥智不鬥力

項羽和劉邦一連打了好幾年仗，項羽打得有些不耐煩了，他派人對劉邦說：「由於你我要爭天下，整個國家都陷入了苦難之中，爲了使百姓解脫痛苦，我願和你單騎獨鬥，決一勝負。」

劉邦聽了這話，淡淡地一笑說：「我只喜歡鬥智慧，不喜歡鬥力氣。」項羽派出三百名壯士前來挑戰，漢軍連營寨也沒出，就用弓箭把他們射死了。項羽無奈，只好親自出馬來找劉邦應戰。劉邦列舉了他的十大罪狀，並且說：「我用義兵跟著諸侯就可以消滅的你的殘部，派劫後餘生的人就能將你殺死，用不著拋頭露面和你賭鬥！」聞聽此言，項羽大怒，他猛發一箭，射中了劉邦的胸膛。機智的劉邦怕被士卒看見，亂了陣腳，趁勢彎下腰去捂住了腳趾，說：「這個混蛋，射中我的腳趾了！」第二天他又忍痛出來巡營，使得楚軍不能乘機進攻。氣勢洶洶的項羽不能取勝，只好與劉邦畫界言和。

㈤分一杯羹

楚漢在成皐一戰後不久，又在廣武山上（今河南省滎陽縣東北）對峙起來。兩軍大營相對，中間只隔著一條山澗。

項羽求戰心切，要和劉邦決一死戰。劉邦卻避開楚軍的鋒芒，不與楚軍交鋒。劉邦事前有準備，糧草充足；而楚軍糧草恐慌，後方不穩。項羽正在發愁，忽然想起劉邦的父親和妻子還關在軍營裡，何不在他們身上打主意呢？

一天，在兩軍陣前，項羽讓士兵搬出一塊殺豬用的大芽板，把劉邦的父親按在上面，兇狠狠地對劉邦說：「你如果不趕快投降，我就將你的老子宰了做成肉羹！」劉邦見此情景大吃一驚，但他卻强做鎮靜地冷笑著說：「我和你一塊起義滅秦，曾結拜爲兄弟，我的老子就是你的老子，如果你一定要把你我的老子做成肉羹，就請你分給我一杯嘗嘗。」項羽沒想到劉邦這樣無賴，一氣之下就要開刀。站在一旁的項伯趕忙勸阻說：「楚漢相爭，勝負還很難預料，而且打天下的人都是不顧家的。你殺了這個老頭子，也無濟於事。不如留著他，還可以牽制劉邦。」無可奈何，只好聽了項伯的勸告。

㈥功狗功人，發蹤指示

漢高祖五年（西元前二〇二年），劉邦論功行封，封蕭何爲酇侯，所受封賞最多，那些身經百戰的功臣們很不服氣。劉邦問衆位將領是否知道打獵的情況，是否知道獵狗的作用，回答說知道。劉邦接著說：「打獵時，追殺野獸的是狗，而發現野獸蹤迹，指揮獵狗行動的是獵人。諸位在作戰中斬獲即使再多，其功勞也不過像獵狗一樣。而蕭何的功勞則像獵人一樣。」後來用「功人功狗」比喻謀臣或武將，用「發蹤指示」比喻在幕後操縱指揮。

㈦戚夫人

戚夫人，漢高祖妃，有的稱戚姬，山東定陶人。楚漢戰爭時，劉邦在一次戰役中兵敗定陶，走投無路間，戚姬的父親把劉邦藏在女兒的閨房中，使劉邦得以脫險。後來劉邦納戚姬爲妃，經常隨劉邦出征。戚姬生子如意，封爲趙王。劉邦認爲太子劉盈爲人仁弱，不像自己剛毅，多次欲立如意，戚姬也曾經在劉邦面前泣涕，求立如意。後因大臣反對而未成。漢高祖死，惠帝立，呂后爲皇太后，遂囚戚姬於永巷，罰以「髡鉗」（一種剃去頭髮而以鐵圈束頸的刑罰），並讓她穿著赭色衣服終日舂杵。戚姬一邊幹活一邊唱道：「子爲王，母爲虜，終日舂薄暮，常與死爲伍！相離三千里，當誰使告女（你）？」呂后聞知大怒，召趙王如意，使飲毒藥而死，又將戚姬砍去四肢，挖出雙眼，熏聾耳朵，弄壞嗓子，放在廁所裡，稱之爲「人彘」。

㈧大風歌

漢高祖十二年（西元前一九五年）十月，劉邦平定了淮南王英布的叛亂，回來時路過沛縣。他於是在沛宮設宴，與過去的朋友和家鄉父老飲酒敘懷。還組織沛縣少年一百二十人，教他們唱歌，使其在宴會上演唱。酒酣之際，劉邦親自擊節，自己作歌唱道：「大風起兮雲飛揚，威加海內兮歸故鄉，安得猛士兮守四方！」並叫衆少年跟著學唱，劉邦還邊唱邊舞，慷慨傷懷，不覺流下熱淚來。

五、曹無傷與項伯

鴻門宴一幕，引出了兩個變節者——一個是劉營裡通項的曹無傷，另一個則是項營裡通劉的項伯，二人的下場又是如何呢？

曹無傷原是劉邦部下的左司馬，掌管軍事和軍賦，是劉邦早期起事的大將；秦二世二年，劉邦攻打泗川時，曹無傷擒拿並斬殺了逃往戚的泗川郡守，使劉邦能還軍亢父，軍威軍勢大振。然而這位追隨劉邦左右的左司馬，在關鍵的時候爲了求封於項羽，竟背叛了劉邦。莽撞的項羽行事無心，不知道如何保護，在敵營中投入自己懷抱的盟友，更不知道善加利用，說溜了嘴，出賣了曹無傷。也算曹無傷倒楣，錯看了項羽。劉邦從鴻門逃回灞上的軍營後，第一件要辦的事就是當即誅殺曹無傷。這一動作有殺一儆百的作用，從此以後，誰還敢出賣劉邦，更沒有人敢投奔項羽，後來，又親手殺死自己的救命恩人丁公，這些例子都是他從反面懾威手下文臣武將的手段。

有關於項伯的事蹟，歷史上並無清楚的記載，有的只是他殺人的記載，可見他並不是一個正人君子。但是，他是一個重情義、知恩必報的人。他之所以會幫助劉邦，是因爲張良從前曾爲他這個殺人犯掩護，使其免禍。正是因爲這一點，促使他壞了項羽的大事，不僅將項羽進攻劉邦的軍事計畫洩了密，而且與敵結拜，締兒女婚約，更令人難以容忍的是，他不但替劉邦開脫罪責，爲劉邦在項羽面前求情，表劉邦之功，長敵之威，而且在鴻門宴上，更以身蔽劉邦與項莊對舞。若是沒沒有項伯的阻撓，項莊舞劍，不僅意在沛公，就連張良等人也是在劫難逃。項伯就是項羽帳前這樣一個變節者。劉邦十分聰明，知道如何利用這樣一個不尋常的奸細，千方百計地拉攏他，和他攀結關係：祝壽、結拜、締婚約，使項伯最後完全被征服，倒向劉邦。後來，項伯皆以劉邦的利益爲重，因此，劉邦在取得政權後，封項伯爲射陽侯，只是不知項伯對出賣親人所換來自己的富貴，有何感想？綜觀項羽之所以失敗，項伯也佔了其中很大的因素；對於這樣一個徹頭徹尾的變節通敵者，項羽礙於他是自己的叔父，就聽之任之，並爲其左右，隨其擺佈，而不像劉邦那樣，能夠大義滅親，凜然除奸。說起來，心軟實是造成項羽失敗的一大原因。

六、秦子嬰

秦王子嬰（？～西元前二〇六年），秦始皇太子扶蘇之子，秦二世胡亥的姪子。曾勸二世不要親近趙高，二世不聽。二世三年（西元前二〇七年），趙高殺二世後，立二世之兄子即子嬰爲秦王。子嬰與宦官韓談設計殺掉趙高。子嬰爲秦王四十六日，劉邦率兵經武關至灞上，子嬰無力抵抗，遂降。不久項羽入城殺子嬰。

七、卮（巵）

卮，古禮器。殷周青銅器中，有一種器，圓形，腹大口歛，二環形耳，無足。被認爲是古籍中所說的卮，也寫爲巵。秦漢時爲飲酒器。《史記．項羽本紀》載，項羽說「（樊噲）壯士，賜之卮酒。」《漢書．高帝紀》注引應劭：「（卮）飲酒禮器，古以角作，受四升。古卮字作觗。」師古曰：「卮，飲酒圓器也，今尚有之。」出土漢代漆卮，圓形高壁單耳。

八、項羽的謀士──亞父范增

范增（西元前二七七～前二〇四年），秦漢間居鄛（今安徽桐城南）人。秦末羣雄起義時，范增前往說服楚將后裔項梁立楚王族之後為楚王，打起楚國旗幟起兵反秦。范增認為被秦滅掉的六國之中，楚國最具潛在的反抗實力，因為楚懷王被騙入秦，死在秦國，楚人至今懷念他，對秦的怨恨極深。如果項梁立楚王，號召反秦，楚人必爭相歸附。他舉出楚南公的話：「楚雖三戶，亡秦必楚」，以激勵項梁，起兵反秦。（「楚雖三戶」的「三戶」乃楚國滅亡前最有勢力的昭、屈、景氏三戶大貴族。）

秦軍圍鉅鹿，楚懷王派宋義、項羽等救趙，以他為末將。後屬項羽，為其主要謀士，被尊為亞父。項羽略定秦地，進關駐戲水之上；當時劉邦已先入咸陽，聽從張良的策畫，與秦父老約法三章，秋毫無犯，非常得秦人民心。范增看出情勢不妙，對項羽說：「劉邦一向貪財好色，今入關中，財物不擅取，婦女不凌辱，一反平日作風，可見其人志不在小；又據說他頭上呈龍虎五彩之氣，乃是天子之氣，應急速殺之，勿失良機。」

項羽被他說動，準備加以襲擊，意欲一舉消滅劉邦；但是出乎意料之外，項伯竟向張良通風報信，因此而有劉邦鴻門赴宴這驚險的一幕，將劉邦的一場大禍消弭於無形。項羽在鴻門宴上的優柔寡斷，使劉邦得以脫險，以及項伯的壞事，實令范增為之氣絕。

項羽後來分封諸侯，自立為西楚霸王，背約把關中三秦之地，分封給秦降將：章邯為雍王、司馬欣為塞王、董翳為翟王，而把巴蜀漢中未開發之地給了劉邦，封為漢王，以搪塞當初起兵時在楚懷王面前：「誰先入關中者王之」的約定。劉邦軍隊先入關中，卻不得封王關中，反讓秦降將分得其地，而所得到的，竟是秦時用來放逐罪犯的貧瘠之地，劉邦等人心中的怨懟是可想而知的；這是范增獻的計策，有意屈辱劉邦，使其軍心渙散。然而蕭何、張良等人，眼光遠大，力勸劉邦去漢中就國，張良還獻策燒棧道，表示永無北歸之意，以杜絕項羽的疑心。范增在項羽面前處處描摹劉邦為一野心家，而張良卻偏偏將劉邦塑造成馴順聽命的諸侯，以解除項羽的戒心，使范增無所施其計謀。楚漢之爭，其實可視為是范增和張良的鬥智競賽，最後證明這場競賽的勝利者是張良。

劉項對峙滎陽時，劉邦曾向項羽乞和，范增力諫不可，認為滅漢乃旦夕間事，不可使功敗垂成。劉邦乃用陳平反間之計，在楚營中花大把黃金，散佈范增與漢王有勾結的謠言；還導演了一幕在漢營中怠慢項羽使者，而優待范增使者的戲碼，意欲離間范增和項羽。項羽一氣之下，剝奪范增權柄，范增只得離開項羽，最後落得途中疽發而死。

蘇東坡在《范增論》中論范增離開項羽，不得其時，有依附項羽謀取爵祿的嫌疑，但他仍可算是非常傑出的人才，與張良比起來，也只能說他是遇人不淑罷了。

九、玦

玦：玉飾的一種，玦通「決」。形如環而有缺口。用途有以下幾種：

(一)作佩飾。
(二)作信器，見玦表示有關者與之斷絕關係。
(三)寓意佩帶者凡事決斷。
(四)刑罰的標誌。
(五)用於射箭。

獸玦

龍紋玦

十、樊噲

樊噲（?～西元前一八九年），秦漢間沛（今屬江蘇）人，少以屠狗爲業。秦末爲劉邦部將，以軍功封賢成君。入咸陽滅秦後，與張良勸劉邦勿貪享受，封閉宮室府庫。漢初，隨劉邦擊破臧荼、陳豨和韓王信的叛亂，任左丞相，封舞陽侯。

漢朝建立後，有一次劉邦臥病宮中，不理政事，拒見任何大臣。羣臣都不敢入宮。過了十幾天，樊噲帶頭排闥闖入宮中，見劉邦正枕著一個宦者休息，因流淚諫道：「始陛下與臣等起豐沛，定天下，何其壯也！今天下已定，又何憊也！且陛下病甚，大臣震恐，不見臣等計事，顧獨與一宦者絕乎？且陛下獨不見趙高之事乎？」劉邦警悟，霍然而起，重理政事。

其妻呂須爲呂后妹，因得呂后信任。劉邦晚年病重時，樊噲正在燕國（今河北北部，遼寧西端）平定盧綰叛亂，被人在劉邦面前進讒言，誣其與呂后結爲黨羽，欲誅劉邦愛妾戚姬等。劉邦大怒，命陳平於軍中誅樊噲。陳平懼怕呂后，將樊噲裝入囚車押往長安。至長安。劉邦已病逝，呂后釋放樊噲，恢復其爵邑。

十一、陳平二三事

(一)劉邦任賢得陳平

西元前二〇六年，劉邦平定三秦後，繼續東進，與項羽爭霸天下。軍隊到達修武（今河南嘉縣）時，部將魏無和帶著一個眉目清秀、身材魁梧的青年來見。他就是爲劉邦獻奇計，爲漢朝立大功的陳平。

陳平是陽武戶牖鄉（今河南陳留一帶）人。他少年有志，博學多才。秦末天下混亂之際，陳平認爲建功立業的機會到了，就投靠了魏王咎領導的一支反秦隊伍。這時，有人在魏王面前說陳平的壞話，陳平就逃走了，投奔了項羽。楚漢爭霸爆發之後，殷王反楚，項羽以陳平爲信武君，率軍出擊，殷王投降了楚王。項羽拜陳平爲都尉，賜金二十鎰。後來，劉邦攻下殷，殷王又投降了漢王。爲此，項羽要殺陳平，陳平便將印和金封好，命人送給項羽，隻身逃走。陳平有個好朋友叫魏無和，當時是劉邦的部將。魏無和了解陳平是一位奇才，就把陳平推薦給劉邦。

漢王劉邦見陳平是一位英俊的青年，就任命他爲官，一些舊將不服，紛紛中傷他，一天劉邦對陳平說：「你原在項王部下，現在又到我這兒來，守信用的人難道可以朝秦暮楚嗎？」

陳平非常坦率的回答：「魏王咎非常的固執，不納忠言，我才改換門庭，投奔項王；項王志大才疏，任人唯親，根本看不起我。他所信任的人，只有他本家兄弟子姪，姻親好友。這些人，即使是個大草包，他也看成棟樑之材；和他不沾親帶故，即使是天下奇才，他也不重用。我聽說大王很重視賢才，使賢任能，才來投奔你。我離開項羽前把他賞賜給我的東西全部送回去，落得兩手空空，不接受別人送給我的錢，就無以爲生，這難道是我的過錯嗎？如果大王認爲我的計策可取，就把我留下；如果聽信別人的話，不用我的計策，請大王准許我回家。大王賞給我的黃金一點也沒用，我原封不動交回好了。」

漢王覺得陳平的話有理，便向陳平道歉，又賞了陳平許多錢財，並拜他爲護軍中尉（掌管調節將領的關係）讓他監督和考察所有的將官。不少將軍本想把陳平彈劾下去，現在劉邦反而讓陳平監督起自己來了，再也不敢亂說了。

陳平受到劉邦的器重，不遺餘力地爲劉邦打天下，出謀畫策。他利用項羽猜忌功臣、剛愎自用的弱點，巧使反間計，離間他和大臣的關係，使項羽失去了范增、鍾離昧兩個得力大臣。後來，劉邦又聽陳平和張良之計，將項羽兵圍於垓下，窮追亂寇，致使項羽兵敗自殺。

(二)陳平的反間計

西元前二〇三年，劉邦被項羽圍困在滎陽城內。楚軍在城外斷絕了漢兵的甬道，城內糧草日漸困乏，十分危急。劉邦向項羽求和，但項羽卻不允許，劉邦不禁嘆道：「天下紛紛，什麼時候才能安定呵！」陳平對劉邦說：「項王爲人，恭敬愛人，那些廉節好禮的人都願意投奔他。但項王在論功行賞時，卻不肯行重賞，所以，也有些人離心離德。我看楚軍內部也有可能作亂的人。眞正忠實於項王的骨鯁之臣只是亞父（范增）、鍾離昧、龍且、周殷等人。大王如果能出幾萬斤黃金，離間項王與這幾個人的關係，項王爲人好猜忌，信讒言，必定衆叛親離。大王再舉兵攻之，楚軍必敗。」劉邦覺得十分有道理，從倉庫中撥出四萬斤黃金，供陳平任意使用。陳平便用這些黃金，買通楚軍的一些將領，讓這些人散布謠言說：在項王部下，鍾離昧等人功勞這麼大，但卻不能裂土稱王。他人已經和漢王約定好了，共同消滅項羽，分占項羽的國土。項羽聽了這些謠言，果然對鍾離昧等人產生了懷疑。

一天，項羽派使者到劉邦營中，陳平讓侍者準備好十分精緻的餐具，端進使者所在的房間。侍者剛一進屋，便佯做驚訝地說：「我們以爲是亞父派來的人呢，原來是項王的使者。」又把這些餐具端了出去，然後，又送上了十分粗劣的餐具和飲食。使者回到楚營，把這件事告訴了項羽，項羽對亞父也產生了懷疑。這時，亞父向項羽建議應該急攻滎陽，項羽卻一反常態，拒不聽從。過了幾天，亞父得到了項羽已經懷疑自己的消息，便找到項羽，十分惱怒地說：「天下大事已經定了，君王好自爲之，請放我這具枯骨回家吧。」亞父告辭項羽，在回家的路上，患病死去了。

項羽失掉了亞父，又不信任鍾離昧等人，眞正成了孤家寡人。過了不幾天，又被紀信、陳平等人用詐降計，使劉邦從城中逃了出去。以後，不到一年的時間，項羽便失去了軍事優勢。最後，垓下一戰，自刎於烏江。

㈢陳平答漢文帝問

漢文帝初年，有兩位丞相：右丞相周勃，位次第一，左丞相陳平，位次第二。有一次，漢文帝問周勃：「全國一年要判決多少案件？」周勃說：「不知道。」文帝又問：「全國一年的錢穀出入是多少？」周勃說：「不知道。」這時周勃感到很慚愧，急出了一身冷汗。

而後漢文帝問陳平。陳平說：「這些事都有專人管理。」漢文帝說：「誰管呀？」陳平說：「你想了解全國一年判決多少案件，可以去問廷尉；你想了解錢穀出入的數字，可以去問治粟內史。」漢文帝說：「照你這麼說，事事都有專人管，你們當丞相的還管什麼呀？」陳平說：「慚愧得很！你不嫌棄我的庸碌無能，讓我當宰相。宰相是幹什麼的呢？他上輔佐天子，理陰陽，順四時，下化育萬物；外鎭撫四夷諸侯，內親附百姓，使各級官吏都能才德稱位，盡忠職守。」漢文帝聽了，連連點頭說：「說得對！說得對！」

這番話令周勃更加不自在了，下朝後便責怪陳平：「你平時爲什麼不教教我應當怎樣回答啊？」陳平笑了笑，對周勃說：「你自己是宰相，難道連宰相是幹什麼的都不知道嗎？假如皇帝問你這長安城中共有多少個盜賊，難道你也要勉強對答不成？」經過這件事，周勃心裡明白，他的才能比起陳平來是差得遠啦。沒隔多久，他就主動請求漢文帝把他的右丞相免了，而讓陳平獨自當丞相。

十二、俎

■木俎
（河南信陽長臺關一號楚墓出土）

俎，古代切肉用的小几。《禮記・王制》：「有虞氏以梡，夏后氏以嶡，殷以椇，周以房俎。」所見實物有木俎和殷周銅俎。面窄，中部微凹，有兩板狀足或四足，很像後來的小板凳。傳世有殷代的饕餮蟬紋銅俎，高十八・八公分，向上兩端飾夔紋，又飾一圈蟬紋，兩板狀足上飾饕餮和蟬紋，器物雖不大，但氣勢凝重。春秋戰國時期的俎有木俎，多施油漆彩繪，小巧精美。銅俎不多見，安徽壽縣朱家集出土的銅俎，長三十二・四公分，寬十六・三公分，高十六・三公分，面上有四個十字形的孔，四足，無飾紋。

古代宴饗、祭祀等禮儀活動中，熟煮的牲肉到需用時現切，所以俎是必不可少的用具，也是一種禮器。

古文中常俎豆、刀俎連用，前者指禮器，後者指切割。

十三、坐、跪、跽、箕

古人席地而坐，坐的姿態與跪的姿態是相似的，但兩者也有區別。以兩膝著地，兩股貼在腳跟上，是「坐」。兩膝著地，直身，股不著腳跟，是「跪」。跪而挺腰聳身，叫做「跽」（ㄐㄧˋ）。

坐席也有講究，所謂「虛坐盡後，食坐盡前」。盡後，是儘量把身體坐在後一點，表示謙恭的樣子；盡前，是儘量把身體往前挪一點，不因飲食而玷污坐席。

跪則不同，往往有急事或表示謝罪之時，直身，兩股也離開了腳跟。所以前人指出跪與坐兩者的區別是「跪危而坐安」。《史記・刺客列傳》：「荊軻見太子，言田光已死，致光之言。太子再拜而跪，膝行流涕。」跪又表示對長者的尊敬。《論語・先進》（子路曾晳冉有公西華侍坐章）：「『點，爾何如？』鼓瑟希，鏗爾，舍瑟而作，對曰：『異乎三子者之撰』。」這裡的「舍瑟而作」，就是指曾晳放下瑟，從席地而坐到聳身直起腰來，與跪相同，表示尊敬。

跽，跪起，準備起身，膝尚在地上。如《史記・項羽本記》（鴻門宴）中寫樊噲進帳，項王按劍而跽曰：客何爲者？」跽，是受驚而聳身欲起的樣子。這種動作因與跪的動作相似，因而也叫「長跪」。如《戰國策・唐雎不辱使命》：「秦王色撓，長跪而謝之。」

兩股著地伸直兩腿，形似畚箕，叫做「箕踞」。這種姿式是表示傲視對方的意思。如《史記・刺客列傳》寫荊軻刺秦王不中，身被八創，「軻自知事不就，倚柱而笑，箕踞以罵。」箕踞，就是這種兩股著地伸直兩腿的樣子。

叁、語文天地

一、饗

饗，音ㄒㄧㄤˇ。

㈠用酒食款待人。《史記・項羽本紀》：「項羽大怒曰：『旦日饗士卒，爲擊破沛公軍！』」

㈡祭獻。唐韓愈《祭十二郎文》：「嗚呼哀哉。尚饗。」

㈢通「享」，享受。《荀子・臣道》：「明主尚賢使能而饗其盛。」

二、籍

㈠書冊，書籍。《夢溪筆談・活板》：「已後典籍皆爲板本。」

㈡簿籍，名冊，門籍。《孔雀東南飛》：「說有蘭家女，承籍有宦官。」顧炎武《復庵記》：「不隸於宮觀之籍。」

㈢登記。《史記・項羽本紀》：「籍吏民，封府庫，而待將軍。」

㈣查抄沒收。《聊齋志異・席方平》：「宜籍羊氏之家，以賞席生之孝。」

三、倍

㈠動詞。

1、反叛。《禮記・中庸》：「是故居上不驕，爲下不倍。」《禮記・緇衣》：「信以結之，則民不倍。」《史記・項羽本紀》：「願伯具言臣之不敢倍德也。」

2、增加。《左傳》僖公三十年：「焉用亡鄭以倍鄰？」

3、加倍。《管子・治國》：「凡農者，月不足而歲有餘者也，而上征暴急無時，則民倍貸以給上之征矣。」注：「倍貸，謂貸一還二也。」

㈡量詞。與原數相等的數。《荀子・富國》：「民富則田肥以易，田肥以易，則出實百倍。」晁錯《論貴粟疏》：「乘上之急，所賣必倍。」

(三)副詞。愈加，特別。王維《九月九日憶山東兄弟》：「獨在異鄉爲異客，每逢佳節倍思親。」

四、戮力、戮力同心

(一)勉力、盡力。《書・湯誥》：「聿求元聖，與之戮力，以與爾有衆請命。」孔穎達疏：「戮力，猶勉力也。」《史記・越王勾踐世家》：「范蠡事越王句踐，既苦身戮力，與句踐深謀二十餘年，竟滅吳，報會稽之恥。」晉陶潛《丙辰歲八月中於下潠田舍獲》詩：「貧居依稼穡，戮力東林隈。」

(二)並力、合力。《韓非子・存韓》：「昔秦、韓戮力一意以不相侵，天下莫敢犯，如此者數世矣。」《史記・淮陰侯列傳》：「天下共苦秦久矣，相與戮力擊秦。」

・戮力同心、齊心合力。《左傳・成公十三年》：「昔逮我獻公及穆公相好，戮力同心，申之以盟誓，重之以昏姻。」《後漢書・袁紹傳》：「今欲與卿戮力同心，共安社稷，將何以匡濟之乎？」《梁書・韋粲傳》：「臣子當戮力同心，豈可自相矛盾。」

五、郤

郤，音ㄒㄧˋ，通「隙」。

(一)空隙。《莊子・養生主》：「批大郤，導大窾。」（《庖丁解牛》）

(二)引申爲嫌隙。《史記・項羽本紀》：「今者有小人之言，令將軍與臣有郤。」

六、嚮

嚮，音ㄒㄧㄤˋ。形聲，從向，鄉聲。

(一)原義是歸向，趨向，向著。如「嚮壁虛造」，亦作「向壁虛造」。許愼《說文解字・敍》：「世人大共非訾，以爲好奇者也，故詭更正文，鄉（向）壁虛造不可知之書，變亂常行，以耀於世。」意思是說，當時有許多人對魯恭王從孔子故居的牆壁中發現古文經書，這件事不相信，認爲是魯恭王虛構出來的。後用「向壁虛造」比喻憑空揑造。《史記・項羽本紀》：「項羽、項伯嚮坐亞父南嚮坐。」

(二)引導。如「嚮導」。

㈢從前、過去。柳宗元《始得西山宴遊記》：「然後知吾嚮之未始遊，遊於是乎始。」

㈣接近。如「嚮午」。

【辨析】

㈠「響」著重在聲音，「嚮」著重在方向，「饗」著重在享食；所以「響應」、「影響」、「音響」、「一聲不響」，用「響」字；「嚮導」、「嚮往」用「嚮」字；「設饌饗客」、「饗以酒食」，用「饗」字。

㈡「响」是「響」的俗字，不是「嚮」的簡字，所以「嚮往」不可作「响往」。

七、項莊舞劍，意在沛公

「項莊舞劍，意在沛公」，比喻言行並非表面所露之意，實則另有所圖。《史記・項羽本紀》：「於是張良至軍門，見樊噲。樊噲曰：『今日之事何如？』良曰：『甚急。今者項莊拔劍舞，其意常在沛公也。』」《大馬扁》四回：「在康有爲之意，志在成名，如項莊舞劍，意在沛公，今見成名動也不動，已自愧悔。」

八、若

《說文》：「擇菜也。從艸（草）右。右，手也。」商承祚曰：「卜辭諸若字，像人舉手而跽足，乃像諾時巽順之狀。古諾與若爲一字，故若字訓爲順。古金文若字與此略同。」張舜徽亦曰：「（金文、甲文）皆像人長跪屈服之狀，其本義當爲順也。經傳中訓若爲順著多矣，自篆體變其字形爲從艸，解者遂不得不爲傅會之辭以自全其說。」

㈠本義是順從。《詩經・小雅・大田》：「曾孫是若。」

㈡如，像。古樂府《木蘭詩》：「萬里赴戎機，關山度若飛。」

㈢及，比得上。《戰國策・齊策》：「徐君不若君之美也。」

㈣你，你們。唐柳宗元《捕蛇者說》：「若毒之乎？」清方苞《獄中雜記》：「予我千金，吾生若。」宋濂《秦士論》：「若不知關中有鄧伯翊耶？」《史記・項羽本紀》：「不者，若屬皆且爲所虜。」

㈤這，這樣，像這樣。《孟子・梁惠王上》：「以若所為，求若所欲，猶緣木而求魚也。」

㈥海神名。《莊子・秋水》：「於是焉河伯始旋其面目，望洋向若而嘆。」

九、眥、睚眥必報

眥，音ㄗˋ，也可寫成眦，眼眶為眥。《史記・項羽本紀》：「瞋目視項王頭髮上指，髮眥盡裂。」

方苞《左忠毅公軼事》：「公辨其聲而目不可開，乃奮臂以指撥眥。」

•「睚眦必報」意思是說，即使是極小的仇怨，也非報不可。這個成語源自於《史記・范雎列傳》：「一飯之德必償，睚眦之怨必報。」原來戰國時，魏國有一名叫范雎，家中原本很貧窮，但自從他出任秦國丞相後，以「遠交近攻」的政策得到秦王的激賞，此後便成為秦王身邊的紅人。范雎搖身一變，成了個財大勢大的人物，認為清算舊帳的日子到了，凡從前對他有恩惠的人，雖然所施的恩惠只是一頓飯，范雎也會重重的酬謝，而所有從前對他有嫌怨的人，雖然只是曾經瞪過一眼的小小仇怨，他也必報無疑。

十、瞋

瞋，音ㄔㄣ，張目。

•瞋目，睜大眼睛，表示憤怒。《史記・項羽本紀》：「(樊噲)瞋目視項王，頭髮上指，目眦盡裂。」(《鴻門宴》)《戰國策・燕策》：「士皆瞋目，髮盡上指冠。」(《荊軻刺秦王》)

•瞋目切齒：瞪大眼睛，咬緊牙齒。形容極端憤怒的樣子。《史記・張儀列傳》：「天下之游談士莫不日夜扼腕瞋目切齒以言從(縱)之便，以說人主。」

十一、彘

彘，音ㄓˋ，豬也。《孟子・盡心上》：「五母雞，二母彘，無失其時，老者足以無失肉矣。」《方言》第八：「豬……關東西或謂之彘，或謂之豕。」《漢書・貨殖傳・巴寡婦清》：「牛千足，羊彘千雙。」顏師古注：「彘，即豕。」

十二、啗、啖

㈠啗，音ㄉㄢˋ

1、食，吃。《韓非子・外儲說左下》：「仲尼先飯黍而後啗桃，左右皆掩口而笑。」《史記・項羽本紀》：「樊噲覆其盾於地，加彘肩上，拔劍切而啗之。」

2、使吃、請吃。《國語・晉語二》：「主孟啗我，我教茲暇豫事君。」

㈡啖，音ㄉㄢˋ

1、吃。《墨子・魯問》：「楚之南有啖人之國者。」宋蘇軾《惠州一絕》：「日啖荔枝三百顆，不妨長作嶺南人。」清・沈復《浮生六記・閨房記樂》：「然君喜食蒜，妾亦强啖之。」

2、給吃。《漢書・王吉傳》：「東家有大棗樹垂吉庭中，吉婦取棗以啖吉。」顏師古注：「啖，謂使食之。」

十三、人爲刀俎，我爲魚肉

語見西漢・司馬遷《史記・項羽本紀》。項羽擺下鴻門宴，設計要殺劉邦於宴會上。宴會開始後，謀士范增指示項羽的部將項莊以舞劍爲名刺殺劉邦。隨同劉邦赴宴的樊噲、張良設計幫助劉邦逃脫出來。

這時，劉邦說：「還沒有向項羽告別一下就走，太失禮了。」樊噲說：大丈夫做事，應當著眼於大事，不必講究小節，「如今人方爲刀俎，我爲魚肉，何辭爲？」意即，現在人家正如刀和砧板，而我們自己就像砧板上被宰割的魚、肉，你還講什麼禮節，還不趕緊逃跑，更待何時？

後來，這句話簡化爲：「人爲刀俎，我爲魚肉」，比喻生殺大權，掌握在別人手裡，自己處在被宰割的地位。

十四、誅

㈠殺死。《史記・項羽本紀》：「沛公至軍，立誅殺曹無傷。」（《鴻門宴》）

㈡懲罰、討伐。《荀子・富國》：「誅而不賞，則勤勵之民不勸。」《史記・陳涉世家》：「將軍……伐無道，誅暴秦。」

㈢責問、譴責。如：「口誅筆伐」，《周禮・天官・大宰》：「八曰誅，以馭其過。」明・唐順之《信陵君救趙論》：「然則信陵君果無罪乎？曰，又不然也。余所誅者，信陵君之心也。」

㈣薅除。《楚辭・卜居》：「寧誅鋤草茅以力耕乎？」

十五、會

《說文》：「合也。從亼從曾省。曾，益也。」《廣雅・釋詁三》：「會，聚也。」

㈠本義是集合、聚會。范仲淹《岳陽樓記》：「遷客騷人，多會於此。」

㈡與人見面必然要聚會在一起，因此引申爲見面、相會。《史記・廉頗藺相如列傳》：「遂與秦王會澠池。」

㈢古人把相會看作一種機遇，故由相會引申爲機會、時機。王充《論衡・命祿》：「逢時遇會。」

㈣機會具有偶然性，往往是碰上的，所以由機會引申爲恰巧、正碰上。《史記・項羽本紀》：「會其怒，不敢獻。」宋濂《秦士錄》：「王上章薦諸天子，會丞相與王有隙，格其事不下。」

㈤算帳必然把很多數字集合起來計算，故由本義又引申爲算帳，用此義時，讀ㄎㄨㄞˋ。《戰國策・齊策四》：「誰習計會，能爲文收責於薛者乎？」

肆、課文補充資料

一、明燒棧道，暗渡陳倉

西元前二〇六年，劉邦被封爲漢王。四月份，劉邦率領軍隊向南鄭進發，在就國的途中，劉邦在心裡盤算著有朝一日一定要殺回三秦，問鼎中原。隨行的大臣和士兵們，因爲要離開自己的故鄉，去遙遠的漢中定居，都有思念家鄉的心情。正當大家戀戀不捨地行路的時候，後面卻傳來了消息，張良命令士兵把棧道燒毀了。燒毀棧道，也就斷絕了由漢中通向中原的出路，一時，軍中怨聲四起。劉邦也禁不住大罵起來，以爲張良壞了自己的大事。這時，張良祕密地向劉邦說了幾句話，劉邦便立即轉怒爲喜。

原來，在當時項羽所分封的十八個諸侯王中，劉邦的力量最强。項羽把他封到漢中，也正是爲了防範他。即使劉邦到漢中就國，項羽也一定在關中駐重兵監視劉邦。張良焚燒棧道之後，對劉邦說：「我焚燒棧道，正是爲了大王，棧道斷絕了，我們向項羽表示不出漢中的意向。項羽也一定會放鬆對我們的監視，而我們卻可以修繕甲兵，積極備戰，一遇時機，就可以出奇制勝，取得中原。而且，大王的兵士，都是中原的人，棧道斷絕了，他們也就沒有了逃跑的道路。現在，大王可以高枕無憂了。」事情果然不出張良所料，一個月以後，各路諸侯反抗項羽的戰爭爆發了。劉邦用韓信的計策，暗渡陳倉，平定了三秦，從而，得到與項羽爭霸的根據地——關中。

後人遂以「暗渡陳倉」指正面迷惑敵人，而從側翼進行突然襲擊的戰略。亦比喻暗中進行的活動。《羣音類選・《桃園記・逛街千里》》：「就是韓信暗渡陳倉，有賊兵來犯著，殺得他怎生逃。」亦作「暗度陳倉」。《金瓶梅詞話》七〇回：「此是哥明修棧道，暗度陳倉的計策。」

按：楚漢相爭的過程中，張良一再勸誡劉邦要擺低姿態。劉邦戒急用忍，終成帝業。

伍、問題與討論

一、本文在寫作手法上有何特色？請說說你的看法。

答：請參閱貳、課文參考資料，第二項。

二、楚漢之爭，結果項羽自刎烏江頭，劉邦稱帝。二人的成敗與他們的性格有何關鍵？請說說你的看法。

答：請參閱貳、課文參考資料・第三項。

三、鴻門之宴是一場智慧與權謀的搏鬥，敵對雙方陣營中的智囊是誰？他們的性格特點又如何？

答：㈠張良，足智多謀，沈著冷靜。

㈡范增，目光銳利，躁急易怒。

請參閱貳、課文參考資料・第八項。

第十一課

與陳伯之書

■宋刻本《昭明文選》

丘遲

壹、作者參考資料

一、以詩文著稱的丘遲

丘遲，字希範，吳興烏程（今浙江吳興）人，生於宋孝武帝大明八年（西元四六四年），卒於梁武帝天監七年（西元五〇八年）。父親丘靈鞠，早年有才名，曾當過南齊太中大夫的官，在南史文學傳中列首名，他對於丘遲這個兒子曾說：「氣骨似我」。因爲丘遲早慧，八歲時便能寫文章，當時的名人黃門郎謝超宗、徵士何點也非常欣賞他的才華。

長大後的丘遲，官運一直不亨通，他曾被州縣徵召爲輔佐的小官，等到他考上秀才之後，做太學博士，累官列大司馬行參軍，後來因爲要服父喪而離職回鄉。喪期滿後，他回朝廷任殿中郎，又因母喪去職。服喪期滿後，回朝廷任西中郎參軍、車騎錄事參軍，當還是梁王的梁武帝平定建康時，任命丘遲爲驃騎主簿，這時丘遲對梁武帝多所建議及勸諫，頗受梁武帝器重，梁武帝正式登基之後，任他爲散騎侍郎，不久升官爲中書侍郎，待詔文德殿。

天監三年，丘遲被任命爲永嘉太守，因怠忽職守，爲有司所糾舉，本應受罰，可是梁武帝因爲惜才，便將這個案子壓了下來。隔年，中軍將軍臨川王蕭宏北伐，丘遲任諮議參軍，兼領記室。當時陳伯之正在北魏，率魏軍相抗。丘遲領命以個人名義寫信給陳伯之，勸他來降，陳伯之爲其感召，領軍八千歸梁。建立大功的丘遲還拜中書郎，再遷司徒從事中郎。天監七年，以四十五歲卒於官。

丘遲的文采煥發，梁武帝曾詔羣臣，以當時流行的連珠體寫作，其中以丘遲的作品寫得最好最美，鍾嶸《詩品》中卷云：「范詩（范雲）清便宛轉，如流風迴雪。丘詩點綴映媚，似落花依草。故當淺於江淹，而秀於任昉。」評價是很高的，可惜丘遲的作品大多散佚，後人只能從這篇選入《昭明文選》的《與陳伯之書》中，一窺其文學風貌。

二、《昭明文選》

㈠《昭明文選》的編輯者

蕭統（西元五〇一～五三一年），字德施，南朝梁武帝的長子，兩歲時立爲太子。五歲時能通五經，讀書過目成頌，長大後博覽羣書，和一些才學之士共同研討，並從事著述。《梁書》本傳說他：「引納才學之士，賞愛無倦，或與學士商榷古今，繼以文章著述。於時名才並集，文學之盛，晉、宋以來所未有也。」年三十一，病卒，謚昭明，所以世稱「昭明太子」。他的著述以《文選》三十卷（今本分為六十卷）為最有名。這部書集先秦至梁代的詩文很多，包括各種文體的代表作品，是我國現存最早的文章總集，唐以後很受世人的重視。

二《昭明文選》的內容

《文選》凡六十卷（原序作三十卷，今本分為六十卷），因是昭明太子蕭統所編，故又稱《昭明文選》。《昭明文選》是秦、漢至齊、梁時期的詩文選集，為我國現有最早最完整的一部總集，歷代文人都賦予極高的評價。唐李善為之作注，至開元間呂延祚又集呂延濟、劉良、張銑、呂向、李周翰五人為之作注，於是就有李善注、五臣注兩種版本。南宋後將李善注、五臣注合刻，稱「六臣注《文選》」。本書自李善為之作注後，唐宋以後，不僅許多文人才士翻讀不已，有的取其鴻材、有的獵其豔詞、更有諸多學者潛心研究，有的為之箋釋、有的為之考校、有的研究音韻、有的採拾菁華、有的論其文體、有的評其瑕瑜，其間卓然有成，不下數十家。於今已成為一門學問，號稱「文選學」，而繼續研究的仍不乏其人，由此可見其價值。《文選》把文體分為三十八類：賦、詩、騷、七、詔、冊、令、教、策文、表、上書、啓、彈事、牋、奏記、書、移、檄、對問、設論、辭、序、頌、贊、符命、史論、史述贊、論、連珠、箴、銘、誄、哀、碑文、墓誌、行狀、弔文、祭文。

三《昭明文選》的文學觀

《昭明文選》的文學觀有下列數端，可知其梗概：

1、進化的文學觀

《昭明文選・序》：「若夫椎輪為大之始，大寧有椎輪之質？增冰為積水所成，積水曾微增冰之凜。何哉？蓋踵其事而增華，變其本而加厲。物既有之，文亦宜然；隨時變改，難可詳悉。」文章是隨時代而變革、增進，所以時代愈近，文章愈精美。就好像後起的大遠勝於原始的椎輪、厚厚的層冰要比積水來得凜冽一樣。「踵事增華，變本加厲」正說明這一事實。所以在《昭明文選》中，魏晉以後，包括齊梁的文章，要比秦漢來得多，足以證明蕭統的文學觀是進化的，是今勝於古的。

2、尚美的文學觀

在《昭明文選》中，蕭統將經、史、子排除在外，不作選文的對象，惟獨贊論序述可以入選。這是因爲贊論序述此類文章，大都綜輯辭采，錯比文華，合乎「事出於沈思，義歸乎翰藻」的標準。由此可知，注重文采的豐縟，辭藻的華美，是蕭統極重要的文學觀之一。蕭統生於齊梁，正是崇尚靡麗之時，難免會受到影響；且《昭明文選》主要之撰集目的，在於後進英髦，資爲準的，因此選文著重藻麗，是必然之事。

3、崇雅的文學觀

從《昭明文選．序》看來，似乎蕭統只重麗藻、只在尚美。其實就全書選文看來，蕭統雖重文華，實則更重典雅。駱鴻凱《文選學》說：「昭明芟次七代，薈萃羣言，擇其文之尤雅者，勒爲一書，用以切時趨，標指先正。迹其所錄，高文典冊十之七，清辭秀句十之五，纖靡之音百不及一。以故班、張、潘、陸、顏、謝之文，班班在列，而齊梁有名文士，若吳均、柳惲之流，概從刊落。崇雅黜靡，昭然可見。」他的說法是非常中肯的。

4、尚眞尚德的文學觀

陶淵明在南北朝時，其文名並不甚噪，鍾嶸《詩品》也僅將陶詩列入中品，主要是由於陶淵明詩文並不以藻麗稱。然而蕭統卻認爲「其文章不羣，詞采精拔，跌蕩昭章，獨起衆類，抑揚爽朗，莫之與京。」之所以給予陶詩如此高的評價，其道理即在於陶淵明的文章中，一片眞情流露，絕不虛假。所謂「語時事則指而可想，論懷抱則曠而且眞。」這正是蕭統所最景仰之處。可見蕭統衡量陶淵明的作品，是以「眞」與「德」的文學觀點去品評。

5、文質並重的文學觀

由以上各點看來，昭明太子的文學觀，應該是「文質並重」。其《荅湘東王求文集及詩苑英華書》云：「夫文典則累野，麗亦傷浮，能麗而不浮，典而不野，文質彬彬，有君子之致。吾嘗欲爲之，但恨未逮耳。觀汝諸文，殊與意會，至於此書，彌見其美，遠兼邃古，傍概典墳，學以聚益，居焉可賞，吾少好斯文，迄茲無倦。」所謂「麗而不浮、典而不野」正是《昭明文選》的最佳寫照。

貳、課文參考資料

一、兩度改事新主的陳伯之 ◆

陳伯之，南朝濟陰睢陵人。自小就是個力大無比的小子，十三、四歲的時候，他就像時下的太保一樣喜歡穿著奇裝異服。有一次，他偷割鄰居的稻子時，被鄰人發現了，正要捉他的時候，他不但不害怕，反而理直氣壯的說：「你們家的稻子還有那麼多，給我一點會損失多少呢？」說完，反而持刀要殺人，嚇的鄰人四散逃命去，這時他便輕輕鬆鬆的挑著稻子回家去。

有著强橫個性的陳伯之，長大之後就在鍾離的地方當起强盜，有一次搶劫船家的時候，在打鬥中削去左耳了。不過也因爲他的孔武有力，獲得同鄉車騎將軍王廣之的重視，而想盡辦法網羅他在身邊，甚至在對外征戰的時候，都讓他隨形在側。南齊明帝時，安陸王子敬謀反，陳伯之萬夫莫敵，一馬當先，首先搶入城去，隻身斬殺了王子敬，奪了頭功，再加上他昔日的戰功，封魚腹縣伯，邑五百戶。後來齊東侯立位時，派他爲江州刺史，據潯陽（今江西省九江縣）。

當梁武帝（蕭衍）稱帝時，陳伯之擁重兵力拒不肯投降，後來被招降，仍爲江州刺史，並加封爲鎮南將軍。可是在當時由於梁武帝尚未將建康收服，時局呈現動盪不安的情勢，人心慌慌，爲了安撫陳伯之，梁武帝便利用心戰的方法，他暗示陳伯之說有人想謀殺他，陳伯之是半信半疑，就在這時候，齊將鄭伯倫投降，梁武帝便言之鑿鑿，說的煞有介事的模樣，陳伯之此時已不再懷疑了，梁武帝趁勝追擊，再封他爲豐城縣公。

在古時候文盲很多，陳伯之雖然被封了許多官位，可是他是一介武夫，所憑藉的只有力氣，大字可不識一個，公文的批閱永遠只有一個「可」，遇到棘手的事情的時候，他便和幕僚商量，好下個決論，由此也可以猜測出他所用的人可都不是些善類，如豫章人鄧繕爲別駕，永興人戴永忠爲記室參軍，同鄉朱龍符爲長流參軍等，這些人恣意橫行，魚肉鄉里，百姓怨聲載道，這些民怨傳到梁武帝的耳裡，讓他知道事態非同小可，於是不僅派人代理鄧繕的職務，同時也讓陳伯之的兒子虎牙親自治朱龍符的罪，可是陳伯之不接受這樣的結果，他强辯說：「龍符驍勇健兒，鄧繕事有績效」。天監元年（西元五〇二年），鄧繕等人不斷在陳伯之的耳邊煽動，要他趁著「朝廷府庫空竭，復無器仗，三倉無米，東境饑流」的大好時機，以復齊爲名，起兵反梁。陳伯之聽信他們的話，立刻佈局，安排人馬好裡應外合，而梁武帝立刻派王茂來應戰，王觀不從命，而齊另一降將鄭伯倫堅守，陳伯之在腹背受敵之際，見大勢已去，便偕子王虎牙投奔北魏，做了北魏的散騎常侍、平南將軍，封曲江縣侯，率衆鎮守壽陽。

天監四年（西元五〇五年）冬天，梁武帝以北魏軍隊屢次南侵爲理由，開始計畫北伐事宜。先派任軍事名將楊公則打頭陣，後任命六弟臨川王蕭宏領軍北伐，進駐洛口（今安徽懷遠縣西南），其戰略目的在收復壽陽、義陽等淮南軍事重鎮。天監五年（西元五〇六年）二月，北徐州刺史昌義之於梁城大敗而回。當時梁城守將就是陳伯之。爲迅速推展北伐的速度，並減少人員傷亡的數字，又可以使陳伯之爲嚮導。蕭宏便讓任記室的丘遲以私人名義寫一封勸降信，希望陳伯之受降。三月，陳伯之於壽陽（今安徽壽陽縣附近）率衆八千降於梁朝，可是他的兒子王虎牙卻被北魏人所殺害。

二、《與陳伯之書》賞析

這篇選自梁代蕭統所編《文選》，是丘遲的代表作，也是篇優秀的駢文。丘遲寫這封信的時候，正任臨川王蕭宏的記室一職，奉命以私人的名義寫這封勸降信給陳伯之。這種勸降信是十分難寫的，因爲陳伯之是一位兩度改事新主的貳臣，當他領異族軍隊與昔日的故舊相抗衡的時候，叛國投敵的負罪感，寄人籬下的危機感，背井離鄉的孤獨感，內心的心理活動是非常複雜的。如何在書寫信時態度不卑不亢，同時又要顧及到對方的自尊，使之對歸降問題形成是艮性結果，就成爲這封信立意布局的焦點。此外，本文又能將駢文爲人所詬病的華辭及用典過度，運用的極其恰當，多一分則太過，少一分則意不足。

全文可分爲五段，以勸降爲此信的主旨，分析整個環境情勢，層層深入。

第一段，丘遲巧妙運用人性中好比較的心態，以陳伯之在梁時的尊榮顯貴，而今日在北魏的卑微屈辱，在比較之後，點明陳伯之目前正處於不利己的情勢之下。

文章一開始，丘遲深知陳伯之是個好大喜功的一介武夫，以讚揚他的勇氣及軍事方面的傑出表現，先撤除去陳伯之的心防，以便能讓他能夠以輕鬆的心態來看待這封信。當然他也適時的批評陳伯之爲「奔亡之虜」，「聞鳴鏑股戰，對穹廬以屈膝」的卑劣相。在筆鋒一弛一緊後，接著再藉著陳伯之能順應情勢，投靠於梁的懷抱，這種英明抉擇，「何其壯也！」表達出丘遲的欽佩之情於字裡行間。下面以陳伯之處於梁及北魏時境遇，兩兩做比較，進行詰問，並以自問自答的方式，下了一個結論：「直以不能內審諸己，外受流言，沈迷猖獗，以至於此。」這種寫信者的強烈感嘆，目的是在喚醒陳伯之開始考量自己的處境，思索自己該何去何從。丘遲從實事求是的方式，輔以委婉誠摯，與人爲善的批評法，讓陳伯之的接受度大增。

第二段，從這段開始丘遲正式向陳伯之勸降。丘遲由古及今，由遠到近，層層深入，很具有說服力。

丘遲首先爲陳伯之投降於北魏一事，找個合情合理的臺階下。丘遲分析陳伯之今日身陷於不利處境的原因，在於他昧於事實，誤信流言，一時之間所做的糊塗事。在昔日的過錯已經被寬宥之後，立即說明梁朝是如何氣度宏大：赦罪責功，棄瑕錄用，推赤心於天下，安反側於萬物。「陳伯之若是棄暗歸來，一定會再度受到禮遇的。爲了讓陳伯之明瞭梁武帝的寬宏大量，丘遲用兩個典故：漢光武帝劉秀不殺有殺兄之仇的朱鮪，曹操封侯給有殺子之仇的張繡，而他與梁武帝之間有如此深的血海深仇嗎？沒有，反倒是陳伯之「無昔人之罪，而勳重於當世！」解除陳伯之再度降於梁朝的顧慮。而後再告訴他，這種行爲是古聖先賢所稱許的。當理論說完之後，需佐以實證來說服陳伯之，否則任你舌燦蓮花，仍不能讓陳伯之卸除心防，所以丘遲告訴陳伯之：「將軍松柏不翦，親戚安居，高臺未傾，愛妾尚在。」丘遲之所以會用梁朝禮陳伯之的家族爲理由，來說服陳伯之，是因爲中國古代的讀書人將主上的知遇之恩，爲考量事物時的第一順位，所謂「士爲知己者死」，而陳伯之是軍旅出身的人，讀書人所講究的恩及義，不是他所看重的，他所著重的是眼下利益的獲取，所以他才會遊走於齊、梁、北魏之間，政治立場隨時搖擺不定。更何況陳伯之有叛國之罪，和一般的敵國將來降是有很大程度上的不同。所以，以事實作證，陳伯之不能投降的理由又不成立了。

第三段，丘遲再將陳伯之目前的處境與梁朝的功臣名將相比，待遇不盡公平，立場是如此尷尬。希望陳伯之能看清楚形勢的發展，爲求自保，最好早日歸降。

首先丘遲利用一鮮明的對比，指出陳伯之投降北魏是自取其辱的。目前梁的功臣名將是受到梁武帝重視及禮遇的：「佩紫懷黃，讚帷幄之謀，乘軺建節，奉疆埸之任，並刑馬作誓，傳之子孫。」這是何其尊榮的，而陳伯之卻是「獨靦顏借命，驅馳氈裘之長。」境況是如此淒涼，難道不是陳伯之自取其辱的嗎？

此外，丘遲點明陳伯之投降於北魏是自取滅亡的。丘遲仔細的分析北魏的情勢，要陳伯之評估自己的勝算有多少。丘遲以歷史上投靠異族而自取滅亡的例子來說明，如南燕慕容超「身送東市」、後秦姚泓「面縛西都」。由上例可得知陳伯之自己的處境已是「魚游於沸鼎之中，燕巢於飛幕之上」，所以還不如趁早另謀良策，找出趨利避害的抉擇。

第四段，丘遲以描寫故國的秀麗景色，來激發陳伯之的思鄉懷舊之情。

丘遲描繪了一幅溫馨美麗的江南景致：「暮春三月，江南草長，雜花生樹，羣鶯亂飛。」在金戈鐵馬之爭戰中，插入這麼一段說江南憶往昔的閒話，逗惹起常人皆有的鄉情，讀來令人格外感動，並告訴他昔日的名將：廉頗之以思趙將，吳子之泣西河「無論是誰，思念故鄉是人之常情，因而詰問陳伯之：「將軍獨無情哉？」前面各段，丘遲以理性的方式，一項項分析時事給陳伯之明白思索，到了這一段，丘遲將私人之間的感情，泫染的更加濃烈，希望動用較溫情的方式，感動陳伯之。

第五段，催促陳伯之不可喪失這次可以幡然來歸的好時機。

在這一段中，丘遲總結先前的所有論點，再一次說明梁朝目前正是國勢正盛之際，老百姓安居樂業，各方的異族都紛紛臣服，只有北魏還苟延殘喘的做頑强的抵抗，其下場是可預期的。因而丘遲以老友的身分希望陳伯之，盱衡時勢，利用此次的大好時機，回到梁朝的懷抱，並再三告誡他：「若遂不改，方思僕言」。

丘遲和陳伯之是舊識，深知他是一個見利忘義、反覆無常的小人，所以在寫這封勸降信時，丘遲特意去揣摩對方此時此刻的心理，所以無一不是以對方的利害關係爲著眼點：動之以利害，喻之以大義，又感之私人的私情，嚴正懇切，使得陳伯之逃不出他的層層布網，而動心投降。

從這篇文章的寫作主旨來看，作者運用巧妙的布局，「愛妾尚在」等句，就說得令人動容。並以「曉之以大義」、「戒之以利害」、「動之以感情」等三點，以一弛一緊的方式，穿插在每個段落中，形成一個羅織嚴密的說服網。

這是一篇駢文。駢文是一種講求對偶、詞藻、典故、聲調，而以駢字偶句爲其主要特徵的文體。駢文盛行於南朝。南朝的駢文大都形式華美，內容空虛。但是形式華美的東西並不全是要不得的。優秀的駢文能給讀者以很高的美的感受。丘遲的《與陳伯之書》就是一篇既文情並茂，又明白如話的駢文。它對偶工整自然，駢散雜用，轉折和總結處以散文句法行文，全文很少用典，有些典故也用得非常貼切，全文顯得活潑自然，通俗易懂。這樣的駢文在梁朝是少見的。這是因爲作者考慮到陳伯之是武人，文學修養不高，就力求寫得具體實際，明白曉暢。他這樣做的結果，不僅無損於作品的思想光輝，反而使它具有獨有的藝術特色。

據史書記載，陳伯之接到這封信之後，沒多久便率衆八千來歸降。在整個梁朝的北伐過程中，陳伯之的投降是個關鍵點。事實上，陳伯之之所以會再次投降於梁朝，其中有許多的因素，因爲他原是南朝齊的江州刺史，梁起，他投降於梁，做了貳臣，天監元年又因闖禍，又偕子逃到北魏，但沒有受到重用，再加上梁朝仍不計前嫌，完整的保留住他在梁的產業，因此他早已有投降梁的想法，只是自己有太多的顧忌，不肯冒然的行動，而丘遲這封勸降信，正給他一個可以投降的時機及理由。

三、駢體文

駢體文是漢以後的一種特殊的文體。劉勰的《文心雕龍》認爲從司馬相如、揚雄以後就有了駢體文，清代李兆洛的《駢體文鈔》把賈誼《過秦論》、司馬遷《報任安書》、揚雄《解嘲》等都收錄進去。其實，司馬相如、揚雄等人的文章的確是用了許多平行的句子，東漢班固、蔡邕等人的文章更講求句法的整齊，可以認爲是駢體文的先河；但是上述諸家作品裡的平行句法，只是爲了修辭的需要，還沒有形成固定的格式，不能算作一種文體，因此，明代王志堅在《四六法海序》中說，駢體文從魏晉才開始形成，這是有道理的。南北朝是駢體文的全盛時代，此時駢體文成爲文章的正宗，直到唐宋以後，駢體文的正統地位才被古文所取代，但是仍舊有人寫駢體文。

駢體文，產生於魏晉時代，在六朝則廣爲流行，但作爲一種新文體，在當時並沒有一個正式和固定的稱呼。梁簡文帝在《與湘東王論文》中說：「若以今文爲是，則昔賢爲非；若昔賢可稱，則今體宜棄。」他所說的「今文」、「今體」，指的就是當時新起的駢體文。劉勰的《文心雕龍》中有「麗辭」一篇，專門講述文章中的對偶問題，但他只從修辭角度而言，「麗辭」並不是爲這種文體定名。清代李兆洛的《駢體文鈔序》說：「自秦迄隋，其體遞變，而文無異名；自唐以來，始有『古文』之目，而目六朝之文爲『駢儷』，而其爲學者，自以爲與古文殊途。」由此可知駢體文的正式名稱是到唐代以後才有的。兩匹馬並駕稱爲駢，夫妻成雙稱爲儷，「駢儷」的名稱，正概括了這種文體語句結構對偶、平行的特點。

駢體文的表達方式與一般的散文有所不同。駢體文有三個特點，一是多用對句和「四六」，二是平仄相對，三是善用典故和藻飾。以下，分三方面說明駢體文的特點。

(一)對偶

所謂駢偶，就是句子兩兩相對的意思，又稱爲對仗，駢體文就是用平行的兩句話，兩兩相對，直到篇末。如果進一步分析，駢偶不僅要求整體對稱，而且上下聯內部的句法結構也要求一致——主語對主語、謂語對謂語、賓語對賓語……。例如：「森壁爭霞，孤峯限日。」（吳均・《與顧章書》）「荀宋表之於前，賈馬繼之於末。」（蕭統・《文選序》）駢體文一般是用四字句和六字句。《文心雕龍・章句》說：「四字密而不促，六字格而非緩；或變之以三五，蓋應機之權節也。」、柳宗元《乞巧文》說：「駢四儷六，錦心繡口。」都是對駢體文這一特點的說明，因此駢體文在晚唐被稱爲「四六」，李商隱的文集就名爲《樊南四六甲乙集》。從宋代到明代都沿用「四六」這個名稱，清代才叫做駢體文。

「四六」是有一個發展過程的。魏晋時代的駢體文，句子的字數還沒有嚴格的限制，一般以四字句爲多；到了劉宋時代，「四六」的格式已具雛形；齊梁以後，「四六」的格式完全形成，所以劉勰能從理論上加以說明；唐宋以後，「四六」的格式就更加定型了。如庾信的《哀江南賦序》、王勃《滕王閣序》等都是最典型的代表作。

(二)平仄

「平仄」與「四六」對仗是有非常密切的關係的，駢體文規定在對仗的時候要以平對仄，以仄對平。這是後期駢體文的特點，發端於齊梁，形成於盛唐，王勃《滕王閣序》可爲代表。例如：「馮唐易老，李廣難封。」、「坐昧先幾之兆，必貽後至之誅。」、「窮睇眄於中天，極娛遊於暇日。」

(三)用典、藻飾

用典，古人叫做用事，《文心雕龍》有《事類》一章是專講用典的。不論什麼文章，完全不用典是很難的，先秦的文章就不少引言引事的，漢代的文章用典更多，但這都只是修辭的手段，並不能算是文體的特點。魏晋以後，駢體文逐漸以數典爲工，以博雅見長，用典遂成爲駢體文語言表達上的一個特點。

《文心雕龍・事類》說：「事類者，蓋文章之外，據事以類義，援古以證今者也。」這就是說，用典的目的是援引古事或古人的話來證明自己的觀點是古已有之，自己的話是正確的。例如蕭統《文選序》：「詩者，蓋志之所之也，情動於中而形於言。《關雎》《麟趾》，正始之道著；桑間濮上，亡國之音表。」第一句是引用《毛詩序》的話，表明這個觀點是有所本的；後面一聯對偶，蕭統則是再引用這兩個典故，進一步證明自己提出的觀點是正確的。

此外，駢體文用典的目的，更主要的還在於使文章委婉、含蓄、典雅、精煉。例如：庾信《哀江南賦序》：「三日哭於都亭，三年囚於別館。」、「鈞壺移柳，非玉關之可望；華亭鶴唳，豈河橋之可聞。」前一句，庾信用兩個典故表現他對梁朝滅亡以及自己被羈留西魏的悲痛心情，做到了言簡意賅；後面一句，則用兩個典故表達了他的鄉關之思，能喚起很多聯想，耐人尋味。又如王勃《滕王閣序》：「馮唐易老，李廣難封。」、「屈賈誼於長沙，非無聖主，竄梁鴻於海曲，豈乏明時。」此二句，王勃用馮唐、李廣、賈誼、梁鴻的故事來影射他自己的不得志和受貶斥的遭遇，發洩他的「時運不濟，命途多舛」的感慨，其實是牢騷很深的話，但由於用了典故，而顯得非常委婉。總之，駢體文用典，往往意在言外，表面上說的是甲，事實上是影射乙，使讀者從典故中可以聯想更多的內容。

最後，談談藻飾問題。藻飾就是追求詞藻華麗，這是駢體文中最重要的一個特點。顏色、金玉、靈禽、奇獸、香花、異草等類的詞句是駢體文用得最多的詞句。正如楊炯《王勃集序》所說：「糅之金玉龍鳳，亂之朱紫青黃。」六朝有許多駢體文往往僅顏色一類詞即佔全文字數的十分之一以上。就一般情況來說，駢體文總是追求形式美，而內容往往是平庸和貧乏的。在中國文學的發展過程中，駢體文是一股逆流，它是宮廷文學、貴族文學的產物，是和通行口語背道而馳的書面語言。但是，駢體文也不是沒有好作品，六朝的駢體文中有許多作品確實是有文采的，不爲格式所困，而仍可言之有物，既能細膩地寫景，又能婉轉地抒情，也能精密地說理。此外，駢體文對唐宋以後的文學語言，尤其是律詩，也有很大的影響。因此，爲了培養閱讀古書的能力，爲了選擇性地吸收駢體文某些有用的藝術，駢體文這種文體，還是值得我們多研究、了解。

四、頓首

《與陳伯之書》中開頭的：「遲頓首」，及信末的「丘遲頓首」，在在表示丘遲對陳伯之的謙恭之意。「頓首」一詞在古人的書信中是個常用的詞彙，究竟代表何意義呢？

要談「頓首」，首先要了解的是中國古代桌椅的發展方式，古人是先從席地而坐開始的，在行禮時，便會順著身體轉動的方式，再加以變化而成各種程度不同的禮節。因而古人依其實際的行禮動作，與人的遺詞用字，再從場所、對象、身分之不同加以區分爲九拜：稽拜、頓拜、空首、振動、吉拜、凶拜、奇拜、褒拜、肅拜。後世常用的是行禮較易的：稽拜及頓首。這點可從日劇中日本人穿著傳統服裝行大禮時，略可窺見古人的行禮方式。

丘遲在《與陳伯之書》中兩次用「頓首」一詞，後人頗有意見的，他們認爲丘遲以一個臨川王諮議參軍兼記室的身分，寫信給一個叛將，文章內容寫的是態度嚴正，並不時對陳伯之曉以大義，可是信前後各用一次「頓首」一詞，未免太貶抑自己了吧。這個見解犯了以今義誤解古義的毛病。「頓首」是古時施禮者在施禮時頭手觸地，觸地後即起。由於頭觸地面的時間很短暫，有頓的感覺，所以叫「頓首」。這種禮節和現在的鞠躬禮近似，屬於地位相等或平輩間相交的一般禮節。這個和丘遲與陳伯之之間的同事情誼是相合的，因此丘遲用「頓首」一詞，表示普通的禮貌，在態度上是不卑不亢的。

五、稱謂的用法

㈠足下

在古代，下稱謂上，或同輩相稱，都用「足下」，足下：意爲「您」。相傳晉公子重耳逃亡在外十九年，後來又回到晉國當了國君，於是封賞有功之人。跟隨重耳出逃的介之推本應受封，卻不願接受封賞，帶著母親隱居綿山。晉文公到綿山找他，他躲著不肯出來。於是晉文公用燒山的辦法想迫使他出來，不料介之推卻抱著一棵大樹燒死了。晉文公非常悲傷，砍下這棵樹做成木屐，穿在腳上，平時總是看著腳下的木屐說：「悲乎，足下！」「足下」這個詞本來是「腳下面」的意思，但由於它一開始就代表著一個爲晉文公所敬重的人，因此演變爲表敬稱的第二人稱代詞。如《史記・項羽本紀》：「張良入謝曰：『……謹使臣良奉白璧一雙，再獻大王足下；玉斗一雙，再拜奉大將軍足下』」。

㈡陛下

陛下的「陛」指帝王宮殿的臺階。「陛下」原來指的是站在臺階下的侍者。臣子向天子進言時，不敢直呼天子，必須先呼臺下的侍者而告之。後來「陛下」就成爲對帝王的敬辭。

㈢殿下

和「陛下」同一個意思，原來也是對天子的敬稱。但稱謂對象隨著歷史的發展而有所變化。漢代以後演變爲對太子、親王的敬稱。

㈣麾下

麾，本是古代指揮軍隊的旗幟，所以麾下是對將帥的尊重。

㈤閣下

是舊時對一般人的尊稱。常用於書信之中。原意也是由於親朋同輩間互相見面，不便直呼其名，常常先呼其在閣下的侍從轉告，而將侍從稱爲「閣下」的，後來逐漸演變爲對至友親朋間尊稱的敬辭。

㈥膝下

子女幼年時經常在父母的膝下活動，故以「膝下」表示幼年。後來借指父母，有親切之意。

㈦在下

自稱的謙詞，古時坐席，尊長在上座，所以自稱在下。以上這些敬辭，有時在書信、宴會中還常常使用。

六、旄

旄，古代旗幟名。旗桿上用牝牛尾作標幟的一種旗。我國古代鎮守一方之將領，天子賜以旄節，專治軍事。《詩・鄘風・幹旄》：「孑孑幹旄」。毛傳：孑孑，幹旄之貌。注旄於竿首，大夫之旃也。」岑參《輪臺歌》：「上將擁旄西出征，平明吹笛大軍行。」

我國古代以牝牛尾置竿首，用以指揮全軍的軍旗叫白旄。

七、涉血於友于

朱鮪曾是在王莽新朝末年時綠林軍將領，後投靠更始帝（劉玄），他曾勸更始帝殺了光武帝的哥哥劉縯。日後，光武帝劉秀準備攻入洛陽時，卻遭到朱鮪的頑強抵抗，光武帝派遣岑彭爲說客，朱鮪見情勢有心投降，可是他昔日是參與殺害劉縯的主要人物之一，因而他擔心一旦今日被招降，緊接而來的便是殺身之禍。於是光武帝派人對朱鮪說：「做大事業的人，是不會計較個人小恩小怨的。只要你肯降，會保留你昔日的功名利祿，怎麼會殺你洩恨呢？」在光武帝再三的保證下，撤除了朱鮪的心防，朱鮪最後被招降了。

八、剚刃於愛子

張繡，武威祖厲人，是漢末董卓部將張濟的侄子。張濟占領宛（今河南省南陽市議），當張濟在攻穰的戰役中爲流箭射中身亡，張繡就接領其舊有的部隊繼續屯守宛，並和劉表示好。當曹操南征時，張繡和其他軍閥一起向曹操臣服。可是曹操強娶張濟的妻子爲妾，令張繡懷恨在心。曹操風聞張繡爲他娶張濟妻而不快的事，爲怕夜長夢多，曹操便祕密的派人謀殺張繡。不料風聲走漏，建安二年，張繡先下手爲强，先襲擊曹操，結果曹操的軍隊大敗，曹操在倉惶逃命時被流箭所傷，曹操的兒子曹昂及曹安民遇害身亡。兩年後（建安四年），曹操在官渡和袁紹軍對峙時，張繡接受賈詡的建議，再次向曹操投降，曹操不計前嫌接納了他，在歡宴中熱切的握著張繡的手，表示兩人仇恨冰解。不但如此，曹操還讓自己的兒子娶張繡的女兒爲妻，並封張繡爲揚武將軍。爲報答曹操，張繡在官渡之役中，奮力作戰，被封爲破羌將軍。

九、慕容超

慕容超（?~西元四一〇年），十六國時期南燕末代君主。西元四〇五~四一〇年在位，年號太上，字祖明。慕容德兄北海王慕容納之子，母段氏。生於羌族區，十歲後徙居涼州，及後涼呂隆降後秦姚興，再遷長安。後逃奔廣固投靠慕容德，封北海王，拜侍中、驃騎大將軍、司隸校尉。慕容德無子，遂立慕容超爲太子。慕容德死，嗣位。在位時不恤政事，耽於遊樂，忌忠良而信佞臣，政治腐敗，人民生活痛苦。太上五年（西元四〇九年），興兵進攻東晋。東晋派劉裕率軍征討，慕容超派韓範求救兵於後秦姚興，救兵不至。尚書悅壽開城門迎晋軍，慕容超出逃被執。次年二月斬於建康（今南京市）。南燕遂亡。

十、姚泓

姚泓（西元三八八~四一七年），十六國時期後秦末代皇帝。年號永和。字元子。姚興長子。年少時愛談論學術，尤好吟詩。但體弱多病，無濟世之才。姚興考慮再三，方立爲太子。正當姚興臥病之時，姚泓弟姚弼以武力爭奪帝位，被姚興抱病處死。次日，姚興亦死。姚泓即帝位。宗室貴族姚愔、姚濟、姚恢相繼起兵反叛，姚泓四處調兵，勉强平定。東晋劉裕乘機北伐，永和二年（西元四一七年），晋軍至長安城下，姚泓出降，在建康（今南京市）被殺，後秦亡。

十一、廉頗善飯

此典指廉頗雖然年老，但飯量很大，身體還很健壯。此典比喻老當益壯，雄風不減；或反其意而用之，稱年老體衰不能任用。

廉頗，戰國時趙國名將。趙惠文王時任上卿（周官制，最尊貴的諸侯臣稱上卿，這裡指高級長官），屢次戰勝齊、魏等國。長平（今山西高平縣西北）之戰，他堅壁固守三年，後來趙孝成王卻不顧藺相如和趙括之母的苦諫，執意改用趙括為將，因而被秦軍大敗，四十萬大軍全部被坑殺。六年後，燕王乘趙國大敗之餘兵力空虛，派大將栗腹，率三十萬大軍攻打趙國。趙王無奈，只得再度起用廉頗。趙孝成王十五年（西元前二五一年），他戰勝燕軍，直逼燕國都城，燕國只好割五城求和。趙孝成王任命他為相國，封信平君。趙悼襄王繼位，重用奸臣郭開等人。郭開與廉頗向有嫌隙，因而向趙王進讒言，派樂乘代替廉頗為大將。廉頗氣憤之餘，領兵攻打樂乘，並離開趙國，投奔魏國大梁（今河南開封）。廉頗在大梁住了很久，魏國君王並不信任他。而趙國因為多次被秦國圍困，趙悼襄王便又想再任用廉頗，便派遣使者去探望廉頗。廉頗也想再被趙國任用，見到趙國使者來訪，非常高興，在他面前一頓飯吃了一斗米、十斤肉，還披穿鎧甲上馬，表示自己還有用，身體還很健壯。不料郭開給使者很多賄賂，讓他在趙王面前說廉頗壞話。趙國使者回來向趙王報告說：「廉將軍雖然老了，但飯量還很大，可是與我坐在一起，一會就去上三次廁所。」趙王認為廉頗老了，終究沒有再徵召他。

廉頗望眼欲穿地等待趙國來召，卻始終沒有消息，於是終日悶悶不樂。楚王聽說後，派人將他迎到楚國。可惜廉頗總是懷念故國，所以在楚國沒能建立什麼功勳，最後老死在楚國。

十二、吳起

吳起（？～西元前三八一年），戰國初期著名軍事家、政治家。衛國左氏（今山東定陶西）人。初為魯將，曾大敗齊兵，後投奔魏國為將，整頓軍備，深受魏文侯重用，任魏國西河郡守二十餘年，致力於政治、經濟、軍事的改革，創造了一支訓練有素的「武卒」，與諸侯國作戰數十次，戰績卓著，聲名遠揚。

吳起擔任將領時，與基層士兵吃一樣的飯、穿一樣的衣服。睡覺不鋪墊席，走路不騎馬乘車，親自攜帶乾糧，為士兵分擔勞苦。士兵中有人長了膿瘡，吳起為他吸膿。士兵的母親聽到後放聲大哭。別人對她說：「你的兒子是個普通士兵，主將卻為他吸膿，你為什麼要哭呢？」這位母親說：「我並不是為此而哭，當年吳公曾為我孩子的父親吸膿，他的父親打起仗來就勇往直前，結果被敵軍殺死。現在吳公又爲我兒子吸膿，賤妾我眞不知道他又會死在哪裡，所以才哭。」

魏武侯時，受王錯的陷害，於周安王十九年（西元前三八三年）出奔楚國，楚悼王委任他爲宛（今河南南陽）守，一年後升令尹，掌軍政大權，堅持變法，裁減冗員和無能官吏，剝奪舊貴族政治、經濟特權，把節省的經費用於選練軍隊，以期富國强兵。經過一年的整頓，使貧弱的楚國開始振作起來，兵威四方。

西元前三八一年，楚悼王去世，楚國的宗室和大臣羣起作亂，攻擊吳起。吳起跑到楚悼王屍體停放的地方，趴伏在悼王的屍體上，攻擊吳起的人便用箭射殺吳起，同時也射中了楚悼王的屍體。楚悼王安葬後，太子即位，叫令尹把射殺吳起而又射中楚悼王屍體的人，統統處死。因射殺吳起而被株連滅族的人有七十多家。

叁、語文天地

一、棄燕雀之小志，慕鴻鵠以高翔

這句話出自於《史記・陳涉世家》：「涉少時，嘗與人傭耕。輟耕之壟上，悵恨久之曰：『苟富貴，無相忘。』傭者笑而應曰：『若爲傭耕，何富貴也？』涉太息曰：『嗟乎！燕雀安知鴻鵠志哉！』」

燕雀，是指燕子、麻雀等體積小的鳥類，常往來穿梭於尋常人家的屋簷下。比喻平庸的人。

鴻鵠，有的說是天鵝，有的說是大鳥及黃鵠，但都是指能展翅高飛的大鳥，比喻有遠大抱負的傑出人士。

「棄燕雀之小志，慕鴻鵠以高翔」即是後世常用的「燕雀安知鴻鵠之志」或是「鴻鵠之志」，全句的意思是說：燕雀是體積小的鳥類，平日只能往來於一般住家的屋簷之下，所以那能體會出像鴻鵠之類的大鳥，凌空高飛的豪情。也就是比喻，一般平庸的人是無法體會出英雄人物的遠大抱負。

二、尋

㈠尋，八尺。漢魏以前，「尋」、「常」都是表長度的，如：《韓非子・五蠹》：「布帛尋常，庸人不釋。」賈誼《弔屈原賦》：「彼得常之汙瀆兮，豈容吞舟之魚」。《說文》：「人之兩臂爲尋，八尺也」。人張開兩臂的長度叫「尋」，在漢代相當於八尺。常，《小爾雅・廣度》：「倍尋謂之常」，「常」是兩尋，也就是十六尺。漢魏以後「尋」、「常」較少作爲長度單位。但詩文中也偶有用到的。如文天祥《正氣歌》：「室廣八尺，深可四尋。」

㈡引申爲探究。如丘遲《與陳伯之書》：「尋君去就之際，非有他故。」

㈢引申爲尋找。陶潛《桃花源記》：「太守即遣人隨其往，尋向所志，遂迷不復得路。」

㈣尋，當副詞時，表示時常。是指不久的意思。陶潛《桃花源記》：「未果，尋病終，後遂無問津者。」李密《陳情表》：「尋蒙國恩，除臣洗馬。」

【辨析】

「尋常」是平常、普通、常見的意思，這是唐代以後的用法，如劉禹錫《烏衣巷》：「舊時王謝堂前燕，飛入尋常百姓家」。

三、直

㈠不彎曲。《荀子・勸學》：「木直中繩。」龔自珍《病梅館記》：「梅以曲爲美，直則無姿。」

㈡正直。司馬光《訓儉示康》：「君子寡欲則不役於物，可以直道而行。」

㈢遇到，碰到。《漢書・酷吏傳》：「寧見乳虎，無直寧成之怒。」

㈣價值相當。《史記・魏其武安侯列傳》：「生平毀程不識不直一錢。」李白《行路難》：「金樽清酒斗十千，玉盤珍羞直萬錢。」

㈤名詞。通「値」，價錢。白居易《賣炭翁》：「半匹紅綃一丈綾，繫向牛頭充炭直。」

㈥只，僅。《孟子・梁惠王下》：「寡人非好先王之樂也，直好世俗之樂耳。」丘遲《與陳伯之書》：「直以不能內審諸己，外受流言，沈迷猖獗，以至於此。」

㈦一直，直接。李白《望廬山瀑布》：「飛流直下三千丈，疑是銀河落九天。」

㈧特地，故意。《史記・留侯世家》：「至良所，直墮其履圯下。」

㈨簡直。孫文《黃花崗七十二烈士事略序》：「則斯役之價值，直可驚天地，泣鬼神。」林升《題臨安邸》：「暖風吹得遊人醉，直把杭州作汴州。」

四、瑕、遐、暇

㈠瑕：音ㄒㄧㄚˊ，玉上的斑點，引申為缺點。

•瑕不掩瑜：喻事物雖有缺點，但無損其整體的完美。

•瑕瑜互見：喻缺點與優點共同存在。

•棄瑕錄用：不咎既往過失，加以錄用。

㈡遐：音ㄒㄧㄚˊ，遠也。

•名聞遐邇：遠近聞名。

㈢暇：音ㄒㄧㄚˊ，空閒。

•目不暇接：美好事物太多，或景物變化太快，眼睛來不及觀看。

•好整以暇：在繁忙中顯得從容不迫。

五、涉

㈠徒步蹚水過河。《呂氏春秋・察今》：「循表而夜涉。」

㈡乘船渡水。《呂氏春秋・察今》：「楚人有涉江者，其劍自舟中墜於水。」

㈢歷經。蘇軾《教戰守策》：「涉險而不傷。」劉基《賣柑者言》：「善藏柑，涉寒暑不潰。」

㈣漫步。陶淵明《歸去來辭》：「園日涉以成趣。」

㈤蹚著，踏著。《呂氏春秋・期賢》：「扶傷與死，履腸涉血。」《戰國策・趙策四》：「君之所以求安平君者，以齊之於燕也，茹肝涉血之仇耶？」丘遲《與陳伯之書》：「朱鮪涉血於友于。」

【備考】

「涉血」的「涉」，其義由「蹚水過河」引申而來，與「喋血」義同，但不必音ㄉㄧㄝˊ。《辭源》將「涉血」釋為「流血」，讀ㄉㄧㄝˊ，均不可取。

六、友于

㈠《書・君陳》：「惟孝友于兄弟。」後即以「友于」為兄弟友愛之義。《後漢書・史弼傳》：「陛下隆於友于，不忍遏絕。」《魏書・良吏傳・宋世景》：「世景友于之性，過絕於人，及道璵死，哭之哀切。」

㈡借指兄弟。三國魏曹植《求通親親表》：「今之否隔，友于同憂。」丘遲《與陳伯之書》：「朱鮪涉血於友于，張繡剚刃於愛子。」唐白居易《東南行一百韻》：「萬里抛朋侶，三年隔友于。」

七、運籌帷幄

運籌帷幄，指擬訂作戰策略。籌：謀畫。帷幄：古時軍中帳幕。在帳幕中謀畫軍機。《史記・太史公自序》：「運籌帷幄之中，制勝於無形，子房計謀其事，無知名，無勇功，圖難於易，爲大於細。」唐・李卓《黃石公祠記》：「運籌帷幄之中，決勝千里之外，其功神也。」亦泛指謀畫。如：「張經理擅於運籌帷幄，將瀕臨倒閉的公司重整成功。」

八、埸

埸，音ㄧˋ，常「疆埸」連用。

㈠指田界。《詩經・小雅・信南山》：「疆埸有瓜。」

㈡指邊界，疆界。丘遲《與陳伯之書》：「乘軺建節，奉疆埸之任。」蘇轍《六國論》：「不知出此，而乃貪疆埸尺寸之利，背盟敗約，以自相屠滅。」

九、靦

㈠音ㄊㄧㄢˇ，慚愧。丘遲《與陳伯之書》：「將軍將靦顏借命，驅馳氈裘之長，寧不哀哉！」

㈡音ㄇㄧㄢˇ，羞愧。如「靦腆」。

十、僭

僭，音ㄐㄧㄢˋ。

㈠超越本份。舊指下級冒用上級的名義、禮儀或器物。《公羊傳・昭公二十五年》：「諸侯僭於天子。」丘遲《與陳伯之書》：「北虜僭盜中原，多歷年所。」

㈡差失。《詩經・商頌・殷武》：「不僭不濫，不敢怠遑。」

㈢虛假，不眞實。《左傳・昭公八年》：「小人之言，僭而無徵。」

肆、課文補充資料

一、古代的車馬

古書上常見車馬並舉。例如《詩經・唐風・山有樞》說：「子有車馬，弗馳弗驅。」《論語・公冶長》說：「願車馬衣輕裘，與朋友共，敝之而無憾。」戰國以前，車馬是相連的。一般地說，沒有無馬的車，也沒有無車的馬。因此，古人所謂御車也就是御馬，所謂乘馬也就是乘車。這是說乘肥馬駕的車。古代駕二馬為駢，駕三馬為驂，駕四馬為駟。《論語・季氏》：「齊景公有馬千駟」，這不在於說他有四千匹馬，而在於說他有一千乘車。

古人說「服牛乘馬」，可見馬車之外還有牛車。馬車古名小車，是供貴族出行和作戰用的；牛車古名大車，一般只用來載運貨物。

古代馬車的車廂叫輿，這是乘人的部份。輿的前面和兩旁以木板為屏蔽，乘車的人從輿的後面上車。古人乘車是站在車輿裡的，叫做「立乘」。輿兩旁的木板可以倚靠身體，叫做輢。輿前部的橫木可以憑倚扶手，叫做式（軾）。古人在行車途中用扶式俯首的姿勢表示敬禮，這種致敬的動作也叫做式。所以《檀弓》說：「夫子式而聽之。」一般車輿上有活動裝置的車蓋，主要是用來遮雨的，像一把大傘。

車輪的邊框叫輞，車輪中心有孔的圓木叫轂（孔是穿軸的），輞和轂成為兩個同心圓。《老子》說：「三十輻，共一轂。」輻是一根一根的木條，一端接輞，一端接轂。四周的輻條都向車轂集中，叫做「輻輳」，後來輻輳引申為從各方聚集的意思。《漢書・叔孫通傳》說：「四方輻輳。」

■朱輪
（秦陜西臨潼秦始皇陵陪葬坑出土）

朱輪，朱漆之車。古代公侯貴族及朝廷使者所乘的紅漆車，稱朱輪，又名「朱軒」。《後漢書・陳忠傳》有「朱軒駢馬，相望道路。」王維《瓜園詩》：「鳴騶導驄馬，常從夾朱軒。」

車輻是一根橫樑，上面駕著車輿，兩端套上車輪。軸的兩端露在轂外，上面插著一個三四寸長的銷子，叫做轄，不讓車輪外脫。轄是個很重要的零件，所以《淮南子》上提到「夫車之能轉千里所者，其要在三寸轄。」後來引申爲管轄的意思。

附帶說一說軔。軔不是車子的組成部份，而是阻止車輪轉動的一塊木頭。行車時先要把軔移開，所以啓程稱爲「發軔」。引申爲事情的開端也叫「發軔」。

轅是駕車用的車槓，後端和車軸相連。轅和輈是同義詞。區別開來說，夾在牲畜兩旁的兩根直木叫轅，適用於大車；駕在當中的單根曲木叫輈，適用於小車。所以《左傳・隱公十一年》說：「公孫閼與潁考叔爭車，潁考叔挾輈以走。」

車轅前端駕在牲口脖子上的橫木叫做軛。軛和衡是同義詞。區別開來說，軛用於大車，衡用於小車。所以《論語・衞靈公》說：「在輿則見其倚於衡也。」

車轅前端插上銷子和軛相連，叫做輗。輗和軏是同義詞。區別開來說，輗用於大車，軏用於小車。所以《論語・爲政》說：「大車無輗，小車無軏，其何以行哉？」

按：講「朱輪華轂」時，可補充。

◆二、蒙古包

蒙古包是蒙古族居住的一種圓形氈房。其外形，上部像一把撐開的氈傘，只是頂端的中央留有天窗，作爲通氣、採光和包內生火時出煙的通口。下部四周以圓形的氈「牆」，上與「傘」簷相接，下端直立於地上。一般高約七八尺，直徑約丈餘，整個包都是用白氈搭鋪而成的，並用毛繩從四面縛住，能抵擋風雨。綠色的草原上，點點白色的蒙古包，遠遠望去如同珍珠，甚是美麗。

蒙古包的大小可分「六十頭」、「八十頭」、「九十頭」不等。包內的骨架結構都是以柳木桿爲材料。四周的圓牆是採用直徑約一寸的柳木桿，編成平行四邊形的帶有網眼的塊壁，像網兜一樣可以拉開和收合，每塊高約四五尺，拉開時可寬六七尺，由若干塊壁便可聯接成圓牆架。聯結的塊壁多，「頭」數也就多，決定包的大小。在圓形天窗與牆架之間，用柳木房桿，以天窗爲中心，放射線式向下部四周圓牆桿頭固定支撐。木門用毛繩縛緊在門兩邊的塊壁上，構成完整包內骨架，外邊加氈便成了完整的蒙古包。

蒙古包不僅輕便，易於拆卸和搬運，還具有冬暖夏涼、對大風雪阻力小的特點，最適宜遊牧生活。

按：講「穹廬」時，可補充。

三、雁行有序

雁常數百隻匯成一羣一起遷飛，蔚爲壯觀。但一般不易見到。因爲雁是一種夜行鳥，遷飛大多在下半夜到清晨，以每小時七十～九十公里的速度趕路。另外雁的飛行常在五百～一千公尺的高度，就更不容易看到。

冬去春來，一羣羣大雁排成「一」字或「人」字隊形，從南方飛往北方的故鄉。雁在遷徙的時候，路途十分遙遠，儘管牠們翅膀有力並且堅韌不拔，但是只靠笨體力很難完成旅程。牠們在長期的飛行生活中漸漸發明了現在的飛行方法，利用前面的雁飛行時產生的上升氣流，把自己托浮起來，從而節省氣力滑行。

所謂「一」字排列，不是一條線，而是斜飛。斜飛時，前面的雁在飛行中產生的氣流向高擡，後面的雁飛起來就省力。相反，如果後面的雁飛在前雁的正後方，前雁飛行產生的氣流就向下壓，後雁飛起來很費力。排成「人」字，飛在最前面的雁相當累，所以要常常替換牠，以保證飛行速度。

伍、問題與討論

一、試著分析《與陳伯之書》這封信中，丘遲從那幾個角度切入，而能使陳伯之率衆來歸。

答：丘遲從「曉之以義」、「誘之以利」、「恫之以害」、「動之以情」等幾方面切入，勸降陳伯之。請參閱貳、課文參考資料・第二項。

二、「暮春三月，江南草長，雜花生樹，羣鶯亂飛」數語爲何突然穿插在這封勸降信中？在本文起何作用？

答：請參閱貳、課文參考資料・第二項。

第十二課

召公諫厲王弭謗

國語

■周厲王

壹、作者參考資料

一、《國語》的作者

關於《國語》的作者，在宋代以前，都認爲是左丘明。西漢司馬遷說：「左丘失明，厥有《國語》。」（《史記・太史公自序》）東漢班固說：「孔子因（魯）史記而作《春秋》，而左丘明論輯其本事以爲之《傳》，又纂異同爲《國語》。」（《漢書・司馬遷傳贊》）三國吳韋昭說：「昔孔子發憤於舊史，垂法於素王，左丘明因聖言以攄意，托王意以流藻，其淵源深大，沈懿雅麗，可謂命世之才，博物善作者也。其明識高遠，雅思未盡，故復採錄前世穆王以來，下訖魯悼、智伯之誅，邦國成敗，嘉言善語，陰陽律呂，天時人事逆順之數，以爲《國語》。」（《國語解敍》）唐劉知幾說：「《國語》家者，其先亦出於左丘明，既爲《春秋內傳》，又稽其逸文，纂其別說，分周、魯、齊、晉、鄭、楚、吳、越八國，事起自周穆王，終於魯悼公，別爲《春秋外傳國語》。」（《史通・六家》）

按照他們的說法，我們可以得知《國語》的成書經過爲：孔子作《春秋》後，左丘明爲之作傳，即《春秋左氏傳》。後來，左丘明不幸失明，但他「雅思未盡」，根據傳注《春秋》時所剩材料，又「稽其逸文，纂其別說」，編著了一本《國語》。故《國語》又被稱爲《春秋外傳》，《春秋左氏傳》被稱爲《春秋內傳》。然而，從宋代鄭樵、朱熹，直到清代尤侗、劉逢祿、皮錫瑞，以及近代梁啓超，對左丘明是《國語》的作者一事提出異議；現代學者中也有人認爲《國語》是在戰國初年編輯而成，作者有待進一步考證。

二、《國語》的內容與特色

《漢書・藝文志》記《國語》一書爲二十一篇，《隋書・經籍志》記爲二十一卷，與今本符合。內容分八個部分：《周語》三卷，《魯語》二卷，《齊語》一卷，《晉語》九卷，《鄭語》一卷，《楚語》二卷，《吳語》一卷，《越語》二卷。每卷（篇）各包括不相連屬的記言文字若干則，各部分的起訖時間和記載方式自成一系統。從形式和內容看，《國語》爲一彙編書，並非出於一人的手筆。

《國語》的內容，大致有四個方面：

㈠記載史實的時間，上起西周的周穆王征犬戎（西元前九七六年？），下至韓、趙、魏滅智伯（西元前四五三年），約有五百多年，但不是編年的記載，有時記事很少，如《鄭語》僅記桓公與史伯的對話一事。

㈡記載晉國的史事最多，因此有人說《國語》是《晉史》。

㈢《周語》在前，記事亦多，而與魯、齊、晉、鄭、楚、吳、越並列，又不像分國史。

㈣《國語》記事同於《左傳》的有六十餘事，而其史事中的細節，又有八事與《左傳》不同，顯然所依據的不是一種材料。

《國語》的主要特點是以記言爲主，兼以記事，它主要通過統治階層的士大夫及貴族的言論、辯論來反映歷史事件，異於《左傳》以記事爲主的特點。如《越語》所記載的「勾踐滅吳」，反映了越王勾踐用范蠡文種之謀，十年含辛茹苦，最後打敗吳國的歷史。但這段歷史內容都是通過人物間的對話即記言來表現的。

本書的另一特點是採用了分國記事的方式，由於是對各國歷史的分別敍述，難以做到自始至終，全面系統。材料零散，缺漏之處頗多，所以不如《左傳》那樣全面反映春秋歷史。

關於《國語》的評價，較爲複雜。在先秦典籍中受責難較多的就數《國語》。清人崔述在《洙泗考信錄・餘錄》裡說《國語》：「荒唐誣妄，自相矛盾」、「文詞支蔓，冗弱無骨」，完全否定了此書。如此評論，有失偏頗。《國語》雖被列爲「雜史」，但其史料價值不可忽視。該書史料極爲豐富，可以補充《左傳》之不足。《國語》起自周穆王（約西元前九六七年），《左傳》起自魯隱公元年（前西元七二一年）。《國語》比《左傳》早出二四六年。這二百多年的歷史，《左傳》雖有涉及，但不如《國語》所載詳盡。

其次，《國語》在歷史編纂學上有突出貢獻。它首創了國別史的體例，分國記事，將各國的材料再按時間先後排列。唐代史學家劉知幾將史書歸爲「六家二體」，稱《國語》爲「國語家」，（後來重要的史書《戰國策》、《三國志》、《華陽國志》、《十六國春秋》等書的編寫，都受到它的影響），足見其重要性。

三、《國語》的文學成就

在先秦的史籍中，《國語》的文學成就雖不如《左傳》、《戰國策》，但是也有其特色：

第一，《國語》長於記歷史人物的諫言和對話，語言古樸簡潔，而議論時的旁徵博引，對話中的巧譬善喻，卻又能使文章理由充足，曲折盡情，具有較强的說服力。像《召公諫厲王弭謗》，全文僅二百五十六字，除用數十字交待清楚前因後果外，主要是記西周政治家召穆公對周厲王弭謗暴政的諫言。文中用「防民之口，甚於防川；川壅而潰，傷人必多」的觀點，說明堵塞言路的危險性，切不可等閑視之，用水比喻人民，形象貼切。水從表面上看來是很柔弱的，可是它的力量集合起來，可以沖決任何堅固的堤防，這些比喻富有說服力，成爲後世治國理民的至理名言，千百年來一直閃耀著眞理的光輝。《國語》精彩的記言，對後世的議論文，特別是戰國諸子的議論文有直接的影響。

第二，不少對話幽默風趣，口吻畢肖，頗能表現出人物的個性和精神面貌。《晉語四》寫齊姜與子犯謀遣重耳，重耳酒醒後以戈逐子犯，說：「你們合夥把我弄走，將來事業不成功，看我不吃了您這當舅舅的肉（狐偃是重耳的舅父）」。狐偃邊躲邊嚷說：「事業不成，還不知我死在哪裡，您怎麼能與豺狼去爭吃野地裡的死屍呢？事業有成，晉國的一切鮮美食物您都吃不完，我狐偃這腥臊難咽的老肉您哪會吃得進口呢？」幽默詼諧，妙趣橫生，人物的精神面貌栩栩如生地躍然紙上。其他如《晉語》的《叔向諫殺豎襄》、《董叔欲爲繫援》、《趙簡子欲有鬥臣》等，叔向對答晉悼公、董叔、趙簡子那些話，滑稽詼諧，寥寥數語卻滿含機鋒，人物個性刻畫和精神面貌的揭示都是比較成功的。

第三，《國語》雖然敍事少，但篇章完整，不少故事情節生動，有頭有尾，對人物性格也有較細緻的刻畫，可以單獨成爲一個個文學短篇。比如《晉語》的「獻公殺子」，寫優施與驪姬合謀陷害太子申生，先寫優施教驪姬怎樣掌握申生：「小心精潔，而大志重，又不忍人」的性格特點，要她採取對申生進行人格上的侮辱誹謗的辦法，因爲像申生這樣立身行事小心謹愼，潔身自愛又自視甚高的正人君子是受不了侮辱的，又不忍心對人有惡意，只能忍心對自己。後來驪姬果然用弒父弒君的大罪名誣陷申生，逼他自殺。這種心理分析的描寫，在其他歷史散文中還是少見的。尤其寫優施爭取大夫里克，使他不助申生，利用里克性格軟弱，又拿不定主意的弱點，以俳優的身分在酒宴上起舞，唱《暇豫之歌》暗示里克站在申生一邊將對自己不利，後面寫：

優施出，里克辟奠，不飧而寢。夜半，召優施，曰：「曩而言戲乎？抑有所聞之乎？」曰：「然。君既許驪姬殺太子而立奚齊，謀既成矣。」里克曰：「吾秉君以殺太子，吾不忍。通復故交，吾不敢。中立其免乎？」優施曰：「免。」

描寫生動，對話精練，凸顯出人物的性格特點。其他像《叔向諫殺豎襄》、《董叔欲為繫援》、《閻沒叔寬諫魏獻子無受賄》、《史黯諫趙簡子田於螻》等等，都是一些精彩的文學短篇。

當然，《國語》由於受分國繫年、記言為主體例的限制，取材比較零散，記載的史事也有不少漏誤。一些地方記述瑣屑，情節枝蔓，甚至有荒誕不經、穿鑿附會不近事理之處。但這盡可視作散文發展進程中的必然，不必對古人過分苛求。

四、《國語》的注本

自漢以來，本書受到訓釋家的重視。三國吳韋昭《國語解》是現存的最早的注本。韋注並收鄭衆、賈逵等的訓釋，故以後衆本均以韋注並行付梓。清代注本以洪亮吉、汪遠孫的兩種注本為佳注。近人吳曾祺、徐元誥的兩種注本俱對本書及韋注重加校釋，均為前人研究成果的集成之作。西元一九七八年上海古籍出版社出版的《國語》點校本，廣泛吸取前人的校勘成果，注釋簡明，易於閱讀。（里仁書局有翻印本）

此外，有不少今注今譯本亦可參考：

《新譯國語讀本》　易中天譯注　台北三民書局
《國語譯注》　鄔國義等譯注　上海古籍出版社
《國語譯注》　薛安勤等譯注　吉林文史出版社
《國語全譯》　黃永堂譯注　貴州人民出版社
《國語譯注辨析》　董士章譯注　廣州暨南大學出版社

貳、課文參考資料

一、《召公諫厲天弭謗》賞析

周厲王暴虐無道，不聽召公勸諫，終於被人民流放。本文著重記述召穆公規勸周厲王的一段話，說明：「防民之口，甚於防川」的道理，比喻貼切，說理周詳，體現了《國語》記言為主的特點，是《國語》中的名篇之一。文章採用了典型的「三段式」，層次十分清晰。

第一段寫的是召公諫厲王前的情況。開篇之語是「厲王虐，國人謗王」，虐，即殘暴。謗，是議論、責備之意。寥寥七字即提綱挈領地交代事件發生的前因。一個

「虐」字，勝於千言，又一個「謗」字，與「虐」字相呼應，說明謗由虐起，事出必然，爲厲王的被放逐埋下伏筆。下面緊接著寫召公告王曰：「民不堪命矣！」進一步道出「虐」的嚴重後果。召公在這裡已向厲王發出告誡，厲王卻未能從善，反而違背民意，一意孤行，愈加採取暴力手段進行鎮壓：「得衛巫，使監謗者，以告，則殺之。」以「殺」的手段來「止謗」，可謂窮凶極惡，當然可暫時收到效果，於是，「國人莫敢言，道路以目。」這九個字具體地刻畫出人民在高壓下的心態：非但不敢謗，連談話都不敢了；路上相遇，只能以眼神相意會。非無言也，是不敢也，正所謂敢怒而不敢言，眞乃神來之筆。這裡的「道路以目」四字傳神畢肖。從這一段最後所描寫的情景看，「謗」是「止」了，但誰都知道，這是高壓下的沈默，是火山噴發前的死寂。厲王的這種「止謗」，只會帶來更嚴重的危機，引發出人民更强烈的反抗。

第二段，寫的是召公向厲王進諫的內容。起筆首先用「王喜」二字與上段的「王怒」相呼應。聞謗而怒，監而殺之，其暴可知；人莫敢言，弭謗而喜，其愚何及！一怒一喜，怒顯其暴，喜示其愚，這就完整地顯示出厲王的爲人，含義極爲深刻。

召公全部諫詞的中心論點是：「民言胡可壅？」、「爲民者宣之使言」。爲什麼民言不可「壅」而必須「宣」？這是諫詞要加以論述的。召公以治水設喻的方式，連用兩個比喻來闡述這一道理。首先用「防民之口，甚於防川」作喻，說明民言不可堵。接著又用「川壅而潰，傷人必多」作喻，說明用高壓手段堵塞民言將會產生的危害有多大。因此，必須像「爲川者決之使導」那樣，要「爲民者宣之使言」。這一句是全文的中心思想。比喻貼切，言簡意賅，說明了治理國家必須「宣之使言」的道理。

接著召公指出「宣之使言」的具體措施。文章指出天子聽政，不僅要求公卿、列士獻上諷諫的詩歌。而且還要瞽獻曲、史獻書等十多種人用各種不同的方式來進言。有直接的，有間接的，有唱的，有講的，有寫的，有教的；一句話，廣開言路，以供「斟酌」。只有這樣，天子的措施，才不至於違背事理。召公是藉古天子聽言求治的方法來諷諫厲王，希望他能夠效行。

最後，召公進一步說明「宣之使言」的好處。召公用土設喻來說明民言之重要。他說：「民之有口，猶土之有山川也，財用於是乎出；猶其有原隰衍沃也，衣食於是乎生」，以土之有「山川」、「原隰衍沃」來比喻民之有「口」，「山川」、「原隰衍沃」生產出人民賴以生存的

「財用」、「衣食」，可見「山川」、「原隰衍沃」之重要。那麼民之「口」能說出國家政事的善敗好壞，推行人民認爲好的，防範人民認爲壞的，才是豐富財用衣食的關鍵，這是國家生死存亡、治亂興衰的大事，可見民之「口」的重要。這樣的比喻形象具體，含義深刻，具有很强的說服力。

第三段說明事情的後果。「王弗聽，於是國人莫敢出言。」短短一句，既交代了厲王對諫言的態度，又照應了前面提出的「國人莫敢言」。這絕不是無意義的重複，而是著重指出民不可侮的意義。前面的「國人莫敢出言」，還只是引起人民「道路以目」的消極反抗；而在拒納召公諫言以後的「國人莫敢出言」，結果卻引起人民積極反抗的行動：「三年，乃流王於彘」。從「道路以目」到「流王於彘」，這一變化，有力地說明了召公諫言的正確和重要。

總之，全文以厲王的「王虐」、「王怒」、「王弗聽」形成一條敍事的線索，和人民的「謗王」、「莫敢言」、「道路以目」、「流王於彘」交織在一起，形成了一個對立的兩面。文章簡潔明快，有理有喻，言簡意賅，表現了作者以記言爲主來評述人物的寫作技巧。

根據以上分析，本文在表現方面的特色，約可歸納爲以下三點：

第一，敍事簡明，全文僅二百五、六十字，在以記言爲主的前提下，卻能將事情的前因後果，一一交代清楚，要言不繁，結構謹嚴，形成一個有機整體。

第二，記言層層推進，有理由，有辦法，有忠告，極富邏輯力量，我們可以從這些語言中，看出說話人的思想爲人。

第三，運用比喻貼切自然；語言簡練而又形象化，從而大大增强了文章的說服力量。

二、周厲王姬胡

周厲王姬胡（？～西元前八二八年），夷王之子。西元前八五八～前八二八年在位。在位期間，不斷南征荊楚，又因防禦西北遊牧部族，與周邊少數民族的衝突激化。周厲王加重剝削。任用榮夷公壟斷山林川澤之利，剝奪了貴族和平民享用的權利，招致他們不滿。周厲王又任用衞巫監視口出怨言的人，發現之後皆殺死。國人無法忍受周厲王的暴虐，西元前八四一年，國人暴動，包圍王宮，襲擊周厲王。周厲王倉皇出奔於彘（今山西霍縣）。朝政由召公、周公二相行政（一說由諸侯共伯和攝政），史稱「共和行政」。共和行政期間，革除了周厲王時的一些弊政。自共和元年（西元前八四一年）起，中國歷史有了明確的紀年。共和十四年（西元前八二八年），厲王死於彘。

三、召公

召公，即召穆公，名公奭的後代。周厲王暴虐，國人圍攻王宮，他把太子靖藏匿家中，以其子替死。周厲王死後，擁立太子繼位，即周宣王。召伯虎曾率兵戰勝淮夷。見《詩經・大雅・江漢》，遺物有「召伯虎簋」。

西元前八四一年國人起而反抗，周厲王逃奔到彘（今山西霍縣），由召公、周公共同行政，號稱「共和」行政，前後共十四年。周厲王死後，始歸政於周宣王。

參、語文天地

一、弭

弭，音ㄇㄧˇ。

(一)弓末的彎曲處。《詩經・小雅・采薇》：「象弭魚服。」謂以象骨做弓弭，以魚皮做箭袋。

(二)消除，停止，遏止。如：弭兵，弭患。《國語・周語上》：「王喜，告邵公曰：『吾能弭謗矣。』」（《召公諫厲王止謗》）

(三)安撫，安定。《史記・田敬仲完世家》：「夫治國家而弭人民者，無若乎五音。」

(四)順服，服從。《後漢書・吳漢傳》：「城邑莫不望風弭從。」

二、壅

壅，音ㄩㄥ，又音ㄩㄥˇ。

(一)堵塞。《左傳・成公十二年》：「交贄往來，道路無壅。」《國語・周語》：「川壅而潰，傷人必多。」

(二)蒙蔽。魏徵《諫太宗十思疏》：「慮壅蔽，則思虛心以納下。」

㈢用泥土或肥料培在植物根部。三國魏・曹冏《六代論》：「雖壅之以黑墳，暖之以春日，猶不救於枯槁，何暇繁育哉？」

三、瞽、矇、瞍、盲、瞎

瞽、矇、瞍、盲、瞎，這組詞都指喪失視力，但彼此情況不同。

㈠瞽，音ㄍㄨˇ，《廣雅・釋言》：「盲也」。失明稱「瞽」，如：《莊子・逍遙遊》：「瞽者無以與乎文章之觀」；《論語・子罕》：「子見齊衰者、冕衣裳者與瞽者，見之，雖少必作，過之必趨」。「瞽」固然指失明者，如果深入追求，則「瞽」特指那種由於刺瞎或患其他眼病而使眼球塌陷的瞎子。《說文》：「瞽，目但有眹也」，段玉裁注：「但有眹者，才有縫而已」；《釋名・釋疾病》：「瞽，鼓也，瞑瞑然平合如鼓皮也」；《漢書・賈誼傳》：「瞽史誦詩，工誦箴諫」，顏師古注：「瞽，無目者也」。這三種解釋是統一的：「瞽」者失去眼球或眼球塌陷，所以是「無目者」；無目者只有眼皮，像「鼓」只有一層皮一樣，所以稱作「瞽」；無目而只餘眼皮，所以眼部只有縫隙。

㈡矇音ㄇㄥˊ。《說文》：「童（瞳）蒙也」，所謂「童蒙，是指有眸子而無所見，像被物「蒙」上一樣；《釋名・釋疾病》：「矇，有眸子而失明，蒙蒙無所別也」：由此可見，「矇」即現代所說的青光眼，古代說的「青盲」，是眼如常人卻視而不見的，如嵇康《聲無哀樂論》：「矇瞽面牆而不悟，離婁照秋毫於百尋」，「面牆不悟」是對著一堵大牆而無所知。

㈢瞍，音ㄙㄡˇ。「和矇」相關的還有一個「瞍」，《玉篇》：「瞍，無眸子也」，沒有黑眼珠稱「瞍」。《國語・周語上》：「瞽獻曲，史獻書，師箴，瞍賦，矇誦」，注：「無眸子曰瞍，有眸子而無見曰矇」；又《晋語四》：「矇瞍不可使視」，注：「有眸子而無見曰矇，無眸子曰瞍」。

㈣盲，《淮南子・泰俗》：「盲者目形存而無能見也」，《韓非子・解老》：「目不能決黑白之色則謂之盲」：可見，「盲」側重的是目不能見。「盲」最初是個動詞，經常和「聾」對舉，如：《老子》：「五色令人目盲，五音令人耳聾」；《後漢書・陳蕃傳》：「杜塞天下之口，盲聾一世之人」。正因爲「盲」來自動詞，所以名詞化後就成爲失明的泛稱，無論那種狀態的失明，都可以稱作「盲」。《韓詩外傳・八》：「范昭觀齊國之政，顧太師曰：子為我奏成周之樂，願舞。太師對曰：盲臣不習」，太師是「瞽」者，自己稱「盲」臣。

㈤瞎，《集韻》：「目盲也」。「瞎」和「盲」是古今詞，「瞎」是六朝之後的口語。它也是動詞，最初可能指將眼刺瞎，後來成為失明者的泛稱。《世說新語・排調》：「盲人騎瞎馬，夜半臨深池」。後來的「瞎」同「盲」一樣，也可以指由於各種原因所導致的視力喪失，其中包括瞎一隻眼。

在先秦，尤其是春秋以前，盲樂師稱「師」，近似歐洲古代的行吟詩人。他們掌握著大量的歷史史詩、民間歌謠，經常在宮廷演奏。《左傳》的作者傳說也是瞎子。可見「瞽」和「史」一樣，是古代傳說、歷史、文化的掌握者，正因為如此，春秋以前「瞽」者同時是教師。《國語・周語上》：「瞽史教誨，耆艾修之」，《周禮・秋官・大行人》：「九歲屬瞽史」，《禮記・明堂記》：「瞽宗，殷學也」……這一切都反映著古代的文化掌握在這些人的手裡，貴族子弟的教育權掌握在這些人的手裡。盲樂人古代被尊為「師」，後世的傳道解惑者被稱為「師」，不是偶然的。

春秋之後，學在官府的情況改變了，私人辦學的日益增多，盲人也隨著失去了他們的文化優勢。隨著時代的變遷，盲人就從為人師的地位一降而為愚昧的象徵了。戰國以後，「盲」、「瞎」……成了用來比喻無觀察力、無分辨力、無理解力、無判斷力的用語了，如：《論衡・量知》：「人未學問曰矇」；《中論・修本》：「見人而不自見謂之矇」……。今天也把情況不明叫「盲目」，隨聲附和叫「盲從」，目不識丁稱「文盲」。

四、箴

㈠規勸，勸戒。如：箴言。《國語・周語上》：「史獻書，師箴。」（《召公諫厲王止謗》）

㈡以規勸告誡為主的一種文體。如揚雄的《五箴》、《官箴》。晉・陸機《文賦》：「箴頓挫而清壯。」

㈢古「針」字。《荀子・大略》：「今夫亡箴者，終日求之而不得。」

五、老、耆、艾、耋、耄、期頤

㈠老：「老」指壯年之後身體衰敗的時期，如《論語・季氏》：「及其老也，血氣既衰，戒之在得」。對人從什麼時期進入老年階段其說不一：皇侃解釋上面引的例句時說「老謂五十以上」；《宋史・食貨志》：「六十爲老」；《說文》：「七十曰老」。所以產生這些紛紜的說法，因爲標準不一。

「老」是老年時期或老年人的通稱；古代，從五十以上，隨著年齡的增加，不同年齡層還各有專稱。《禮記・曲禮上》：「五十曰艾，服官政；六十曰耆，指使；七十曰老，而傳；八十、九十曰耄，……雖有罪不加刑焉；百歲曰期頤」。

㈡耆艾：音ㄑㄧˊ ㄞˋ。

「耆」、「艾」常常連用，古代往往指那些在鄉里中掌教化的老人：《荀子・致仕》：「耆艾而信，可以爲師」；《國語・周語》：「耆艾修之」，注：「耆艾，師傅也」。爲什麼稱爲「耆」、「艾」呢？《釋名・釋長幼》：「五十曰艾。艾，又也；又，治也；治事能決斷，艾刈無所疑也。六十曰耆；耆，指也，不事力役，指使人也」，可供參考。「耆」和「艾」也可能是不同的方言，《方言・六》：「偶、艾，長老也。東齊魯衞之間，凡尊老謂之偶，或謂之艾」。

㈢耄耋——音ㄇㄠˋ ㄉㄧㄝˊ。「耄」、「耋」也常連用，如曹操《對酒歌》：「耄耋皆得以壽終」。「耄」和「耋」究竟指多少歲，說法不一，有的說七十以上，有的說八十以上，大體說來七十以上稱「耄」稱「耋」吧。不過，稱「耋」多含有尊敬的意思，稱「耄」則往往有貶義。《左傳・僖公九年》：「以伯舅耋老，加勞賜一級，無下拜」，《公羊傳・宣公十二年》：「使帥一二耋老而綏焉」：其中「耋老」都含有年高望衆的含義。「耄」則不然，它含有老糊塗的意味，《楚辭・七諫・怨世》：「心悼怵而耄思」，注：「耄，亂也」，是說思想昏亂。正因爲如此，在《國語・周語》裡，周王對伶州鳩的諫爭不滿意時說：「爾老耄矣，何知」，用白話文說：「你糊塗了，懂得什麼！」《左傳・隱公四年》石碏自謙時也說：「老夫耄矣，無能爲也」。

㈣期頤：「期頤」也稱「期」，百年曰「期」，所以百歲也稱「期」，如《書・大禹謨》：「耄期倦於勤」。「頤」是頤養天年的意思，百歲老人起居生活待人護持，所以稱「期頤」，如《三國志・魏書・管寧傳注》引皇甫謐《高士傳》：「捨足於不損之地，居身於獨立之處，延年厲百，壽越期頤」。

六、悖

㈠違背，抵觸。如「悖禮犯義」。《左傳・僖公三十二年》：「勤而無所，必有悖心。」（《殽之戰》）《國語・周語上》：「是以事行而不悖。」

㈡惑亂，糊塗。清・汪琬《傳是樓記》：「先生亦恕其老悖否耶？」

㈢背謬，行不通。《呂氏春秋・察今》：「守法而弗變則悖。」

㈣遮蔽。《莊子・胠篋》：「故上悖日月之明。」

七、原隰衍沃

㈠原：「原」是「源」的本字，《說文》：「原，水本也」。在被借來表示地形時，「原」指地勢較高、地面平坦的土地。《左傳・隱公六年》：「如火之燎原，不可鄉邇（接近），其猶可（怎麼還能夠）撲滅」，其中「原」就指平曠的草原，「星火燎原」這個成語就是從這裡來的。「逐鹿中原」的「中原」，最初也是黃河流域中部的平原的意思，後來常常用來指河南一帶華夏族活動的中心地區。

㈡隰：音ㄒㄧˊ，《爾雅・釋地》：「下濕曰隰」。「隰」指地勢低下、潮濕的土地，是山腳下、低窪處的地。《詩・鄭風・山有扶蘇》：「山有扶蘇，隰有荷華」，《詩・邶風・簡兮》：「山有榛，隰有苓」：荷花和苓都是低窪地上生長的植物。

在地勢上，「原」和「隰」是相對的，「原」是高而平的地，「隰」是低而平的地，兩者都是適合於開墾耕作的，所以「原」和「隰」常常對舉連用；《詩・小雅・信南山》：「畇畇（ㄩㄣˊ）原隰，曾孫田之」，意思是那平坦整齊的平地，王孫公子占有著它。

㈢衍：「衍」最初是大水漫流的意思，後來引申爲延展、擴散、盛多的意思。在表示地形上，「衍」指低而平坦開闊的土地，就是一馬平川的沖積平原，或淤平的沼澤，《釋名・釋地》：「下平曰衍，言漫衍也」。張衡在《西京賦》裡描寫關中平原時說：「爾乃廣衍沃野，厥田上上」，「廣衍」就是廣大的平川地；江淹《愛遠山雜詞》：「緤餘馬於椒阿，漾餘舟於沙衍」，「沙衍」就是無際的平沙。

㈣沃：「沃」最初是澆灌的意思；表示土地時，「沃」指有水利灌溉的田野，《正字通》：「沃，肥也，土不磽曰沃壤」。《漢書・張良傳》記載張良支持遷都長安時說：「夫關中，左殽（殽山）函（函谷關），右隴蜀，沃野千里」，「沃野」就是可灌溉的肥沃土地。後來，凡是土地肥美都可以稱作「沃野」、「沃土」。

「衍」、「沃」常常連用，表示平坦肥沃的土地。《左傳・襄公二十五年》：「牧隰皋，井衍沃」，「井衍沃」意思就是把平坦肥美的土地畫爲井田。

八、阜

㈠土山。《詩經・小雅・天保》：「如山如阜，如岡如陵。」

㈡豐富，盛多。如：物阜民豐。《後漢書・劉陶傳》：「夫欲民殷財阜，要在止役禁奪。」《紅樓夢》第三回：「其街市之繁華，人煙之阜盛，自與別處不同。」（《林黛玉進賈府》）

㈢增多。《國語・周語》：「行善而備敗，所以阜財用衣食者也。」

肆、課文補充資料

一、子產不毀鄉校

鄭人游於鄉校，以論執政。

然明謂子產曰：「毀鄉校如何？」

子產曰：「何為？夫人朝夕退而游焉，以議執政之善否。其所善者，吾則行之；其所惡者，吾則改之。是吾師也，若之何毀之？我聞忠善以損怨，不聞作威以防怨。豈不遽止？然猶防川，大決所犯，傷人必多，吾不克救也；不如小決使道。不如吾聞而藥之也。」

【語譯】

鄭國人在鄉校裡遊玩聚會，紛紛議論執政者的得失。

然明對子產說：「毀了鄉校，怎麼樣？」

子產說：「爲什麼？人們做完事情後，到那裡遊玩，來議論政事的好壞。他們認爲好的，我就推行它；他們所討厭的，我就改掉它。這些評論者可做爲我的老師，爲什麼要毀掉它？我聽說忠於爲善能減少怨恨，沒有聽說擺出權威來防止怨恨。權威難道不能很快制止議論？但是就像防止河水一樣。洪水衝破堤防，傷人必然很多，我就不能挽救了，不如把水小小地放掉一點加以疏導。同理不如讓我聽到這些批評來改正過失。」

【說明】

本文選自左傳・襄公三十一年（西元前五四二年）為論辯類古文。記述子產反對毀掉鄉校的事情。子產執政期間，發揚輿論，集思廣益，不壓制民眾對施政的意見。鄭國人在鄉校裡議論執政，子產不但不反對，反而把鄉校的議論看作是自己的老師：民眾認為好的，他就推行；民眾討厭的，他就改掉。因而子產堅決反對毀掉鄉校的建議，認為民眾的怨恨，靠權勢威嚇是壓制不住的，防民之口如防川，一旦河水大決，傷人必多。只有忠於為善，才能減少民眾的怨恨。《左傳》作者對子產不毀鄉校的行為，深表贊許，給予熱烈的歌頌。其實，子產這種思想正是「國將興，聽於民」、「違民不祥」的民本思想的表現，在春秋時期，這種以民為本的思想是十分可貴的。

這段文字，有對話，有議論，語言活潑明快，比喻深刻，是一篇富有借鑒意義的短文。

二、齊威王納諫，一鳴驚人

戰國時候，齊國有一個人，叫做淳于髡，他是個很幽默的人，他常常用詼諧的隱語來勸告國君，使國君樂於接受，而不會起反感。

當時齊國的威王，本來是個很有才智的君主，但是在他即位以後，卻沈迷於酒色，喜歡整夜地喝酒作樂。把國家政事都交給大臣們去辦，自己不聞不問。因此政治不上軌道，官吏貪污失職，加上列强的不斷侵略，眼看著齊國就快滅亡了。有些愛國的人，雖然很擔心，但是大家都怕威王，不敢直言進諫。

齊威王是個喜歡說隱語的人，表示他很聰明。雖然他不聽別人的勸告，但如果勸告得法，卻是很容易打動他的。淳于髡看準了這一點，於是想好了辦法，準備找機會進言。有一天，淳于髡見到齊威王就說：

「大王，我有一個謎語請大王猜一猜：齊國有隻大鳥，住在大王的宮廷之中，已經整整三年了。牠既不振翅飛翔，也不發聲鳴叫，只是毫無目的地蜷伏著。大王猜，這是一隻什麼鳥？」

齊威王本是一個聰明的人，聽了淳于髡的話，心裡就知道他在諷刺自己。這大鳥明明是指他自己，身居宮廷之中只知享樂，而不想有所作為。齊威王當時沈吟了一會，內心也覺得很慚愧。於是，立刻下了決心，要振作起來，做一番轟轟烈烈的事。他就對淳于髡說：

「這隻大鳥嗎？你不知道，牠不飛則已，一飛沖天，不鳴則已，一鳴驚人。你等著瞧吧！」

於是，齊威王不再沈迷於飲酒作樂，開始嚴肅地整頓國政了。他下令召見全國的官吏，盡忠職守的，予以獎勵，腐敗無能的，加以懲罰，全國上下，馬上振作起來，充滿了復興氣象。同時整頓軍事，使武力強大。各國諸侯聽到這消息都很震驚，不但不敢再來侵犯，甚至把原先侵佔的土地，都歸還了齊國。齊威王的這一番振作就眞的是「一鳴驚人」了。

三、海瑞下棋諫明世宗

明朝嘉靖年間，全國賦稅繁重，民不聊生，連中小地主也紛紛破產，民怨沸騰，天下不安。嘉靖皇帝迷信道教，不理朝政，還很厭惡進諫。朝中大臣明哲保身，沒有一個敢向皇帝勸說半句。海瑞看到這種情況，非常焦急，他想向皇帝進諫，勸皇上減收賦稅，但又怕弄不好惹得皇帝動怒，自己遭到斥責事小，老百姓跟著遭殃事大，因此，他思來想去，一時想不出個好主意。

嘉靖皇帝喜歡下棋。海瑞下棋下得很好，嘉靖皇帝常把他叫到宮中陪自己下棋。傳說，有一天，海瑞又陪嘉靖皇帝下棋。他惦記著民間的疾苦，無心下棋，沒走幾步，就處於劣勢。「將軍！」嘉靖皇帝得意地喊道，海瑞這才注意到自己的棋局，他力挽被動，很快地占了上風。輪到海瑞「將軍」了，他忽然靈機一動，叫道：「『將軍』，天下錢糧減三分！」嘉靖帝不明白他是什麼意思，只管注意自己的棋。過了一會兒，海瑞又找到機會「將軍」了，這一回，他一板一眼地喝道：「『將軍』，天下錢糧減三分！」這一次，嘉靖皇帝聽清楚了，但仍然不明白他這句沒頭沒腦的話，反而覺得有趣，念起來順口，好聽。所以，等到嘉靖皇帝「將軍」的時候，他也學著海瑞的腔調高聲叫道：「『將軍』，天下錢糧減三分！」

嘉靖皇帝的話音未落，只見海瑞連忙棄棋離席，趴在地上說：「微臣領旨！」

嘉靖皇帝頓時丈二和尚摸不著頭腦，問海瑞這是怎麼了，海瑞回答說：「萬歲不是說『天下錢糧減三分』麼？臣一定照辦！」

以往皇帝一開口，就是聖旨，就得照辦。嘉靖皇帝一聽海瑞這麼說，哭笑不得，只得下令減輕全國的賦稅。

四、文體簡介——箴、戒

「箴」是用於規戒的韻文。箴通「鍼」，鍼是古人療疾的針石。人的身體有病用鍼來治療，人的言行有失用箴來規戒。寫作上要求言詞簡明，懇切深入。箴可以分為官箴和私箴兩類。

官箴是臣下向皇上或上司進言的勸諫文，有諫書的性質，文末往往有「敢告僕夫」、「敢告常從」、「敢告執事」等套語。早期的箴多是官箴，如左傳・襄公四年所引《虞人之箴》，揚雄《二十五官箴》，晉溫嶠《侍臣箴》，南宋陳亮《上光宗皇帝鑒成箴》等等。

私箴出現較晚，用以自警自戒，類似於銘。私箴主要是剖析針砭自身的缺點、過失，引起自我的警戒。如揚雄的《酒箴》、韓愈的《五箴》、《游箴》、《言箴》、《行箴》、《好惡箴》、《知名箴》、李翺《行己箴》等都很有名。

箴是完全的韻文，押韻方式較自由，句式多為四字句，篇幅短小。與箴相近的文體是「戒」。主要是用以警戒一般世人，如柳宗元的「三戒」（《臨江之麋》、《黔之驢》、《永某氏之鼠》），不一定有韻。

五、叔向諫殺豎襄

《國語・晉語》

平公射鴳①，不死，使豎襄搏之②，失。公怒，拘將殺之。叔向聞之，夕，君告之。叔向曰：「君必殺之。昔吾先君唐叔射兕於徒林③，殪④，以為大甲，以封于晉。今君嗣吾先君唐叔，射鴳不死，搏之不得，是揚吾君之恥者也。君其必速殺之，勿令遠聞。」君忸怩⑤顏，乃趣⑥赦之。

【注釋】

①**鴳**：音ㄧㄢˋ，鴳雀，一種小雀。

②**豎**：宮內未成年的奴僕。襄：奴僕之名。搏：捉。

③**唐叔**：周武王的小兒子，名虞，晉的始祖。兕：音ㄙˋ：犀牛一類動物，似牛而毛色青，獨角，皮堅厚可製鎧甲。徒林：森林名。

④殪：音ㄧˋ，一箭射死。

⑤忸怩：音ㄋㄧㄡˇ ㄋㄧˊ，羞愧的樣子。

⑥趣：同「趨」，趕快，急速。

【語譯】

晉平公射鴳雀，沒有射死，叫小內侍襄去撲捉，沒有捉到。平公大怒，把襄關起來，還要殺了他。叔向聽說了這事，連夜進宮去見平公，平公把這事告訴了他。叔向說：「君主您一定要把他殺掉。從前我們的先君唐叔在徒林射獵兕牛，一箭就射死了，用它的皮做成一副大鎧甲，因為才藝出眾被封為晉君。現在您繼承我們先君唐叔當國君，射隻小雀還射不死，撲捉又沒捉到，這是在宣揚我們國君的恥辱啊。請您務必趕快殺了他，免得讓這件事傳到遠方去。」晉平公很不好意思，於是命人趕快把小內侍襄放了。

【賞析】

晉平公射一隻小鳥，沒射死，就讓手下人豎襄去捉。結果小鳥逃走了。於是晉平公大怒，將豎襄關押起來，準備殺掉。大臣叔向在傍晚朝見國君時聽到此事，便對晉平公進諫道：你必須殺了此人。當年你的父親因射術精湛而受封為晉國國君，如今你繼父位，卻連一隻小鳥也沒射死，派人去捉又未捉到，這簡直是壞你的名聲，必須盡早殺了此人，免得醜事外傳。這麼一說，晉平公反而自覺羞慚萬分，不得不將豎襄給釋放了。

這是一篇描寫人物機智的小品。寥寥數語，便將事件的前因後果、來龍去脈，以及人物的性格心理，舉止言談等等表現得有板有眼，淋漓盡致。我們甚至能據此透過歷史的迷霧，直觀感受到晉平公的喜怒無常，忽明忽昧。那位巧智過人的叔向更是呼之欲出。在這裡，叔向巧妙地運用了一種正話反說、旁敲側擊的婉言術，表面上是勸晉平公殺豎襄，以免醜聞傳揚；其骨子裡卻在暗示：若殺了此人，醜聞會傳得更厲害，因為若要人不知，除非己莫為。晉平公畢竟是個聰明人，他悟出了這種言外之意。

仔細感受一番，這裡還透露出一種由智慧的優越感而生成的幽默意識。它在叔向的一番諫詞中具體外化為一種不動聲色的戲謔與調侃，確能使人為之會心一笑。

六、水患傷人

上古的帝堯時代，中國發生了長達二十二年之久的大洪水。《孟子・滕文公》上篇就說：「當堯之時，洪水橫流，泛濫於天下。」帝堯為此憂心如焚，召集了四嶽（官名）和諸位百官共商解決水患之計時，也曾形容水災「湯湯洪水方割，蕩蕩懷山襄陵，浩浩滔天。」（《尚書・堯典》）大水把山陵擁抱淹沒了，像要與天比高似的，中國人的生存受到了嚴重威脅。

諸侯推派鯀去治理洪水，鯀採取了用土填塞的防堵法，九年而無功，結果被堯（一說舜）處死了。帝舜改派鯀的兒子大禹去治水，他用疏導的辦法，成功地平息了水災，也因而獲得天下百姓的愛戴，登上帝王的寶座，成為夏朝的開國之君。

從大禹治河之後，黃河在歷史上曾有六次的改道，第一次是周定王五年（西元前六〇二年）、第二次是新莽建國四年（西元十二年）、第三次是宋仁宗慶曆八年（西元一〇四八年）、第四次是金章宗明昌五年（西元一一九四年）、第五次是明孝宗弘治六年（西元一四九三年）、最後一次是清文宗咸豐五年（西元一八五五年），每一次改道，都造成無數十萬人甚至百萬人以上的傷亡。黃河水患一直是中國人最感頭疼的問題，尤其是宋朝以後，水災頻仍，乃有「黃河百害，唯富一套」之諺。

長江水患也是相當驚人，像一八八七年，長江水災造成了九十萬人的死亡，一九三一年則死了三百七十萬人，一九三九年的一次水災也死了二十萬人，都比這次的慘重，但長江的水患，比起黃河的氾濫決堤，又只能算是「小巫」了。

按：講「川壅而潰，傷人必多。」時，可補充。

伍、問題與討論

一、試閱讀《左傳・子產不毀鄉校》，並與本文作比較。

答：請參閱肆、課文補充資料・第一項。

二、為什麼民言不可壅？

答：請參閱貳、參考資料・第一項。

三、召公以「防川」為喻，說明壅民之口的危險性；又以山川原隰喻民之有口。文章借助這些譬喻，有何妙用？

答：請參閱貳、參考資料・第一項。

第十三課

韓詩外傳選

韓嬰

■晏子見齊景公

（山東嘉祥焦城村）

壹、作者參考資料

一、韓嬰與《韓詩外傳》

《詩經》遭秦火而散失，但因其句式整齊押韻，易於上口成誦，所以雖禁不絕。漢興後，仍有不少人能背誦下來，也有一些有心人收藏了寫本。當「挾書令」廢除後，即有不少人出來「搶救遺產」。一時間，解說《詩經》的就有好幾大家。用當時流行文字記錄下的為「今文經學」派，即齊、魯、韓三家詩，後來又有傳習用古文字記載的「古文經學」派，即《毛詩》。這樣，解釋《詩經》的一共有齊、魯、韓、毛四家。他們都擁有大批的弟子，有自己解說《詩經》的專書。但是，兩千多年後流傳至今還能見到的，只有《毛詩》，其餘三家詩均已亡佚。然而，在「今文經學」派的三家詩中，卻唯獨有一本《韓詩外傳》流傳下來，這個事實本身說明《韓詩外傳》有它存在和流傳的價值。

《韓詩外傳》是一部彙集古代的故事和詩說的有價值的書，全書分十卷，共三百一十章。漢初傳授詩經的，有魯、齊、韓、毛四家，並被列為學官。韓嬰就是韓詩一派的創立者，文帝時為博士官，景帝時做常山太傅。他曾作《內外傳》數萬言。《內傳》早已散失，只有《外傳》還留存著。可是《內外傳》體例不同：《內傳》可能是闡發經義的，而《外傳》卻和劉向的《新序》、《說苑》、《列女傳》等相似，乃是先講一個故事，然後引詩以證，這是古人著述引詩的慣例，並不是闡發詩的宗旨。《四庫提要》說：「其書雜引古事古語，證以詩詞。與經義不相比附，故曰《外傳》。所採與周秦諸子相出入。班固論三家之詩，稱其或取《春秋》，採雜說，或非其本義，殆即指此類歟！」

從現在看來，它的確如明代王世貞所指出的，只是「引《詩》以證事，非引事以明《詩》。」即只是引用《詩經》中的一些詩句，來證明自己所敘述的故事的含義（有的很明顯地屬於斷章取義式地引用），而並不是以自己敘述的故事來解釋《詩經》。但是，儘管如此，它仍然有著極其重要的存在價值：

㈠它生動地敘述了兩百多個歷史人物故事，刻畫了一批栩栩如生的人物形象。主要有以下幾大類人物：

1、國君：明君、昏君、暴君。

2、大臣：忠臣、賢臣、能臣、廉潔之臣、守法之臣、奸佞之臣。

3、孔門賢人以及其他賢士（保國安民、忠信待人、安貧樂道、尊老養親……）

4、其他各類人物（多才、多智、善言、巧諫、好學、賢女等等）。

這些人物的故事對後人有頗高的借鑒價值。成功的經驗可供學習，失敗的教訓值得吸取。嘉言懿行有教育意義，醜惡言行令人憎惡，都可以使人引以爲戒。

㈡敍述故事之外，則爲長短不一的議論性文字。它們如實地記錄了古人有關道德修養、思想觀念、禮樂教化、社會風氣、朝廷制度等多方面的內容。對於今人研究古代社會的政治、經濟、文化、思想、醫藥衛生、甚至養生之道等等，都有很重要的參考價值。正如宋代文學家歐陽修所指出的：「去聖旣遠，誦習各殊，至於考《風》、《雅》之正變，以知王政之興衰，其善惡美刺，不可不察焉。」而韓嬰所處的時代，正是秦漢交替之際，去古未遠，他對古代有關內容的理解和記述，當然要比後人眞實準確，更有參考價值。

㈢韓嬰所敍述的故事，大都出自先秦時期；所發議論，也大都在先秦人議論的基礎上再加以發揮。但他所述內容及所用詞語，又與先秦史傳文及諸子文大同小異。查它們的原出處，大都出自《尚書》、《尚書大傳》、《春秋》、《春秋左氏傳》、《春秋公羊傳》、《論語》、《孟子》、《孔子家語》、《荀子》、《老子》、《韓非子》、《莊子》、《禮記》、《呂氏春秋》等書，而在《韓詩外傳》成書後，因其「文辭清婉，有先秦風」，所記故事又教育意義很强，所以很快就有人將本書加以轉錄或引用，如比他稍後的《淮南子》，再後一些的《說苑》、《新序》、《列女傳》以及《風俗通義》、《論衡》等。這些記述同一故事、相同樣議論的文段，時間有先後，措詞有異同，因此對於古籍的校勘、古事的考辨都有極高的參考價值。

㈣《外傳》不僅在政治思想上有可借鑒之處，且在藝術性方面，也有值得學習的地方。宋代晁公武論《外傳》時稱其「文辭淸婉有先秦風」。《外傳》敍述故事完整，情節的曲折，人物形象的逼眞，說理的犀利、明快、簡潔，詞彙豐富多彩，都具有獨特的風格，不僅僅是「文辭淸婉」而已。《外傳》繼承了先秦諸子風格的優良傳統，許多篇章，闡發哲理不亞於《論語》、《孟子》、《列子》；其敍事井井有條，又不亞於《史記》、《漢書》。可惜歷來評選先秦兩漢諸子者，往往不肯垂靑於《外傳》，它在古典文學上的成就尚未得到足夠的重視。

關於《韓詩外傳》的版本，據班固的《漢書・藝文志》

載，當時是六卷，但到《隋書・經籍志》中，已記作「十卷」。可見早在六朝，此書已被人改動，已不是韓嬰時的原本了。所以陳振孫在《直齋書錄解題》中表示疑問說：「《外傳》卷多於舊，蓋多記雜說，不專解詩，不知果當時本書否也？」明代的董斯張則更舉出《文選》李善注中的引文、《藝文類聚》、《太平御覽》中的引文，以證明當時的《韓詩外傳》已有遺逸。以這樣一部內容龐雜、篇章間又缺乏必然聯繫的書來說，遺逸幾條是完全不足爲怪的。絕大部分並未亡佚而至今仍流傳下來了，才正說明它的存在價值。

二、三家詩的亡佚與輯佚

西漢是今文學的天下，所以西漢的《詩》學，盛行《三家詩》，但自東漢初年起，古文經學逐漸取得地位，到東漢中期，古文學盛行，於是《三家詩》漸被《毛詩》所取代。根據《隋書》〈經籍志〉的記載，《齊詩》亡於魏，《魯詩》亡於西晉。《韓詩》則隋、唐間猶存：《隋志》尚著錄《韓詩》二十二卷，後漢薛漢章句；《新唐書》〈藝文志〉著錄《韓詩》卜商〈序〉韓嬰《注》二十二卷，又《外傳》十卷。《四庫全書總目提要》以爲《韓詩》亡於南、北宋之間。

唐宋以後，一般研究《詩經》的人幾乎只知道有《毛詩》，而不知道有《三家詩》。南宋時，王應麟開始注意三家《詩》，他蒐集三家《詩》遺文異義，編成《詩考》這部書。到了清朝，臧庸、范家相、宋綿初、阮元、馮登府、丁晏、王謨、陳喬樅等，從史傳注疏中，考輯三家遺文和經義，成績很可觀，其中以陳喬樅的成就最大，他所著《三家詩遺說》一書，考證三家《詩》的家法，最爲精洽；後來，王先謙綜合各家的成績，考證遺文，疏通經義，寫成了《三家詩義集疏》，這兩部是研究三家《詩》最重要的參考書。

貳、課文參考資料

一、《韓詩外傳選》賞析

第二則，記皐魚其人，爲自己平生犯了不孝、不忠、不友三種過失而痛不欲生，立槁而死。「機會教育」是孔子的拿手好戲，一幕哭劇，再加上二句：「弟子誡之，足以識矣！」就讓十三個弟子立刻回到父母的身邊去，眞不愧是大教育家。

「樹欲靜而風不止，子欲養而親不待」二句，常被用來戒惕人宜及時行孝。

第三則是一則形象鮮明的寓言，藉由一隻雉兩種不同的命運，告訴人們一個道理：對於人來說，追求精神的自由遠比追逐物質利益重要得多。野雞是這則寓言中的主角，生活在大澤中的野雞，與困於糧倉中的野雞相比，從外形到神態，都形成强烈的對比。雞羽毛由「悅澤」到「憔悴」，展現出雞在外形上的差異；而「奮翼爭鳴，聲響於陵澤」到「志氣益下，低頭不鳴」，則反映出雞在精神狀態方面的大起大落。作者刻意描寫野雞色澤和聲音的變化，通過對比强化：物質條件優厚與否，和精神狀態的好壞並不是正比的關係。「樂其志」則生氣勃勃；反之，「不得其志」，則身心交瘁。得失全在於「志」。

世間萬物都嚮往心性的自由。雉俗稱爲野雞，其必有野性。在高山大澤逍遙自得地生活，才會使牠們怡情悅性。而關在糧倉中，雖有吃不完的糧粟，卻活活扼殺了野雞享受自由的天性。在野雞身上，明顯地表現出道家所追求的理想：「獨與天地精神往來，而不敖倪於萬物」。戴晉生以澤雉自比，講述寓言之後，點破其中的寓意，說明自己因仰慕而來，又因厭惡而去，同樣是追求精神上的自由。也說明了古時的讀書人出仕，貴行其志，而不在乎厚祿的傳統觀念。

第四則記述晏子善諫，景公能悟，怕死者可笑，諂諛者可憎。世人難逃一死，乃自然律也。故人生在世，惟充實自己，把握有生之年，多爲人羣服務，何來閒愁思考死後之世界？

本文善於用對話描摹人物性格，簡短的幾句對話，就把景公的昏愚可笑；國子、高子的諂諛無恥，寫得活靈活現，栩栩如生。至於晏子一語點破齊國君臣可笑的談話，更是充滿滑稽的意味，使得文章生動有趣。「樂哉！今日嬰之游也，見怯君一而諛臣二。」眞是妙人妙語！

二、齊景公二三事

齊景公姜杵臼，在位五十八年。（？～西元前四九〇年），靈公之子，莊公的異母弟。崔杼殺死莊公後，被立爲國君。在位期間，國家動亂。即位當年，先是慶封逼死崔杼。第二年，田、高、鮑、欒四家驅逐慶封。靈公奢侈，厚賦斂重刑罰，民衆不依附。田氏趁機發展自己的勢力。景公及大臣晏嬰都已預感到田氏將取而代之，卻束手無策。景公寵妾生子名荼。景公死，立荼爲太子，而將其他兒子盡數趕出國都。

■晏子見齊景公
（山東嘉祥焦城村）

㈠二桃殺三士

公孫接、田開疆、古治子三人是齊景公手下的武士。他們都勇武過人，能與老虎搏鬥。大臣晏嬰有一次從他們面前經過，恭恭敬敬地小步疾走，以示敬意。但這三個人竟然視而不見，無所表示。晏嬰大怒，進見景公，說道：「這三個人雖然十分勇武，卻不懂禮義，會危害國家的。不如殺了他們，以免後患。」景公答道：「此三人恐怕不好對付。」晏嬰說：「他們無長幼之禮，不知謙讓，只會爭鬥，是很好對付的。」於是讓齊景公送兩個桃給他們，說：「你們誰的功勞最大，就吃掉它。」於是三個人論功爭桃，互不相讓。最後三人都因自己的功勞不被承認爲最大，負氣自殺而死。

後世用「二桃殺三士」表示用陰謀手段殺人（見《晏子春秋・內篇・諫（下）》）。

㈡欲速則不達

齊景公正在海邊遊玩，忽然得到報告說晏嬰快死了。他急忙叫趕車能手駕車返回。但嫌車太慢，奪過鞭子自己趕車。仍走不遠，又嫌車慢。乾脆下車跑步。結果反而更慢了。

後人以「欲速則不達」說明心急而不按規律辦事，反而達不到預期的目的（見《韓非子・外儲說左上》）。

㈢孺子牛

齊景公喜愛兒子荼。死前命大臣立荼爲君。但景公死後，陳僖子卻想立公子陽生。鮑牧對僖子說：「你忘了先君喜歡荼，自己爬在地上作牛，讓荼騎身上，不小心跌掉了牙齒的事麼？爲什麼要背棄先君遺命呢？」

後人用「孺子牛」寫疼愛子女，或喻甘願爲他人做僕人的意思（見《左傳．哀公六年》）。

三、晏子善勸諫

晏嬰是春秋戰國時期傑出的外交官，同時也是個善於勸諫國君的大臣。

有一次，正是嚴冬時節，一連下了三天大雪，天氣還不放晴，十分寒冷。齊景公披著白狐皮的斗篷，坐在殿堂裡，正好晏子來見他，齊景公說：「眞奇怪，一連下了三天大雪，可是一點兒也不感覺天氣寒冷！」

晏子聽了，笑了一笑，反問道：「天氣眞的不冷嗎？」齊景公笑了笑，沒有作聲。

晏子接著說道：「我聽說，古代的賢君，自己吃飽了，不忘別人的飢餓；自己穿暖了，不忘別人的寒冷；自己安逸的時候，不忘別人的勞苦。現在，您把別人全忘了！」

齊景公聽了，連忙說：「您說得對，我明白您的意思了。」隨後，齊景公下令發放一些衣服、糧食，用來救濟饑寒的百姓。

齊景公有一棵心愛的槐樹，他派差役天天看守著，還掛上一個牌子，上面寫著一道命令：誰碰了這棵槐樹，誰就要受罰；誰弄傷了這棵槐樹，就要判處死刑。有一個人，因爲喝醉了酒，走路的時候碰了一下這棵槐樹。齊景公就下令把醉漢抓起來，要治罪。

晏子聽說了這件事後，馬上去見齊景公，說：「我聽說，作爲一個國君，有三條大禍患：一是無限制地搜刮民財，供自己揮霍享受；二是愛好某種玩物，就把這種玩物看得和國君一樣威嚴高貴，誰也不能碰一下；三是不問是非曲直，就濫施刑罰，隨便殺人。現在，您剛剛當國君不久，還沒有爲老百姓作一點好事，可是就犯了這三個大錯誤，我恐怕您不能把國家治理好。這樣下去，老百姓也就不會擁護您了！」

齊景公聽了晏子的這頓批評，連忙說道：「若不是先生的教導，我幾乎犯了大罪過，現在幸虧有您的教導，這眞是國家之幸。我一定聽從您的勸告。」

於是齊景公就下令免除守護槐樹的差役，取消了木牌上寫的命令，把那個誤碰槐樹的醉漢從牢獄中釋放出來。

齊景公有一匹心愛的馬，專門派了一個名叫燭鄒的人爲他餵養這匹馬。誰知有一天，這匹馬卻突然死去了。齊景公大怒，下命令要立即把燭鄒抓來用刀剁死。晏子聽到這件事後，就來見齊景公，說：「燭鄒犯了彌天大罪，殺之有理。但要讓他死而無怨。因此請大王准許我當面指出他的罪過後，再殺他。」景公答應了晏子的請求。

晏子指著燭鄒說：「燭鄒，你犯了三條大罪：國君讓你養馬，你卻把馬養死了，這是你的第一條大罪；你使國君因馬死而殺人，老百姓知道了，必然會埋怨國君重馬輕人，濫殺無辜，這是你的第二條大罪；其他國家的諸侯知道了這件事，一定會笑話我們國君，輕視我國，這是你的第三條大罪。你犯有這三條大罪，還不應該處死嗎？」

說罷，晏子一面左手按住燭鄒的腦袋，右手拿起刀，做出要剁燭鄒的樣子。這時，齊景公連忙說：「不要剁，不要剁！放了他吧，放了他吧！」

四、姜太公

周朝之所以能成爲一個大帝國，姜太公的助益很大。姜太公，名尚，字子牙，生於商朝庚丁年間，死於周朝康王年間，享壽凡一百餘歲。老年垂釣於渭水之濱，周文王御駕親訪，載之回朝，奉之爲師。文王之子武王，更尊之爲父，稱他爲師尚父。武王之弟周公，也對姜太公施以老師之禮。所以周武王討伐商紂成功後，首封姜太公於齊，也就是以他爲首功之意。《史記・齊太公世家》便記載以姜太公爲始祖的齊國世系。姜太公輔佐周文王、武王滅商有功，封於齊，地處今山東省北部地區，是當時東方最大的諸侯國，齊君的權力超出一般諸侯。

姜太公是東海邊上的人，他的先祖曾經做過掌管四方部落的長官，輔佐夏禹治理洪水有功，虞舜、夏禹時有的被封在呂，有的被封在申，姓姜；夏、商兩代，申、呂有的被封給旁支子孫、有的成了平民，姜太公就是他們的後代，本姓姜，因爲用他的封邑作姓氏，所以又叫呂尚。

姜太公曾經過過困苦的生活，年老時，利用釣魚的機會求見周文王。周文王準備出去打獵，占了個卦，卦辭說：「此次外出將會得到霸王的輔佐。」於是周文王去打獵，果然在渭水北邊遇到姜太公，和他交談，大爲高興，說：「我的先代君主太公曾說『一定有聖人到周國來，周國將靠著他興盛。』您就是這個人吧？我的太公想望您很久啦！」所以稱他爲「太公望」，周文王和他坐車一同回去，任命他做統帥軍隊的長官。

姜太公博學多聞，曾經服事過商紂王。紂王暴虐無道，姜太公就離開了他。周遊列國勸說諸侯，沒有遇到賞識他的人，最後往西歸附周文王。當時，周文王被紂王拘禁，散宜生和閎夭請姜太公出來。姜太公也說：「我聽說周文王賢明，又能很好地贍養老人，何不到那兒去呢！」他們三人替周文王尋找美女和實物，獻給紂王，用來贖回周文王，周文王因此被釋放，回了國。

周文王被放回來，跟姜太公暗中謀畫施行德政去推翻商朝的政權，這些事大都是用兵的權謀，所以後世談論用兵以及周朝所使用的權術，都推崇姜太公是主要策畫者。周文王爲政公正持平，裁決了虞芮兩國的爭端，征討崇國、密須、犬夷，大規模建設豐邑，當時天下之所以有三分之二歸附了周，多是出於姜太公的謀畫。

周文王去世，周武王繼位。九年，周武王想繼承周文王的事業，向東征討商紂，試探諸侯是不是聽從號令。軍隊出發時，師尚父左手拿著黃金爲飾的大斧，右手握著白旄牛尾爲飾的軍旗誓師，說：「蒼兕哪蒼兕，集合你們的部隊，交給你們船隻，遲到的就要斬首！」於是到了盟津。諸侯事先沒有約定而到會的就有八百人。諸侯都說：「可以征伐紂王了。」武王說：「還不行。」便帶領軍隊回來。過了兩年，紂王殺死王子比干，囚禁箕子。武王將要征伐紂王，用龜甲占卜，兆辭不吉利，暴風雨降臨。大臣們都恐懼，只有姜太公堅決勸說武王伐紂，於是武王出兵了，在牧野誓師，討伐商紂。紂王的軍隊大敗。紂王回頭逃跑，登上鹿台，武王就追過來殺了紂王。

第二天，武王站在土地神壇前，大臣們捧著淨水，衞康叔姬封鋪彩席，姜太公牽著致祭的牲畜，史佚誦讀告文，報告天神聲討紂王的罪行。武王又散發鹿台的金錢，發放鉅橋的糧食，用來救濟貧窮百姓。堆高比干的墳墓，釋放被囚禁的箕子，遷移九只寶鼎，修明周王朝的政治，與天下人民一起除舊佈新。這些事大都以姜太公的謀略居多。

這時武王已經平定商紂，稱王天下，封姜太公於齊國營丘。姜太公向東去自己的封國。姜太公到了封國，修明政治，順應當地的風俗習慣，簡化禮儀，溝通商工之業，發展魚鹽生產，因而人民多來歸附齊，齊成了大國。到周成王幼年登位，管叔蔡叔作亂，淮夷反叛周朝，於是派召康公授命姜太公說：「東邊到海濱，西邊到黃河，南邊到穆陵，北面到無棣。五等諸侯，九州長官，你都可以征討他們。」齊國從此得到征伐大權，成爲大國，建都營丘。

武王伐商，牧野一戰，將暴虐無道的商紂打倒了，奠定了大周王朝。《詩經》中說：「牧野洋洋，檀車煌煌，維姜太公，時維鷹揚！」是歌頌姜太公東征勝利的史詩。姜太公因伐商立功，被封於齊，稱爲齊王。《史記》記載：「姜太公至國，修政，因其俗，簡其禮，通工商之業，更魚鹽之利，人民多歸齊。」姜太公可說是軍事家，也是政治家。姜太公的《六韜》一書，論政、談兵，是部武經，也是一部政略名著。他的政治思想，形成了他的偉大的政略，由於他的政略，產生了他的戰略和戰術。姜太公的政治哲學，是仁義、愛民，是中國傳統政治思想之先河；他特別重視經濟，注意工商，一切以民生爲本。姜太公是中國古代文武合一的典型人物，他的思想，值得我們研討和崇敬。

叁、語文天地

一、式

(一)規格，榜樣。三國魏．曹操《置屯田令》：「秦人以急農兼天下，孝武以屯田定西域，此先世之良式也。」

(二)車前扶手橫木，古人按俯著表示敬意。《韓詩外傳》：「孔子過而不式。」

(三)語氣詞。《詩經．邶風．式微》：「式微式微，胡不歸？」

二、辟

(一)音ㄆㄧˋ。

1、通「僻」。不誠實、邪僻。《論語．先進》：「師也辟。」《孟子．梁惠王上》：「苟無恆心，放辟邪侈，無不爲已。」

2、通「譬」。《荀子．王霸》：「是過者也，過猶不及也，辟之是猶立直木而求其影之枉也。」

(二)音ㄅㄧˋ

1、皇位，君位。《明史．王驥傳》：「石亨、徐有貞等奉英宗復辟。」

2、法，刑法。《說文》：「辟，法也。」《詩．大雅．板》：「無自立辟。」《莊子．天道》：「五刑之辟，教之末也。」歐陽修《縱囚論》：「方唐太宗之六年，錄大辟囚三百餘人。」

3、通「避」。《左傳》隱公元年：「姜氏欲之，焉辟害！」又僖公三十二年：「其北陵，文王之所辟風雨也。」

4、離開《韓詩外傳》：「孔子辟車與之言。」

三、間

(一)音ㄐㄧㄢ。

1、一定的空間內。韓愈《馬說》：「故雖有名馬，祇辱於奴隸人之手，駢死於槽櫪之間，不以千里稱也。」

2、一定的時間內，期間，時候。諸葛亮《出師表》：「奉命於危難之間。」蘇軾《念奴嬌‧赤壁懷古》：「談笑間，檣櫓灰飛煙滅。」

3、中間。《左傳》僖公三十二年：「必死是間，余收爾骨焉。」干寶《搜神記‧干將莫邪》：「王夢見一兒，眉間廣尺。」

4、量詞。房屋的最小單位。杜甫《茅屋爲秋風所破歌》：「安得廣廈千萬間。」

(二)音ㄐㄧㄢˋ

1、參與，廁身其中。《左傳》莊公十年：「肉食者謀之，又何間焉?」

2、離間。《史記‧屈原賈誼列傳》：「讒人間之，可謂窮矣。」又《李斯列傳》：「諸侯人來事秦者，大抵爲其主游間於秦耳。」

3、隔開、隔離。陶淵明《桃花源記》：「遂與外人間隔。」《韓詩外傳》：「高尚吾志，間吾事君，失之二也。」

4、夾雜著。林嗣環《口技》：「中間力拉崩倒之聲。」

5、空隙，縫隙。《莊子‧養生主》：「彼節者有間，而刀刃者無厚。」《史記‧管晏列傳》：「晏子爲齊相，出，其御之妻從門間而窺其夫。」

6、祕密地，悄悄地。《史記‧陳涉世家》：「又間令吳廣之次所旁叢祠中。」又《魏公子列傳》：「侯生乃屏人間語曰。」

7、間或，斷斷續續。文天祥《指南錄後序》：「予在患難中，間以詩記所遭。」《戰國策‧齊策》：「數月之後，時時而間進。」

四、風樹之感（悲）

風樹之感，見於《韓詩外傳》卷九：「皋魚曰：『……樹欲靜而風不止，子欲養而親不待也。』」後因以「風樹之感」比喻父母亡故，不得孝養的感傷之情。《南齊書‧虞玩之傳》：「特以丁運孤貧，養禮多闕，風樹之感，夙自纏心。」亦作「風樹之悲」。唐・白居易《贈友》詩：「庶使孝子心，皆無風樹悲。」《續傳燈錄二・釋寶唱》：「臨朝端默，過隙之思彌軫；垂拱岩廊，風樹之悲逾切。」

五、識

㈠音ㄕˋ

1、知道，懂得。《孟子・梁惠王》：「不識有諸？」《孫子・謀攻》：「知可以戰與不可以戰者勝，識衆寡之用者勝。」

2、認識。白居易《琵琶行》：「同是天涯淪落人，相逢何必曾相識。」

3、識別，覺察。《孔雀東南飛》：「新婦識馬聲，躡履相逢迎。」

4、見識。張衡《東京賦》：「鄙夫寡識。」

㈡音ㄓˋ

1、動詞。記，記住。《論語・述而》：「默而識之。」《禮記・曲禮上》：「博聞强識而讓。」《韓詩外傳》：「弟子誡之，足以識之矣！」

2、名詞。通「幟」。標誌，記號。崔銑《記王忠肅公翱事》：「封識宛然。」

六、要

㈠音ㄧㄠˋ

1、重要，簡要，緊要。如：身居要職，要言不煩。清・方苞《獄中雜記》：「文書下行直省，多潛易之，增減要語，奉行者莫辨也。」

2、要點，要領，重要的內容。唐・韓愈《進學解》：「記事者必提其要。」

3、險要。《清稗類鈔・馮婉貞勝英人於謝莊》：「築石寨土堡於要隘。」

4、概括，總括。如：要而言之。

5、討，索取。如：要錢，要飯。

6、需要。《呂氏春秋・察今》：「凡先王之法，有要於時也。」

㈡音ㄧㄠ

1、「腰」的本字，指人的腰部。《墨子・兼愛中》：「昔者楚靈王好士細腰。」《楚辭・離騷》：「戶服艾以盈要兮。」

2、需要。《呂氏春秋・察今》：「凡先王之法，有要於時也。」

3、要挾。賈誼《過秦論》：「邯因以三軍之衆要市於外。」方苞《獄中雜記》：「唯大辟無可要。」

4、邀請。《史記・項羽本紀》：「張良出，要項伯。」《韓詩外傳》：「前日寡人以上大夫之祿要先生。」陶淵明《桃花源記》：「便要還家。」

5、約定。《孔雀東南飛》：「雖與府吏要，渠會永無緣。」

七、過

(一)本義是走過、經過。《孟子・滕文公上》：「禹八年於外，三過其門而不入。」

(二)引申爲拜訪。如《過故人莊》。劉基《司馬季主論卜》：「過司馬季主論卜焉。」《韓詩外傳》：「今過寡人邪？」

(三)走過了前面的人就是超過，因此引申爲超過、勝過。《左傳・隱公元年》：「大都不過參國之一。」（大城市的規模不能超過國都的三分之一。）

(四)超過了適當的程度則爲過份，故由超過引申爲過分。柳宗元《小石潭記》：「以其境過清，不可久居，乃記之而去。」

(五)超過了正確的界限就會成爲謬誤，所以由超過又引申爲錯誤、過失。《左傳・宣公二年》：「人誰無過？過而能改，善莫大焉。」

八、永

(一)水流長。《詩經・周南・漢廣》：「江之永矣，不可方思。」

(二)長久，永遠。《詩經・衛風・木瓜》：「匪報也，永以爲好也。」

(三)深長。如：「意味雋永」。

(四)長長地。《韓詩外傳》：「仰而永嘆。」

九、噣、啄、喙

(一)噣，音ㄓㄨㄛˊ，通「啄」，鳥啄食。

(二)喙，音ㄏㄨㄟˋ，鳥嘴。也指人的嘴，如「不容置喙」，指不容許插嘴，不讓人有說話的機會。

十、援

㈠以手牽著，拉著。《孟子・離婁上》：「男女授受不親，禮也；嫂溺，援之以手者，權也。」

㈡拿過來，拿起。《左傳》成公二年：「左並轡，右援枹而鼓。」《楚辭・九歌・國殤》：「援玉枹兮擊鳴鼓。」

㈢攀登。徐宏祖《遊黃山記》：「石崖側削則援崖。」

㈣提出，援引。宋濂《送東陽馬生序》：「援疑質理。」方苞《獄中雜記》：「五十一年，復援赦減等謫戍。」

5、取，捕捉。《韓詩外傳》：「援置之囷倉中，常囑粱粟。」

6、救助。援助。《三國志・蜀書・諸葛亮傳》：「此可以爲援而不可圖也。」蘇洵《六國論》：「不賂者以賂者喪，蓋失强援，不能獨完。」

十一、粟、粟

粟，音ㄙㄨˋ。

㈠穀物名。今北方通稱「穀子」，去殼爲「小米」。古代稱「禾」，「稷」、「穀」。供食用或釀酒。

㈡泛指糧食。漢晁錯《論貴粟疏》：「欲民務農，在於貴粟。」

㈢「粟」體積微小，因此以粟喻物之微小。蘇軾《赤壁賦》：「渺滄海之一粟。」方孝孺《指喻》：「隆起而粟。」

粟，音ㄌㄧˋ

㈠粟樹，落葉喬木。果實叫粟子，可供食用。木材堅實，可供製器物。《論語・八佾》：「哀公問社於宰我，宰我對曰：『夏后氏以松，殷人以柏，周人以粟。』」

㈡假借爲「慄」，害怕得發抖。《史記・酷吏列傳》：「是日皆報殺四百餘人，其後郡中不寒而粟。」

十二、囷

■囷（鳳翔高莊秦墓）

囷，音ㄐㄩㄣ。圓形穀倉。《周禮・考工記・匠人》：「囷窌倉城。」鄭玄注：「囷，圜倉。」賈公彥疏：「方曰倉，圜曰囷。」《詩・魏風・伐檀》：「不稼不穡，胡取禾三百囷兮。」《韓詩外傳》：「援置之囷倉中。」

十三、駑

駑，音ㄋㄨˊ。

㈠劣，特指馬不好。《荀子・勸學》：「駑馬十駕，功在不舍。」

㈡比喻人的才能低下。《史記・廉頗藺相如列傳》：「相如雖駑，獨畏廉將軍哉？」諸葛亮《出師表》：「庶竭駑鈍，攘除奸凶。」

㈢名詞。劣馬。《楚辭・七諫・謬諫》：「駑駿雜而不分兮。」

十四、畎、畎畝

㈠畎，音ㄑㄩㄢˇ。田中水溝。《周禮・冬官・考工記》：「廣尺深尺，謂之畎。」

㈡畎畝，本指田溝和田壟。泛指田間。《孟子・告子下》：「舜發於畎畝之中。」

十五、恤

㈠憂慮，顧念。《韓詩外傳》：「吾君方將被蓑笠而立乎畎畝之中，惟事之恤，何暇念死乎？」王安石《答司馬諫議書》：「士大夫多以不恤國事、同俗自媚於衆爲善。」

㈡體恤，愛惜。《三國志・蜀書・諸葛亮傳》：「民殷國富而不知存恤。」

㈢救濟。賈誼《論積貯疏》：「即不幸有方二三千里之旱，國胡以相恤？」

肆、課文補充資料

一、韓詩外傳選讀

㈠管仲棄酒

齊桓公置酒，令諸大夫曰：「後者，飲一經程。」管仲後，當飲一經程①。飲其一半而棄其一半。桓公曰：「仲父②當飲一經程，而棄之何也！」管仲曰：「臣聞之，酒入口者舌出，舌出者言失，言失者棄身。與其棄身，不寧棄酒乎？」桓公曰：「善！」

【注釋】

①經程：酒器名，一經即一瓶。郝懿行云：「經程，酒器也。」《侯鯖錄》：「酒瓶名酒經，典雅可用。而人罕知之。」

②仲父：桓公對管仲的敬稱。

【語譯】

齊桓公擺下酒宴，對大夫們說：「最後來的，喝一瓶。」管仲最後來，應當喝一瓶。管仲卻喝了一半倒掉一半，桓公說：「仲父！應當喝一瓶，爲什麼倒掉一半？」管仲說：「我聽說，酒進嘴裡，舌頭出來。舌頭出來話就多。言多有失，就可能招來殺身之禍。與其丟掉性命，還不如丟掉酒呢？」桓公說：「很好！」

㈡以屠知女

齊王厚送女，欲妻屠牛吐，屠牛吐辭以疾。其友曰：「子終死腥臭之肆而已乎？何爲辭之？」吐應之曰：「其女醜。」其友曰：「子何以知之？」吐曰：「以吾屠知之。」其友曰：「何謂也？」吐曰：「吾肉善，如量而去，苦少耳；吾肉不善，雖以他附益之，尚猶賈不售①。今厚送子，子②醜故耳。」

其友後見之，果醜。

【注釋】

①尚猶賈不售：還是賣不出去。賈，音ㄍㄨˇ，賣。

②子：指女兒。

【語譯】

齊王爲女兒準備豐厚的陪嫁財物，想將女兒嫁給名叫吐的宰牛人爲妻。宰牛人吐以自己身患疾病而推辭。他的朋友說：「你難道願意終身待在這腥臭的屠宰鋪嗎？爲什麼推辭這件婚事？」吐回答朋友說：「他的女兒長得醜。」他的朋友說：「你怎麼知道他的女兒長得醜？」吐說：「憑我屠宰的經驗知道的。」他的朋友說：「這話怎麼說？」吐說：「我宰殺的肉質好，給足分量顧客就走了，唯恐肉少供不應求；我宰殺的肉質不好，雖然附加上別的東西，尚且擔憂賣不出去。現在齊王以豐厚的財物陪嫁女兒，是女兒長得醜的緣故。」

他的朋友後來見到齊王的女兒，果然很醜。

(三)不受獻魚

公儀休①相魯②而嗜魚③。一國人獻魚而不受。其弟諫曰：「嗜魚不受，何也？」曰：「夫欲嗜魚④，故不受也。受魚而免於相，則不能自給魚。無受而不免於相，長自給於魚。」此明於爲己者也。故《老子》曰：「後其身而身先，外其身而身存。非以其無私乎？故能成其私。」

【注釋】

①公儀休：魯國貴族，魯繆公時爲魯相。
②相魯：爲魯宰相。
③嗜魚：好吃魚。
④欲嗜魚：保持好吃魚的條件。

【語譯】

公儀休作了魯國宰相。他好吃魚。有一個本國人送魚給他，他卻不接受。他的弟弟勸他說：「既好吃魚，又不接受人家送的魚，這是爲什麼呢？」他說：「正是爲了好吃魚才不能受人家贈的魚！如果接受人家贈的魚，宰相的地位就保不住，那麼自己就供給不了魚吃；如果不接受魚，就會保住了宰相地位，也能長期有魚吃。」這才算是眞正明白了，怎樣爲自己打算的道理。所以《老子》說：「把自身排在後邊實際上會列在首位；把自己置之度外，這就等於保留了自己的利益。難道他沒有私心嗎？是因爲他考慮得度，也就能保全個人利益了。」

(四)史魚屍諫

昔者衛大夫史魚①病且死，謂其子曰：「我數言蘧伯玉②之賢而不能進，彌子瑕③不肖而不能退。爲人臣，生不能進賢而退不肖，死不當治喪正當，殯我於室足矣！」衛君問其故，子以父言聞。君造然④台蘧伯玉而貴之，而退彌子瑕，徙⑤殯於正堂，成禮⑥而後去。生以身諫⑦，死以屍諫⑧，可謂直矣！

【注釋】

①史魚：名鰌（ㄑㄧㄡ），字子魚。
②蘧伯玉：名瑗，衛國大夫。蘧，音ㄑㄩˊ。
③彌子瑕：衛靈公的寵臣。
④造然：猝然。
⑤徙：遷移。
⑥成禮：完成應有的殯葬儀式。

⑦身諫：不惜犧牲自己生命而提出諫言。

⑧屍諫：以自己屍體起到諫諍作用。

【語譯】

從前衛國大夫史魚病得快要死了，對他的兒子說：「我多次說蘧伯玉的賢德，卻不能使他進入朝庭廟堂；彌子瑕很不正派，卻不能把他趕出去。爲人臣的，活著不能推薦有品德的人，趕走不正派的人，死後也不應該在堂屋裡辦葬禮，在內室裡給我辦一下喪事就行了。」史魚的兒子依言料理他的身後事，衛國國君問這是什麼原因，他的兒子把父親的話告訴了國君。國君立刻召見蘧伯玉，給他很高的官位，趕走了彌子瑕。又把喪事搬在堂屋裡辦理，完成了葬禮才走。（史大夫）活著用生命去糾正國君的缺點，死後又用屍身去糾正國君的錯誤，可真算是十分正直的了。

(五)社鼠為害

齊景公問晏子：「爲國何患？」晏子對曰：「患夫社鼠。」景公曰：「何謂社鼠？」晏子曰：「社鼠出竊於外，入托①於社②，灌之恐壞牆，熏之恐燒木，此鼠之患。今君之左右，出則賣君③以要利④，入則托君以蔽惡。不罪乎亂法；罪則君又並覆⑤而有⑥之。此社鼠之患也。」景公曰：「嗚呼，豈其然！」

【注釋】

①托：依靠，仗恃。

②社：土地廟。

③賣君：借君王的名義作壞事。

④要利：強取私利、勒索。

⑤覆：覆翻，這裡指翻案，平反。

⑥有：通「宥」。寬大，赦免。

【語譯】

齊景公問晏子說：「治理國家最怕什麼？」晏子說：「怕的是社鼠。」景公不解地問：「什麼叫作社鼠？」晏子說：「（這就是指土地廟裡的大老鼠）牠在外面偷吃人家的東西，回來就鑽進土地廟牆壁的洞裡。用水澆牠吧，怕泡壞了牆角；用煙熏吧，又怕燒壞了木柱，這就是社鼠的禍患啊。現在大王左右不少親信的人，出外就假借國君的名義向人民敲詐勒索；進來又仗著國君的勢力，爲自己的罪惡掩護。對於犯了法的人不辦罪，如果辦了他們的罪，國君又替他們平反得到寬大處理。這就是社鼠的災患呀！」景公吃驚地說：「哎呀！難道真是這樣的嗎？」

二、戴高帽

老子說：「信言不美，美言不信。」（八十一章）。「美言」，有出自由衷讚美的，但也有許多美言是阿諛奉承、別有目的的。一個人，如果沒有識人、知言的判斷能力，往往就會受美言、巧言的蒙蔽。

清朝著名學者俞樾，有一則「戴高帽」的笑話：社會上把喜歡別人當面奉承的人，叫「戴高帽」。

有一個在京城任職的官吏被派到外地做官，他到老師家告別。老師說：「外地的官不容易做，要謹慎小心才是。」門生說：「我準備了一百頂高帽子，逢人就送他一頂，這樣就皆大歡喜了！」老師聽了面帶怒容，說：「我們按照正直的原則對待上級，爲別人做事，何必要這樣呢？」門生說：「天下像老師您這樣不喜歡戴高帽子的，能有幾個呢？」老師聽了，連連點頭微笑著說：「你說的話也不是完全沒有見地。」

這個人走出老師的家門，對別人說：「我的一百頂高帽子，現在只剩下九十九頂了。」

故事中的老師痛責門生滑頭，但是當門生爲他戴上高帽時，他卻一點也不討厭，還大誇自己的「高足」呢！這就是所謂的「當事者迷」吧！不過也有一些人，是不喜歡吃這一套的。如：

歷史學家亞里斯特布洛斯爲了討亞歷山大大帝的歡心，將國王和波洛斯的一對一廝殺，描寫得天花亂墜，並且還得意揚揚地唸給國王聽。亞歷山大大帝在航行途中，將那本書扔進河裡，說：「事實上，我更想做的是——把那個鬼話連篇的作者，扔進河裡。」

西元前四世紀時，羅馬詩人赫莫德洛斯想奉承當時的大將軍安提柯諾斯爲太陽之子，將自己所寫的詩呈獻上去。安提柯諾斯看完那些肉麻的句子以後，笑著對詩人說：「每天替我洗糞桶的人，看法似乎跟你不一樣。」

有「哲人皇帝」之稱的羅馬皇帝馬爾科斯・艾烏勒里烏斯每天早晨一醒來，在起身離開牀鋪以前，總是喃喃自語地說：「啊！今天我又非得見一大堆阿諛諂媚、好管閒事、貪婪狡詐、愛慕虛榮的人不可了！」

按：講「晏嬰斥諛」一則時，可補充。

第十四課

曾國藩日記選

曾國藩

有子孫有田園家風半讀半耕
但以箕裘承祖澤
且將艱鉅付兒曹
無官守無言責世事不聞不問

曾國藩像
（俞大維先生珍藏）

■ 曾國藩

壹、作者參考資料

一、中興名臣曾國藩

曾國藩在歷史上是個三不朽的人物。在功業上衞國保鄉，平定太平天國；在品德上反躬自省，時時進德修業；在文學上更是著作等身，言行足爲世師法。容閎說：「文正一生政績，實無一污點，其正直廉潔忠誠諸德，皆足為後人模範，故其身雖逝而名足千古。其才大而謙，氣宏而凝，可謂完全之真君子，而為清代第一流人物，亦舊教育中之特產人物。」其推崇並非虛誇。

㈠從苦讀到進士

曾國藩原名子城，字伯涵，號滌生；中進士後，始更名爲國藩。湖南湘鄉人。生於嘉慶十六年（西元一八一一年），卒於同治十一年（西元一八七二年），享年六十二歲。謚文正。

曾國藩出身於一個務農的家庭，他的曾祖和祖父都是世代務農爲生，到了他父親曾麟書這一代才開始讀書。但曾麟書科場上並不得意，曾經一連考了十七次，直到鬚髮都白了，才補上一名縣學生員（俗稱秀才），那年他已四十三歲了。他自知要中舉人機會已經不大，功名無望，於是就在家鄉辦了一個私塾，並發憤教導諸子，把自己未能實現的雄心大志，寄望於兒子們。

曾國藩的兄弟五人，他最長。二弟國潢，讀書無甚成就，在家中務農。三弟國華，鄉試未中，後參加湘軍，戰死軍中。四弟國荃，曾隨曾國藩入京就學，後參加湘軍，成爲一名主要將領。因在家族兄弟姐妹中，排行第九，人稱九帥。五弟國葆，初投胡林翼，後改屬曾國荃部，因得癘疫病死軍中。曾國藩以「粲粲諸弟，雁行以隨」（諸多弟弟，像雁子飛行，跟隨而行）而自豪，他的家書，以教訓昆弟爲多。

曾國藩在出生之前，他的曾祖父曾經夢見一條大蟒蛇，盤旋於他們家宅的周圍，最後而竟蜿蜒入宅，一直進入內室，這位老人從夢中驚醒時，曾國藩就降生下來。因此，他的曾祖父預料這個孩子，將來必有異於常人之處。

曾國藩後來患有疥癬一類的皮膚病，身上經常奇癢無比，只要一搔癢，癬疥隨之紛紛脫落，如同蛇脫皮蛻變。因此清朝的一些野史逸聞，就說曾國藩是蟒蛇精化身而來。

曾國藩七歲起就在他父親的私塾裡讀書。他雖不是個神童，但肯憤發力學，九歲時就讀完了《四書》《五經》，十四歲就能把八股文作得很不錯。鄰村就有個人家願意把女兒嫁給他，將他的生辰拿去合八字。算命先生批斷他是：「**志業無心想，功名兩不成。**」那個人家也就以爲他將來不會有什麼成就，這件婚事也就告吹了。後來，他父親的摯友歐陽滄溟到他家來，歐陽滄溟當場以「**共登青雲梯**」五字爲詩題，要他作一首詩。詩成，歐陽滄溟大爲稱贊道：「**是固金華殿中人語也。**」於是不顧算命先生的荒謬無稽之談，決然將自己的女兒許配給他，她就是後來的歐陽夫人。

不過曾國藩初入闈場時，也並未能旗開得勝。西元一八二四年，十三歲的他首次赴省城長沙參加府試未中，回來後繼續從父苦讀兩年，再次參加府試通過，但在院試中又受挫，仍然未能取得秀才資格。西元一八三二年，曾國藩與父親一同參加院試，父親過關，曾國藩備取，以佾生註冊，終還沒有跨過院試這道門坎。第二年，他重又提籃入闈，這才報捷，成爲家中第二個秀才。此時，曾國藩二十三歲了。算來，從首次參加縣試，到最後通過院試，得到秀才這一低級功名，歷時九載，應考七次，飽嘗了科場掙扎的艱辛，但他咬牙立志，堅持奮鬥。爲此，他改號「**滌生**」，自箴：「**滌者，取滌其塵污也，生者，取明袁了凡言：從前種種，譬如昨日死；今後種種，譬如今日生。**」就在這年的臘月，曾國藩與歐陽夫人完婚。

曾國藩並不留戀新婚生活，結婚幾個月後，便離家到省城的嶽麓書院繼續深造。這是湖南的最高學府，也是全國四大書院之一，前臨湘江水，背倚嶽麓山，風景秀麗。當時，主持書院的山長爲著名湘籍學者歐陽厚均（字福田，號坦齋），他爲嘉慶進士，做過御史，後爲侍奉母親告歸家鄉，受聘主講嶽麓書院二十多年，號稱弟子三千，頗負學名，他頗爲賞識曾國藩的詩文。

進入嶽麓書院的第一年，曾國藩即秋闈報捷，中了舉人。次年，曾國藩首次入京參加會試，不幸落第。他便在京師住下來，精研經史，治古文詞，及至西元一八三六年參加恩科會試，又不獲中，只好南返。因爲久寓京師，花費頗大，經濟上已十分窘困，只好舉貸。同邑的易作梅當時正在睢寧任知縣，曾國藩歸途中特去拜訪，求借得百金。路過金陵（今南京）時，六朝金粉地，秦淮兩岸燈，曾國藩毫不留意，只是在書坊書市留連忘返。爲購買一套二十三史，他拿出了剩餘的盤費，數來數去，還是不夠，便以攜帶的衣裘頂補，將書買下。回到家中，向父親告明情況，他父親對於他的好學甚感欣慰，便勉勵他說：「你借錢買書，我會不惜一切的替你還，但是希望你能眞正用心閱讀它，才不致辜負我對你的期望。」曾國藩聞而悚息，從此足不出戶，每天天不亮就起來讀書，深夜才上牀休息，這樣發憤苦讀了一年，不但學業上大有長進，而且養成了按步就班、持之以恆的讀書習慣。

道光十八年（西元一八三八年），曾國藩二十八歲時，再度入京參加會試，考中了第三十八名進士。接著，他參加了四月份的殿試，奪得三甲第四十二名，賜同進士出身。不久，他又參加了朝考。所謂朝考，是清雍正時所建立的制度，爲了拔擢眞正傑出的人才，於殿試之後，再由皇帝主考論、詔、奏、議、詩五個題目，考中者即可破格錄用，被選入翰林院。當時的主考官是大學士穆彰阿，他非常欣賞曾國藩的詩文，當下就決定要將他選入翰林院，於是把他列爲一等第三名，等到名單進呈道光時，穆彰阿又在皇帝面前大力稱讚曾國藩的詩文，道光讀了曾國藩的文章後，發現他的文章暢通明達，頗有見地，於是將他的名字從第三名提升到第二名。就這樣，曾國藩如願以償地成爲翰林院庶吉士。

(二)京官生涯

自道光十九年至咸豐二年（西元一八三九～一八五二年），十餘年間曾國藩都在京師任職。西元一八四〇年二月，曾國藩結束了在翰林院的深造，散館（畢業）考試列二等第十九名，授翰林院檢討，這是個秩從七品的小官職。從此，曾國藩開始了他爲時數年的翰苑生活。翰苑雖屬清居之地，但與皇帝直接接觸的機會較多，所以不失爲官吏的升遷之階。

曾國藩在翰林院「日以讀書爲業」。大理寺卿倭仁、太常寺卿唐鑑都是當時著名理學家，曾國藩經常向他們請教，過從甚密。他詳覽史籍，研究理學，兼治詩詞古文。唐鑑告訴他：「**讀書明理，當以朱子全書為宗**」、「**修身養性**」要在「**靜**」字上下功夫。倭仁注意修養，每天的言行都有札記，曾國藩頗受影響，每天做日記，以《朱子全書》爲日課，每天安排課程和作息，內容如：早起、靜坐、養氣、保身、讀書、寫字等。他自稱在學習中力求「**考信於載籍，問途於六經，苦思以求其通，躬行以試其效**」。

翰林檢討只是個小官，俸祿微薄，他爲了增加收入，多寄錢回家養親以及餽遺族人，於是在道光二十三年出差到四川擔任鄉試主考官。他自四川返京以後，又擔任會試同考官，不久升遷爲翰林院侍講。道光二十七年（西元一八四七年），進升二品內閣學士，兼禮部右侍郎，他在

《致弟書》中得意地說：「湖南人以三十七歲之年，做到二品官者，本朝尚無一人。」

以後幾年中他更遍兼兵、工、刑、吏各部侍郎。對於生長在山鄉僻野、出身於農家的曾國藩來說，從中進士入翰苑到躋身部堂高官之列，歷時僅十來個年頭，其間七次升遷，連躍十級，仕途如此暢達迅捷，在當時並不多見。這一方面固然得益於曾國藩的行事謹嚴與文名之著，另一方面也不少了權貴的提攜推引。如果說，在理學修習的路徑上唐鑒是他的第一導師，那麼，在官場升遷方面穆彰阿，則是他的最有力的扶助者。

野史中關於穆彰阿如何照顧曾國藩的記載，幾乎接近於神話。據《清稗類鈔》，穆彰阿多次在道光帝面前表彰曾國藩遇事留心，可擔大任。一日，奉旨召見，太監引至一室，但等到午後，仍未被召見。傳旨：「明日再來。」晚上，穆彰阿問曾國藩：「你注意那個房間的牆壁上所懸掛的字幅了嗎？」曾國藩搖了搖頭。穆彰阿說：「機緣可惜呀！」他躊躇良久，最後召來僕人，吩咐說：「你立即拿四百兩銀子送給某內監，作爲報酬，請他把某處壁間字幅的內容秉燭代錄下帶回。」第二次召見，皇帝所問果眞都是那字幅上面的聖訓內容，曾國藩當然應答如流，皇帝十分滿意。事後，皇帝對穆彰阿說：「你說曾某遇事留心，果然是這樣。」從此，曾國藩連連被提拔重用。

曾國藩任京官期間，清廷的政治已極其腐敗，朝廷大臣都三緘其口，不敢對朝廷有所進諫，咸豐皇帝即位後，曾下詔徵求直言，曾國藩就上書痛斥當時政治、軍事上的敷衍和顢頇的作風，他並建議咸豐皇帝，請他不要注意瑣碎的小事而忽略國家大計，要實事求是的力求改革，更要虛心接受忠言。這種逆耳的忠直之言，是別人所不敢講的，他卻不顧一切的講，由此可以看出他耿介正直的性格。

七月，咸豐皇帝派任曾國藩爲江西鄉試正考官，並準其在考差完畢後，返回已離別十三年的家鄉省親。沒有想到此一去，曾國藩從此告別了京官生涯，由朝廷文官轉變爲統率大軍，權重一方的將帥，而且直到十六年後，才有機會再叩官闕，那時，咸豐皇帝已去世七年。

(三)籌組湘軍

咸豐二年九月八日，曾國藩行至安徽太湖縣境內，突聞其母病故，孝子之情使他當日折往湖南，回家奔喪，準備按儒家的禮制，在家丁憂守制三年。

回家的路，很不好走。太平軍在兩湖的攻勢，使曾國藩切身體會到清廷的頹勢。十月六日，他回到湘鄉老家，又目睹當地鄉紳在太平軍攻擊之後，各各如驚弓之鳥。然而，其母的喪事尚未辦完，又咸豐三年正月二十一日，接到湖南巡撫轉來咸豐皇帝的諭旨，要他幫忙湖南巡撫辦理團練鄉民，搜查土匪事務。看到這一份諭旨，著實使曾國藩為難。如遵旨出山，既有損於孝道，且諸事煩雜，多年的名聲難保；若抗旨不出，聽說太平軍已進武昌，勢如破竹，覆巢之下，豈有完卵，不僅自己的名聲，即連身家性命都必毀之。猶豫的心情整整折磨了他好幾天，在朋友一再勸激下，他終於以忠君衞道保鄉的信念，前往長沙，慷慨赴大任。

事實上，咸豐皇帝讓曾國藩幫辦團練，並非是重用曾國藩。團練是不遠離家鄉的民間武裝部隊，一般由鄉紳捐資，由鄉紳控制；團練的作用，只不過是用來補官軍的不足罷了。咸豐皇帝命曾國藩出山，是在他得知太平軍已攻占岳州並向武昌推進時，恐怕湖南在太平軍過後地方不靖，而湖南巡撫一個人又忙不過來，便讓曾國藩出來幫幫忙而已。而且，在此前後，咸豐皇帝共任命了四十五名在籍官員辦理團練，最多的一省為山東，共有十三名團練大臣。咸豐皇帝絕對沒想到曾國藩會在四十五名團練大臣中，異軍突起，他一手籌組的湘軍，竟然會成為對抗太平軍的主力，挽狂瀾於既倒，使瀕臨滅亡的滿清王朝，又延長六十年的國祚。

曾國藩雖然是個講求道德修養文人，但是對當地盜匪卻毫不姑息，他怕盜匪與太平軍連成一氣，將更不可收拾，所以只要捉到土匪，就格殺勿論，因此當地的人多叫他為「曾剃頭」。也全虧他把湖南境內的土匪全部「剃」光了，團練才辦理的好。

早在京宦時期，曾國藩就意識到清朝固定編製的國家軍隊「綠營」，兵惰將驕，已無法擔負起鎮壓太平軍的任務，只有改弦更張，另建新軍才有「成功之一日」。曾國藩到了長沙督辦團練，同時又對團練的規模小、非正規化非常不滿。他向清朝廷上了一道奏摺，稱長沙防禦空虛，已將各縣招募來的團練「成立一大團」，迫使咸豐皇帝對這一奏摺，採取了默認的態度。從此，曾國藩打著辦團練的旗號，招兵習馬，擴大規模，僅用了一年時間，就組建成了一支新型的武裝部隊——湘軍。

曾國藩創建湘軍自有他的方略，他一改世兵制為募兵制，掃除了父子相承的陋習。二改「兵為國有」為「兵為將有」，採取將由帥選，兵由將選，層層節制的辦法，達到下級絕對服從上級，士兵絕對服從軍官的要求。

當湘軍招募新兵時，曾國藩每天都親自坐在招募處，每見拙於言詞，赤著一雙毛腿的鄉下人來應徵，他一定連連點頭說：「好，好。」；如果遇有伶牙俐齒的城裡人來應募，他往往連聲說：「唔，唔。」左右的人，就知道他不中意，當然也就不予錄用了。原來他認爲農民忠實耐勞，熱愛鄉土，他們一定會爲保衛鄉土而死戰不屈，而城裡的人過慣舒服的日子，不肯吃苦而又愛發牢騷，易於淆亂軍心，所以曾國藩專門要募集鄉下人加以訓練，果然後來就全憑這支生力軍，而使太平軍覆滅了。

此外，曾國藩物色湘軍軍官的四個條件是：才堪活民，要不怕死，要不急圖名利，要耐受辛苦。曾國藩在組建陸軍的同時，也組建了一支裝備的洋炮的水師。經過嚴格的訓練，湘軍的戰鬥力大大加强。

曾國藩對抗太平軍雖然得到了勝利，而成就滿清的中興大業，但是在籌建湘軍的過程中，他卻嘗盡了無限的艱苦與辛酸。當時，他只是一名丁憂在籍的官員，嚴格說起來還算不上朝廷正式命官，上奏時自稱「**前禮部侍郎**」，處於「**非官非紳**」的尷尬地位。他的這一支部隊，也不是國家正式軍隊，官方文書上有「**湘勇**」、「**楚勇**」、「**勇營**」等多種稱謂，屬於既非團練又非官軍的模糊性質。在當時一般官場人士的眼中，湘軍只是一個怪胎，非議以致刁難是從來停止過。

而在朝廷方面，對湘軍也不是鼎力支持的。咸豐皇帝雖然要湘軍去對抗太平軍，但是在糧餉上的供應，卻不肯充分的供應。但曾國藩總不能讓軍中的子弟忍饑受餓，只好全力張羅，勉爲應付，家鄉父老和朋友們知道他的處境十分艱苦，大家都有錢出錢，有力出力的支持他，尤其當在江西和太平軍對壘的時候，全靠同鄉胡林翼以湖北巡撫的地位，爲他籌辦一切，才能勉强支撐下去。

(四)從屢敗屢戰到平定太平軍

咸豐四年（西元一八五四年）三月，湘軍水陸兩軍練成，共有陸師十營、水師十營，各類船艦四百餘艘，火炮四百餘門，共有官兵一萬七千餘人。是當時最大的一支團練。

湘軍首次出動時，曾國藩寫了一篇著名的〈討粵匪檄〉，說明湘軍的立場。當年太平軍剛剛發動的時候，東王楊秀清曾發表了一篇討伐滿清的檄文，其中有兩句說：「**忍令上國衣冠，淪於夷狄？相率中原豪傑，還我河山。**」師出有名，這是多麼動人心的話，而曾國藩站在漢人的立場，又要用什麼正大的理由，去和太平天國的那些民族主義者們抗衡呢？這實在是他煞費思量的。而曾國藩終於想出了一個「衛道」的口號，來和太平軍對抗。他强調湘軍是爲衛護道統名教而戰，爲傳統文化而戰。但對太平天國的種族思想則不加駁斥。尤其在他的名教主張之中，也不過分强調勤王之義。因爲滿清畢竟是異族，因此曾國藩就在「衞道」方面大作文章了。

在檄文中，他痛斥太平軍破壞倫理秩序，以名教觀念打動知識分子。他說：「中國歷世聖人，扶持名教，敦敍人倫。而太平軍崇外夷之教，上下皆以兄弟姊妹相稱。農不能自耕，商不能自賈，田皆天王之田，貨皆天王之貨。士不能誦孔子之經，而又別有所謂耶穌之說，新約之書。舉中國數千年禮儀人倫，詩書典則，一旦掃地蕩盡。此豈獨我大清之變，乃開闢以來名教之奇變，我孔子、孟子之所痛哭於九原。凡讀書識字者，又焉能袖手旁觀，不思一為之所。」他希望忠義之士，共同奮起，以保鄉衞道。

湘軍陣容雖然不小，但在初期的戰役中雖有些斬獲，但也遭遇到多次重大的挫敗。

西元一八五四年二月，太平軍攻占岳州，長沙告急。曾國藩率湘軍水陸兩師，在長沙附近的靖港進行決戰。沒想到湘軍竟然一觸即潰，士兵紛紛逃奔，曾國藩見勢怒從心起，親自執劍督陣，並豎令旗於退路，上書「過旗者斬」，可是湘軍兵敗如山倒，遂成不可挽救之勢。曾國藩曾一再譏笑綠營兵慣於望風逃潰，沒想到自己的軍隊也竟至如此，羞憤難當，就在靖港對岸的銅官渡投水尋死，被幕友章壽麟救起，狼狽逃回長沙。據他自稱當時情景是「為通省官紳所鄙夷」，此外還被里閭百姓，市井小人羣相詬辱訕笑。可是，在曾國藩誤以爲大勢已去，準備寫好遺囑再度自戕之時，自湘潭傳來了湘軍驍將塔齊布的捷報。湘軍勇克湘潭，大勝太平軍。這回總算爲曾國藩挽回不少顏面。同時證明了他編練湘軍的心血並未白費，大江南北總算有一支可以和太平軍抗衡的勁旅了。

這年的八月，曾部湘軍攻下湖北省城武昌，這是太平軍成軍以來，第一次重大的挫敗。咸豐皇帝聞知捷報，眉飛色舞地對一個軍機大臣說：「不意曾國藩一書生，乃能建此奇功！」馬上要任命曾國藩署理湖北巡撫，這位軍機大臣提醒說：「曾國藩以侍郎在籍，猶匹夫耳。匹夫居閭里，一呼，蹶起從之者萬餘人，恐非國家福也。」咸豐皇帝一聽此話，頓有所悟，沈默良久，決定收回成命。此後五、六年間，一直不給曾國藩督撫之權位，使他的湘軍處於一種「客寄孤懸」、寄人籬下的地位。

曾國藩攻占了武昌之後，按他的打算是立即休整一下，鞏固兩湖，再穩步向天京進軍。但咸豐皇帝求勝心切，低估了太平軍，堅持命令湘軍迅速東下，赴江西與太平軍作戰。咸豐四年十二月湘軍與太平軍在鄱陽湖的湖口對峙。太平軍用火攻，使湘軍的船艦被焚毀者百餘艘，湘軍水師頓時大亂，紛紛掛帆潰逃。曾國藩見此情景，再次投水自殺，被幕僚救起，送回營中。因見大勢已去，又欲策馬衝出自殺，經人勸解乃止。湘軍在湖口慘敗，大傷元氣，幾年不能恢復。

咸豐六年八月，太平天國發生嚴重的內訌。內訌起因於東王楊秀清太過跋扈，結果楊秀清、韋昌輝均於此內鬥事件中喪生，石達開也被逼走，流竄到安慶。太平軍的實力大爲削弱。這個事件，使屢戰屢敗、迭受挫折的曾國藩終於得到機會。咸豐八年（西元一八五八年）五月，湘軍終於攻陷了九江，又進窺安慶。

收復安慶是曾國藩重要的戰略計劃。他認爲太平天國首都金陵之所以長期不能攻陷，是因爲有滁州、安慶作爲屏障，陳玉成在此間作機動游擊。現在若集中兵力合圍安慶，陳玉成必然全力來救，就可迫使太平軍進行戰略決戰。如能攻克安慶，消滅陳玉成，平定太平天國也只剩下時間的問題罷了。

咸豐十年（西元一八六〇年）三月，清朝圍困天京的江南大營，被李秀成、陳玉成徹底擊潰。「綠營」，再也無法組織包圍天京了，江南蘇、常危急，清朝統治者只好依靠曾國藩從安慶撤圍東下，解救蘇、常時，曾國藩卻按兵不動。一則他決不會輕易放棄進攻安慶的計劃，二來也可以給清王朝一個臉色看看。果然，清政府立即任命他兵部尚書，並授以署理兩江總督之職，讓曾國藩奪回失地，保住江南錢庫、糧倉。兩個月後，實授兩江總督，並授欽差大臣督辦江南軍務。這時，他所能指揮的部隊達到十二萬人之多。同時可在數省徵用釐金。（咸豐時創建的商業稅金），作爲軍費。曾國藩自此時才大權在握，乃重擬戰略計劃，部署軍隊。

咸豐十一年（西元一八六一年）九月曾國荃率領的湘軍轟垮安慶城牆，將安慶攻陷了。湘軍攻取了安慶後，曾國藩即移營坐鎮安慶指揮，他派兵三路向太平天國發起進攻：曾國荃率主力進圍天京，左宗棠進攻浙江，李鴻章率淮軍保衛上海進攻蘇南。

湘軍從同治元年（西元一八六二年）四月直到同治三年五月，死纏太平軍歷二年之久，卻仍不能攻下南京。曾國荃攻之益急，是年六月十六日，曾國荃的部隊終於由地道炸陷了太平門的城垣二十餘丈，官兵一擁而入；太平軍作困獸之鬥，奮力抵禦。從十六日清晨，戰到十七日拂曉，南京城內的太平軍十餘萬人，或被屠殺，或聚眾自焚，或投水自溺，無一降者。城內屍骨堆積如山，傷殘遍野，大火三日夜未熄。

清廷以曾國藩攻克南京，平定太平天國，功勞浩大，賞加太子太保，賜封一等毅勇侯，曾國藩時年五十四歲。而他的弟弟國荃亦加太子太保銜，封一等伯爵。

㈤曾國藩為何不做皇帝

曾國藩憑著他的赫赫威望，加上他掌控著十來萬的大軍，如果想要取清帝而代之，締造一個由大漢民族主政的曾王朝，在平定太平天國後，挾其餘威，可以說唾手可得的。事實上，在當時確有不少人勸他做皇帝。例如他勸石達開降清，石達開反而點醒他，說他是舉足輕重的韓信，何不率衆獨立？還有他的門生、得力幹部彭玉麟，在他力克安慶，派人往迎曾國藩東下，就曾派親信送給他一封密函，上面說：「東南半壁無主，老師豈有意乎？」他怕人看見，馬上將信紙搓成一團，嚥到肚裡。這都說明，大家都期盼他有立王的舉動，他自己本人也不是不知道。

曾國藩攻陷南京城後，有一天晚上，曾國藩親審李秀成後，進入臥室休息，忽然有三十幾位湘軍的高級將領，集合在大廳，請求見曾國藩，曾國藩知道衆將的來意，態度很嚴肅，令大家就坐。而衆將見主帥表情如此，也不敢出聲，如此相對片刻，曾國藩取出紙筆，大筆一揮，寫了一副對聯後，一語不發，從容退入後室。衆將不知所以然，摒息良久，這時曾國荃走到書案前，看見曾國藩寫了二句聯語，書云：

倚天照海花無數，
流水高山心自知！

衆將圍觀聯語，一時有點頭的，有搖頭的，有嘆氣的，有熱淚盈眶的。曾國荃於是黯然說道：「大家不要再講什麼了，這件事今後千萬不可再提，有任何枝節，我曾九一人擔當好了。」這故事，顯示了湘軍破石頭城時，確曾有擁立曾國藩的一幕。然而曾國藩並無稱帝的心意，其所以如此，可能有兩個重要的因素：

第一，從他〈討粵檄文〉中可以看出，他是主張發揚名教的衞道人士，他是以儒教精神來對抗太平天國的。他要維持孔孟所强調禮儀人倫，就萬萬不敢自己取而代之，變成名教的罪人。如果自己只想做皇帝，他抵抗太平天國的理由，也就不能自圓其說。

第二，從曾國藩的性格和健康上面來看，他有自知之明，也就不敢取清帝而代之。他是小心謹慎，時作反省的人；又是任勞任怨，想作完人的人。他有一句座右銘：「**穩紮穩打竟大功，持盈保泰成大仁。**」從性格上來看，曾國藩不是做皇帝的角色。再從健康上來看，五十歲起，他就患有疥癬的痼疾，疥癬發作就是發癢。要把皇冠戴在頭上，不奇癢透頂才怪。進入五十歲，又患有不眠病，輾轉反側不能入睡，精神體力日漸衰弱。到六十歲，左眼又失明，連看書下棋都不方便。這樣的體力上有缺陷的人，望他做皇帝，實在有如緣木求魚。

曾國藩既無稱帝之心，就不應該擁有一支強大的湘軍自重。功高震主，隨時都可能會落得「狡兔死，走狗烹」的下場。這種教訓，曾國藩是心知肚明的，他曾與權位也越來越高的弟弟國荃反覆計議，十分憂懼地說：「處大權大位，又兼享大名，自古曾有幾人能善其末路？總需設法將『權位』兩字推讓少許，減去幾成，則晚節可漸漸收場耳」、「吾兄弟常存此兢兢業業之心，將來遇有機緣，即便抽身引退，庶幾善始善終，免蹈大戾乎！」

爲了明哲保身，曾國藩果斷地開始實施裁減湘軍。他首先採取了三條保全自身的措施，一是奏請停解廣東、江西、湖南等省的釐金。二是裁撤部分湘勇。三是陳請曾國荃因病去職，回籍調養。用自削兵權的辦法，解除清政府的疑慮。曾國藩由於經驗豐富，政治嗅覺靈敏，決策果斷，使他避免了兔死狗烹的下場。

㈥桑榆晚景

太平天國敗亡後，活躍在皖、豫、蘇、魯地區的捻軍成了反抗清政府的主力軍。同治四年（西元一八六五年）五月十八日，被清廷「倚爲長城」的科爾沁親王僧格林沁被捻軍擊斃。清廷原想由滿蒙貴族將領收拾捻軍，以恢復滿蒙在軍事上的威望。至此，滿蒙將領實已無人可用，清廷只好又請曾國藩出馬。五月二十九日，曾國藩接到北上山東「剿捻」的命令。接著，又授予他節制直隸、山東、河南三省旗、綠各營及地方文武員弁的大權。

曾國藩他一反僧格林沁「窮追猛堵」的戰術，採取「以靜制動」的包圍戰術。在臨淮、濟寧、周家口、徐州等重點地方駐重兵，實行監壁清野。又東以運河，西及沙河、賈魯河，南以淮河爲防線，北自朱仙鎮至開封和黃河南岸挖濠設防，以圍困捻軍。捻軍使用機動戰術，東突西擊，於同治五年（西元一八六六年）九月衝出防線而去，跳出了包圍圈，使曾國藩的防河之策遭到重大打擊。

曾國藩統兵六、七萬人，「剿捻」一年五個月，雖然打了一些勝仗，但捻軍精銳未受重大損失。清政府對此十分不滿，決定更換統帥。十二月七日，任命李鴻章爲欽差大臣，節制湘、淮各軍，專辦剿捻軍務。曾國藩則懷著懊喪的心情回到金陵，繼續擔任兩江總督。

同治七年（西元一八六八年）九月，曾國藩接到調任直隸總督的命令，他於次年正月回到闊別十六年的北京，得到準許在紫禁城內騎馬的特殊待遇，受到慈禧太后四次召見，參加二次國宴。在宴會上，他以武英殿大學士的顯爵排在漢大臣的第一位，享受了莫大的「尊榮」。三月九日到保定，接任直隸總督。

這時，曾國藩的病情日益加重。三月底，右眼失明，五月中旬又得了眩暈症，不得不請假治病。就在五月二十三日，發生了天津教案。當時有個法國天主教育嬰堂收養的嬰兒，突然死亡三四十人，並拒不交出迷拐幼兒的教民，激憤的天津市民和教堂人員發生衝突，法國駐天津領事豐大業，開槍打傷天津知縣劉傑的隨從。圍觀羣衆出於義憤，當場毆斃豐大業和他的護兵，並打死其他外國人二十名，還焚毀外國人的多所教堂。

天津教案發生後，法、英、美、俄等國一面聯合提出抗議，一面向天津海面調集軍艦，進行戰爭威脅。清政府非常緊張，急令曾國藩前往天津查辦。曾國藩認爲中國兵疲將寡，沿海沿江毫無準備，難於與侵略者抗衡，因而根據清廷的意旨，採取委屈妥協的方針，處理了這一案件，交出凶手，賠償了事。結果遭到社會大衆和部分官紳的指責，給他戴上了「賣國賊」的帽了。京師湖南同鄉會，以曾國藩爲「鄉人之大恥」。開除了曾國藩同鄉會的會籍，還把他題在會館上的匾額「悉數擊毀」。清政府爲了平息衆怒，因此，在天津教案未完全了結以前，就調曾國藩爲兩江總督，李鴻章爲直隸總督，兼北洋大臣。

同治九年十二月十三日，曾國藩第三次接兩江總督印篆。他在辦理洋務過程中，早已感到需要有一批精通「西人長技」的人材。這次回到兩江後，便於同治十年與李鴻章聯名上奏，請求挑選聰穎幼童，出洋學習外國「長技」，每年選送三十人，四年共送一百二十人。這一建議得到了清政府的允准。後來雖然半途而廢，但還是培養了一批人材，其中包括海軍將領劉步蟾、鐵路工程師詹天佑等著名人物。

曾國藩回到兩江總督署時，精神體力皆大不如前，右眼已失明，左眼亦逐漸昏眊。同治十一年二月四日下午，他在總督署的花園散步，突覺雙足痲木，長子曾紀澤扶掖回房，不久即與世長辭。

他晚年因備嘗艱辛，憂多樂少。故五十多歲時，其衰憊之狀有如七十許人。安徽巡撫英翰曾上奏皇帝云：「曾國藩患病不起，實由於平日事無鉅細，必親必躬，憚精竭慮所致也。」所謂鞠躬盡瘁，死而後已，正可以用來說明曾國藩一生堅苦奮鬥的歷程。

二、曾國藩二三事

(一)不以書體廢人

嘉慶、道光以後，朝廷對科舉考試很注重書寫字體。道光三十年（西元一八五〇年），浙江俞樾（字蔭甫，曾官翰林院編修）舉禮部試，俞樾素來不工小楷，複試時卻被取爲一等第一名，人們皆覺驚奇。其後得知當時禮部侍郎曾國藩正充閱卷官，極欣賞俞樾所作詩文，尤稱其詩首句：「**花落春仍在**」，與宋詩人宋祁之名句「**將飛更作回風舞，已落猶存半面妝**」無分高下，來日之成就，不可估量，於是便以第一名進呈。俞樾後來因命名其居室爲「**春在堂**」。

(二)儒將之風

曾國藩日常起居頗有規律，每天早起查營，黎明請幕僚一起吃飯。而他的門生兼幕僚李鴻章（字少荃）落拓不羈，貪睡懶散，對於這樣嚴格的生活習慣很不適應，深以爲苦。一天，他謊稱頭疼，臥牀不起。曾國藩知道他要詐裝病，大動肝火，接二連三地派人催他起牀吃飯，說「必待幕僚到齊乃食」。他見勢不妙，披衣「跟蹌而往」。曾國藩在吃飯時一言不發，飯後卻嚴肅地教訓他說：「少荃，既入我幕，我有言相告，此處所尚，惟一誠字而已。」說完拂袖而去，李鴻章「爲之悚然」。曾國藩因素知李鴻章「才氣不羈，故欲折之使就範也。」這裡既有紀律的約束，又有道德的說教，李鴻章深感「受益不盡」，從而逐漸養成了「每日起居飲食均有常度」的習慣，並獲得不少「學問經濟有益實用」的教誨。李鴻章後來回憶說：「在營中時，老師總要等我輩大家同時吃飯；飯罷後，即圍坐談論，談經論史，娓娓不倦，都是於學問經濟有益實用的話。吃一頓飯，勝過上一回課。」

(三)功成不居

曾國藩平定太平天國之亂後，一時聲威遠播，祝賀道喜的詩文從四處如雪片飛來。曾國藩便把這些祝賀的詩文，編成一巨冊，並在封面上題了四個字：「米湯大全」。原來當時所謂的「灌米湯」，便是現在的「拍馬屁」。

湘軍攻下南京，曾國藩位列封侯，幕客趙烈文向他道賀，並跟他開玩笑：「今後我們該稱呼中堂，還是侯爺？」曾國藩戲言：「只要你不稱我猴子便好。」眾人大笑。

(四)戒煙

曾國藩本來煙癮很大，一根水煙袋從不離身，吞雲吐霧的陶醉之後，又常感口乾舌燥，咽部不適，甚至頭腦昏沈。於是，他決心戒煙。一天，兩天，三天……手裡沒抓沒撓，口裡沒滋沒味，眞是難熬得要命，他眞想不到，這桿水煙袋竟有這麼大的魔力。這天，他禁不住又把它握在手裡，再品一口煙味吧，實在饞得難受。「吱——」深深的一口吸過之後，他感受到從來沒有過的舒服，品山珍海味，也比不得這時的享受，他貪婪地吸完這一袋煙，又不由自主地點燃了第二袋，一發不可收拾，比戒煙前抽得更勤了許多。幾天之後，隨著煙癮的滿足，副作用也更變本加厲地表現出來。「眞沒出息，連煙都戒不了，還講什麼修身養性。」曾國藩在心裡暗暗責罵著自己，掂了掂那根伴他多年的水煙袋，雙手握住兩端，使勁地往膝上一折，叭地一聲斷成了兩截。他操筆蘸墨，在日記上寫下：「念**每日昏錮，由於多吃煙，因立毀折煙袋，誓永不再吃煙。如再食言，明神殛之！**」從這一次，煙便眞的戒掉了。

貳、課文參考資料

一、《曾國藩日記選》賞析

一個成功的人最基本的條件，就是要對自己誠實，對自己負責，日記則是自我檢視與省思的客觀工具之一。閱讀日記，探觸到的則是最眞實的靈魂，而在曾國藩日記中，後人所看見的則是眞實而高貴的靈魂。

第一則是作者對自己言不由衷的反省，就理想的君子之行而言，誠信是基本要求，但向來忠言逆耳，在人際關係中，耿介反而常常傷害人。於是善意的謊言成為一種公關技巧，而不再只是欺騙。這是讀書人明知言必忠信，卻往往在面臨抉擇時，選擇矯情飾美以悅人心的原因，俗話說見面三分情，這三分情面卻是考驗當事者對原則和友誼的衡量。有些實話說出可能導致友誼破滅，對此文正公在自省時，已有了明確的選擇：忠於原則，考驗友誼。從小小的一件事上，我們可以看出作者的道德勇氣，也讓我們深刻體會到，道德在生活的一切細節中。

第二則是作者因爲自己心緒不定反思其因，得到志向不立的答案。也就是說心中沒有目標，會導致心情盲目浮動，生活也跟著混亂，成天爲一細節小故，弄得心情起起落落，不安的心自然產生許多不定的念頭，多思多慮無法靜止，計較的又都是些小小的利害得失，弄得自己成爲小鼻子小眼睛的小器鬼。在這則日記裡面，我們可以看見君子和我們所有人一樣，有著情緒管理的問題，只差別在能不能反省和找出問題所在而已，反省到自己的不安，找了問題就容易有適當的處理了，作者對於自己的情緒問題，歸結於志向的立定，這是一個值得效法的處理方式，讓心志有一定的目標與方向，注意力自然會集中在目標，一些無關緊要的利害得失，就成了細故，根本就不重要了。

第三則的時空之感，是千古以來聖哲文人們所共有的觸發，內容充滿了道家柔靜悠遠的生命情調，文字也在澹泊疏逸中帶有綿密長情，澹泊的是處世態度，綿延的是對天地之情，疏逸的是道家的曠達，密實的是儒家的擇善德養。以儒爲本，以道爲用。全文在大小的對比中，展現作者超越客觀限制的活潑生命，在靜思之中，得到謙讓務實的生命態度，可以說把剎那變爲永恆，發展出有限中無限。

第四則是另一種處理情緒的方式，當覺得若有所失時，所做的另一個面向的反省，有所失的另一面，即是感到不足，之所以感到不足，自然是出心的向外攀求，於是反過來想想自己付出了什麼？能夠反思自己的付出，心眼就不會一昧地定在外物上了，對自己的付出感到不足時，將心比心，則更能體會別人的善意，也能接收到別人付出的善意，所以說：「大抵人常懷愧對之意，便是載福之器、入德之門。」能接受別人的善意，相對地付出的，也會是善意，人際關係自然是一團和氣了。

在古人的觀念裡，氣是相感應的，人發出了不好的念頭，會與之相感的當然是戾氣，戾氣只會減損福德，以現代人的眼光看，我們不宜以一句迷信，判定古人的天人感應說或是氣感說。就曾國藩的這一則日記而言，我們可以很清楚的看到，無論待人處事，都可以平心靜氣，保持客觀理性，那麼做起事來，又怎會失了準頭？凡事有準頭，又怎能不成功？所以好的願念，帶來善氣的觀念，又怎會只是迷信？

從第五則日記的記載，我們看見作者的仁民愛物，同時也看出他對自然的省思。雖然說人定勝天，但事實上，人對大自然，仍應抱持著尊重敬畏的態度，因爲人力能夠補足的只是天事的一隅，從遠古的神話中，老祖先早就透露這樣的訊息給我們了，女蝸是創造人類並具有神力的女神，然而她所能補的天，也只是被撞破的一個小角落，若是整個天破了，想必她也只能望天興嘆，所以人不能恣意破壞自然，否則，下場恐怕會像曾國藩一樣，明知灌溉可以使麥子長好，偏偏能夠使用的水，只有少數，可以挽回得了的局面也是少數，錯過了時機，就算老天幫忙也於事無補，只能目擊心傷，不忍細看了。

二、時藝——八股文

八股文是明清科舉考試時所採用的專門文體，也叫制義、制藝、時藝、時文、八比文等。因爲它要求文章中應有四段對偶排比的文字，一共八部分，所以叫八股文。「股」是對偶的意思。

八股文的特點是：題目採自《四書》、《五經》；論述內容以程朱學派的注解爲準則，結構體裁有一套硬性的規格。全文由破題、承題、起講、入題、起股、中股、後股、束股、大結等各部分組成，作用互不相同。

八股格式，八股文的開頭二句，稱爲破題。它的作用是將題目的意義破開，破題之後爲承題。承是接的意思，因爲破題的文字簡練含蓄，所以將破題中的緊要字樣承接下來。承題之後，最初還要說明聖賢爲什麼要講這樣的話，稱爲原題。後來將原題減去，承題後即入口氣，稱爲起講。因爲八股文要「代聖賢立言」，也就是說作者必須把自己作爲聖賢的代言人，所以起講通常用「意謂」、「若曰」、「以爲」、「且夫」、「嘗思」等字開頭。明代八股文，起講簡短，僅三、四句。清代較長，約十句之下。起講的作法很多，有的用起、承、轉、合，有的用反、正、開、合，有的反起正收，有的正起反收，有的單行中仍用排句，有的則全係散行，不用對偶。而總括全題，籠罩全局，則是對起講的基本要本。起講後，用一、二句或三、四句引入本題，稱爲領題。領題之後，就是文章的主要部分了。

八股文的主要部分，是起股、中股、後股、束股四個段落。這四個段落中，各有兩股。兩股的文字繁簡、聲調緩急，都要相對成文。合共八股。八股文這一名稱就是由此而來的。起股一稱起比，比也是對偶的意思。每股或四、五句，或七、八句，總就題前著筆，提起全篇之勢，所以又稱提比。起股後用一、二句或三、四句將全題點出，稱爲出題。出題之後爲中股。中股一稱中比，長短不拘，可以略長於提比，也可以短於提比，從正反兩面發揮題義。如果出題未將全題點出，中股之後仍應有出題將全題點出，如出題已將全題點出，則此處不必再用出題。後股一稱後比，長短也沒有一定，大約中股長則後股短，中股短則後股長。這是題的最後位置，可向題旨立意實處暢發無遺。束股的作用是前六股意有未盡，再用兩股加以收束。束股的文字，宜短不宜長，有的文章甚至不用束股，全篇只有六股。

明代的八股文，篇末用大結，漢唐以下之事，都可借題立論。明中葉以後，考生往往在大結中暗藏關節。康熙二十六年（西元一六八七年），懸為厲禁，以後就不再用大結了。八股文的最後部分，用一、二句結束全篇，題目有下文的稱為落下，沒有下文的稱為收結。

清代八股文，順治二年（西元一六四五年）規定，每篇限五百五十字，康熙二十年（西元一六八一年），增為六百五十字，乾隆四十三年（西元一七〇四年），又增至每篇七百字，違者不錄。此後成為定制。

文章的內容和形式是一個統一體。一定的內容，要求一定的形式，一定的形式，又只能適應一定的內容。明、清官方卻要求應試的人們將千差萬別的內容，塞進八股文這一固定的格式之中。於是，有人將〈伯夷叔齊〉這樣的題目寫成伯二股，夷二股，叔二股，齊二股。《紅樓夢》中的賈寶玉在談到八股文時說：「這原非聖賢之制撰，焉能闡發聖賢之奧，不過是後人餌名釣祿之階。」這個批評，是非常中肯的。

三、漢文帝二三事

漢文帝劉恆（西元前二〇二～前一五年），漢高祖劉邦的第三個兒子，母為薄姬。高祖十一年（西元前一九六年）封為代王。漢高后八年（西元前一八〇年），呂后死，諸呂陰謀作亂，丞相陳平、太尉周勃等誅諸呂迎立劉恆為帝，是為漢文帝。西元前一八〇～前一五七年在位，共二十三年。

漢文帝過的生活很儉樸，用的是漢高祖留下的宮室苑囿狗馬服御，沒有增添任何東西。有一次，想造一座沒有頂的平臺，召工匠算一算，要花百金。漢文帝說：「百金相當於普通百姓十家的家產，我享用了先皇帝的宮室，常常覺得慚愧，再造臺幹什麼？」漢文帝自己常穿粗絲織成的衣服，對所寵幸的愼夫人，特別交代她衣服不能長得拖到地上，幃帳不得文繡，以示儉樸於天下。

漢文帝即位時，有人進獻千里馬，文帝非但不接受，還明白詔示天下：「朕不受獻也。」下令各地不得進獻任何物品。漢文帝在位期間，實行高祖、惠帝、呂后統治時的政策，並進一步採取了許多輕徭薄賦、與民休息的措施。漢文帝二年（西元前一七八年），漢文帝下詔將這一年的田租減半，即由原來的十五而稅一，減爲三十而稅一。西元前一六八年，又下令再次減免田租的半數。次年，又將租稅完全免除，在長達十二年的時間中，不收田賦，直到景帝元年（西元前一五六年），才恢復了三十稅一的田租。對漢朝的「算賦」（人頭稅），漢文帝也予以減少，由每人每年一百二十錢減爲四十錢。漢文帝還對刑法進行了重大改革：根據犯罪情節輕重，規定服役時間；罪人服刑期滿即爲庶人；明令廢止「收孥相坐律令」，廢除黥、劓、刖刑，以笞刑代表。

漢文帝爲人仁愛寬厚，善於接受臣下勸諫，聞過即改。有些耿直之臣當面指正，言辭有所冒犯，漢文帝也不以爲忤，虛心接受正確的意見。漢文帝十四年（西元前一六六年），匈奴十四萬騎入塞，燒殺劫掠。漢文帝發兵十萬，準備親征，被大臣和皇太后力勸而止。匈奴留在塞內一個多月，方才離去，漢軍尾隨，無功而返。這件事使漢文帝很煩惱。漢文帝有一次經過郎署，與年老的郎中署長馮唐相遇。馮唐是代地人，漢文帝與他談起當年在代王任上聽說的趙將李齊。李齊能征慣戰，很有名氣。馮唐說：「李齊還比不上戰國時的廉頗和李牧。」這下觸動了漢文帝的心思，他十分感嘆地說：「唉，爲什麼我現在找不到廉頗，李牧這樣的戰將啊！不然的話，我又何用擔憂匈奴呢！」馮唐毫不客氣，直言無忌地說：「陛下雖能得到廉頗、李牧，也不能重用他們！」漢文帝聞言不悅，起身回宮。過了好一會，派人召來馮唐，責備他說：「你爲何當著衆人的面給我難堪，難道不能私下進言嗎？」馮唐向文帝謝罪：「低賤之人不知忌諱。」漢文帝正憂匈奴侵擾之事，不再計較馮唐的態度，追問馮唐那句話究竟是什麼意思。馮唐向漢文帝介紹了李牧之所以能大敗匈奴，成爲趙國守邊良將的原因：「李牧率軍守邊，軍隊駐地的租稅都用來賞賜，不必經過國君批准。所以將士用命，軍隊戰鬥力極强。」馮唐向文帝推薦了魏尙，指出了朝廷賞太輕，罰太重的弊病：「我聽說魏尙擔任雲中郡（今內蒙古托克托東北）郡守，也是將軍隊駐地的稅收全部賞賜給士卒，又拿出自己的俸錢，每五天殺一次牛，犒勞賓客舍人和軍吏。他的部下都願爲他效死力，匈奴則遠遠避開雲中，不敢進犯。有一次匈奴偶入雲中，魏尙率軍出擊，斬殺極多，照理應論功行賞。結果只因魏尙上報斬首數目少了六個，陛下就將他下獄治罪，削其封爵，罰作勞役。所以我說，陛下雖得李牧，還是不能重用！」漢文帝聽了這番話，不但不惱怒，還因爲知道處理失當之事，而十分高興。他當天就派馮唐拿著皇帝的節杖赦免魏尙，再次任命他爲雲中郡守，將馮唐擢升爲車騎都尉。

漢代皇帝從漢文帝起，開始預先造陵墓，漢文帝預先造的陵墓叫做霸陵。不過，漢文帝的預建陵墓，不是爲了奢侈，而是爲了在生前定下盡量使自己陵墓儉樸一些的規矩。漢文帝特別交代，陵墓中陪葬的器具都用瓦器，不得以金銀銅錫爲墓中裝飾；陵墓就利用原來山形的樣子，不另外造墳，這樣可以節省開支。

漢文帝臨終之前，爲防止他的喪事帶給老百姓諸多不便，在遺詔中規定：凡天下人爲皇帝服喪，只需三天便可脫去喪服，也不禁止老百姓婚嫁、祭祀、飲酒食肉等。又下令將後宮中夫人之下的姬妾都放歸家中，讓她們與家人團聚。

司馬遷在《史記．孝文本紀》的贊語中，稱頌漢文帝「德至盛也」。單從這個臨死前下的詔書來說，這個評價是相當中肯的。

四、二十四節氣

二十四節氣，是用以表示一年裡天時和氣候變化的二十四個時期，也就是表示地球在圍繞太陽公轉的軌道上，二十四個不同的位置。天文學上用太陽的黃經度來計算：分黃道爲三百六十度，取「春分點」爲零度，由此起算，每十五度爲一個節氣，六個節氣爲一季，合四季而得「二十四節氣」。遠在春秋時代，因農業生產而定出春分、夏至、秋分、冬至四大季氣。在秦漢時期，二十四節氣的概念已完全確立，成爲農業活動的主要根據。

二十四節氣的傳統含義

立春　春季開始的意思。
雨水　降雨開始。
驚蟄　開始響雷，冬眠動物復甦。
春分　春季的中間，晝夜平分。
清明　氣候溫暖，天氣清和明朗。
穀雨　降雨量增多，對穀類生長有利。
立夏　夏季開始的意思。
小滿　麥類等夏熟作物子粒逐漸飽滿。
芒種　芒種忙種，麥類等有芒作物成熟。
夏至　夏天到，此時白天最長，夜晚最短。
小暑　正當初伏前後，氣候開始炎熱。
大暑　爲一年中最炎熱的時節。
立秋　秋季開始，氣溫逐漸下降。
處暑　表示炎熱即將過去。
白露　此時節，因夜間較涼，空氣中的水氣往往凝成露水。

秋分　秋季的中間，晝夜平分。
寒露　氣溫明顯降低，夜間露水很涼。
霜降　開始降霜。
立冬　冬季開始的意思。
小雪　開始降雪。
大雪　降雪較大。
冬至　進入「數九」寒天，白天短，夜晚長。
小寒　氣候已比較寒冷。
大寒　爲最冷的時節。

五、嵇康二三事

嵇康，字叔夜，生於西元二二三年（魏文帝曹丕黃初四年）卒於西元二六二年（魏常道鄉公曹奐景元三年），只活了三十九歲。他生活的年代正是魏晉之際政治劇烈變動的時期。

嵇康是譙郡（郡治在今安徽亳縣）銍（今安徽宿縣）人，據王隱《晉書》說，嵇康先世本姓奚，因避怨仇，逃亡浙江上虞，後來遷居銍縣。因上虞屬會稽郡，故改姓嵇（另一說是因銍縣有嵇山，故改姓嵇）。嵇康是曹魏宗氏的姻親，嵇康二十歲時，被曹操的兒子曹林看中，把女兒長樂亭主嫁給了他，也正因爲曹魏姻親的關係，嵇康的仕途非常順利，不久便做了郎中，後又拜爲中散大夫。但司馬氏掌握大權後，嵇康堅決不屈從於司馬氏。爲了免遭殺身之禍，便採取玩世不恭的態度，輕蔑禮法，縱酒玩樂，放浪形骸。

■嵇康

嵇康有相當一段時期隱居在山陽（今河南焦作市附近）。太行山支脈有白鹿山，上有天門谷、百家岩，相傳即嵇康隱居之處。嵇康是服食「五石散」的，據說久服此藥可以強健筋骨、延年益壽。其實這種藥毒性很大，吃下去渾身燥熱，忽忽若狂。嵇康隱居山陽時，與一位服藥專家王烈相交往，同往山中採藥。關於這件事流傳著不少神話，說他們曾發現寶藥、天書等等。嵇康還結識了另一位服藥的高士孫登。這位「高士」「冬以被髮自覆，夏則編草爲裳，彈一弦琴而五聲和。」是一位行爲怪誕的隱士，他又善長嘯，嘯聲若鸞鳳之音。這位孫登曾告誡嵇康要含而不露，識時務，沈默爲上。後來嵇康遭禍，在獄中作詩自責，還說：「昔慚柳下，今愧孫登。」

除了這兩位隱士，嵇康隱居山陽時，還與阮籍、山濤、王戎、向秀、劉伶、阮咸等結成伙伴，常作竹林之遊，後人稱他們爲「竹林七賢」。他們共同的特點是高蹈遁世，行爲曠放。他們看到禮法之士的虛僞，對正統儒家宣揚的綱常倫理產生了懷疑，因此傾向於老莊的自然哲學，如嵇康便提出「越名教而任自然」的主張。他們的曠放行爲常常是對僞善的抗議與嘲弄。如阮籍母喪，嵇康去弔唁，阮籍以白眼相對，嵇康聽說後，提著酒挾著琴前往，便得到了阮籍的青眼相待。這是引起禮法之士仇恨的一件事。

嵇康隱居山陽時，名氣已很大，其風度又極好。《嵇康別傳》說他，身長七尺八寸，端莊美麗，因輕視形體故不加修飾，然其龍鳳一般的風彩姿態得之自然，在人羣中顯得非常突出。魏晉人重視風度和形體美。嵇康文才、風度都好，又主張服食養生，因此到了京師，便引起人們驚嘆，以爲神人。大約在甘露三年，嵇康在太學書寫石經，來太學參觀的少年趙至，一見到他便無限崇拜，二年後終於逃離家庭，跑到山陽求嵇康指教。由此一事可知嵇康在當時是有相當的號召力的。

嵇康之禍起於私隙，據《晉書·嵇康傳》等書文記載，嵇康當年貧居，以打鐵維持生計，曾與向秀在柳樹下打鐵。貴公子鍾會盛服求見，嵇康埋頭掄錘，沒有理會來客。鍾會難堪了半天，駕車怏怏離去。臨行，嵇康卻停下手邊的工作，用嘲諷的口氣問鍾會：「何所聞而來？何所見而去？」鍾會不懷好意地回答道：「聞所聞而來，見所見而去。」當時鍾會心裡已埋下仇恨的種子。

嵇康有個朋友叫呂安，其兄呂巽是奸徒。呂安的妻子被呂巽姦污，呂巽爲了掩蓋醜行，反誣呂安不孝，呂安因此下獄。呂安爲了辨白冤枉，引嵇康作證。嵇康仗義執言，結果也被誣入獄。鍾會此時爲司隸校尉，受司馬昭寵遇，便進讒言說：「前幾年毋丘儉起兵造反，嵇康曾經想響應，幸虧山濤制止。嵇康是臥龍式的人物，留著遲早是禍害。如今他和呂安言論放蕩。詆毀聖人教旨，帝王所不能容忍，應該像當年太公誅華士、孔子誅少正卯那樣把他們殺掉，使風俗歸於淳正。」司馬昭早就對嵇康不懷好感，鍾會的提議正合他的心意，於是打算把嵇康處死。

嵇康即將被殺的消息傳出後，震動了社會上的士人，三千名太學生聯名上書，要求赦免嵇康，並要他到太學去當他們的老師。可想而知，救援活動不可能成功，這倒使司馬昭堅定了信心：嵇康非殺不可。

嵇康善彈琴，自稱得異人傳授《廣陵散》，全天下只有他能奏這支異曲。臨刑前，他望著西落的太陽，回頭看看身影，若有所戀。他要了一張琴，從容奏完最後一曲《廣陵散》，悵嘆道：「《廣陵散》從此絕矣！」

一代文豪就這樣死於陰謀篡奪者的屠刀之下。

叁、語文天地

一、餂

餂，音ㄊㄧㄢˇ。

(一)取，誘取。《孟子．盡心下》：「士未可以言而言，是以言餂之也；可以言而不言，是以不言餂之也。是皆穿踰之類也。」趙岐注：「餂，取也。」一說字當作「銛」。參閱宋．王觀國《學林》卷五。清．薛福成《援越南議上》：「欲以危言脅我，既不爲動，復以巧言餂我。」

(二)舔。元．曾瑞《鬥鵪鶉．風情》套曲：「假眞誠好話兒親曾驗，鼻凹裡沙糖怎餂。」《醒世恆言．杜子春三入長安》：「煉成之日，合宅同昇，連那雞兒狗子餂了鼎中藥末，也得相隨而去。」

二、憂心忡忡

忡忡：憂慮不安貌。憂心忡忡：形容心事重重、十分不安的樣子。《詩．召南．草蟲》：「未見君子，憂心忡忡。亦既見止，亦既覯止，我心則降。」宋．王禹偁《待漏院記》：「憂心忡忡，待旦而入。九門既啓，四聰甚邇。」姚雪垠《李自成》二卷一七章：「江南情形亦如此可怕麼？難道一班士大夫都不爲國事憂心忡忡麼？」

三、忤

忤，音ㄨˇ，違逆、抵觸。如「忤逆不孝」。明．馬中錫《中山狼傳》：「私汝狼以犯世卿，忤權貴，禍且不測，敢望報乎？」《曾國藩日記》：「一端之忤，終日沾戀。」

四、懲

懲，音ㄔㄥˊ。形聲字。《說文》：「㤅也。從心，徵聲。」桂馥注：「改革前失曰懲也。」

㈠本義是因受挫折或打擊而引起警戒。《詩經・周頌・小毖》：「予其懲而毖後患。」屈原《九歌・國殤》：「首身離兮心不懲。」《曾國藩日記》：「於應酬小處計較，遂以小故引伸成忿，懲之不暇，而更引之，是引盜入室矣。」

㈡為了使犯錯誤的人引起警戒，就得給以必要的處罰，因此引申為處罰、責罰。《三國志・蜀志・諸葛亮傳》：「無惡不懲。」

㈢受到挫折或打擊，心裡是痛苦的，故又引申為苦惱。《列子・湯問》：「懲山北之塞，出入之迂也。」

【說明】

現代漢語主要作處罰、責罰講。如「嚴懲不貸」。書面也作儆戒講，如成語「懲前毖後」。就是說從以往的錯誤中吸取教訓，以便後來慎重些，不至再犯。

五、九牛一毛

九牛一毛，許多條牛身上的一根毛，比喻極大的數量中的極少數，微不足道。漢・司馬遷《報任少卿書》：「假令僕伏法受誅，若九牛之一毛，與螻蟻何以異？」宋・陸九淵《與宋漕書》：「此在縣官，特九牛一毛耳，而可使一邑數萬家免於窮困流離。」《二十年目睹之怪現狀》六三回：「好在古雨山當日有財神之目，去了他七千兩，也不過是『九牛一毛』、『太倉一粟』。」

六、太倉一粟、太倉一粒

太倉一粟、太倉一粒，又作太倉稊米。太倉，古時京師儲存糧食的大倉。稊米，小米。稊，音ㄊㄧˊ。比喻極其渺小，微不足道。唐・白居易《和思歸樂》詩：「人生百歲內，天地暫寓形。太倉一稊米，大海一浮萍。」亦作「太倉一粟」。《兒女英雄傳》三回：「我們已寫了知單去，知會各同窗的朋友，多少大家集個成數出來，但恐太倉一粟，無濟於事。」《二十年目睹之怪現狀》六三回：「好在古雨山當日有財神之目，去了他七千兩，也不過是『九牛一毛』，『太倉一粟』。」

七、知雄守雌

《老子》二十八章：「知其雄，守其雌，爲天下溪。」意謂雖知什麼是剛强，但應安於柔弱，不與人爭。這是古代道家不與人爭的處世態度。范仲淹《老子猶龍賦》：「知雄守雌，宛訝存身之際；絕聖棄智，潛疑勿用之時。」

八、蠲

蠲，音ㄐㄩㄢ。

(一)顯明，顯示。《左傳・襄公十四年》：「惠公蠲其大德。」

(二)通「涓」。清潔。《詩經・小雅・天保》：「吉蠲爲饎。」

(三)通「捐」。免除。《史記・太史公自序》：「蠲除肉刑。」《曾國藩日記》：「夫如是，則自私自滿之見，可漸漸蠲除矣！」

九、憧、幢

憧，音ㄔㄨㄥ，形聲，從心，童聲。

(一)心意不定的樣子，或往來不絕的樣子。白居易《和大嘴烏》詩：「慈烏爾奚爲，來往何憧憧？」《晉書・后妃傳上》：「夜耿耿而不寐兮，魂憧憧而至曙。」《曾國藩日記》：「心緒憧憧，若有所失。」

(二)當嚮往講，如「憧憬（ㄐㄧㄥˇ）」就是一個人對過去或未來的事，因思念而引起的想像，所以有人說：「我對未來的前途，抱著無限的憧憬。」

幢，音ㄔㄨㄤˊ，形聲，從巾，童聲。

(一)幢本是圓筒形像傘般的旗子，如「幢幡」，又可作裝飾在佛堂的旗幟講；而軍中持旗，行走在前面的隊伍，有點像今天的旗隊，這便叫做「幢隊」，而旗幟和儀仗等就叫做「幢儀」。

(二)幢又是房屋的數量詞，如「一幢房子」，也就是俗稱的一棟房子。

(三)「幢幢」，則是搖曳的樣子，如唐朝元稹的詩：「殘燈無焰影幢幢，此夕聞君謫九江」即是。

十、心曲

㈠內心深處。《詩・秦風・小戎》：「言念君子，溫其如玉。在其板屋，亂我心曲。」鄭玄箋：「心曲，心之委曲也。」朱熹集傳：「心曲，心中委曲之處也。」晉葛洪《抱朴子・論仙》：「百憂攻其心曲，衆難萃其門庭。」宋・周邦彥《滿江紅》詞：「無限事，縈心曲。」

㈡猶心緒。唐・孟郊《古怨別》詩：「心曲千萬端，悲來卻難說，別後唯所思，天涯共明月。」《曾國藩日記》：「最爲善形容古人心曲。」冰心《寄小讀者》十九：「生命中，豈容有這樣許多預定，亂人心曲？」

㈢心事。南朝梁・劉勰《文心雕龍・章表》：「原夫章表之爲用也，所以對揚王庭，昭明心曲。」宋・范成大《送嚴子文通判建康》詩：「人誰可與話心曲，天忽譴來同里居。」

十一、凜

凜，音ㄌㄧㄣˇ。

㈠寒冷。如：凜冽。《楚辭・九辯》：「皇天平分四時兮，竊獨悲此凜秋。」宋・梅堯臣《中伏日永叔遺冰》詩：「瑩澈肖水玉，凜氣侵人肌。」

㈡畏懼的樣子。如「威風凜凜」。

㈢通「懍」。嚴峻可畏。宋・蘇軾《後赤壁賦》：「予亦悄然而悲，肅然而恐，凜乎其不可留也。」《曾國藩日記》：「此念願刻刻凜之。」

十二、稼

稼，音ㄐㄧㄚˋ。

㈠名詞。特指禾穗上的穀物，也泛指在野的莊稼。《說文》：「稼，禾之秀實爲稼，莖節爲禾。」《詩・小雅・甫田》：「曾孫之稼，如茨如梁。」《周禮・地官・司稼》：「巡野觀稼，以年之上下出斂法。」疏：「此觀稼亦謂秋熟時觀稼善惡，則知年上下豐凶，以此豐凶而出稅斂之法。」《夢溪筆談・採草藥》：「一畝之稼，則糞漑者先芽。」

㈡動詞。種莊稼。《詩・魏風・伐檀》：「不稼不穡，胡取禾三百億兮。」《論語・子路》：「樊遲請學稼。」馬融曰：「樹（種）五穀曰稼。」

【備考】

在泛指穀物這個意義上，稼與禾同義。《詩・豳風・七月》：「十月納禾稼。」

肆、課文補充資料

一、情願做你兒

清・石成金《笑得好初集》：「一老翁形容枯槁，衰朽不堪。人但說他衰老，他便惱恨不已；人但誇他少嫩，他就喜歡不了。有一人知其意，乃假言討他便宜曰：『老翁雖然鬚髮盡白，而容顏嬌嫩，不獨可比幼童，意與我新生的孩兒皮膚一樣。』老翁大喜曰：『若得容顏能少嫩，老夫情願做你兒。』」

按：講「讚歎語不由中」時，可補充。

二、有志、有識、有恆

道光二十二年十二月二十日，曾國藩致諸弟，〈己巳戒煙欲作曾氏家訓勉勵自立課程〉：「蓋士人讀書，第一要有志，第二要有識，第三要有恆。有志則斷不敢爲下流，有識則知學問無盡，不敢以一得自足，如河伯之觀海，如井蛙之窺天，皆無識也，有恆則斷無不成之事。」

按：講第二則時，可補充。

三、《送徐無黨南歸序》（節錄）

歐陽修

予讀班固《藝文志》、唐《四庫書目》，見其所列，自三代秦漢以來，著書之士，多者至百餘篇，少者猶三、四十篇，其人不可勝數，而散亡磨滅，百不一、二存焉。予竊悲其人，文章麗矣，言詞工矣，無異草木榮華之飄風，鳥獸好音之過耳也。方其用心與力之勞，亦何異眾人之汲汲營營，而忽焉以死者，雖有遲有速，而卒與三者同歸於泯沒，夫言之不可恃也蓋如此。今之學者，莫不慕古聖賢之不朽，而勤一世以盡心於文字間者，皆可悲也！

東陽徐生，少從予學，為文章，稍稍見稱於人。既去，而與羣生試於禮部，得高第，由是知名。其文辭日進，如水涌而山出。予欲摧其盛氣而勉其思也，故於其歸，告以是言。然予固亦喜為文辭者，亦因以自警焉。

【語譯】

我讀班固的《漢書藝文志》、唐代的《四庫書目》，見到其中所列舉的，從三代秦漢以來，著書多的寫了百餘篇，少的也有三、四十篇，這些人士，多到數不盡，可是到現在，這些文章都已散失消滅，一百篇中所存還不到一兩篇。我私下為這些人悲哀，他們的文章夠華麗了，言詞也夠精巧，可是結果卻無異於草木之花飄散於風中，鳥獸悅耳的鳴聲從耳邊掠過啊！當他們勤勞地用心力寫作時，跟一般人急迫忙碌地追求名利，又有什麼兩樣呢？然而轉眼間卻死了，雖然他們生命也是有長有短，可是最後也和草木、鳥獸、眾人一樣步入死亡，所以藉文章立名不朽也是不可靠的。而現在許多學者，都羨慕古代聖賢的永垂不朽，而花費了一生之力去盡心寫作，這些人眞是可悲啊！

東陽徐生，青年時期就跟著我學寫文章，後來逐漸得到人們的稱讚。離開我後，他和一些讀書人在禮部參加考試，得到上等名次，因此出了名。他的文章日益進步，如同水流奔湧和山巒拔地而出一樣。我想摧折他的盛氣而勸勉他多加思考，所以在他南歸時，把這些話講給他聽。而我本來也是一個喜歡寫文章的人，因此也用這些話來告誡自己。

【說明】

徐無黨，北宋東陽郡永康人，曾隨歐公學習古文，並為歐公《新五代史》作注。他在進士及第後，返歸故里，故稱南歸。這篇贈序就是歐公以師長身分寫的一篇語重心長的勸勉辭。文章前段末提徐無黨，卻是針對徐無黨而發，一旦與末段合題，則覺大段文章非但不是冗長的廢話，且成為針對病人的苦口良藥了。

自古以來，書籍浩翰，而佚亡者多，留傳者少。主要原因在於圖謀語言文章華麗的太多，於道於行卻不注重。文章用尖銳的語言諷刺那些一味追求文章工巧，以博功名富貴行為的可悲。歐公之意，那班以時義謀取科舉功名，進而希圖高官厚祿者，和市井之徒的謀利沽名實是毫無區別的。

文章末段說徐無黨學文有成，一中高第，文如山出水湧。看似褒詞，其實褒中有貶，「予欲摧其盛氣而勉其思也」，是說不能終日沈湎文章華麗、語言工整之中，應在立德立功上下功夫。文至此本可收束，但歐公不以長輩師長自居，「予固亦喜為文辭者，亦因以自警焉」。這就帶著一種自責的味道，勉人兼自勉，這是贈序文章的優良傳統。

按：講「古人書籍，近人著述，浩如煙海。」時，可補充。

四、現存古籍知多少？

中國現存的古籍有多少？張舜徽在《中國古典文獻學》說：

我們根據一些新資料，加以推算，得知現存古典文獻不能少於八萬種。其主要根據：

第一，收入古籍叢書的單種文獻，據上海圖書館編《中國叢書綜錄》，計有三萬八千八百九十一種。

第二，未收入古籍叢書中的單行刻本文獻，據孫殿起編《販書偶記》與《續編》統計，清人著述約一萬六千餘種。清以前遺存的單刻本文獻沒有統計資料，估計至少有一萬種。二者相加約爲二萬六千種左右。

第三，在朱士嘉先生編的《中國地方志綜錄》的基礎上，推算大陸一百八十多個圖書館收藏的方志文獻共有八千五百多種。

以上三個數據約爲七萬五千種，但有重複。除此以外，尚有小說、戲曲、唱本、佛經、道藏以及譜牒、金石拓本等，可補其重複而有餘。因之，目前我國現存古典文獻約爲八萬種。

按：講「古人書籍，近人著述，浩如煙海。」時，可補充。

五、狂妄學者汪中

汪中是清代有名的學者、駢文名家，然恃才傲物，惹人反感。

大家都認爲他是個狂妄的傢伙，因爲汪中肄業於揚州安定書院，每次新的掌院山長到任後，他便有意把古代經、史中難解的疑案向山長「求教」，有回答不出的地方，汪中便哈哈大笑走出書房，使山長受窘。官至翰林院編修的孫志祖、蔣士銓任山長時，都受到汪中的嘲弄。孫志祖任山長時，年事已很高，受窘後沒幾天，就辭世了。大家都認爲是汪中所作所爲而引出的後果。

當時僑居揚州的文士，有程晉芳（曾官翰林院編修）、任大椿（曾官禮部主事）、顧九苞（曾爲貢生），都以學問淵博享有盛名，而汪中卻當著衆人說：「揚州一府，學問通者有三人，不通者也有三人。通者爲高郵王念孫，寶應劉臺拱和我本人。」其言下之意，不通者即指程、任、顧諸人。正巧本地有一官員居住在家，請汪中品評自己學問如何，汪中大聲說道：「君不在『不通』之列。」官員正喜出望外，卻聽得汪中從容說道：「君再讀三十年書，便可指望加入『不通』的行列了。」

按：講「知書籍之多……則自私自滿之見，可漸漸蠲除。」時，可補充。

第十五課

「琵琶記」

高明

■《瑟琶記・糟糠自厭》圖

壹、作者參考資料

一、南戲之祖高明

在中國戲劇發展史上，高明是元末明初最著名的戲曲作家，居承先啓後的重要地位。他因《琵琶記》被譽爲「南戲之祖」。

高明，字則誠，號菜根道人，瑞安（今浙江瑞安縣）人。瑞安原屬溫州府，溫州一稱永嘉，地處浙東；因此後人又稱他爲東嘉先生。約生於元成宗大德九年（西元一三〇五年，他的弟弟高暘生於大德十年），卒於明洪武四年（西元一三七一年）。

高明的父親很早就去世，祖父高天錫、伯父高彥、弟弟高暘，都是詩人。在「**師友一門兄弟樂，文章獨步子孫賢**」的環境中，高明從小就受到文學的薰陶。

孩童時代的高明，便顯得特別聰明，伶牙俐齒，喜歡做對子。據說，有一天他父親請客，他在桌旁偷吃東西。有位客人看到了，開玩笑地說：「**小兒不識道理，上桌偷食。**」高明馬上對道：「**村人有甚文章，中場出對？**」「村人」即粗人、俗人之意。客人被說是「村人」，十分不滿，深怪這孩子沒禮貌，便借桌上酒壺出了一聯：「**細頸壺兒，敢向腰間出嘴！**」高明指指門上的鏽鎖，反唇相譏：「**平頭鎖子，卻從肚裡生鏽。**」諷刺對方像鎖一樣，外部方正，內裡曲折。客人們驚嘆高明出語不凡，連那位出聯子的客人，也深知不是這個小孩的對手，十分佩服。從此，高明「神童」之名，便不逕而走。

有一天，高明從私塾放學回家，路過尚書府，正遇尚書出門送客，只見身穿大紅官服的老尚書連連向客人作揖，送走客人後，尚書看見高明身著綠色小襖，瞪著一雙水靈靈的大眼，東張西望，便與他開起了玩笑：「**出水蛙兒穿綠襖，美目盼兮。**」高明馬上對道：「**落湯蝦子著紅衫，鞠躬如也。**」高明以煮熟的蝦來比喻身著紅袍，彎腰鞠躬的尚書，眞是唯妙唯肖。老尚書雖然臉色不太好看，但也不得不佩服高明的反應敏捷。這些傳說出於明清人的記載，其可靠性頗可懷疑；但是，人們之所以會把這些傳說歸之於高明，這可能和他自幼聰慧敏捷有很大的關聯吧！

高明的老師黃溍，是元代大儒，爲人耿直。明初著名的文人宋濂、王禕都是他的學生。明朝開國功臣劉基，高明年輕時也就和他認識，而且是密友。

青年時期，高明就以學識淵博著稱，工詩文，善書法，尤其擅長詞曲。至元六年（西元一三四〇年），元朝重開科舉考試。高明本有濟世熱情，曾極自負地說過：「人不明一經以取第，縱然學問淵博又有什麼用呢？」但這位博學儒生的科學之路，並不如想像中的順利，直到四十歲左右（至正四年），才中鄉試，第二年才考中進士。至此，高明總算做了官了。

科舉及第後，高明被授予一個處州錄事的正八品小官。在處州錄事任上，他待了大約三年（西元一三四五～一三四八年）。在這三年中，他做了不少好事，得到了當地百姓的愛戴。如當時的監軍馬僧的家奴很是貪殘，高明在家奴與百姓之間委曲調護，使百姓減少了許多損害。由於他才幹不凡，郡守徐某對他很敬重，當高明任滿時，他不讓高明走，親自率領弟子，把高明請到郡學中去，請他授業，於是高明又在處州教了一個時期的書。

不久，江浙行中書省的楊廉夫聞知他的才名，特地請他到杭州任行省丞相掾。高明爲人鯁直，爲官清廉，辦事能幹，在杭州任上，也得到了周圍人的賞識。楊廉夫非常器重他，認爲得高明、葛元哲、沙可學「而浙稱治」（朱彝尊《靜志居詩話》）。一時「儒生稱其才華，法吏推其練達。」（趙汸《東山存稿・送高則誠歸永嘉序》）。

至正八年（西元一三四八年）十一月，方國珍在浙東作亂。江浙行省因爲高明是溫州人，熟悉浙東情況，命他擔任平亂統帥府的「都事」，以「除兇為己任」的江浙行省平章政事達識帖睦邇很賞識他的才幹；翌年六月，便隨軍出發了。後來可能由於統帥朵兒只斑主張進剿，高明則主張招撫，二人「議事不合」，高明鯁直的個性，不願妥協，因此就請假不治文書，消極地打發日子。這時，他很懊悔出仕，曾對朋友說：「當時前輩們告訴我，讀書人應試，從民間而榮登朝廷，奪取功名官位易如拾起地上的芥草，其榮耀是到了頂了。但是怎麼能知道這不是憂患的開始呢？過去我很瞧不起他們的話，今天我才相信他們的話是對的。」至正十二年（西元一三五二年），高明默然回到杭州。

在杭州，他告訴朋友們決定回老家去，「與鄉人子弟講論詩書禮義，以時遊赤城雁蕩諸山，眺澗泉而仰雲木，猶不失吾故也。」然而，高明的心願並未實現，沒有多久，他被派往紹興府任判官，至正十三年（西元一三五三年）任慶元路（今浙江）推官，後又調任江南行臺掾，再調福建行省都事。至正十七年（西元一三五七年），他轉江南行臺掾，行臺掌勘察吏治，這是個棘手的差使，吃力不討好，極易得罪人，而高明又生性剛直，在元代權貴橫行，官吏如盜的政海中，他根本無法施展抱負的，碰壁數次，他才眞正看清了宦海風濤的險惡，最後終於託病辭官。在他的詩中，常常出現這樣的詩句：「**桓榮學業仍稽古，李廣才名未得侯**」，「**伯樂何時過冀北，揚雄漫自賦河東**」，「**飄零王粲辭家久，牢落潘郎感髮稀**」充滿了牢騷不平的怨氣。

當時，元朝已到了衰敗時期，許多地方都陷於混戰的局面中，爲避亂，高明隱居到寧波城東南十五里的櫟社。

這個潔身自好的讀書人，眼看豺虎縱橫，民不聊生，心中苦悶無比。但他既沒有劉基那樣奮身而起的勇氣，卻又不甘「無所爲」，怎麼辦呢？原來他早已對戲曲感到興趣，後來又受到作曲家楊廉夫很大的影響，於是就打算把自己的意志寄託在戲曲上了。他認爲戲劇對人們有潛移默化的教育作用。他在《琵琶記》的開場白中說：「**不關風化體，縱好也徒然。**」可見高明認爲好的劇作也應有敎化的任務。

從至正二十年（西元一三六〇年）前後到朱元璋洪武初年的十餘年時間，是高明的晚年，這期間，他除了廣交文人外，就是精心撰寫他的傑出劇作《琵琶記》。相傳高明是在一座小樓上創作《琵琶記》，用了多年工夫才完成。創作時，他經常足不出戶，一邊構思，一邊塡詞，以足打拍子，以致於樓板都踏穿了一個窟窿。淸人周亮工《因樹屋樹影》記載，杭州昭慶寺僧舍中，有高明創作《琵琶記》時所用的几案。當時他一邊塡詞一邊打節拍，天長日久，几案上留下的指痕有一寸來深。淸人朱彝尊《靜志居詩話》記載，高明有一天夜裡，作《吃糠》一齣時，他邊塡詞邊歌唱，二支蠟燭的光焰忽然交錯爲一，很久才分開。有人說這是因爲《吃糠》的文詞高妙，感動了鬼神，於是人們便將這座小樓命名爲「**瑞光樓**」，以表紀念。這些傳說不免誇張些，但也可以看出高明嘔心瀝血的創作精神。

《琵琶記》這部名劇文詞淸麗，一洗以往作品的淺陋卑俗，於是南戲從一種村坊小伎，上升到可與古代雅樂相比，地位大大提高。因此，有人將他的《琵琶記》進獻給明太祖。明太祖看後說：「《四書》、《五經》，好比五穀，老百姓家不能少，而《琵琶記》則像山珍海味，富貴人家應留心閱讀，此劇旨在忠孝啊。」於是，高明的《琵琶記》被置於明代百劇之首。

《琵琶記》深受士人的歡迎。明末傳奇家張鳳翼（作有《紅拂記》等多種）非常喜愛《琵琶記》，他常與次子演《琵琶記》，他本人演蔡伯喈，兒子演趙五娘，觀者盈門。明代士子馮冠，青年時善彈琵琶，唱金元曲子。雖五次赴京趕考，別的書都不帶，書箱中只帶一部《琵琶記》。別人規勸他說：「你不怕考試考不好嗎？」他笑說：「我只擔憂《琵琶記》曲子唱得不好，那去管它文章作得好不好？」

高明的著作除了《琵琶記》外，還有《柔克齋集》二十卷，但大都散失；流傳下來的詩、文、詞、散曲，僅有五十多篇。這些作品思想比較複雜：有的抒發了對暴政的痛恨和對黑暗現實的不滿，他把苛政比作老虎，說「人間苛政皆爾儔」（《題畫虎》）。有的則反映了他對民生疾苦的同情，他寫道：「幾回欲挽銀河水，好與蒼生洗汗顏。」（《遊寶積寺》）也有一些則表現了他菲薄功名的隱居生活。他的作品中，最爲人們稱道的七律《題岳王墓》，則通過對民族英雄岳飛的悼念，反映了他的愛國之情和亡國之痛：

莫向中原嘆黍離，英雄生死繫安危。
內廷不下班師詔，朔漠全歸大將旗。
父子一門甘伏節，山河萬里竟分支。
孤臣猶有埋身地，二帝游魂更可悲！

詩中對欽徽二帝及下詔班師的宋高宗流露不滿和批評，全詩含蘊深厚，情感眞摯，故《輟耕錄》說：「讀此詩而不墮淚者幾希。」

二、《琵琶記》的內容與成就

《琵琶記》的故事情節並不是高明一人憑空想像創造出來的。在高明的《琵琶記》成書以前，民間早已廣泛流傳著各種形式的蔡伯喈和趙五娘的悲歡離合故事。陸游在《小舟游近村，捨舟步歸》詩中寫道：「斜陽古柳趙家莊，負鼓盲翁正作場。身後是非誰管得？滿村聽說蔡中郎。」描述趙家莊男女老少聚坐一起，正在聽一位盲眼藝人說唱蔡中郎的故事。

西元十二世紀南戲形成初期，經常上演《趙貞女蔡二郎》這個劇目，儘管這個劇本早已失傳，但我們借助一些相關的資料可以知道它敍述一個忘本負心的故事。其內容大約是寫一個名叫蔡二郎的青年進京考上科舉，做了大官，卻置家鄉父母於不顧，隨即家鄉發生饑荒，父母皆因饑餓而死，蔡二郎又喜新厭舊，休棄髮妻趙五娘，甚至放出馬匹將妻子踹死了事，於是蔡二郎終於遭到上天的懲罰，被雷活活劈死。

蔡邕是東漢末年著名的學者，字伯喈，曾任侍御史、尚書和左中郎將，所以被稱作蔡中郎。蔡中郎與南戲中的蔡二郎本來毫無關係，但這兩個名字只有一字之差，民間藝人可能出於粗心大意，再加上歷史知識不足，竟然把蔡二郎當成了蔡中郎，也就是蔡伯喈。通過戲劇的宣傳，蔡伯喈這個名字遭到衆口的唾罵。

高明創作《琵琶記》時，把早期南戲中的反面典型蔡伯喈，改寫成一個「全忠全孝」的人物。明人黃溥言說高明寫《琵琶記》是爲了「雪伯喈之恥」（《閑中今古錄》）。高明所以如此改編劇情，是因爲歷史上的蔡伯喈以忠孝著稱，根本沒做過忘本負心的事。高明感到蔡伯喈平白無故地蒙受恥辱，實在太冤枉，理應恢復他的淸白的名聲。

高明《琵琶記》共四十二齣，其故事大略是：書生蔡伯喈新婚兩月，進京赴試，得中狀元。牛丞相要招他爲婿，蔡伯喈再三推卻，未被應允，蔡伯喈被迫重婚。這時，他的家鄉連遭荒旱，家庭生活只靠妻子趙五娘支持；在天災人禍中，父母相繼餓死。趙五娘在鄰居張大公的資助下，埋葬了公婆後，身背琵琶，沿路彈唱乞討，進京尋夫。幸賴牛氏賢德，使她得與蔡伯喈重聚。於是，一夫二婦歸家守喪三年，全劇以大團圓收場。

早期南戲說蔡伯喈對父母「**生不能事，死不能葬，葬不能祭**」，這叫「**三不孝**」。高明更改情節，以「**三不從**」的關目來開脫蔡中郎的罪過。高明說蔡伯喈「**本欲甘守清貧，力行孝道**」，無奈父親不從，只得去洛陽應試；中狀元以辭官，皇帝不從，只得做官；做官以後辭婚，牛丞相不從，只得入贅相府，這叫「**三不從**」。就因如此，蔡伯喈由「負心漢」的反面人物，一變爲重情孝親的正面人物，至於趙貞女的結局，則由被馬踹死的悲慘情節，不但上京尋到了丈夫，最後還共慶團圓，而這齣戲也就成了「教忠教孝」的題材，在當時流行深遠。

《琵琶記》問世後，受到民間熱烈的歡迎。這和它塑造人物成功有很大關係。趙五娘是劇中塑造得最爲成功的人物。蔡伯喈走後，遇上饑荒年月，趙五娘以一個弱女子支撐門戶，奉養八十歲的公婆，接而連三的困境逼得她幾乎自殺，但還是勇敢地挑起了生活的重擔。高明把她剛强不屈的個性以及她對蔡伯喈的怨恨，勇於承擔苦難、不惜自我犧牲的精神，寫得栩栩如生。此外，蔡家的鄰居張大公也是一個塑造得很成功的人物形象。他古道熱腸、耿直尚義。在危難中，趙五娘總是可以從他那裡得到慷慨的周濟和扶助。在《琵琶記》的演出中，趙五娘和張大公這兩個人物深入人心。

《琵琶記》的戲曲結構也很有特色。劇情分成兩條線索交錯遞進。一面是蔡伯喈一步步地陷入了功名富貴的網羅，一面是趙五娘肩荷家庭重擔，在苦難中掙扎；一邊是錦衣玉食，一邊是家破人亡；蔡伯喈憂思忡忡，割不斷對父母妻子的繫念，趙五娘懸望征人，愁恨無窮。兩種境遇形成鮮明的對照，加强了悲劇性的戲劇衝突。從蔡伯喈離家到夫妻重逢，兩條線索由分到合，其間情節在全劇中是最爲深刻和動人的。

《琵琶記》在語言藝術上的成就歷來受到人們的贊賞。高明特別善於運用口語剖露劇中人物的思想感情，彷佛從生活實境中信手拈來，卻能將心曲隱微刻寫入髓，委婉盡致。如《吃糠》一齣，趙五娘從糠的難咽，想到自己和糠一樣，受盡顛簸；以糠與米一賤一貴，生生被揚作兩處，比喻她和蔡伯喈的不同命運。觸物傷情，傾訴了這個受盡熬煎，與丈夫相見無期的婦女無邊的怨艾。這段曲文被傳爲神來之筆。而《琴訴荷池》中牛小姐唱的〔滿江紅〕：「**嫩綠池塘，梅雨歇：薰風乍轉。瞥然見新涼華屋，已飛乳燕。簟展湘波紈扇冷，歌傳金縷瓊卮暖。炎蒸不到水亭中，珠簾捲。**」則寫得富麗堂皇，閑靜幽雅，正符合牛氏躊躇滿志、無憂無慮的心境。此外，像《嘗藥》、《剪髮》、《描容》等齣也都是情境相生，直抒胸臆，感人至深。高明以常言俗語寫成曲文、賓白，經過淘洗、鍛煉，有著豐富的表現力和自然澄澈、樸素無華的風格。

《琵琶記》早在一百多年前（西元一八四一年）就有法國的譯本，在國際戲劇界裡，也是備受讚譽的。

貳、課文參考資料

一、南戲與北戲（雜劇）

㈠南戲的起源

南戲，亦稱「**戲文**」，是宋元時以南曲演唱的一種戲曲形式。一般認爲，這是中國戲曲最早的成熟形式。明代開始，南戲逐漸演化爲「**傳奇**」，並對明清兩代的戲曲創作產生了頗爲深遠的影響。

明・徐渭在《南詞敍錄》中說：「**南戲始於宋光宗朝，永嘉人所作《趙貞女》、《王魁》二種實首之。**」在此，徐渭點明南戲發源的時間爲宋光宗朝（西元一一九〇～一一九四年），地點爲永嘉（即溫州，故又稱其爲「永嘉雜劇」或「溫州雜劇」），並指出了最早的劇目。比徐渭略早的祝允明在其《猥談》中則持異說：「**南戲出於宣和之後，南渡之際。**」將南戲的起源提前了七十來年。

此二說均有一定道理，南戲在宣和年間（西元一一一九～一一二五年）實已濫觴，但還只是溫州地區民間技藝之一種，各方面猶未成熟；而到宋光宗朝，即十二世紀末，南戲才形成爲較爲完整的戲曲形式，並出現了《趙貞女》、《王魁》等劇目。

㈡南戲（傳奇）的發展

《張協狀元》是現存最早的南戲劇本，一般認爲是南宋後期作品。劇中已把曲辭、念白、科介等不同表演手段結合起來，相互配合，形成了一種綜合性的舞臺表演體系。但此劇曲白都比較粗糙，某些情節也不甚合理。結構鬆散，不分齣，場面安排較爲瑣碎，與主題無關的科諢過多。說明此時南戲在形式上還不夠完善，尚未最後定型。

元滅南宋以後，北雜劇傳入江南，並以其嶄新的內容及表演壓倒南戲。南戲曾一度退出城市舞臺，但仍在廣闊的南方鄉村繼續流行，並吸取了北雜劇的一些優點，使劇本的文學素質和舞臺表演的藝術水準不斷提高。而一些南方的或流寓南方的雜劇作家如馬致遠、蕭德祥、汪元亨等人都可能創作過南戲。一大批雜劇題材被改編爲南戲，豐富了南戲的演出劇目。在劇本結構上，南戲也不斷吸收北雜劇的聯套方式，改變了原來的零支歌曲拚湊的簡單結構，轉而採用使音樂結構與場面安排結合在一起的曲牌聯套方法。同時，北曲曲調也被引進南曲的唱腔之中，創立了南北合套的音樂新體制。這一切都使南戲劇本及演出體制更加成熟和完善，並日趨定型。

元代末年，隨著雜劇的衰落，南戲以其成熟的藝術形式，又重新繁榮起來。「荊、劉、拜、殺」四大傳奇及《琵琶記》的出現，標誌著南戲的最後定型。即由早期的地方劇種「戲文」發展爲全國性大型劇種「傳奇」。南戲開始成爲與北戲分庭抗禮的舞臺表演體系，並對明清的傳奇創作產生了十分深遠的影響。

㈢「南戲」與「北戲」之比較

南戲起源於南方，在藝術淵源上不同於北雜劇。北雜劇主要從金院本發展而來；而南戲則更多地源於南方民間的歌舞小戲，並在這基礎上，吸收了部分宋雜劇和民間技藝的藝術成分而趨向於成熟的。南戲北雜劇它們相同之處很多，如曲白分工、角色分行等等。但由於南北社會的發展不同，文化背景、方言風俗各異，藝術傳統也各有其特殊性。大致有如下一些明顯的區別：

1、就篇幅而言

雜劇的基本體制是四折一楔子，篇幅緊湊，情節集中。南戲則無固定限制，一般採取分場形式，以人物上下場為界線，根據內容需要，靈活安排場次。早期南戲篇幅長短比較自由。如《張協狀元》可劃分為五十三場，《小孫屠》為二十一場，《宦門子弟錯立身》則只有十四場。南戲定型以後開始趨於整齊，如「荊、劉、拜、殺」四大傳奇就分別為四十八齣、三十二齣、四十齣及三十六齣。當然，這種具體標明分齣並安上一個曲目的方式乃是明人改編本所加。但卻成為明以後傳奇的固定體制。明清傳奇大多數都在三十至五十齣左右，篇幅較雜劇宏大，能納入複雜的情節和反映更廣闊的社會場面，但往往失之冗長鬆散。

2、就唱法而言

北戲嚴格限制為一人主唱。南戲則登場角色不論生旦淨丑都可以唱，唱法靈活多變，有獨唱、對唱、接唱、合唱等多種形式。而且，南戲唱腔每齣不限於一個宮調，也不限於一韻。南戲每齣聯套方式也與北戲比較固定的情況不同，它靈活自由，一般可分為引子、過曲及尾聲三個部分。

3、就曲辭而言

北戲主要用北曲，特點是七聲音階，節奏比較急促，風格粗獷樸實。南戲主要用南曲，特點主要是五聲音階，節奏比較舒緩。南曲是在唐宋大曲、宋詞及南方民間曲調的基礎上形成的，較北曲襯字要少，用韻為南方音，四聲皆備，與明初編的《洪武正韻》大體相符。北曲用弦樂伴奏，以琵琶為主；南曲則以管樂伴奏，配以鼓板。故北曲聲調遒勁樸實，南曲則柔緩婉轉。徐渭《南詞敘錄》說：**「聽北曲則神氣鷹揚，有漆伐之氣；唱南曲則流麗宛轉，有柔媚之情。」**因此南戲的題材以愛情糾葛、家庭離合、發迹變泰，貧富演化者居多。

4、就結構而言

南戲定例第一齣為「副末開場」，不唱曲，念詞二闋，以表明作者主旨及戲文大意，接著生、旦分別登場。結構多為雙線並進，生、旦各領一線。至最後一齣，照例為全劇人物一同登場歡聚，生旦團圓。著名雜劇不少是悲劇，南戲則多為喜劇或先離後合、始困終亨的悲喜劇。

5、就賓白而言

雜劇較俚俗，而南戲在進入上層社會以後則比較文雅，明以後更有用四六駢文者。人物出場，雜劇先白後曲，南戲則大都先曲後白。

6、就角色而言

南戲分行較雜劇更為細致，一般可分為生、旦、貼、末、淨、外、丑七類。南戲以生代替雜劇中的末，作為劇中男主角。末仍保留，但僅作爲扮演老年男人的配角。南戲中還添設了丑，以便增加插科打諢、滑稽調笑的內容。

總之，南戲定型後的戲劇形式，較雜劇有了明顯的改進，運用戲劇手段反映生活、塑造形象的能力有了很大的增强，故在明清兩代，南戲以傳奇的形式，在劇壇上顯示出蓬勃的藝術活力。

二、《糟糠自厭》賞析

■糟糠自厭
（明萬曆二十五年玩虎軒刻本）

《糟糠自厭》是《琵琶記》中最精彩的一齣。蔡伯喈上京赴考得中狀元，被皇帝和丞相强令重婚，留京作官。家中的生活重擔全由趙五娘一人負擔。由於連年的飢荒，生活極其艱難，不得不典盡衣服首飾買來糧米供養公婆，自己卻在背地裡以糠充飢。《糟糠自厭》寫的就是趙五娘暗地裡吃糠的情景。整齣戲以趙五娘的心理活動爲主，以蔡公婆的感情變化爲輔，淋漓盡致又恰如其分地表現了人物的複雜的思想感情，那種「**體貼人情，委曲必盡**」的筆法，通俗本色、樸實無華的曲白，尤爲令人贊嘆，這齣戲中許多著名唱段被評論家稱爲「神來之筆」。

戲要感動人，就必須傳達出人物的心聲，表現出人物最眞實的思想感情。而要表現這樣的思想感情，又離不開典型環境的創造。戲曲不同於小說，它不能由作家直接出面敘述和描寫環境，劇中環境的創造，完全是由劇中人的唱詞和道白來完成的。因此，優秀的戲曲作家，總是巧妙地把寫心與寫境結合起來，使代言體的戲曲，同時具備敘事體文學的功能。戲一開始的兩支〔山坡羊〕曲子，體現戲曲的這種特點最爲明顯。

南戲一般是以先唱後白爲通例。劇作家首先利用這樣兩支曲子來刻畫趙五娘當時的艱難處境和她的悲慘遭遇。

第一支〔山坡羊〕側重寫趙五娘艱難困苦的生活環境。戲曲是舞台藝術，是演給人看的，轉瞬即逝，它不像案頭文學那樣，可以反覆展玩，講究含蓄、精練。戲曲首要的

一條是要清晰明白，使人看得懂、記得住。因此，一些重要關目就需要反覆提及，特爲强調，以給觀點一個深刻的印象。趙五娘一出場的四句唱詞，從大的方面，概括地介紹她所處的環境：「**亂荒荒不豐稔的年歲，遠迢迢不回來的夫婿。急煎煎不耐煩的二親，軟怯怯不濟事的孤身己。**」從災荒的歲月、遠離的夫婿，一直說到家中的公婆，最後說到自己。由遠及近。四個排比句點出了趙五娘艱難的處境。

前四句唱詞是寫大的環境，寫得概括，下面寫到自己貧苦的生活狀況，文筆就細膩多了：「**衣盡典，寸絲不掛體。幾番要賣了奴身己，爭奈沒主公婆教誰看取？**」這齣戲本是要寫沒東西吃才吃糠的，但作者很巧妙，他先寫趙五娘沒有衣服穿，把衣服都典賣光了，爲的是渲染蔡家生活的困苦。典賣衣服爲的是買糧餬口，衣服都典賣到了「**寸絲不掛體**」的程度，再寫吃糠，才更可信，更有感染力。當然，所謂「**寸絲不掛體**」，只是文學上的一種誇張說法，說明身無長物，再無可賣，並不是眞的到了寸絲不掛的程度。既然再無東西可賣，再賣只有賣自身了。所以她才說：「**幾番要賣了奴身己**」。而自己又是不能賣的，因爲還有年老的公婆需要自己來管顧。趙五娘的生活處境確實艱難得很。

第二支〔山坡羊〕側重寫趙五娘孤苦無告的心境。寫得很細膩：「**滴溜溜難窮盡的珠淚，亂紛紛難寬解的愁緒。**」既點出了愁緒的紛亂，又想到「**骨崖崖難扶持的病體，戰兢兢難捱過的時和歲**」，面對糠秕，心中充滿矛盾：歲月難捱，糠秕難咽，「**不如奴先死**」，一了百了，「**圖得不知他親死時**」。但又顧及「**沒主公婆，教誰看取？**」只好活下去，「**忍**」、「**訒**」之情也表現出來。但這又確實是欲死不能、欲活無路，終於使趙五娘一再發出「**思之，虛飄飄命怎期？難捱，實丕丕災共危**」的感慨。

這兩支〔山坡羊〕曲子，在揭示趙五娘心理的時候，大量使用了疊字，渲染了悲苦的心境，形象地表現了趙五娘動蕩不安的心緒。

在〔山坡羊〕之後的一段道白裡，劇作家先虛寫一筆蔡婆婆，照應前一齣蔡婆埋怨趙五娘的內容，爲趙五娘暗地裡吃糠創造環境，交代了她背地裡吃糠的原因。然後，劇作家一連用了三支〔孝順歌〕曲子，淋漓盡致地描寫趙五娘吃糠的情景。這三支曲子很有名，表現趙五娘的心理活動非常逼眞。

第一支〔孝順歌〕以糠自喻，表現趙五娘經歷的千辛萬苦，是從糠的遭遇與自己的身世遭遇相同這一點著眼的。作者首先寫她吃糠的艱難：「嘔得我肝腸痛，珠淚垂，喉嚨尚兀自牢嗄住。」這是她後面產生種種聯想的基礎。由糠的難以下咽，使她想到了糠本身的不幸遭遇。它「遭礱被舂杵，篩你簸揚你，吃盡控持。」由糠的不幸，又想到了自己的命苦：「悄似奴家身狼狽，千辛萬苦皆經歷。」最後，她唱出了糠難以吞咽的原因：「苦人吃著苦味，兩苦相逢，可知道欲吞不去。」作者通過這樣的反覆渲染，把趙五娘悲慘遭遇充分地揭示了出來。

第二支〔孝順歌〕是以糠和米設喻，表現趙五娘夫貴妻賤、兩處分離之苦。在前一曲，趙五娘由糠想到了自己；在這一曲，她又由米想到了丈夫，她唱道：

糠和米，本是兩倚依，誰人簸揚你作兩處飛？一賤與一貴，好似奴家共夫婿，終無見期。丈夫，你便是米麼，米在他方沒尋處。奴便是糠麼，怎的把糠救得人飢餒！好似兒夫出去，怎的叫奴，供給得公婆甘旨？

這一支曲子之所以被人們稱道的原因是設喻的巧妙。它不是取喻體和本體之間的某一點相似，而是取其多點相似：在穀被舂碾成糠和米之前，緊相倚依，如同趙五娘與蔡伯喈這對新婚夫婦一樣親密，一相似；穀被分成糠和米是由於遭受到礱、舂杵、簸揚等外力折磨的結果，而五娘夫婦分離則是由於「三不從」，也是受外力壓迫所致，二相似；糠與米分離之後，米貴糠賤，再也不能會合到一起了，有如蔡伯喈的榮華富貴和趙五娘的飢寒勞碌，三相似；這些比喻並不是游離在劇情之外，而是見景生情，即事設喻，不見斧鑿的痕迹。

第三支〔孝順歌〕以糠的歸宿比喻自己的結局，表現趙五娘悲慘的境遇。趙五娘前面以糠自比，這裡從糠不能救飢，想到自己生而無益，死又不值，只得苟活片時，但又難以夫妻相聚，結局連糠都不如。作者採用回環反覆、起伏跌宕的筆法，鮮明生動地展示了趙五娘悲苦的命運和悲劇的性格。

這場戲的後半場，寫趙五娘吃糠被公婆發現所引起的風波。前面兩段描寫，充分表現了趙五娘吃苦耐勞、捨己爲人的品質，這裡作者進一步表現她忍辱負重、任勞任怨的美德。趙五娘與公婆的衝突是誤會性。趙五娘自己吃糠，是爲了省下細米孝敬公婆；背地裡吃糠是怕公婆發現於心不忍。但這一片至誠至敬之心，卻引起了公婆的懷疑。他們以爲五娘在背地裡弄什麼好東西吃，不僅搶白數落她，甚而動手打她。但五娘卻沒有任何怨言。她何以能夠如此呢？正如她自己所說：「**奴須是你孩兒的糟糠妻室**」。一種作兒媳的責任感，使她能爲人所不能爲，能忍人所不能忍。簡簡單單、普普通通的一句話，難怪蔡公蔡婆聽後，老淚縱橫地說：「**原來錯埋冤了人，兀的不痛殺了我！**」至痛至慘，心摧腸斷，雙雙倒地昏迷。二老的昏迷，本不是五娘的過錯，但她還是感到了內疚，發出了自責：「**公公，婆婆，我不能盡心相奉事，番教你為我歸黃土。**」情眞意摯，十分感人。

現實生活的慘痛教訓，使蔡公醒悟，悔恨「**我當初不尋思，教孩兒往皇都。把媳婦閃得苦又孤，把婆婆送入黃泉路，只怨是我相耽誤。**」蔡伯喈的赴試，是蔡公以「孝始於事親，中於事君，終於主身」的「大孝」相逼的結果。

後一場戲，從張廣才上場至結尾，寫趙五娘請求張大公周濟埋葬婆婆。內容主要有兩個方面：一是通過張廣才的口，贊揚趙五娘的賢慧孝順，作爲趙五娘形象的補充；二是表現張廣才的急人之難和好義樂施。這一場戲，只是一個過場，不是劇作家描寫的重點。寫它的目的，是爲後面「祝髮買葬」的一齣戲做鋪墊，從而把劇情步步引向深入。

在這齣戲中，不僅趙五娘的直抒胸臆，借糠設喻的心理表現十分成功，其他人物的心理變化描寫得也很出色。像蔡婆婆的醒悟、蔡公公的悔過都著墨不多，卻收到了事半功倍的效果，而且通過他們的感情變化，反襯出趙五娘的性格特徵。

蔡婆婆出場不多，語言很少，也沒有唱段，但她的思想感情也經歷了一個由埋怨、猜測到懷疑，再到醒悟、悔過的過程。她的埋怨、猜測開始是借趙五娘之口虛寫的，趙五娘在獨白中說：「奴家早上安排些菜飯與公婆，非不欲買些鮭菜，予奈無錢可買。不想婆婆抵死埋怨，只道奴家背地自吃了什麼東西。」後來，在趙五娘自食糠粃時，蔡婆婆又上台探覷，親眼見趙五娘在吃東西，心中生疑。先是直言相問：「媳婦，你在這裡吃什麼？」聽說是糠，自不信：「這糠只好將去餵豬狗，如何把來自吃？」聽了趙五娘的解釋，還是不信，又對蔡公公說：「你休聽他說謊，糠粃如何吃得？」直到趙五娘說出：「奴須是你孩兒的糟糠妻室」，又細看之後，才大哭道：「我原來錯埋冤了你。」頓時，心疼兒媳之情、怨兒不歸之悲、生活艱難之苦，使這位八十多歲的老婆婆身心交瘁、悲痛難抑而死。整齣戲中，蔡婆婆僅這幾句話，一字千斤，一句一個變化，一句一個起伏，又句句入理，絲絲入扣。既完全符合她的身分，又充分體現出她的性格特徵。

蔡公公的思想感情變化在這齣戲中也表現得很逼眞，並且更有意義。蔡公公原是科舉制度的熱衷者，也是蔡伯喈辭試不從的主要人物。在他忍受了災荒之苦，又親眼目睹了兒媳吃糠的悲劇，終於醒悟了。一方面發出「到如今始信有糟糠婦」的感嘆，反襯出趙五娘的美德。另一方面又深刻地自責和悔過，因而體悟到科舉制度是蔡家悲劇的眞正元凶，而自己又有難以逃脫的直接責任。因而發出了「不如我死，免把你再辜負」的懺悔、絕望的呼號。這種情感表現得也是合理、自然眞切。

劇作家對人物的刻畫不是靠華麗的辭藻，也不是靠離奇的情節，而是採用適合人物身分的通俗、質樸的語言，深入細致地傳達出人物的心聲，才能夠以情動人。高明說：「論傳奇，樂人易，動人難。」他從難處入手，「體貼人情，委屈必盡；描寫物態，彷彿如生；問答之際，了不見扭造。」（王世貞《曲藻》）這大概就是《琵琶記》獲得成功的根本所在。

二、傳統戲曲中的腳色行當

中國傳統戲曲中的人物稱爲腳色行當，這是中國戲曲特有的表演體制，或作角色行當。史稱腳色、部色，崑曲稱家門，通稱行當，簡稱行。近代戲曲中素有生、旦、淨、丑和生、旦、淨、末、丑兩種分行方法，後因不少劇種的末已歸入生行，因此習慣上已把生、旦、淨、丑作爲行當的基本類型，每個行當各有若干分支。

生旦淨丑的行當體制，初創於宋元之際，成熟於清初以後，而起源卻可追溯到唐。這期間，行當的名目屢經變易，其內涵和表現形態也經歷了錯綜複雜的分化和融合的發展演變。

南戲中的腳色有生、外、旦、貼、淨、丑、末等七類，而元雜劇的腳色分類較簡單，有末、旦、淨三大類。現就南戲中各類腳色簡介如下：

㈠生

「生」是扮演男性人物的腳色。宋元南戲裡已有生腳。此後除元雜劇外，歷代戲曲都有這行腳色。從南戲到明清傳奇，生腳大都扮演青壯年男子，是劇中的主要腳色。近代各地方戲曲劇種的生行，大都根據所扮人物年齡、身分的不同又劃分爲許多專行，如老生、小生、武生等，表演上各有特點。

㈡外

元代戲曲中有外末、外旦、外淨等，大致是指末、旦、淨等行當的次要腳色。明清以來「外」逐漸成爲專演老年男子的腳色。表演上基本與生、末相同。一般掛白滿鬚，所以又叫老外。如京劇《四進士》的宋士傑、《跑城》的徐策等。近年來有些劇種（如京劇）外腳都由老生兼演，不另分行；有些劇種（如漢劇等）則仍作爲一個主要行當。

㈢末

「末」，主要扮演中年男性。宋雜劇中已有末出現。元雜劇的「正末」是同「正旦」並重的兩個主要腳色。明清戲曲中都有這行腳色，表演上基本與生、外相同。近代有些劇種（如京劇），末腳已逐漸成爲生行的次要腳色，如《李陵碑》的楊六郎、《文昭關》的皇甫訥等即規定由末扮演。目前已不再有此區分，但有些劇種（如漢劇等）則仍作爲一個主要行當。

㈣旦

「旦」，是扮演女性人物的腳色。宋雜劇已有「裝旦」；元雜劇中旦行腳色很多，如正旦、小旦、搽旦等，其中「正旦」是同「正末」並重的兩個主要腳色。此後，明清傳奇以至近代各戲曲劇種都有這行腳色，又大都根據所扮人物年齡、性格、身分的不同而劃分爲許多專行，如京劇的青衣（正旦）、花旦、貼旦、武旦、刀馬旦、老旦等，表演上各有特點。如正旦主要扮演莊重的青年、中年婦女，重唱功。如京劇《三擊掌》中的王寶釧、《二進宮》中的李艷妃等。

花旦主要扮演天眞活潑或放浪潑辣的青年婦女。表演上著重做功和念白，如京劇《棒打薄情郞》的金玉奴、《烏龍院》的閻惜姣等。

刀馬旦大抵扮演擅長武藝的青壯年婦女。武打不如武旦激烈，不用「打出手」，較著重於唱做和舞蹈，如《戰金山》的梁紅玉、《穆柯寨》的穆桂英等。

「老旦」扮演老年婦女，如京劇《岳母刺字》的岳母、《楊門女將》的佘太君等。

(五)淨

「淨」，也叫「花臉」、「花面」。傳統戲曲腳色行當。一般認爲是從宋雜劇的「副淨」發展而來。此後歷代戲曲裡都有這行腳色。現代各劇種中的淨腳都扮演性格、品質或像貌上有特異之點的男性人物，如曹操、嚴嵩、張飛、李逵等。面部化妝勾「臉譜」，唱用寬音或假音，動作幅度大，以突出其性格、氣度和聲勢。又根據其所扮人物性格、身分的不同而劃分爲許多專行，如京劇的正淨、副淨、武淨等，表演上各有特點。

(六)丑

從宋元南戲到現代的各戲曲劇種中都有丑這一行腳色。由於化妝在鼻樑上抹一小塊白粉而俗稱「小花臉」，又同淨腳的大花臉、二花臉並列而俗稱「三花臉」。傳統劇目中丑扮演的人物種類繁多，有的是心地善良、語言幽默、行動滑稽的人物，如京劇《女起解》的崇公道；也有奸詐刁惡、慳吝卑鄙的人物，如京劇《審頭刺湯》的湯勤。根據所扮人物性格、身分的不同而分文丑、武丑兩行，表演上各有特點。扮演女性人物時稱「彩旦」、「丑旦」、「搖旦」或「丑婆子」。

(七)貼

貼是「貼旦」的簡稱，宋元以來歷代戲曲中都有這行腳色。明代徐渭《南詞敍錄》解釋：「旦之外，貼一旦也。」指同一劇中次要的旦腳，如《琵琶記》趙五娘由正旦扮，牛氏就由貼旦扮。近年來有些劇種（如京劇等）已漸無此專行。

此外，京劇中還有「龍套」。「龍套」，也叫「文堂」、「流行」。傳統戲曲腳色行當，扮演劇中士兵、夫役等隨從人員。由於所穿特殊形式的龍套衣而得名。一般以四人爲一堂。在舞台上用一堂或兩堂龍套，以表示人員衆多，起烘托聲勢的作用。

三、合（合唱）

合唱是南曲的一種演唱形式。與北曲的「一人主唱」的特點不同，南曲中各種腳色均可歌唱，並有獨唱、對唱、合唱等不同的演唱形式。不過，南曲中的這種合唱不同於現代音樂中的多聲部合唱，它只是單聲部的齊唱，在古典戲曲文獻中稱之爲合唱。如《古本戲曲叢刊》所收《王狀元荊釵記》，注明爲「合唱」，其他傳奇作品，往往只簡注一個「合」字。

這種合唱，就其表演形式來說，有幕後合唱與在場衆角色同唱之分。在藝術處理手法上，又有以下不同類型：

㈠渲染氣氛；

㈡點染環境，通過寫景以抒情；

㈢描繪人物的心理活動，往往具有獨唱所難以達到的戲劇效果；

㈣以局外人的口吻出現，對劇中的人物或事件進行評論。

雖然古代南曲在運用這種合唱形式時，聲樂藝術水平還不很高，但其藝術表現手法卻是頗爲豐富多樣的。南曲中的這種合唱，後來在崑曲舞台上保留了一部分；高腔中的幫腔，則是這種合唱形式的繼續與發展。

四、張太公

張太公是《琵琶記》中一個古道熱腸，助人爲樂的人物。伯喈赴試不久，時值災荒之年，張太公把自己請求所得救濟糧，主動分送給蔡家「權作兩廚飯」；趙五娘遠出求救濟糧並於中途受欺侮、糧被搶奪，他則十分同情這個柔弱女子，責怪她不該不與他商量就單獨外出，並表示「**待我趕去，罵那廝鐵心腸、昧心漢**」；他見趙五娘爲養活公婆受盡苦難、當盡首飾、飢食糠粃卻反被婆婆「**顛倒把他埋怨**」，內心頗感不平，爲她申述，高度贊揚她的美德是「**今人中少有，古人中難得**」；蔡婆婆餓死，趙五娘無力殯葬，他急趙五娘所急，幫助解決棺槨、安葬南山。張太公關心蔡家的一言一行，深刻反映了他的俠義精神，刻畫出他那樂於助人的性格。

張太公不但要時刻爲飢餓、病重危在旦夕的蔡公公擔憂，更要替品德高尚、可歌可泣而自身卻又愛莫能助的趙五娘之前途和歸宿發愁。蔡公公一病不起後，痛恨不孝之子杳無音信，致使連累趙五娘，因而自責死後「甘受折罰，任取屍骸露」，而且爲趙五娘今後生計，要張太公前來作證，寫下遺囑叫趙五娘不必爲其守孝，「早早改嫁便了」。對此，張太公曾思前顧後，矛盾重重，既顧慮禮教的約束，又憐憫趙五娘的苦難境況，思量著趙五娘若不嫁，則「恐非活計」，「若不守孝，又被人談議」，但最後他還是勸趙五娘聽從公公改嫁之言，這前後不一的話語，充分表現了張太公俠義性格的內心矛盾。張太公面對這連續遭遇不幸的蔡家，始終不忘「慈悲勝念千聲佛」。他對蔡家的幫助，並未因蔡公公蔡婆婆之死而結束，他更關心的是趙五娘的未來，除了解囊相助給趙五娘進京盤纏，更以長輩之情處處替她設想。他擔心趙五娘「這般喬打扮，他（指伯喈）怎知覺，一貴一貧，怕他將錯就錯」，再三叮囑她「須審個好惡」，「未可便說喪雙親，未可便說裙包土，未可便說剪香雲」。想到這不忠不孝、無情無義的蔡伯喈，張太公又怎不擔心趙五娘不被他拋棄！他安慰她放心走，由他來看管那「黃葉飄飄把墳覆」的泉下長眠人，兌現了他所「承應」的諾言。

五、下場白與下場詩

傳統戲曲在一齣（折）結束時，劇中人要唸「下場白」或唱「下場詩」，然後才下場。

「**下場白**」也叫「下場對」。腳色下場時的結句，如不用唱，則必用下場白。形式各有不同，通常用七言詩一首或五言對子二句，以抒發人物的感情。最簡單的只用一句獨白結束，如「這是哪裡說起」。兩個或兩個以上人物的下場白，各人分擔或一人獨念，衆人附和。如京劇《武家坡》薛仁貴、王寶釧下場分念：「少年子弟江湖老，紅粉佳人白了頭」二句。

「**下場詩**」與「上場詩」相對而言。在一折（齣）將要結束時，劇中人物念四句詩，然後下場。其內容多與本折（齣）戲的內容相結合。如孔尚任《桃花扇．卻奩》中：「〔小旦〕花錢粉錢費商量，〔旦〕裙布釵荊也不妨。〔生〕只有湘君能解佩，〔旦〕風標不學世時妝。」

參、語文天地

一、稔

稔，音ㄖㄣˇ。形聲，从禾，念聲。

㈠莊稼成熟。晉・陶淵明《歸去來辭序》：「猶望一稔，當斂裳宵逝。」宋・錢公輔《義田記》：「方貴顯時，置負郭常稔之田千畝，號曰義田。」元・高明《琵琶記・糟糠自厭》：「亂荒荒不豐稔的年歲。」

㈡古代穀物一年一熟，因稱一年為稔。宋・王禹偁《黃岡竹樓記》：「竹之為瓦，僅十稔。」連橫《臺灣通史序》：「遂以十稔之間，撰成《臺灣通史》。」

㈢熟悉。如「相稔」，「熟稔」。

二、迢迢

迢，音ㄊㄧㄠˊ，不要讀成ㄓㄠˋ。

㈠遙遠的樣子。《古詩十九首》之十：「迢迢牽牛星，皎皎河漢女。」杜牧《寄揚州韓綽判官》：「青山隱隱水迢迢，秋盡江南草木凋。」高明《琵琶記・糟糠自厭》：「遠迢迢不回來的夫婿。」

㈡時間久長貌。唐・戴叔倫《雨》詩：「歷歷愁心亂，迢迢獨夜長。」明・王錂《尋親記・就教》：「月冷萱堂，夜迢迢，感風木，動悲號，父骨何處沙場草！」清・沈湘雲《淡黃柳・歸舟詠蟬》詞：「捲起孤篷，迢迢往事，一樹無情自碧。」

三、典

㈠重要的文獻，也統稱各種典冊、書籍。《夢溪筆談》卷一八：「五代時始印五經，已後典籍皆為板本。」（《活板》）

㈡典章，法制。《後漢書・張衡傳》：「時國王驕奢，不遵典憲。」

㈢前代文物、制度、故事。《左傳・昭公十五年》：「數典而忘其祖。」

㈣典禮。《宋書・蔡廓傳》：「朝廷儀典，皆取定亮。」

㈤典雅。多指文章寫得規範，不粗俗。南朝梁・蕭統《答玄圃園講頌啓令》：「辭典文艷。」

㈥掌管。《顏氏家訓・涉務》：「典掌機要。」

㈦抵押，典當。杜甫《曲江》：「朝回日日典春衣，每日江頭盡醉歸。」高明《琵琶記》：「芳衣盡典，寸絲不掛體。」

四、看取

㈠照顧，關照。《初刻拍案驚奇》卷三一：「凡百事要老爹老娘看取，後日另有重報。」高明《琵琶記・糟糠自厭》：「爭奈沒主公婆教誰看取。」

㈡看。取，作助詞，無義。唐・孟浩然《題大禹寺義公禪房》詩：「看取蓮花淨，應知不染心。」宋・張孝祥《水調歌頭・爲方務德侍郎壽》詞：「看取連宵雪，借與萬家春。」清・納蘭性德《剪湘雲・送友》詞：「密約重逢知甚日，看取青衫和淚。」

㈢猶且看。宋・晏殊《喜遷鶯》詞：「勸君看取利名場，今古夢茫茫。」宋・歐陽修《朝中措・送劉仲原甫出守維揚》詞：「行樂直須年少，尊前看取衰翁。」

五、實丕丕

亦作「實坯坯」、「實呸呸」，實實在在。元・李好古《張生煮海》第三折：「俺實丕丕要問行藏，你慢騰騰好去商量。」元・無名氏《東籬賞菊》第二折：「實坯坯舞劍輪刀，亂紛紛不辨清濁。」元・王仲文《救孝子》第二折：「實呸呸的詞因不準信，磣可可的殺人要承認。」高明《琵琶記・糟糠自厭》：「思之，虛飄飄命怎期？難捱，實丕丕災共危。」

六、骨崖崖

「骨崖崖」，亦作「骨捱捱」，瘦削貌。元・張可久《殿前歡・秋思》曲：「寫新愁，一聲羌管滿天秋，骨崖崖人比山容瘦。」元・谷子敬《集賢賓・閨情》套曲：「骨捱捱削了玉肌，瘦懨懨寬了繡衣。」高明《琵琶記・糟糠自厭》：「骨崖崖，難扶持的病身。」

七、怎生

㈠猶怎樣，如何。宋・辛棄疾《醜奴兒近》詞：「更遠樹斜陽，風景怎生圖畫？」《水滸傳》第五十七回：「我有萬夫不當之勇，便道那廝們全伙都來，也待怎生！」高明《琵琶記・糟糠自厭》：「我待吃你啊！教奴怎生吃。」清・洪昇《長生殿・重圓》：「天路迢遙，怎生飛渡？」

㈡猶務必。元・王實甫《西廂記》第三本第一折：「小姐既有見憐之心，小生有一簡，怎生煩小娘子達知他。」元・蒲察善長《新水令》套曲：「雁兒，你卻是怎生暫停，聽我訴離情。」

八、鮭

(一)ㄍㄨㄟ，魚名，即「鮭鱒魚」。

(二)ㄒㄧㄝˊ，古代魚類菜餚的總稱。又稱「鮭菜」。宋・司馬光《九月十一日夜雨宿南園》詩：「沼中數寸魚，熟煎足為鮭。」原注：「吳人謂魚肉為鮭。」唐・杜甫《王竟攜酒》詩：「自愧無鮭菜，空煩卸馬鞍。」高明《琵琶記・糟糠自厭》：「豈不欲買些鮭菜，爭奈無錢可買。」清・方履籛《與李申耆書》：「猶望東皋數畝，南郭一廛，滫蘭有資，鮭菜可具。」

九、抵死

(一)冒死，至死。如「抵死不從」。《漢書・文帝紀》：「此細民之愚，無知抵死，朕甚不取。」唐・韓愈《故幽州節度判官張君墓誌銘》：「君抵死口不絕罵，眾皆曰：『義士，義士！』」

(二)竭力。《老殘遊記》第六回：「無才者抵死要做官，有才者抵死不做官，此正是天地間第一憾事。」

(三)老是。宋・晏殊《蝶戀花》詩：「百尺朱樓閒倚遍。薄雨濃雲，抵死遮人面。」宋・辛棄疾《浣溪沙》詞：「去雁無憑傳錦字，春泥抵死污人衣。海棠過了有荼蘼。」高明《琵琶記・糟糠自厭》：「不想婆婆抵死埋怨，只道奴家背地自吃了什麼東西。」

(四)猶言無論如何。冰心《離家的一年》：「然而他是個要強的孩子，抵死也不肯說戀家不去的話。」

十、糠粃

糠，音ㄎㄤ。稻、麥、穀子等子實上脫下的皮或殼。《呂氏春秋・審時》：「大粒無芒，摶米而薄糠，舂之易而食之香。」元・高明《琵琶記・糟糠自厭》：「糠和米本是兩倚依，被簸揚作兩處飄。」

粃，音ㄅㄧˇ。亦作「秕」。粟之空癟者。《墨子・備城門》：「二舍共一井爨，灰、康、粃、杯、馬矢，皆謹收藏之。」《呂氏春秋・辯士》：「凡禾之患，不俱生而俱死，是以先生者美米，後生者為粃。」高誘注：「粃，不成粟也。」

•「糠粃」，穀皮和癟穀。《管子・禁藏》：「果蓏素食當十石，糠粃六畜當十石。」《後漢書・安帝紀》：「雖有糜粥，糠粃相半。」清・惲敬《答陳雲渠書》：「下視高爵厚祿，與糠粃何異，況區區一舉哉。」

後用「糠粃」比喻粗劣而無價值之物。《世說新語・文學》：「傅嘏善言虛勝，荀粲談尚玄遠」劉孝標注引《荀粲別傳》：「然則六籍雖存，固聖人之糠粃。」《隋書・律曆志中》：「蓋是失其菁華，得其糠粃者也。」

十一、礱

礱，音ㄌㄨㄥˊ。

(一)磨。曹植《寶刀銘》：「造茲寶刀，既礱既礪。」

(二)脫去稻殼的農具。北魏・賈思勰《齊民要術・種胡荽》：「多種者，以瓠瓦蹉之亦得，以木礱礱之亦得。」明・宋應星《天工開物・攻稻》：「凡稻去殼用礱，去膜用春、用碾。」

(三)用礱脫去稻穀的殼。高明《琵琶記・糟糠自厭》：「你遭礱被春杵，篩你簸颺你，吃盡控持。」明・宋應星《天工開物・攻稻》：「凡既礱，則風扇以去糠粃。」

十二、篩

(一)篩子。用來分離粗細顆粒的工具。

(二)用篩子篩東西。《漢書・賈山傳》：「篩土築阿房之宮。」高明《琵琶記・糟糠自厭》：「你遭礱被春杵，篩你簸揚你，吃盡控持。」

(三)引申爲穿過孔隙。清・林覺民《與妻書》：「窗外疏梅篩月影，依稀掩映。」

(四)斟酒。《水滸傳》等三十八回：「酒保斟酒，連篩了五七遍。」

十三、簸颺

簸，音ㄅㄛˇ，揚米去糠。《詩・大雅・生民》：「或舂或揄，或簸或蹂。」朱熹集傳：「簸，揚去糠也。」明・宋應星《天工開物・攻黍稷粟粱麻菽》：「凡攻治小米……風揚、車扇而外，簸法生焉。」鍾廣言注：「用簸箕顛動米糧，揚去糠秕和灰塵。」

•「簸颺」，亦作「簸揚」，揚去穀物中的糠粃雜物。《詩・小雅・大東》：「維南有箕，不可以簸揚。」高明《琵琶記・糟糠自厭》：「篩你簸揚你，吃盡控持。」

十四、控持

㈠控制。宋・葉適《上光宗皇帝札子》：「昔之立國者知威柄之不能獨專也，故必有所分。控持之不可盡用也，故必有所縱。」元・劉祁《歸潛志》卷十三：「戰國間遊說、縱橫之流已而變為刑名掊刻，以法律控持上下，失士庶心。」

㈡難為，折磨，磨難。元・無名氏《小孫屠》第十四齣：「殺死它，喫控持，到如今，禁在牢內。」高明《琵琶記・糟糠自厭》：「糠那，你遭礱被舂杵，篩你簸颺你，吃盡控持；好似奴家身狼狽，千辛萬苦皆經歷。」

十五、覷

請參閱《高中國文趣味教學手冊・第四冊》第十課，參、語文天地・第三項。

十六、餒

餒，音ㄋㄟˇ。

㈠挨餓，飢餓。《國語・齊語》：「戎士凍餒。」高明《琵琶記・糟糠自厭》：「怎的把糠來救得人飢餒。」劉基《郁離子・術使》：「狙公卒餒而死。」宋濂《送東陽馬生序》：「無凍餒之患矣。」

㈡魚腐爛。《論語・鄉黨》：「魚餒而肉敗，不食。」

㈢喪失勇氣，害怕。如「氣餒」。《孟子・公孫丑上》：「行有不慊於心，則餒矣。」

【辨析】

餒與敗在腐爛這個意義上同義。《爾雅・釋器》說二者的區別是：「肉謂之敗，魚謂之餒。」《論語・鄉黨》朱熹注：「魚爛曰餒，肉腐曰敗。」字亦作「鮾」。

在飢餓這個意義上，餒與飢、餓同義。

十七、謾

㈠ㄇㄢˊ

欺騙，蒙蔽。《墨子・非儒下》：「且夫繁飾禮樂以淫人，久喪偽哀以謾親。」畢沅校注引《說文》：「謾，欺也。」漢・劉向《新序・雜事五》：「荊人卞和得玉璞而獻之。荊厲王使玉尹相之，曰：『石也。』王以和為謾而斷其左足。」

㈡ㄇㄢˋ

㈠毀謗、謾罵。《荀子・非相》：「鄉則不若，偝則謾之，是人之二必窮也。」楊倞注：「謾，欺毀也。」宋・蘇軾《鳳翔八觀・詛楚文》詩：「吾聞古秦俗，面詐背不汗，豈惟公子卬，社鬼亦遭謾。」

㈡莫，不要。宋・周邦彥《玉燭新・梅花》詞：「壽陽謾鬥，終不似，照水一枝清瘦。」金・董解元《西廂記諸宮調》卷三：「謾嘆息，謾悒怏，謾道不想，怎不想？」元・高明《琵琶記》：「謾把糠來相比，這糠啊，尚兀自有人吃！」

十八、饆饠

饆饠，音ㄅㄧˋ ㄌㄨㄛˊ。

㈠食品名。原指抓飯，後亦指餅類。唐・段成式《酉陽雜俎・酒食》：「韓約能作櫻桃饆饠，其色不變。」宋・孫光憲《北夢瑣言》卷三：「唐劉僕射崇龜，以清儉自居，甚招物論。嘗召同列餐苦蕈饆饠，朝士有知其矯，乃潛問小蒼頭曰：『僕射晨餐何物？』」

㈡猶逼邏，張羅安排。高明《琵琶記・糟糠自厭》：「將來饆饠，堪療飢。」明・陸采《明珠記・郵迎》：「好無禮，見今敕使公公到了，你卻說這般話，快去饆饠，務要如法齊楚。」

十九、彘

彘，音ㄓˋ，豬。《孟子・盡心上》：「五母雞，二母彘，無失其時，老者足以無失肉矣。」《方言》第八：「豬……關東西或謂之彘，或謂之豕。」《漢書・貨殖傳・巴寡婦清》：「牛千足，羊彘千雙。」顏師古注：「彘，即豕。」亦指野豬。高明《琵琶記・糟糠自厭》：「狗彘食人食，也強如草根樹皮。」

二一、囓

囓，音ㄋㄧㄝˋ，亦作「齧」。

咬。唐・柳宗元《捕蛇者說》：「以齧人，無禦之者。」

•「齧雪」，謂嚼雪以止渴充飢，常比喻生活極端艱苦而堅貞不屈。《漢書・蘇武傳》：「單于愈益欲降之，乃幽武置之窖中，絕不飲食。天雨雪，武臥齧雪與旃毛並咽之。」元．丁鶴年《自詠》之十：「齧雪心危天日遠，看雲淚盡歲時深。」高明《琵琶記．糟糠自厭》：「囓雪吞氈，蘇卿猶健。」

●「齧血爲盟」謂咬臂出血，發誓定盟，以示堅決。撰鄭《哀政聞社員》：「楊度初時，倡言排滿，與黃興、劉揆一囓血為盟，圖為刺客，將赫然革命之健者。」

●「囓臂」，咬臂出血，以示堅決、誠信。《史記．孫子吳起列傳》：「吳起殺其謗己者三十餘人，而東出衛郭門。與其母訣，齧臂而盟曰：『起不為卿相，不復入衛。』」清．趙翼《李郎曲》：「但申囓臂盟言切，並解纏頭旅食供。」

二二、糟糠之妻不下堂

【出處】

《後漢書．宋弘傳》：「光武帝姐湖陽公主喪夫，欲慕宋弘，光武召見，以語試之，弘答：『貧賤之交不可忘，糟糠之妻不下堂。』」

東漢光武帝時，有個大夫叫宋弘，他爲人正直而不徇私。當時，光武帝有個姐姐叫湖陽公主，死了丈夫，她對宋弘非常敬慕，光武帝便單獨召見宋弘，對他說：「俗語謂：一個人發了財，富有起來，就要改交另一批有錢的朋友；一個人有了高貴的地位，就要將原來的妻子換個新的。你覺得這是人之常情嗎？」宋弘說：「我聽說一個人在貧賤時結交的朋友，是不應該忘記的；和自己共患難的妻子，無論環境變得如何富有，也不能把她拋棄。」光武帝聽宋弘這麼說，便對湖陽公主說：「這門親事做不成，算了吧！」

後來的人便把宋弘這兩句話引申成：「糟糠之妻」這句成語，意思是說貧賤時所娶的妻子，一定是曾和自己共度過一番艱苦患難的生活，所以，即使在作了大官或大富翁時，也絕不能拋棄她。

二三、𨶹𨷿

𨶹𨷿，音ㄓㄥˋ　ㄓㄞˋ。

(一)掙扎，撐持。明．唐順之《詠俞虛江參將》之二：「卻笑賊徒能負險，幾人𨶹𨷿劫灰中。」《醒世恒言．李玉英獄中訟冤》：「你身子既然有病，還在這冷石上，愈加不好了，且𨶹𨷿起來。」

(二)盡力謀取，勉力取得。元．關漢卿《竇娥冤》第一折：「⿵門爭⿵門坐的銅斗兒家緣百事有。」明・李日華《南西廂記・秋暮離懷》：「若到京師，⿵門爭⿵門坐一個狀元回來，休要玷辱了我女孩兒。」

(三)振作。元・喬吉《兩世姻緣》第二折：「兒嚛，你怎麼一日不如一日？你娘憑著誰過日子？兒嚛，好歹⿵門爭⿵門坐些兒。」高明《琵琶記・代嘗湯藥》：「公公，你須索⿵門爭⿵門坐，怎捨得一命殂？」又《糟糠自厭》：「公公，你⿵門爭⿵門坐。」

二四、區處

(一)ㄑㄩ ㄔㄨˇ

處理，籌劃安排。《漢書・循吏傳・黃霸》：「鰥寡孤獨有死無以葬者，鄉部書言，霸具為區處。」宋・梅堯臣《送刁祕校授漣水主簿歸四明省親》詩：「莫嫌簿書繁，百事由區處。」高明《琵琶記・糟糠自厭》：「公公寬心，待奴家區處。」《西遊記》第十八回：「行者道：『且等老孫去看看吉凶，再作區處。』」

(二)ㄑㄩ ㄔㄨˋ

處所。漢・王充《論衡・辨祟》：「鳥有巢棲，獸有窟穴，蟲魚介鱗，各有區處，猶人之有室宅樓臺也。」魯迅《集外集拾遺・兩封通信》：「即使是貓狗之類，你倘給以打擊之後，牠也會避開一點的，我也常對於青年，避到僻靜區處去。」

二五、槨

槨，音ㄍㄨㄛˇ。又作「椁」。古代套於棺外的大棺。《周禮・地官・閭師》：「不樹者無椁，不蠶者不帛。」鄭玄注：「椁，周棺也。」《莊子・天下》：「古之喪禮，貴賤有儀，上下有等。天子棺槨七重，諸侯五重，大夫三重，士再重。今墨子獨生不歌，死不服，桐棺三寸而無槨。」高明《琵琶記・糟糠自厭》：「我婆婆衣衾棺槨，是件皆無。」

二六、承直

承直，亦作「承值」。當值，侍奉。高明《琵琶記・琴訴荷池》：「自小承值書房，書房，快活其實難當。」又《糟糠自厭》：「你但小心承直公公，莫教他又成不救。」《醒世姻緣傳》第五回：「承值的將晁書、晁鳳送到西邊一個書房安頓。」

二七、殯

殯，音ㄅㄧㄣˋ。現在殯指出殯、出葬、送葬。但是殯原來是指殮而未葬。《論語‧鄉黨》：「朋友死，無所歸，曰：『於我殯。』」《淮南子‧要略》：「故治三年之喪，殯文王於兩楹之間。」周朝有人死入殮後殯於西階的喪制，規定《禮記‧檀弓上》：「天子七日而殯，諸侯五日而殯，大夫、士、庶人三日而殯。」春秋時代又有殯廟之俗。《左傳‧僖公三十二年》：「冬，晉文公卒。庚辰，將殯於曲沃。」曲沃為晉宗廟所在地。也有殯三年者。《北史‧高麗傳》：「死者殯在屋內，經三年，擇吉日而葬。」

肆、課文補充資料

一、生、旦、淨、丑由來的傳統

京劇角色中的「生、旦、淨、丑」名稱的由來，傳說是反其義而名的。

「生」，是生疏的意思。而生角的演出老練成熟，故反其義為「生」。

「旦」指旭日東昇。而旦角表演的是女性，女屬陰，故反名為「旦」。

「淨」，即清潔乾淨，而淨角都是大花臉，看起來很不乾淨，不乾淨的反面就是乾淨，因而名「淨」。

「丑」指屬相，丑屬牛，牛性笨。而演丑角的人，則要求伶俐、活潑、聰明，所以反其名為「丑」。

以上是傳說。京劇角色的分行十分細致，早先分為十行，後來才歸併為生旦淨丑四行。各類角色根據劇中人物的身分、氣質與性格的不同，都有固定的臉譜、扮相和服飾，各行角色的舞台動作也都有規範。京劇形成的初期，老生最受重視，出現了「老生三傑」程長庚、余三勝、張二奎，「老生新三傑」：譚鑫培、汪秋芬、孫菊仙。二〇年代出現「四大名旦」梅蘭芳、程硯秋、荀慧生、尚小雲之後，旦角的地位變得重要了，這是京劇發展的一個重要變化。

二、人彘之禍

呂后是劉邦漢高祖的糟糠之妻，戚夫人則是劉邦的寵妃。

呂后所生皇子劉盈，雖立爲太子，但性格軟弱，劉邦擔心他難以挑起國政。而戚夫人所生的皇子劉如意，酷似劉邦，劉邦一度想廢太子劉盈，另立如意爲太子。雖然此事不是出自戚夫人的主意，但卻引起呂后的妒恨。後來，劉盈在商山四老的孵翼下鞏固儲君之位，連劉邦也覺得局面無法扭轉了。

劉邦死，呂后的兒子劉盈繼位爲惠帝，呂后操實權。她把戚夫人剃去頭髮，頸上箍一鐵圈，囚禁於宮中永巷，令她終日舂米。戚夫人想起自己的兒子是趙王，自身卻成囚犯，感慨萬言，一邊舂米，一邊唱起《終日舂薄暮》云：「子為王，母為虜，終日舂薄暮（從早舂到日薄西山的暮昏），常與死為伍，相離三千里，當誰使告女（你）。」（《漢書．外戚傳》）

呂太后聞訊，認爲這是假借兒子爲趙王來發泄怨恨，竟把趙王如意毒死，砍去戚夫人的手足，挖眼熏耳，迫服啞藥，使她成爲眼瞎耳聾口啞的殘廢人，居於廁中，稱爲「人彘」。

幾個月後，呂后又讓劉盈去看「人彘」，劉盈問知這個所謂「人彘」就是當年父皇寵愛的戚夫人，不由大哭起來，他又驚又怕，病倒在牀，一年多不能起，劉盈讓人轉告呂后說：「此非人所爲，臣爲太后子，終不能復治天下！」從此縱酒淫樂，不問朝政，七年後病死。

按：講「狗彘」時，可補充。

伍、問題與討論

一、本齣開頭的兩支〔山坡羊〕在情節關目上有何作用？在修辭上又有何特色？

答：請參閱——貳、課文參考資料・第二項。

二、第二支〔孝順歌〕（「糠和米本是相依倚」）在比喻的修辭手法方面有何特色？

答：請參閱——貳、課文參考資料・第二項。

三、張太公在劇中是怎樣的一個人物？

答：請參閱——貳、課文參考資料・第五項。

四、同學是否聽過崑曲的《糟糠自厭》？若無，可向萬卷樓圖書有限公司購買《糟糠自厭》的錄音帶，親身體驗一下中國戲曲之美。

參考書目舉要

一、傳記類

《中國文壇掌故事典》 劉衍文編 上海辭書出版社

《中國古代文學事典》 朱碧蓮編 河南中州古籍出版社

《歷代名作家傳》 陳春城著 高雄河畔出版社

《中國歷代作家小傳》（六冊） 湖南師範學院中文系編 湖南人民出版社

《中國歷代文學家評傳》（六冊） 呂慧娟等編 山東教育出版社

《中國古代著名文學家》 呂慧娟等編 山東教育出版社

《中國文學故事》 莊嚴出版社編輯部編 台北莊嚴出版社

《中國散文小說家故事》 莊嚴出版社編 台北莊嚴出版社

《十大散文家》 顧易生編 台北世界文物出版社

《大人物小逸趣》（三冊） 唐海林編著 台北武陵出版社

《歷代名家評傳》（二冊） 文鏡出版社編 台北文鏡出版社

《中國歷代文學家傳》 齊克琛編譯 台北建宏出版社

《江蘇歷代文學家傳》 李紹成編 江蘇古籍出版社

《中國古代文學人物》 徐公持等著 台北國文天地雜誌社

《中國文學作家小傳》 王序著 台北何洛出版社

《山東古代文學家評傳》（二冊） 袁世碩編 山東人民出版社

《山東歷代作家傳略》 呂慧娟編 山東教育出版社

《山西古代文學家》 水天生著 山西人民出版社

《中國文學家故事》 鄭惠文著 台北莊嚴出版社

《中國古代的小說家》 遠流出版社編 台北遠流出版社

《中國通俗小說家》 周鈞韜編 河南中州古籍出版社

《唐宋八大家》 吳小林著 安徽黃山出版社

《趣談唐宋八大家》 吳晨陽編著 台北業強出版社

《文學二十家傳》 梁容若著 北京中華書局

《十大小說家》 何滿子編 台北世界文物出版社

《十大詩人》 馬茂元編 台北世界文物出版社

《中國歷代九詩人》 黃如卉著 台北木鐸出版社

《歷代開拓新路的文學家》 羅東升編 廣東教育出版社

《中國文學家傳》 王保珍著 台北里仁出版社

《中國古代史學人物》 何茲生等著 台北國文天地出版社

《中國史學家傳》 張舜徽編 遼寧人民出版社

《中國史學家評傳》（三冊）　陳清泉等編　河南中州古籍出版社

《宋名臣言行錄》　朱熹編；葛景春、任崇岳譯　台北遠流出版社

《二十四史人物故事》　張企榮編　浙江教育出版社

《中國歷史人物辭典》　吳海林編　黑龍江人民出版社

《實用中國名人辭典》　衣興國編　吉林文史出版社

《中國歷代思想家》（十冊）　商務印書館編　台北商務印書館

《中國一百個哲學家》　張岱年編　江西人民出版社

《中國古代學者百人傳》　張舜徽編　北京中國青年出版社

《中國歷代謀士》　袁鐵堅編　北京中國人事出版社

《小史記》　張友繩著　台北爾雅出版社

《中國古代科技名人傳》　張潤生著　台北貫雅出版社

《十大名醫》　陳道瑾編　台北世界文物出版社

《十大名相》　蔣凡編　台北世界文物出版社

《歷代宰相軼事》　王從仁著　台北漢欣文化公司

《歷代皇帝軼事》　欒保羣著　台北漢欣文化公司

《中國名相的智慧》　蕭坤山編著　台北金文圖書公司

《中華民族傑出人物傳》（七冊）　唐宇元編　北京中國青年出版社

《歷代名道傳》　趙立綱編　山東人民出版社

《中國歷代名道》　邱進之編　吉林教育出版社

《台灣名人小札》（二冊）　莊永明　自立報系出版社

《古代愛國志士百人傳》　張碧波編　黑龍江人民出版社

《中國十大奸臣》　顧靜等著　台北世界文物出版社

《中國歷代名臣傳》　林保禎編　河南人民出版社

《奸臣傳》　高敬編　河南人民出版社

《中國名畫家列傳》　殷登國著　台北世界文物供應社

《歷代名家苦學錄》　劉宏明編　台北貫雅出版社

《三國人物評傳》　張大可主編　台北水牛出版社

《三國人才學》　霍雨佳著　台北遠流出版社

《三國智謀精粹》　霍雨佳著　漢藝色研文化公司

《三國人物》　莊葳編　上海人民出版社

《三國人物新論》　林寄雯譯　台北創意文化出版社

《古人今談》（四冊）　龔弘著　台北九歌出版社

《中國文化名人珍聞錄》　祁連休編　上海文藝出版社

《中華傑出人物圖集》　秦吉祥編　北京紅旗出版社

《影響中國的100個人物》　于大光等著　台北太雅出版社

《中外文藝沙龍精鑑辭典》　楚莊編　北京中國國際廣播出版社

《拾趣錄》（二冊）　伍稼軒著　台北學生書局

《名流趣話錄》（二册） 趙蔭華編著 台北學生書局
《名人處世面面觀》 陳錦蔚著 台北先見出版公司
《師友篇》 金兆著 台北聯經出版社
《如何捷進傳記文學造詣》 地球出版社編譯 台北地球出版社
《世界偉人輕鬆面》 邱春水譯 台北暖流出版社
《世界名人傳》 秦瑞祥編著 台北文國出版社
《大人物的小特寫》 周增祥編譯 台北道聲出版社
《大人物的小鏡頭》 周增祥編譯 台北道聲出版社
《大人物的小故事》 周增祥編譯 台北道聲出版社
《廿世紀代表性人物》 林衡哲編譯 台北志文出版社
《科學發明家100》 廖瑞雯編譯 台北太雅出版社
《近代科學家列傳》 李牧華編著 台北國家出版社
《中外科學家軼事》 姜濤編 黑龍江科學技術出版社
《近代名人成功軼事》 曾淑玲編著 台北國家出版社
《幽默一族》 郭泰著 台北遠流出版社
《幽默一家》 郭泰著 台北遠流出版社
《中國人的幽默》 郭泰著 台北遠流出版社
《幽默100》 郭泰著 台北遠流出版社
《音樂家軼事》 邵義强編譯 台北志文出版社
《中外藝術家軼事》 趙捷著 台北萬象圖書公司
《中外文學家軼事》 趙捷著 台北萬象圖書公司
《才華橫溢的百名世界文壇巨匠》 胡紹祥編著 北京中國國際廣播社
《藝苑談趣錄》 龍協濤編著 北京大學出版社
《世界文豪逸事大觀》 盛子潮編 上海文藝出版社
《名人軼事》 顏路裔編 香港道聲出版社
《成大人物的小人物》 商元君編譯 台北落花生出版社
《歷史人物的回聲》 曹永洋著 台北志文出版社
《人生顛峯》 卡耐基著 台北新潮社
《寫給成人看的偉人傳》 黃盛璘譯 台北方智出版社
《古今中外三百名人》 莊威等編著 上海學林出版社
《世界名人軼事》 業强編輯室編譯 台北業强出版社
《怎樣教出大人物》 陳亞南編 台北文經社
《世界名人風采錄》（四册） 朱庭光編 台北雨墨文化公司
《生活日記》 書獃子 台北鄭豐喜文教基金會
《大人物的成長過程》 林德娜譯 台南大孚書局
《歷史上最有影響力的100人》 顏可維譯 台北圓神出版社
《人生的啓示——五分鐘人物傳奇》 林畛輔編 台北南京出版社
《中外名人採訪錄》 林翠芬著 香港明報出版社

《中外名人治學的故事》　黃偉亞編　台北業强出版社

《韓愈》　羅聯添著　台北國家出版社

《韓愈傳》　前野直彬著、文君妃譯　台北國際文化出版社

《韓愈研究》　鄧潭洲著　湖南教育出版社

《荀子》　林麗眞著　台北台灣商務印書館

《荀子的人生哲學》　彭萬榮著　揚智出版事業公司

《外王之學——荀子與中國文化》　張曙輿著　河南大學出版社

《荀子答客問》　王廷洽著　上海人民出版社

《荀子傳》　劉志軒、劉如心著　河北花山文藝出版社

《荀子與中國文化》　惠吉星著　貴州人民出版社

《荀子的智慧》　廖名春著　台北漢藝色研出版社

《秋之頌——梁實秋先生紀念文集》　余光中編　台北九歌出版社

《雅舍風流——梁實秋》　敏君、于青著　北京中國青年出版社

《梁實秋傳》　魯西奇著　北京中央民族大學出版社

《長相思——槐園北海憶雙親》　梁文薔著　台北時報文化出版公司

《梁實秋與韓菁清》　葉永烈著　北京中國青年出版社

《賈誼》　王更生著　台北台灣商務印書館

《賈誼評傳》　王興國著　南京大學出版社

《余光中傳》　傅孟麗著　台北天下文化出版公司

《璀璨的五采筆——余光中作品評論集》　黃維樑編　台北九歌出版社

《火浴的鳳凰——余光中作品評論集》　黃維樑編　台北純文學出版社

《韓非子的人生哲學》　阮忠著　台北揚智出版事業公司

《韓非子帝王學》　宋世亮著　台北漢欣文化公司

《專制之父——韓非子》　高專誠著　台北昭文社出版社

《韓非與中國文化》　谷方著　貴州人民出版社

《韓非子的哲學》　王邦雄著　台北東大圖書公司

《韓非子通論》　姚蒸民著　台北東大圖書公司

《中國帝王術——韓非子與中國文化》　王宏斌著　河南大學出版社

《韓非子》　楊樹藩著　台北台灣商務印書館

《司馬遷的世界》　鄭樑生編譯　台北志文出版社

《史記博議》　韓兆琦著　台北文津出版社

《司馬遷評傳》　張大可著　南京大學出版社

《司馬遷與史記新探》　張維嶽編　台北崧高書社

《司馬遷和史記》　劉乃和編　北京出版社

《司馬遷評傳》　蕭黎著　吉村文史出版社

《司馬遷傳》 霍必烈著 台北國際文化出版事業公司
《司馬遷的傳說》 徐謙夫編 北京文化藝術出版社
《司馬遷之人格與風格》 李歷城著 台北漢京文化事業有限公司
《司馬遷的創作意識與寫作技巧》 范文芳著 台北文史哲出版社
《史記研究粹編》（二冊） 張高評編 高雄復文圖書公司
《曾國藩本傳》 馬東玉著 遼寧古籍出版社
《中興名將曾國藩》 台北國家出版社編印
《立功立言一儒將——曾國藩》 沈惠如著 台北幼獅文化事業公司
《曾國藩的人生哲學》 彭基博著 台北揚智文化事業公司
《高則誠和琵琶記》 藍凡著 台北萬卷樓圖書有限公司
《琵琶記研究》 王永炳著 台北學海出版社

二、歷史·掌故類

《簡明二十五史》（二十六冊） 李唐編著 台北國家出版社
《中國通史》（十二冊） 陳致平著 台北黎明文化公司
《中國通史》（八冊） 傅樂成等著 台北眾文圖書公司
《中國史話》（十冊） 孟世凱等著 台北木鐸出版社
《中國人史綱》（二冊） 柏陽著 台北星光出版社
《中國帝王辭典》 老鐵編 濟南明天出版社
《中國皇帝趣聞錄》 吳安懷等編著 內蒙古人民出版社
《文白對照中國帝王祕史》（四冊） 朱迪卓編 北京藍天出版社
《帝王生活》 樸人著 台北學生書局
《清宮異聞》 伏琥著 台北漢欣文化公司
《白話全譯史記》（五冊） 楊鍾賢編 北京國際文化出版公司
《中國歷代軼聞》 程曦著 台北星光出版社
《古典奇談》 殷登國著 台北世界文物社
《趣味掌故》 金暉出版社編 九龍金暉出版社
《北洋軍閥史話》 丁中江著 台北遠景出版社
《中華掌故類編》（三冊） 朱祖延編 河南人民出版社
《幽默大辭典》 本澤編 北京接力出版社
《世界幽默博覽藝術》 李林之編 上海文化出版社

三、文章賞析類

《古文鑑賞辭典》 吳功正編 江蘇文藝出版社、台北文史

哲出版社繁體字版
《中學古詩文辭典》　張文學編　黑龍江教育出版社
《古今名作鑒賞集粹》　吳功正編　北京出版社
《學生古文鑒賞辭典》　陳慶元編　福建人民出版社
《古文鑑賞大辭典》　徐中玉編　浙江教育出版社
《高中古詩文賞析》　胡光舟編　台北建宏出版社
《詩文淺釋》　周振甫著　台北木鐸出版社
《元明清散文選講》　江巨榮著　上海教育出版社
《寓言鑒賞辭典》　文傑編　北京中國商業出版社，台北地球出版社繁體字本改名爲《寓言新賞》
《中外寓言鑒賞辭典》　陳蒲清編　湖南出版社
《高中國文教材鑑賞分析》　教育部人文社會科學教育指導委員會編　台北五南書局
《閱讀和欣賞・古典文學部分》（十五冊）　北京出版社編　北京出版社
《名家論高中國文》（正・續編）　傅武光編　台北萬卷樓圖書有限公司
《唐宋八大家鑒賞辭典》　闞永禮編　山西北岳出版社
《唐宋八大家散文鑒賞辭典》　呂晴飛編　北京中國婦女出版社
《唐宋八大家文章精華》　劉禹昌等編　湖北荊楚書社
《古代散文鑒賞辭典》　王彬編　北京農村讀物出版社
《歷代名篇賞析集成》（二冊）　袁行霈編　北京中國文聯出版社
《中國古典文學鑒賞》　初旭主編　遼寧教育出版社
《中外散文名篇鑒賞辭典》　傅德岷編　安徽文藝出版社
《歷代名記藝術談》　方伯榮編　北京語文出版社
《古文精華１２３》　宋裕編著　台北建興出版社
《古文觀止・續古文觀止鑒賞辭典》　闞永禮編　上海同濟大學出版社
《三曹詩文賞析集》　李景華編　四川巴蜀出版社
《漢魏六朝詩歌鑒賞集》　人民文學出版社編　北京人民文學出版社
《漢魏六朝詩歌賞析》　李文初編　廣東人民初版社
《漢魏六朝詩鑒賞辭典》　呂晴飛編　北京中國和平出版社
《漢詩賞析》　石文英編　四川巴蜀出版社
《先秦漢魏六朝詩鑒賞辭典》　魏耕原編　陝西三秦出版社
《漢魏六朝詩鑑賞辭典》　湯高才編　上海辭書出版社
《魏晉南北朝抒情散文賞析》　林克辛著　甘肅人民出版社
《古詩文鑒賞入門》　郁賢皓編　台北新地文學出版社
《古文精讀舉隅》　吳小如著　山西教育出版社
《現代散文欣賞》　鄭明娳著　台北東大圖書公司

《唐宋元小令鑒賞辭典》　陳緒萬編　陝西華岳文藝出版社
《唐五代詞鑒賞辭典》　潘愼編　北京燕山出版社
《唐宋詞鑒賞集成》　唐圭璋編　江蘇古籍出版社
《唐宋詞鑒賞辭典》（二册）　上海辭書出版社編印
《宋詞鑒賞辭典》　賀新輝編　北京燕山出版社

四、修辭學類

《修辭通鑑》　成偉鈞編　北京中國出版社
《一把文學的梯子》　張春榮著　台北爾雅出版社
《修辭散步》　張春榮著　台北東大圖書公司
《字句鍛鍊法》　黃永武著　台北洪範書局
《文學和語文裡的修辭》　楊子嬰著　香港麥克米倫出版社
《修辭學》　黃慶萱著　台北三民書局
《修辭析論》　董季棠著　台北文史哲出版社
《修辭新天地》　譚全基著　台北書林出版社
《修辭精華百例》　譚全基著　台北書林出版社
《漢語修辭格大辭典》　唐松波等編　台北建宏出版社
《修辭學詞典》　王春德編　浙江教育出版社
《中學古漢語修辭》　馬重奇著　福建教育出版社

五、文學・國學・書籍類

《中國大百科全書・中國文學》（二册）　姜椿芳編　北京中國大百科全書出版社
《中國文學古籍選介》　魏凱編　山西教育出版社
《中華古文獻大辭典——文學卷》　吳楓主編　吉林文史出版社
《唐宋散文》　葛曉音著　台北萬卷樓圖書有限公司
《唐宋古文運動》　錢冬父著　台北萬卷樓圖書有限公司
《桐城派》　王鎮遠著　台北國文天地出版社
《中國文學》（四册）　唐圭璋等編　香港麥美倫出版社
《古代漢語》（四册）　王力編　台北藍燈出版社
《中國哲學故事》　吳怡著　台北中央月刊出版社
《中國大百科全書・哲學》（二册）　胡繩編　北京中國大百科全書出版社
《中國大百科全書・音樂舞蹈》　呂驥編　北京中國大百科全書出版社
《中國大百科全書・外國文學》（二册）　姜椿芳編　北京中國大百科全書出版社
《中國大百科全書・宗教》　羅竹鳳編　北京中國大百科全

書出版社

《大美百科全書》（三十冊）　光復書局編輯部譯　台北光復書局

《論語別裁》　南懷瑾著　台北老古出版社

《中國史學史辭典》　明文書局編　台北明文書局

《中國歷史名著欣賞》　台北莊嚴出版社編印

《影響中國的100本書》　衞家雄等著　台北太雅出版社

《中國歷史大辭典・思想史卷》　張豈之編　上海辭書出版社

《中國古典文學名著解題》　中國青年出版社編　北京中國青年出版社

《中國語文文體知識》　劉志勇編　四川大學出版社

《中國古代文體學》　褚杰斌著　台北學生書局

《古代散文文體概論》　陳必祥著　台北文史哲出版社

《中國文學史百題》（二冊）　文史知識編輯部編　台北萬卷樓圖書有限公司

《經書淺談》　楊伯峻等著　台北萬卷樓圖書有限公司

《顏氏家訓——一位父親的叮嚀》　盧建榮著　台北時報文化公司

《左傳譯文》　沈玉成譯　台北源流出版社

《八百種古籍文學著作介紹》　黃立振著　河南中州古籍出版社

《百萬個爲什麼・中國文學》　冰心編　台北夏圃出版社

《中國學術名著提要・哲學卷》　周谷城編　復旦大學出版社

《中國學術名著提要・歷史卷》　周谷城編　復旦大學出版社

六、文化常識類

《中國文明史》（二十六冊）　地球出版社編　台北地球出版社

《中國文化知識精華》　湖北人民出版社編　湖北人民出版社

《古器物圖解》　李澤奉等編著　台北萬卷樓圖書有限公司

《中國文化史工具書》　木鐸出版社編　台北木鐸出版社

《中國文明史話》　木鐸出版社編　台北木鐸出版社編

《中華文化辭典》　丁守和編　廣東人民出版社

《風物憶往》　曾小英著　台北國家出版社

《中國文化史概要》　譚家健主編　台北明文書局

《知識溯源大全》　田宗躍編　江蘇科技出版社

《物源百科全書》　印嘉祥編　吉林科學科技出版社

《由來記趣》 易文武編 廣東新世紀出版社
《中國文化小百科》（三册） 李福田編 天津百花文藝出版社
《中國古代文化知識辭典》 林序達編 江西教育出版社
《文字文學文化》 于大成著 台北文鏡出版社
《古代文化知識要覽》 郭維森編 台北藍燈出版社
《中國文明創造史》 張舜徽編 台北木鐸出版社
《中國文明大觀》 徐世謙編 江蘇文藝出版社
《中華文化故事》 李甲孚著 台北聯經出版社
《中國文化之謎》（四册） 施宣圓編 上海學林出版社
《解惑篇》（二册） 國文天地社編 台北萬卷樓圖書有限公司
《古代禮制風俗漫談》（二册） 陰法魯等著 台北萬卷樓圖書有限公司
《古禮今談》 周何著 台北萬卷樓圖書有限公司
《中國古代衣食住行》 許嘉珞著 北京出版社
《中國人的生活》 朱惠艮著 幼獅文化事業公司
《中國古代書史》 錢存訓著 香港中文大學出版社
《書的故事》 馬景賢著 台灣書局中華兒童叢書
《圖說三百六十行》 殷登國著 台北聯經出版社
《中國科學史話》 王道成著 台北國文天地出版社
《古事雜談》 許進雄著 台北商務印書館
《中國宮廷知識辭典》 何本芳編 北京中國國際廣播出版社
《中國風俗辭典》 徐福榮編 上海辭書出版社
《中國文化百科》 王德有編 吉林人民出版社
《中國工藝美術大辭典》 吳山編 江蘇美術出版社
《中國文物鑑賞》 王許林編 江蘇教育出版社
《簡明中國文物辭典》 中國歷史博物館編 福建人民出版社
《華夏諸神》 馬書田著 北京燕山出版社
《掀起你的蓋頭來——古代女性世界》 姜玉珍、洪丕謨著 台北世界文物出版社
《中國文化史大辭典》 楊金鼎 浙江古籍出版社
《百科知識十萬個爲什麼・文史篇》 郁賢皓編 江蘇科學技術出版社
《中國文化藝術之最》 許長志編 北京解放軍文藝出版社
《古代職官大辭典》 張政烺編 河南人民出版社
《中國文物考古辭典》 何賢武編 遼寧科學技術出版社
《中國文化史500疑案》 施宣圓編 河南中州古籍出版社
《中國風俗大觀》 林新乃編 上海文藝出版社
《華夏民俗博覽》 藍翔等編 陝西人民教育出版社

《中國古代酷刑》 王永寬著 台北雲龍出版社

《人生百態》 殷登國著 台北靈犀出版社

《賞心樂事說故》 殷登國著 台北世界文物出版社

《書趣》 奚春年著 香港金暉出版社

《中國美術辭典》 沈章堅編 台北雄獅圖書公司

《中國樂器圖誌》 李宗艮編 北京輕工業出版社

《花鳥世界》 上海古籍出版社

七、地理・名勝類

《中國名勝典故》 隗芾編 吉林人民出版社

《中國歷史文化名城便覽》 王曉東編著 四川成都出版社

《天下名山詞典》 王世雄編 陝西人民出版社

《知性之旅・中國大陸》 黃仲正編 台北台英出版社

《中國名勝古蹟概覽》（二冊） 程裕禎等編著 北京中國旅遊出版社

《中國歷史名城》 木鐸編輯部 台北木鐸出版社

《中國歷史文化名城詞典》 文化部文化局編 上海辭書出版社

《文科十萬個爲什麼・山河遠遊》 齊滌昔編 上海古籍出版社

《北京往事談》 中國人民政治協商會議編 北京出版社

《放眼中國》（十冊） 郭震唐編 台北錦繡出版社

《遊山玩水》 周忠麟著 台北業強出版社

《中國旅情》 商友敬著 台北商務印書館

《行路難》 馬洪路著 台北中華書局

《與古人同遊》 顧承甫著 台北世界文物出版社

八、語文・辭典類

《文史辭源》（四冊） 台北藍燈出版社

《辭海》（三冊） 台北東華書局

《漢語大字典》（八冊） 四川辭書出版社、湖北辭書出版社

《漢語大詞典》（十二冊） 上海漢語大辭典出版社

《中文大字典》（十冊） 台北中國文化學院出版社

《大辭典》（三冊） 台北三民書局

《國語活用辭典》 周何主編 台北五南出版社

《學生古漢語詞典》 上海辭書出版社編 上海辭書出版社

《中國成語大辭典》 王濤等編 上海辭書出版社，台北東華書局繁體字本

《寫作成語詞典》 河南大學中文系編 河南海燕出版社

《中華成語辭海》　劉万萬主編　吉林大學出版社
《中華成語大詞典》　向光忠等編　吉林文史出版社
《故鄉實用成語詞典》（二冊）　顏崑陽、龔鵬程編　台北故鄉出版社
《小牛頓成語詞典》　顏崑陽編　台北牛頓出版公司
《成語出迷宮》（八冊）　中央日報社編　台北中央日報出版社
《中學生常用成語典》　宋裕編著　台北建興出版社
《成語典故源流故事賞析辭書》　章俗編　北京教育教科出版社
《建宏八用成語辭典》　許正元編　台北建宏出版社
《成語故事》　周樂山編　台北正文出版社
《古漢語常用詞通釋》　周緒全編著　四川重慶出版社
《文言文常用詞一〇〇〇》　王力編　台北莊嚴出版社
《實用文言詞典》　何九盈主編　廣東教育出版社
《古今詞義對比辭典》　王德惠編　吉林文史出版社
《基礎古漢語詞典》　郭清律編　廣西人民出版社
《基礎文言學習辭典》　文橋編輯部　台北文橋出版社
《古代漢語精解》　李玲璞編　上海文藝出版社
《中學文言文知識手冊》　仇仲謙編　廣西人民出版社
《中學古漢語字典》　李國祥編　湖南出版社
《中學古文實詞例解》　楊直培等編　寧夏人民出版社
《文言常用多義詞解釋手冊》　內蒙人民出版社編印
《古漢語通用字字典》　楊金鼎編　福建人民出版社
《古漢語多用通假字典》　張軍編　東北師範大學出版社
《古漢語虛詞用法詞典》　陝西師範大學編　陝西人民出版社
《古代漢語虛詞通釋》　何樂士等編　北京出版社
《中國俗語大辭典》　溫端政編　上海辭書出版社
《古辭辨》　王鳳陽著　吉林文史出版社
《每日一字》（十冊）　林藜著　台北華視出版社
《海日一辭》（八冊）　林藜著　台北華視出版社

後記

宋裕

《高趣》第六冊，延宕兩年後，終於出版了，心中如釋重負。回首向來蕭瑟處，在五年的抗癌的歲月中，自己竟然能完成這套兩千四百多頁的教學手冊，除了感謝上蒼對我的厚愛外，更感謝許多老師的鼓勵與支持。

《高趣》第六冊所以延宕，是因爲忙於編撰雜版的教科書。從八十八學年度起，國編本的高中教材即將走入歷史，取而代之是民間版本的教科書。教材的開放，是教改中極爲重要的一環。八十六年八月，筆者接下翰林版高中國文教科書主編一職，在編寫的過程中，所遭遇的種種問題與困難，比起編寫《高趣》，眞是難上數倍，所耗費的時間與精力，也是難以想像。因此，筆者只能利用一些空檔，編寫《高趣》第六冊，停停寫寫，一拖就是兩年多，對鼓勵、支持我的老師們實在要致上最大的歉意。

在這艱辛的過程中，筆者幾乎都想放棄出版《高趣》（六）的計劃了。但是萬卷樓梁錦興總經理，一再地勸我，一定要排除萬難，完成全套的《高趣》，並請李冀燕、黃淑媛與張美櫻三位小姐，幫忙編寫一部分的內容。如果沒有這幾位小姐的鼎力相助，《高趣》（六）可能還要再拖延更久才能出版。在此，要向梁先生與幾位小姐們致上最大的謝意。

民國八十八年三月廿五日於景美

國家圖書館出版品預行編目資料

高中國文趣味教學手冊／宋裕著. --初版. --
臺北市：萬卷樓發行；三民總經銷，民85
册；　公分. --(教學類叢書；32)
參考書目：面
ISBN 957-739-207-5(第六册：平裝)

1.中等教育-教學法 2.國文-教學法

524.31　　　83007920

高中國文趣味教學手冊・第6册

著　　者：宋　裕
發 行 人：許錟輝
出 版 者：萬卷樓圖書有限公司
台北市和平東路一段67號14樓之1
電話(02)23216565・23952992
FAX(02)23944113
劃撥帳號 15624015
出版登記證：新聞局局版臺業字第5655號
網站網址：http://www.wanjuan.com.tw/
E　-mail：wanjuan@tpts5.seed.net.tw
承印廠商：晟齊實業有限公司
電腦排版：浩瀚電腦排版股份有限公司
定　　價：460元
出版日期：民國88年4月初版
民國88年8月初版二刷

ISBN 957-739-207-5